现代农业产业技术体系建设理论与实践

特色淡水鱼
体系分册

TESE DANSHUIYU TIXI FENCE

杨 弘 主编

中国农业出版社
北 京

现代农业产业技术体系建设理论与实践
编委会名单

编委会主任　张桃林

编委会副主任　廖西元　汪学军　李　波　张　文

编　　　委（按姓氏拼音排列）

白　晨	曹兵海	曹卫东	陈厚彬	陈瑶生	程式华	程须珍
邓秀新	刁现民	杜永臣	段长青	戈贤平	关长涛	韩明玉
韩天富	何建国	侯水生	黄华孙	黄璐琦	霍学喜	姜　全
金　海	金黎平	李开绵	李胜利	李新海	鲁　成	马代夫
逄少军	秦应和	任长忠	王汉中	文　杰	吴　杰	肖世和
谢江辉	熊和平	许　勇	杨　弘	杨　宁	杨亚军	喻树迅
张国范	张海洋	张金霞	张　京	张绍铃	张新友	张英俊
郑新文	邹学校					

总　策　划　刘　艳

执 行 策 划　徐利群　马春辉　周益平　谢驾阳　黄晨阳

特色淡水鱼体系分册
编委会名单

主　　　编　杨　弘

副　主　编　卢迈新　文　华　聂　品　罗永巨　李来好　袁永明

编　　　委（按姓氏拼音排序）

边文冀	陈家长	陈昆慈	陈乃松	陈文静	陈细华	陈校辉
崔　凯	丁雪燕	高开进	高瑞昌	顾泽茂	郭忠宝	黄洪贵
姜　兰	李来好	李瑞伟	李文笙	梁旭方	刘付永忠	
刘红柏	刘　霆	刘兴国	卢迈新	罗永巨	梅　洁	缪祥军
牟振波	聂　品	宋　怿	王炳谦	王桂芹	王金龙	文　华
翁少萍	熊光权	徐洪亮	徐　跑	杨代勤	杨德国	杨　弘
叶　星	袁永明	翟少伟	张秋明	张　欣	赵　刚	赵金良
周秋白	朱德兴	朱　海	朱晓鸣			

体系建设与交流
TIXI JIANSHE YU JIAOLIU

▲ 2009年2月，国家罗非鱼产业技术体系与大宗淡水鱼产业技术体系召开建设启动大会

▲ 罗非鱼产业技术体系召开2014年度总结考评会

▲ 特色淡水鱼产业技术体系在广西南宁召开2017年总结考评会

▲ 2017年8月，特色淡水鱼产业技术体系组织专家在农业部渔业渔政管理局，开展产业需求调研

▲ 2018年11月，特色淡水鱼产业技术体系与虾蟹产业技术体系联合在安徽宣城开展产业调研和科技竞争力提升行动。出席会议的有（中排左至右）：养殖水环境控制岗位科学家陈家长、产业经济岗位科学家袁永明、特色淡水鱼体系首席科学家杨弘、虾蟹体系首席科学家何建国、岗位科学家傅洪拓、岗位科学家周刚

▲ 2009年11月，特色淡水鱼产业技术体系与中国水产流通与加工协会在广西南宁联合举办第六届罗非鱼产业发展论坛，首席科学家杨弘做主题报告

▲ 2018年5月，在云南德宏自治州芒市，鲑鳟种质资源与品种改良岗位科学家王炳谦（右四），黄颡鱼种质资源与品种改良岗位科学家（右一）与养殖户进行交流

▲ 2014年9月，产业经济岗位科学家袁永明（左三）带领团队，在昆明综合试验站站长缪祥军（右三）陪同下，到云南德宏傣族景颇族自治州芒市开展罗非鱼养殖生产调研

2015年5月，病害防控岗位科学家卢迈新（右）与中山大学林浩然院士合作的成果"罗非鱼良种选育与产业化关键技术"获2009年度广东省科技一等奖，为体系内外协作开拓新路

2018年10月，工程化养殖岗位科学家徐跑（左）与唐启升院士在云南红河哈尼梯田稻鱼共作示范田进行生态考察

2018年7月，体系研发中心组织专家在云南德宏芒市召开稻鱼综合种养技术示范现场会

▲ 2017年8月，寄生虫病防控岗位科学家顾泽茂在湖北监利开展水产规范用药培训活动

▲ 2017年11月，成都综合试验站邀请四川农业大学耿毅教授在秦巴山区通江县开展技术培训

▲ 玉林综合试验站在广西三江侗族自治县建设的稻鱼综合种养示范田

▲ 体系研发的首台工业化大容量智能投饲系统在江苏盐城建湖投入运行

▲ 循环水养殖欧鳗

北海综合试验站（百洋水产集团股份有限公司）的罗非鱼片加工流水线，目前是世界最大的罗非鱼加工企业

北海综合试验站（百洋水产集团股份有限公司）开发的罗非鱼精深加工产品浅去皮罗非鱼片和罗非鱼胶原蛋白肽系列产品

◀ 2016年，南宁综合试验站站长罗永巨获农业部授予的"全国农业先进个人"称号

▲ 2019年4月，鱼品加工岗位科学家李来好获"广东省劳动模范"称号

▲ 2013年，首席科学家杨弘（左二）赴马拉维开展罗非鱼养殖技术推广示范工作，推动中国水产技术在非洲落地生根

▲ 2015年在江苏无锡，首席科学家杨弘（左二）、产业经济岗位科学家袁永明（左三）等参加为非洲水产管理、科研及企业等人员举办的罗非鱼产业技术讲座

前　言

乘着党的十七大东风，农业部、财政部于 2007 年集聚举国上下的农业科研优势力量和资源，启动建设了 50 个以主要农产品为对象，产业链为主线，服务农业、农村、农民为目标的国家现代农业产业技术体系。经过十年稳健的运行和发展，现代农业产业技术体系对我国农业发展的巨大促进作用已经逐步显现出来。产业技术体系将农产品从产地到餐桌、从生产到消费、从研发到销售的几乎所有产业环节有机地整合在一起，通过对产业链各环节的掌控和调节来高效地解决产业发展遇到的各种具体问题，最终使农产品的品质和产量均得到了有效提高。时至今日，回望我国现代农业产业技术体系的创立和发展现状，应该说其不失为促进我国现代农业产业创新和发展的一次伟大而成功的尝试。它提升了国家、区域创新能力和农业科技自主创新能力，为现代农业和社会主义新农村建设提供了强大的科技支撑，对我国农业的发展建设意义深远而持久。

罗非鱼产业技术体系是 50 个产业技术体系之一。成立之初设立的 50 个产业技术体系中仅有虾、贝类、罗非鱼、大宗淡水鱼、鲆鲽类 5 个水产相关体系，罗非鱼产业与其他产业相比无论产业规模、种养殖区域、经济效益等方面都不突出，相比之下可以说是一个不折不扣的"小体系"，但其本身具有非常鲜明的特点：①其产业链雏形基本具备。从亲本培育到苗种生产、从营养饲料到养殖技术、从加工到销售这些产业链建设必备的因素都已具备，只是还未形成完整的产业链条，凝聚力还不够；②适合加工成产品，提升附加值能力强。罗非鱼没有肌间刺，肉嫩而厚，适于去皮去骨后加工成鱼片销售，提升产品附加值的空间较大；③罗非鱼是国际性消费鱼类，加工产品可出口创汇。其加工产品鱼片因为无肌间刺和烹饪简单而较为符合欧美人对水产品的消费习惯，在当时就已经出口很多国家和地区，有赚取外汇的能力，这一特色是很多其他产业不具备的。

罗非鱼体系在成立之初便充分认识到本产业存在的优点和不足之处，积极采取行动，充分调配资源，想尽一切办法提升产业的凝聚力和向心力。在全体系人员的不懈努力下，经过十年的努力拼搏，我国罗非鱼产业取得了极大的进步，产量获得了较大提升。

2017年，根据农业部对产业技术体系的重新调整和工作安排，原罗非鱼产业技术体系正式更名为特色淡水鱼产业技术体系，体系的工作对象由原来的只有罗非鱼一个品类增加到包含罗非鱼、鮰、鳜、鲈、鳢、鳗、黄颡、泥鳅、鳝、鲟、鲑鳟等11大类特色淡水鱼。新体系构成由原来只针对"一条鱼"猛增到"十一条鱼"，工作量也增加了十多倍。好在有前面十年对罗非鱼体系的工作和管理经验做参考，新体系很快便适应了大幅增加的工作量，调整了工作方式，并在广泛听取和采纳意见及建议的基础上，共同讨论和制定了新体系的工作纲领：①主要围绕特色淡水鱼产业链各环节的技术需求，实施重点研发计划，进行共性技术和关键技术研究、集成和示范；②收集、分析特色淡水鱼产业及其技术发展动态与信息，为政府决策提供咨询，向社会提供信息服务，为养殖户开展技术示范和技术服务，为产业发展提供全面系统的技术支撑；③推进产学研结合，加强原始创新和融合创新，大力推进特色淡水鱼产业转型升级和结构调整，提升渔业区域创新能力，增强我国特色淡水鱼的竞争力。

党的十九大的召开，宣示着中国特色社会主义进入了新时代。新时代的来临给现代农业产业技术体系带来新的发展机遇的同时，也带来了全新的挑战。新时代要求水产品的供给由原来的保障型战略向"优质、绿色、健康、可持续发展型"战略转变，我国渔业的主要矛盾也转变为"人民对优质水产品和优美水域生态环境的需求，与水产品供给结构性矛盾突出和渔业对资源环境过度利用"之间的矛盾。为此，国家针对渔业养殖现状出台了很多新政策，如拆除养殖网箱、限制养殖废水排放等具体政策，产业发展面临着养殖空间受到严重的挤压、养殖废水处理等诸多现实问题。党中央、国务院对农业供给侧结构性改革和绿色发展做出了总体部署，水产养殖业亟须创新发展方式，从过去拼资源要素投入转向依靠科技创新和提高全要素生产率，从追求数量增长转向更高质量、更好效益和可持续发展。特色淡水鱼产业技术体系各岗位专家和综合试验站站长紧扣新时代要求，发挥自身优势和特长，联合攻关，参考国内外先进技术和经验，提出集装箱养殖水产品解决养殖空间不够的问题，采用池塘内循环养殖技术、养殖水环境原位修复技术实现养殖废水零排放，提出发展高利用率绿色环境友好型饲料的创想，发明新技术提高加工废弃物综合利用率和产品附加值等具体措施。产业技术体系为整个产业链提供了一个合作、共享、创新、发展的平台，使产业获得了新生，产业链各环节结合更加紧密，促进了产业健康、快速向前发展。

目　录

中编　产业服务与科技扶贫

下编　体系认识与工作感悟

附录

上 编

科技创新与技术研发

第一章 体系概述

第一节 体系架构

国家特色淡水鱼产业技术体系研发中心建设依托单位为中国水产科学研究院淡水渔业研究中心，下设 6 个功能研究室，分别挂靠在农业农村部、中国科学院和省级水产研究院（所）等 6 个研究院所。遗传改良研究室：主要开展特色淡水鱼良种选育和种质资源评价，筛选快速生长、抗逆、抗病品系，建立标准化良种苗种繁育技术体系，建立适合各地实际情况的环境协调型养殖模式；营养与饲料研究室：主要研发特色淡水鱼绿色饲料，开展鲈、鳜、鳜活鱼饵料替代技术、平衡植物蛋白源的氨基酸技术研究及精准投饲技术研究；疾病防控研究室：主要研究特色淡水鱼病害快速诊断技术，研制新型化药、疫苗、免疫增强剂等新型药物并提供安全用药的技术与指导，建立综合的防控技术体系；养殖与环境控制研究室：开展特色淡水鱼设施化生态养殖关键技术研究与示范，探索适合我国特色淡水鱼养殖现状的节水、节能、生态、高效的养殖模式；加工研究室：主要研究商品鱼高效保活运输技术、罗非鱼深加工技术、加工副产物利用技术、质量安全监控技术等；产业经济研究室：开展特色淡水鱼产业市场变化、生产要素变化、产业发展与产业政策、产业安全预测预警、建立并完善产业安全评价指标体系。同时，在 19 个省、市、区设立综合试验站，主要挂靠在省级水产研究所、推广站、国家水产良种场和水产龙头企业。结合区域实际，收集技术需求和基础数据，观测区域产业发展动态，联合岗位专家熟化和示范研发成果。

目前，国家特色淡水鱼产业技术体系共聘用岗位科学家 33 人，团队成员 165 人；综合试验站站长 19 人，团队成员 76 人，示范县 95 个，技术推广骨干 285 人。集聚全国 80% 以上的产业人才和研发能力。

罗非鱼产业技术体系架构（2009—2016年）

	岗位/综合试验站	岗位科学家/综合试验站站长	所在单位
遗传育种与繁育研究室	种质资源评价	赵金良	上海海洋大学
	良种选育	杨弘	中国水产科学研究院淡水渔业研究中心
	苗种繁育	甘西	广西壮族自治区水产研究所
养殖与病害研究室	生长免疫调控与饲养管理	李文笙	中山大学
	病害防控	卢迈新	中国水产科学研究院珠江水产研究所
	养殖技术与环境	陈家长	中国水产科学研究院淡水渔业研究中心
	营养与饲料	文华	中国水产科学研究院长江水产研究所
综合研究室	加工技术与废弃物利用	李来好	中国水产科学研究院南海水产研究所
	质量追溯与标准化	宋怿	中国水产科学研究院
	产业经济	袁永明	中国水产科学研究院淡水渔业研究中心
综合试验站	北京综合试验站	张欣	北京市水产科学研究所
	福州综合试验站	钟全福	福建省淡水水产研究所
	广州综合试验站	刘付永忠	广东省淡水名优鱼类种苗繁育中心
	茂名综合试验站	李瑞伟	茂名市茂南三高渔业发展有限公司
	惠州综合试验站	姚振锋	惠州市水产科学技术研究所
	柳州综合实验站	杨军	柳州市鱼家乐饲料有限公司
	南宁综合试验站	罗永巨	广西壮族自治区水产研究所
	北海综合试验站	高开进	北海钦国冷冻食品有限公司
	海口综合试验站	缪祥军	海南省水产研究所
	昆明综合试验站	邱家荣	云南省渔业科学研究院

特色淡水鱼产业技术体系架构（2017年以后）

	岗位/综合试验站	岗位科学家/综合试验站站长	所在单位
遗传改良研究室	育种技术与方法	卢迈新	中国水产科学研究院珠江水产研究所
	罗非鱼种质资源与品种改良	杨弘	中国水产科学研究院淡水渔业研究中心
	鲴种质资源与品种改良	边文冀	江苏省淡水水产研究所
	鳜种质资源与品种改良	赵金良	上海海洋大学
	淡水鲈种质资源与品种改良	叶星	中国水产科学研究院珠江水产研究所

（续）

	岗位/综合试验站	岗位科学家/综合试验站站长	所在单位
遗传改良研究室	鳢种质资源与品种改良	陈昆慈	中国水产科学研究院珠江水产研究所
	黄鳝泥鳅种质资源与品种改良	杨代勤	长江大学
	黄颡鱼种质资源与品种改良	梅洁	华中农业大学
	鲑鳟种质资源与品种改良	王炳谦	中国水产科学研究院黑龙江水产研究所
营养与饲料研究室	罗非鱼营养需求与饲料	文华	中国水产科学研究院长江水产研究所
	鲴黄颡鱼营养需求与饲料	朱晓鸣	中国科学院水生生物研究所
	鳢营养需求与饲料	王桂芹	吉林农业大学
	鳗营养需求与饲料	翟少伟	集美大学
	淡水鲈营养需求与饲料	陈乃松	上海海洋大学
	鳜营养需求与饲料	梁旭方	华中农业大学
	黄鳝泥鳅营养需求与饲料	周秋白	江西农业大学
	鲟营养需求与饲料	陈细华	中国水产科学研究院长江水产研究所
	鲑鳟营养需求与饲料	刘红柏	中国水产科学研究院黑龙江水产研究所
疾病防控研究室	病毒病防控	翁少萍	中山大学
	细菌病防控	姜兰	中国水产科学研究院珠江水产研究所
	寄生虫病防控	顾泽茂	华中农业大学
	环境胁迫性疾病防控	李文笙	中山大学
	绿色药物研发与综合防控	聂品	中国科学院水生生物研究所
养殖与环境控制研究室	养殖设施与设备	刘兴国	中国水产科学研究院渔业机械仪器研究所
	养殖水环境控制	陈家长	中国水产科学研究院淡水渔业研究中心
	池塘生态化养殖	罗永巨	广西壮族自治区水产科学研究院
	大水面养殖	杨德国	中国水产科学研究院长江水产研究所
	工程化养殖	徐跑	中国水产科学研究院淡水渔业研究中心
加工研究室	保鲜与贮运	熊光权	湖北省农业科学院
	鱼品加工	李来好	中国水产科学研究院南海水产研究所
	副产物综合利用	高瑞昌	江苏大学
	质量安全与营养品质评价	宋怿	中国水产科学研究院
产业经济研究室	产业经济	袁永明	中国水产科学研究院淡水渔业研究中心

（续）

岗位/综合试验站		岗位科学家/综合试验站站长	所在单位
综合试验站	北京综合试验站	张欣	北京市水产科学研究所
	南京综合试验站	陈校辉	江苏省淡水水产研究所
	杭州综合试验站	丁雪燕	浙江省水产技术推广总站
	合肥综合试验站	崔凯	安徽省农业科学院
	福州综合试验站	黄洪贵	福建省淡水水产研究所
	南昌综合试验站	陈文静	江西省水产科学研究所
	武汉综合试验站	徐洪亮	武汉市农业科学院
	长沙综合试验站	王金龙	湖南省水产科学研究所
	广州综合试验站	刘付永忠	广东省渔业种质保护中心
	茂名综合试验站	李瑞伟	茂名市茂南三高渔业发展有限公司
	惠州综合试验站	朱德兴	惠州市渔业研究推广中心
	南宁综合试验站	郭忠宝	广西壮族自治区水产科学研究院
	北海综合试验站	高开进	北海钦国冷冻食品有限公司
	玉林综合试验站	张秋明	广西壮族自治区水产技术推广总站
	海口综合试验站	朱海	海南省海洋与渔业科学院
	成都综合试验站	赵刚	四川省农业科学院
	贵阳综合试验站	刘霆	贵州省水产研究所
	昆明综合试验站	缪祥军	云南省渔业科学研究院
	拉萨综合试验站	牟振波	西藏自治区农牧科学院

第二节　建设历程

2008 年，在农业部、财政部等国家部委的多方筹措和努力之下，50 个国家现代农业产业技术体系应运而生，罗非鱼产业技术体系很荣幸地成为农业产业技术体系中的一员。回首十余年罗非鱼体系的成长经历，在全体系人员的共同努力下，罗非鱼产业各环节由原来关联度不大、结合度不高的状态逐步转变为从种业、养殖、饲料、病害防控到加工出口等产业链各环节紧密衔接、串联完整的高度产业化形式，科研人员也由原来"单打独斗"、兴趣导向的科研模式转变为针对罗非鱼产业链中存在的各种具体问题，"抱团取暖"、分工合作的研究模式，获得了很多实用新技术，并将研究成果快速转化，提供给生产一线，切切实实地为广大罗非鱼养殖户、苗种生产单位、饲料企业、加工企业等解决了很多实际问题，使科学技术真真切切地转化成了能够助力产业发展和促进产业升级的生产力。罗非鱼产业在国家产业技术体系成立前后发生的变化实际上也是其他各产业技术体系的一个缩影，国家现代农业产业技术体系的建立切实有效地促进了产业链的确立和快速发展，探索出了一条适合我国现行体制下农业产业发展的新模式。

我国罗非鱼产业与其他水产品种相比，具有产业规模大、工业化程度高、加工比例大、产品附加值高、产品外向型等显著特点，现已成为我国南方地区农业支柱型产业，带动了地区经济发展，农民脱贫致富效果明显。产业技术体系成立后，本着服务于农业和农村的宗旨，通过前期的大量走访和调研深入了解养殖户和相关企业的迫切需求，并紧紧围绕这些需求积极开展工作。组织体系内相关专家攻克了一个又一个技术难题，再通过各综合试验站的示范和带动作用将这些新技术、新方法推广到水面塘头和工厂企业中去，有效解决了不少生产一线存在的各类难题。罗非鱼产业技术体系在罗非鱼养殖区越来越深入人心，受到了养殖户和企业的喜爱。随着体系工作的不断深入，体系的工作机制和工作模式也磨炼得越来越成熟，体系内各职能岗位和综合试验站间开展工作的配合度和默契度也越来越高，体系产生的凝聚力将每一个岗位每一个试验站牢牢地"拧"在了一起，大家心往一处想、劲往一处使，体系的影响力也因此不断扩大。

2017 年，在农业部等多部门的积极努力下，罗非鱼产业技术体系终于迎来新的发展机遇，正式扩充为特色淡水鱼产业技术体系，实现了由"一条鱼到十一条鱼"的华丽升级，十大类从前被业界称为"名特优"的鱼类加入了产业技术体系。新体系成立后研究对象涵盖了冷水性鱼类如鲑、鳟、鲟，温水性鱼类如鲈、鳢、鳜、鮰、鳅、黄颡、鳗、黄鳝，热带鱼类如罗非鱼等。这十一大类涵盖了我国从亚热带到温带甚至寒带、从沿海到内陆的特色鱼类，其中大部分都是国际贸易性鱼类，其加工产品在国际水产品市场深受欢迎。将这些经济价值较高、适合加工成产品出口、国际水产贸易市场需求旺盛、国内消费市场庞大的十一类"名特优"鱼类汇总在一起，利用罗非鱼产业成熟完善的发展经验和产业技术体系十年的管理经验，带动其他十类鱼进入快速发展的模式，使产业链更加紧密、完善，使产品的附加值提高、竞争力提升，这正是特色淡水鱼产业技术体系在做的事。体系升级背后离不开的是国家对农业农村工作的高度重视和政策扶持、农业农村部科技教育司实行的科学高效管理以及现代农业产业技术体系大平台提供的广阔空间。

第三节　研发方向

　　罗非鱼产业技术体系创立伊始直至扩充成为特色淡水鱼产业技术体系至今，一直以创新发展、节能高效、绿色发展为研发宗旨，以促进新科技应用于生产和解放生产力为研究目标进行体系的新技术、新方法的研究开发及推广。随着新时代的来临，产业技术体系和体系内的科技工作者应当在秉持原有研发思路的基础上，深化研究基础，适应新时代的新要求，研究方向也要顺应时代潮流做适当调整，以"加快产业转型升级，实现产业绿色发展"为主要指导思想，充分调动各岗位及综合试验站主观能动性，创新思维方式，加大研发力度，缩短新品种、新技术等新成果的推广应用周期，在新养殖品种综合选育、新型环保绿色养殖方式、新型养殖设备、低密度高效益养殖技术、养殖尾水净化处理技术、新型环境友好型绿色饲料、功能型新型饲料添加剂、加工技术升级、加工废弃物高值化利用技术、病害防控等方向投入大量人力物力进行研发和推广工作，争取创造新的技术突破。

　　1. 新品种培育

　　对于农业产业来说，品种是产业发展的基石，品质优良的品种是产业发展的物质保障和原动力。在原有工作基础上，品种选育工作应兼顾生长速度和养殖产品品质，有针对性地育种，如抗病品系、耐盐品系、耐寒品系、耐低氧品系等更加精准细分的育种方向。针对不同品种、品系加强苗种培育技术的研究，缓解有些养殖品种的苗种供应不足甚至是短缺问题，从根本上解决产业发展的瓶颈问题，推动产业发展。

　　2. 创新养殖模式

　　以前的养殖方式以大面积、大密度池塘养殖、网箱高密度养殖等形式为主，随着新形势下健康环保、绿色发展的养殖理念不断普及，网箱养殖已退出了历史舞台，养殖模式、养殖设备的创新则显得尤为重要，大力研发诸如池塘内循环水养殖模式、养殖水环境原位修复技术、集装箱封闭式循环水养殖技术等，开发多种多样的绿色、环保、高效的水产养殖新技术、新模式。

3. 高效环境友好型饲料研究

加强对各品种鱼类基础代谢规律及营养素需要量的深入研究，优化饲料配方，寻找新型营养替代物和方法，降低饵料系数，提高饲料转化率，优化投饲技术，大大减少残饵对水环境的污染，从而改善水质，也能降低疾病发生的风险。

4. 开发新型饲料添加剂

利用生物工程原理和生物技术手段，继续研发新型饲料添加剂，使饲料的利用率显著提升，减少饲料的浪费，使饲料更加高效地转化成蛋白质，降低饲料成本，减少饲料对水体的污染。

5. 加工废弃物高效利用技术研发

适于加工的鱼类例如罗非鱼、鲴、鳗等，其加工产品后总会产生加工废弃物。目前的加工废弃物利用技术已经较为成熟，今后需要加大研发力度，使鱼类加工废弃物更大程度地被回收利用，使之符合绿色环保的加工理念，减少浪费和对环境的污染，提高加工企业的经济效益。

6. 病害综合防控

加强对特色淡水鱼各品种的疾病发生及发展规律进行观察和统计，加大其病理学、传染病学研究深度，结合降低养殖密度、养殖水质调控等技术，综合防控疾病的发生和蔓延，降低用药频率、减少用药量，减少对环境的污染。

第二章 体系科技创新成果

　　科学技术是第一生产力。当前，我国大力实施创新驱动发展战略，科技创新被摆在国家发展全局的核心位置。科技进步对农业增长的贡献率逐步攀升，从 2012 的 53.5% 到 2017 的 57.5%，农业科技进步贡献率已经超过了土地、资本及其他所有要素的总和，农业科技创新成为现代农业核心竞争力之所依、内生后劲之所在、转型升级之所系。现代农业产业技术体系的成立，搭建了一个从产地到餐桌、从生产到消费、从研发到市场的大平台，为不同领域的科学家建立了大协作机制，这种大平台、大协作有力地推动了农业科技的大创新。据 2017 年农业部统计，近五年来，由体系参与研发和推广的品种进入农业部主推品种占所涉领域的 50%，参与研发和推广的品种与技术获得国家三大科技奖占所涉领域的 67%，现代农业产业技术体系形成的科技创新驱动力日益强劲。特色淡水鱼产业技术体系成立 10 年来，致力于渔业科技的原始创新、集成创新和引进消化吸收再创新，在新品种、新技术、新工艺等渔业重大领域、前沿技术研发和应用上取得了重要突破，在科技创新过程中获得了累累硕果，为现代渔业转型升级、绿色发展装上了动力澎湃的引擎，在保障水产品生产安全和有效供给、渔业增效和渔民增收等方面做出了重要贡献。

第一节 体系标志性成果

一、罗非鱼产业良种化、规模化、加工现代化的关键技术创新及应用

　　该项技术创新及应用获 2009 年度国家科技进步二等奖。

　　罗非鱼是世界性养殖鱼类，我国自 1978 年以来多次引进尼罗罗非鱼，但由于不重视保种和选育，养殖技术与管理水平低，生长和质量不理想；此外加工技术和产品质量低下，缺乏国际市场竞争力，严重制约我国罗非鱼产业发

展。针对于此，自20世纪90年代起，罗非鱼良种选育、苗种繁育、健康养殖和加工研究团队就已开展相关技术攻关，以数量遗传学理论为指导，培育出优良品种4个（其中引进种1个、选育种2个、杂交种1个），生长快，出肉率高，抗逆性强，实现了我国罗非鱼产业的良种化，解决了我国生产罗非鱼规格小、品质低等难题。通过良种、早繁、大规格鱼种培育、配合饲料、池塘改大改深、水质调控等技术组装集成，以及养殖技术的规范，促进了罗非鱼养殖大面积高产和产品质量的提高，为打进国际市场铺平了道路；通过罗非鱼原料到加工过程的质量安全控制技术提高了产品质量和稳定性，建立起从原料鱼到加工产品的质量安全控制技术，保证了产品在全球的流通，促进我国在十年间由罗非鱼零出口国变成了最大出口国。

2008年罗非鱼产业技术体系成立以后，相关岗位紧密结合，通过将各团队研究成果、技术在相关试验站和主产区实施，形成了贯穿罗非鱼产业链上、中、下游的种源、养殖及加工三大亚产业：种源产业实现了我国罗非鱼产业的良种化，4个良种的覆盖率达80%以上；养殖产业实现了从传统作坊型鱼鸭（猪）混养方式到规模化健康养殖的转变和质量的提高，2006—2008年广东、广西、海南、福建、云南五省区共创产值计约217亿元；加工产业促进了我国罗非鱼加工的现代化，涌现了一批设备优良、技术先进、管理规范的加工企业，南方五省区加工品出口创汇16.7亿美元。此外，通过成果应用和推广，2006—2008年共为五省区提供49.35万人的就业岗位，并保证了我国罗非鱼养殖产量全球第一、加工出口全球第一、产业链规模全球第一的地位。

二、罗非鱼产业关键技术升级研究与应用

该项目获2012—2013年度中华农业科技奖二等奖。

我国作为罗非鱼主要生产国，已经多年雄居世界出口和产量第一位。同时，产业发展过程中一些新的需求和问题也开始显现：罗非鱼在长得快的同时，苗种抗逆、抗病、耐盐等性状日益受到关注；年初投苗、年底捕捞养殖模式销售过度集中，形成增产不增收的情况，急需解决越冬鱼种供应和均衡上市难题；随着鱼粉价格提高，替代蛋白源研究成为热点，急需开发低蛋白高糖饲料配方；近年来罗非鱼病害频发且趋严重，有必要针对性研发快速诊断和综合防治技术；目前罗非鱼加工出口量虽居世界第一，但加工产品形式单一，主要

以冻全鱼、冻鱼片为主，精深加工比例较低，限制了企业赢利能力和国际市场竞争力，急需提升加工工艺水平、开发更多新产品。

　　针对罗非鱼产业发展需求，2008—2013 年体系岗位科学家团队和主产区综合实验站技术骨干，在良种选育、苗种繁育和大规格鱼种培育、成鱼养殖、越冬保种、营养饲料、病害防治、质量安全、加工工艺及废弃物利用等全产业环节，对关键技术进行系统升级研究，取得突破性进展。育种方面：在原有奥尼罗非鱼、吉富家系罗非鱼、夏奥 1 号奥利亚罗非鱼等品种基础上，选育出雄性率更高、生长速度更快的奥尼罗非鱼和吉富罗非鱼，并开发耐盐新品种莫荷罗非鱼；建立集成形态学、分子标记、数量统计、个体物理标识等技术的综合育种和保种平台；同时完善苗种扩繁技术，率先实现罗非鱼工厂化育苗的产业化应用。养殖方面：建立池塘高产高效分级养殖、鱼虾混养等模式，创新池塘围栏和越冬棚技术，应用于大规格鱼种和亲鱼越冬培育；开发"一年两造""两年三造"和流水高密度养殖等技术，改变粗放养殖局面，提升养殖水平。饲料方面：建立罗非鱼对 11 种主要饲料原料生物利用率数据库，优化仔稚鱼饲料配方，将氨基酸平衡技术、磷高效利用技术引入饲料配方设计；首次研发后喷酶技术，开发系列低蛋白高糖罗非鱼饲料，并应用推广。病害防治方面：建立罗非鱼常见病原菌快速检测技术，系统开展质量安全研究，完成氟苯尼考等常用药物的药代动力学研究；首次研制出罗非鱼二联链球菌灭活疫苗。加工方面：开发活体发色、海藻糖添加处理等规模化加工工艺；创新研发罗非鱼下脚料中提取粗鱼油、水发鱼皮加工和鱼鳞休闲食品开发等废弃物综合利用技术，提升加工利用率。此外，体系团队还首次开发罗非鱼产业信息平台，开展产业经济预警研究及应用，为业界提供发展和政策建议。

　　2009—2011 年三年间，体系通过共同努力完成产业技术集成和组装，实现产业化应用，累计生产良种苗 8.5 亿尾以上，在两广地区大规模推广；建立的各种养殖模式、病害综合防控技术在两广地区推广示范三年累计 62.5 万亩；推广绿色高效饲料配方技术，累计生产 55.2 万 t 饲料，产值 18.9 亿元；举办各类技术培训班 165 期，培训技术人员及农民 11 878 人次。此外，罗非鱼龙头企业百洋公司通过应用研究成果，在饲料、养殖及加工领域三年累计新增产值 5.62 亿元，新增利润 7 810.6 万元，新增税金 279 万元，创收外汇 2.26 亿美元，并于 2012 年成功上市（股票代码 002696）。

三、罗非鱼种质改良与产品出口关键技术研究

该项目成果获 2009 年度中华农业科技奖三等奖。

项目的主要内容及创新成果：①选育出奥尼罗非鱼、莫荷罗非鱼等优良品种 2 个，建立了良种保种、大规格苗种规模化培育技术体系。②应用多种分子标记技术，从品种遗传鉴定、遗传多样性分析以及亲缘关系等方面较为系统地研究了我国现有和新引进的不同罗非鱼品种（系）的遗传背景。③建立了罗非鱼养殖出口关键技术体系。通过对综合养殖和生态养殖技术及相关配套技术的研究，推行 HACCP 管理技术体系，成功研究并推广了罗非鱼健康养殖出口关键技术，使养殖的罗非鱼质量符合出口质量安全标准，有效避免了罗非鱼产品出口面临的国际贸易壁垒。④获得了 8 个罗非鱼生长相关功能基因，并已登录 GenBank，同时开展了初步功能研究。⑤发明了 3 项加工新工艺和技术，研制出 6 个加工新产品。实现零废弃加工，提高了罗非鱼资源的利用率，减少对环境的污染。⑥获得 5 项授权国家发明专利，1 项实用新型专利。⑦选育的优质罗非鱼品种，已进行广泛的推广应用，累计推广养殖面积 40 多万亩①。2006—2008 年新增产值达到 28.03 亿元，新增利润 5.688 亿元（含加工产值）。2006—2008 年，罗非鱼加工新产品新增产值为 8.19 亿元，新增利税（纯收入）9 835.9 万元，年增收节支总额 1 785.433 万元，经济效益显著。

四、罗非鱼良种选育与产业化关键技术

该技术项目获 2009 年度广东省科学技术奖一等奖。

项目的主要内容及创新成果：针对制约罗非鱼产业化发展的实际问题，通过良种培育和推广、健康养殖技术示范与推广、加工与质量控制技术等罗非鱼产业化关键技术的研发、组装集成和中试熟化，建立了涵盖产前、产中和产后各阶段的规范化的产业技术体系，并广泛应用于罗非鱼规模化养殖产业。

本项目取得以下主要成果：①成功选育出具有自主知识产权的"广特超"牌新吉富罗非鱼优质新品种以及奥尼罗非鱼、莫荷罗非鱼优良品种；②建立了良种保种、大规格苗种规模化培育技术体系。筛选获得罗非鱼同工酶标记 1 个、分子标记 33 个，以及性别相关的分子标记 1 个。构建了尼罗罗非鱼、奥

---

① 亩为非法定计量单位，1 亩 =1/15 hm²。

利亚罗非鱼、橙色莫桑比克罗非鱼的DNA指纹模式图和DNA指纹图谱数据库。采用独创的工厂化循环水高密度育苗和塑料大棚网箱育苗两项技术，使罗非鱼单位水体出苗量比常规技术高20倍，成活率达到90%以上，越冬能力提高了10多倍。反季节育苗成功，确保全年都有罗非鱼苗种供应。③开发了物理方法处理的罗非鱼苗转性新技术，雄性率达到99.7%，改变了通常使用的性激素处理转性技术，确保了罗非鱼产品的安全。④建立了罗非鱼养殖出口关键技术体系。通过对综合养殖和生态养殖技术及相关配套技术的研究，推行HACCP管理技术体系，成功研究并推广了罗非鱼健康养殖出口关键技术，使养殖的罗非鱼质量符合出口质量安全标准，有效避免了罗非鱼产品出口面临的国际贸易壁垒。⑤发明了3项加工新工艺和技术，研制出6个加工新产品。实现零废弃加工，提高了罗非鱼资源的利用率，减少对环境的污染。⑥开展了生殖、生长及抗病相关功能基因的筛选、克隆与表达研究，为这些基因的开发利用打下了基础。⑦已获得5项授权国家发明专利，1项实用新型专利。⑧本成果选育的优质罗非鱼品种，已进行广泛的推广应用。2006—2008年，广东省累计推广养殖面积160万亩，新增产值37.2亿元，创造30万个就业岗位，产生了显著的经济效益和社会效益。

五、"秋浦杂交斑鳜"杂交育种与应用

该技术成果获2016年度安徽省科技进步二等奖。

该项目由安徽省池州秋浦特种水产开发有限公司与上海海洋大学合作完成。项目主要内容与创新成果：采用群体选育技术，在鱼苗、鱼种、成鱼、后备亲鱼阶段，分别对秋浦群体鳜、斑鳜进行群体选育，以体型、生长速度为选育目标，总选择强度为2%，鳜每两年选育一代，斑鳜每三年选育一代。鳜经五代选育，生长速度提高了14.0%；斑鳜经三代选育，生长速度提高了9.5%。利用分子标记技术评估鳜、斑鳜亲本选育群体的遗传变异，选育群体的遗传多样性明显降低，提高了选育亲本的遗传纯度与稳定性。在亲本选育的基础上，采用斑鳜（♀）×鳜（♂）杂交方式，进行催产激素催产、人工授精，生产出生长速度快、饵料系数低、易驯食的新型杂交鳜鱼品种，获得了国家级水产新品种"秋浦杂交斑鳜"（GS 02–005–2014）。"秋浦杂交斑鳜"在湖北、江西、浙江等10多个省份进行推广应用，取得了良好的养殖效果和效益。

六、鳜人工饲料易驯食机理、品种选育和可控养殖技术研究与示范

该成果获 2017 年度湖北省技术发明奖二等奖、第十届大北农科技奖水产科学奖。

对鳜驯食机理、品种选育和可控养殖技术研究进行了系统深入的总结和提炼，形成了"鳜人工饲料易驯食机理、品种选育和可控养殖技术研究与示范"成果。项目成果揭示了鳜拒食人工饲料的感觉神经机制及驯食决定机制，鳜主要依靠对运动敏感的弱光视觉和特有的侧线振动感觉来捕食活饵料鱼，而决定一般养殖鱼类摄食饲料的化学感觉，不能诱导鳜对食物的攻击反应，仅能在吞咽食物过程中发挥作用。进一步发现了鳜驯食决定机制，涉及视觉、节律、食欲及学习记忆等关键信号通路，明确了晨昏弱光驯食、促摄饵物质诱食及示范鱼带动等方法可有效地提高鳜人工饲料驯化率。据此，建立了鳜驯食人工饲料技术，驯食成功率达 90% 以上；基于饵料鱼皮肤黏液物质组成，成功研发出鳜专用的绿色高效促摄饵添加剂，可以显著提高鳜生长和饲料利用，成功研发出鳜高效实用人工饲料，用饲料替代活鱼养鳜，饲料系数从 7.5 降至 1.68，而饲料养殖的鳜生长速度及肉质不变；建立了易驯食鳜品系与人工饲料配套技术，成功选育生长快、较易驯食翘嘴鳜华康 1 号等；建立了鳜人工饲料可控养殖新技术，成功建立鳜苗种开口饵料新技术。项目内容已授权专利 9 项，其中发明专利 8 项，实用新型专利 1 项项目发表了学术论文 115 篇，其中 SCI 论文 57 篇，出版专著 4 本，与美国 NRC 水产营养饲料主席 Hardy 教授等合作出版专著《世界鳜鲈养殖创新与产业化》。翘嘴鳜华康 1 号新品种通过国家原良种委员会审定，在湖北与广东等多地开展成果推广示范，建立了 3 个示范基地。该成果提高了鳜养殖的饲料转化效率并减低环境氮、磷排放，通过集约化、工业化方式在可控环境中生产高品质鳜产品，保障我国鳜产业持续健康发展。该成果获 2017 年度湖北省技术发明奖二等奖；第十届大北农科技奖水产科学奖。

七、罗非鱼良种选育及规模化健康养殖关键技术研究与示范

该成果获 2009 年度广西科技进步二等奖。

开展了罗非鱼良种选育。在国内首次采用群体继代选育法对埃及和吉富尼罗罗非鱼进行了 4 个世代选育，获得了生长和繁殖性能优良的 2 个新品系。利用这两个新品系作母本与奥利亚罗非鱼作父本进行杂交，其杂交后代的生长速

度分别比 P0 代提高了 18.64%、14.37%，雄性率均超过 96.2%，为解决广西罗非鱼养殖业发展中的良种"瓶颈"问题提供了技术支撑。在国家级广西南宁罗非鱼良种场应用，扩繁亲本 26.2 万尾，生产杂交罗非鱼苗种 3.94 亿尾，收入 919.5 万元，利润 459.1 万元。

进行了新品系杂交罗非鱼规模化健康养殖技术研究与示范。通过对池塘标准、放养规格、放养密度、水质调控、饲料投喂及疾病预防等关键技术的研究，首次建立了适合广西罗非鱼集约化标准化养殖的模式，并制定了相关的技术规范。示范养殖密度比传统模式提高了 26.7%，养成的商品鱼符合大规格标准（800 g/尾）比例达到 92.5%，为解决广西罗非鱼加工出口原料鱼规格偏小的难题提供了技术支撑。在罗非鱼示范养殖中引入 HACCP 管理体系，根据出口型罗非鱼健康养殖生产的工艺流程和危害分析结果确定出了 5 个关键环节的显著危害控制点（CCP），并对各关键控制点的安全危害因素进行了分析，确定了关键限值（CL），制定了相应的监控纠偏措施，对产品质量进行监控。首次建立了适合广西出口型罗非鱼健康养殖 HACCP 体系的技术规范。生产的商品鱼按国家无公害食品标准和罗非鱼加工出口食品标准进行检测，合格率达 100%，为解决广西罗非鱼加工出口原料鱼的质量安全问题提供了技术支撑。在南宁、北海 2 市 6 个县区示范池塘面积 8 880.5 亩、网箱 13 276 m^2，总产成鱼 13 795.64 t、产值 10 225.38 万元、利税 2 089.61 万元；在南宁、北海等 6 个罗非鱼主产区推广良种养殖面积共 19.12 万亩，总产成鱼 14.62 万 t、产值 10.23 亿元、利税 2.92 亿元；出口创汇 3 043.96 万美元。

通过项目实施，解决了制约广西罗非鱼产业发展的良种供应、成鱼规格和质量安全 3 个重大产业问题，提高了良种覆盖率、养殖产量、产品质量及出口创汇竞争力，为广西罗非鱼产业健康发展提供了技术支撑，取得了显著经济社会效益。项目研究成果总体水平居国内领先。

八、罗非鱼脂肪肝病综合防治技术研究

该研究成果获 2011 年度广西科技进步三等奖。

通过对罗非鱼脂肪肝主要致病因子及致病机理的研究，建立了罗非鱼脂肪肝病综合防治技术及罗非鱼脂肪肝病的诊断标准，并在广西示范推广，有效地控制了罗非鱼脂肪肝病的发病率，提高了大规格商品罗非鱼养殖成活率，为罗非鱼集约化养殖及其加工出口提供科学理论依据和技术保证，促进广西罗非鱼

养殖产业化持续、健康和快速发展。在国内首次系统研究了胆碱、肌醇、氧化油脂、L-肉碱、磷脂和脂肪等主要营养因子对罗非鱼脂肪肝病的影响和饲料中的适宜添加量，研制了预防罗非鱼脂肪肝的饲料配方，并进行了生产性推广应用，制定了企业标准《罗非鱼脂肪肝病诊断标准》和《罗非鱼脂肪肝病综合防治技术规范》；实施池塘试验面积 73 亩和网箱 300 m²，脂肪肝发病率 2.2% ～ 4.0%，未发现试验鱼因脂肪肝发病死亡现象；推广应用预防脂肪肝病饲料 53 130 t，面积 33 315 亩，取得了显著的经济效益和社会效益。

九、罗非鱼链球菌病分子流行病学与免疫防控技术研究

该成果获 2013 年度广西科技进步二等奖。

2006—2012 年连续 7 年对广西、广东、海南、云南、福建等我国罗非鱼主产区 30 多个市县 1 000 多个不同养殖模式的养殖场进行了链球菌病调查，全面掌握了我国罗非鱼链球菌病流行情况及发病规律。2009—2012 年该病造成直接经济损失累计约 50 亿元，严重影响了我国罗非鱼产业的可持续发展。应用自主建立的 PCR 快速检测方法对上述 5 省区临床分离到的 249 株链球菌病菌株进行了菌种鉴定，发现我国罗非鱼链球菌病流行菌种已从 2008 年以前以海豚链球菌为主（95% 以上）转变为 2009—2012 年以无乳链球菌为主（98% 以上）。首次全面分析了我国罗非鱼链球菌病流行菌株血清型和基因型，发现 2007—2012 年我国罗非鱼无乳链球菌血清型存在 Ia、Ib 和 III 三种血清型，其中 Ia 为优势血清型；流行菌株 PFGE 基因型存在地域差异，并且随时间发生变化。首次全面分析了我国罗非鱼链球菌病流行菌株免疫原性，表明无乳链球菌流行菌株的免疫原性不仅与其血清型有关，还与其 PFGE 基因型有关，发明了一种鱼类链球菌病疫苗候选菌株筛选新方法，筛选获得一组可以免疫保护我国绝大部分临床菌株的疫苗候选菌株组合 VG+VB。建立了国内菌株来源最广、数量最多、时间最长、数据最详的罗非鱼链球菌病病原库，目前实验室保藏临床菌株 249 株。首次研发出罗非鱼链球菌病二联灭活注射疫苗，实验室试验相对免疫保护率达 90% ～ 100%，并摸索出池塘和网箱罗非鱼常规免疫及紧急免疫技术，在生产上应用，相对免疫保护率达 93% 以上。该疫苗制备技术 2012 年获得了国家发明专利授权。首次从基因、细胞和机体水平系统研究了罗非鱼 HSP70 抗链球菌病的免疫学功能，发现 HSP70 可以显著提高罗非鱼机体和免疫细胞的抗原递呈与免疫反应功能，并成功应用于罗非鱼链球菌病口

服疫。通过抗原量、佐剂量、免疫量及免疫程序优化，将前期研发出的罗非鱼链球菌病HSP70－肽微粒口服疫苗从原来10 d的免疫保护期延长到25 d，实验室试验相对免疫保护率保持在75%以上，生产上应用获得80%以上的相对免疫保护率。该疫苗免疫技术被南方报业传媒集团授予"2011中国水产业风云榜年度技术"。

建立了一支水产病害免疫技术研发团队，应用罗非鱼链球菌病免疫防控技术，在3个项目协作单位免疫罗非鱼930万尾，获得了显著的免疫防病效果，减少病害造成的直接经济损失756万元。

十、特色淡水鱼深加工及冷藏保鲜技术

该技术成果获2017年度湖北省科技进步三等奖。

湖北省淡水产品产量连续20年居全国第一，2016年特色淡水鱼（鲈鱼、鳜鱼等）总产量达76.42万t。湖北省从事特色淡水鱼加工的企业有近20家，普遍存在深加工不足、产品形式单一、设备不配套等问题，严重制约行业发展。针对以上问题，团队开展如下三部分工作：①特色淡水鱼深加工及冷藏保鲜技术研究。以鲈鱼为原料，系统开展嫩化参数、热调理参数、冷藏参数对鱼肉理化性质、感官质构、营养成分的影响研究，获得适用于淡水鱼的复合嫩化剂、复合天然抗氧化剂，热调理时间及贮藏温度；研发淡水鱼深加工与冷藏保鲜技术，并将该技术应用于鳜鱼、鲌鱼等特色淡水鱼产品的研发与生产中。通过配方调整和工艺优化，特色淡水鱼加工产品的品质不断提升。②特色淡水鱼产品研发与应用。根据企业发展需求研发新产品，系统研究脱腥工艺、原料配比、灭菌剂量对鱼肉脯产品感官评分和菌落总数的影响，获得产品最优脱腥工艺组合、最佳原料配比、最佳灭菌剂量。在鱼肉脯产品中添加鱼骨刺等加工副产物，有效地提高了淡水鱼的利用率和营养价值。研发了清蒸香鲈、臭鲈鱼、脱脂大白刁鱼、臭鳜鱼、荷塘鳜鱼等产品。进一步对相关特色淡水鱼加工企业进行技术推广，先后与潜江昌贵、天门鑫天、漳州兴威、福建馥华、潜江好榜样等企业签订技术合作协议，逐步打造特色淡水鱼产业集群。相关企业每年可加工鳜鱼、鲈鱼、鲤鱼等特色淡水鱼制品约1 500 t，产品销售网络已经遍布全国的一级城市和部分二级城市。③特色淡水鱼加工设备创新性改造。结合生产实际，团队对企业鱼肉采肉机、斩拌锅、精滤机、鱼卷成型机、臭氧清洗机、平板冷冻机六大设备进行创新性改造，设备升级改造后可有效去除鱼肉腥

味、防止生产中鱼肉堆积,设备稳定性、产品出品率、生产效率均有提高。

成果获授权国家发明专利及实用新型专利 7 项,成果鉴定 1 项(国际先进),创制新产品 7 个;推广应用企业 5 家,累计加工特色淡水鱼制品 7 000余吨,累计新增销售额达 8 亿元,新增利润 7 200 余万元。该成果有效解决了淡水鱼产品品质下降、形式单一、加工设备不配套的难题,提高了企业市场竞争力,带动了湖北特色淡水鱼产业的加速发展,为湖北省特色淡水鱼深加工产值提升做出了贡献。

十一、罗非鱼零废弃加工与质量控制技术

该技术成果获 2010 年度海南省科技进步一等奖、2010 年广东省农业技术推广奖一等奖、2010 年中国轻工业联合学会科技进步二等奖。

该成果通过技术集成和创新,研究建立了罗非鱼零废弃加工与质量控制技术体系,主要创新性成果包括:①建立了罗非鱼零废弃加工与质量控制集成技术,涵盖罗非鱼加工前、加工中和加工后各阶段的规范化的产业技术体系,并广泛应用于罗非鱼加工产业。②采用活体发色新技术对罗非鱼进行发色,研究无磷品质改良剂新技术,改进了罗非鱼片加工工艺技术,不仅提高了罗非鱼片产品的品质,而且创造了低耗节能的罗非鱼加工技术。③开发了多元化新产品,研究了液熏罗非鱼片、冰温气调保鲜、罐头节能加工新工艺技术,开发了液熏罗非鱼片、罗非鱼罐头、腊罗非鱼制品、冰鲜罗非鱼等系列产品,使罗非鱼加工产品多元化,增强市场竞争力。④罗非鱼加工副产物的"零废弃"高值化利用技术,提高罗非鱼资源的利用率,减少对环境的污染,开拓了罗非鱼加工"零废弃"的途径。⑤对罗非鱼内脏酶进行研究与开发,建立了罗非鱼内脏酶筛选体系,建立了超声波法提取罗非鱼内脏酶的技术,提取了具有应用价值较高和活性较强的罗非鱼内脏中鱼肠蛋白酶、肝脏中 SOD 酶和辅酶 Q10,并研究其性质和应用效果。⑥建立了罗非鱼原料的重金属和渔药等有毒有害物质数据库、罗非鱼食源性致病微生物预警体系、罗非鱼加工过程的减菌化处理技术、加工系列标准、产品可追溯管理技术规范和品质评价体系,提高了产品的质量和安全性。

该技术符合罗非鱼加工产业的实际需要,不仅提高了罗非鱼加工技术和产品的品质,使罗非鱼产品多元化、系列化,确保罗非鱼产品的质量安全,而且节约成本,增强产品的市场竞争力。在海南、广东、广西三个省的 11 家企业

进行推广应用，新增产值 22.65 亿元，利税达 2.31 亿元，经济效益和社会效益显著。该技术成果经专家鉴定，鉴定委员会认为该成果总体居于国际先进水平，部分达到国际领先水平。

第二节　完善育种技术　培育优良品种

一、特色淡水鱼种质资源评价与应用推广

1. 罗非鱼优良品种种质资源评价和应用推广

随着我国罗非鱼养殖业的快速发展，养殖面积不断扩大，苗种需求量增加，但是育种单位的保种技术水平参差不齐，罗非鱼种质资源的问题日益突出；个别苗种场生产的种苗性状不稳定，遗传分化大；保种操作不规范，存在种质混杂现象；引种后群体遗传信息是否稳定遗传直接关系着苗种质量，亟待对其进行跟踪监测；苗种场保种及苗种生产缺乏相应的行业标准作为操作准则，无标准可依。究其原因主要还是良种普及程度不够高、优良性状亲本生产的子代苗种供不应求、引种保种技术研究不够深入且缺乏相应操作标准等原因所致。通过对优良亲本的大力推广以及研究工作的不断深入和各方共同努力，此现象已经得到了有效缓解。

历时十年科研攻关，相关育种岗位专家开展了罗非鱼品种（系）开展种质特性、良种选育、引种保种及种质标准化工作研究。针对保种罗非鱼各品种种质特性不清晰的问题，应用生物分子标记技术研究罗非鱼资源群体的遗传特性，完整分析了奥利亚罗非鱼、尼罗罗非鱼多个不同资源群体间、家系间以及世代间的遗传差异和遗传潜力，构建了尼罗罗非鱼、奥利亚罗非鱼、橙色莫桑比克罗非鱼的 DNA 指纹模式图和 DNA 指纹图谱数据库，实现了分子技术与传统育种技术的有机结合。针对不同亲本的杂交奥尼子代生长性状存在显著差异的问题，开展种间杂交试验，利用不同来源的奥利亚罗非鱼和尼罗罗非鱼作亲本杂交，杂交获得的奥尼杂交鱼群体生长性状的母本效应远高于父本效应，并建立了通过优选母本品系培育更具杂种优势奥尼罗非鱼的技术路线；针对现有苗种生产单位亲本易混杂，苗种繁育操作不规范导致性状不稳定的问题，开展罗非鱼相关种质及苗种标准修订和制定工作，修订了《奥利亚罗非鱼》行业标

准，制定了《奥利亚罗非鱼苗种》行业标准，为种质鉴定以及苗种繁育的标准化、规范化提供了依据。通过以上研究成果培育罗非鱼新品系 4 个，2014—2016 年在广东、广西累计推广尼罗罗非鱼、奥利亚罗非鱼良种 22.5 万尾，扩繁良种后备亲本 6.2 万组，生产苗种 15 300 万尾，示范养殖 51 000 亩，新增产值 49 427 万元，新增利润 6 744 万元；2011—2016 年，向社会提供吉奥罗非鱼苗种 2.6 亿尾，覆盖了广东、广西、海南等省（区），累计推广面积 173 万亩，新增产量 262 045 t，新增产值 235 101 万元，新增利润 59 218 万元，经济与社会效益显著，获得了较高的评价。

2. 鲫等特色淡水鱼种质资源评价与应用

相关种质资源与品种改良岗位专家围绕鲫、淡水鲈、鳢和黄颡鱼育种工作，开展了相关的种质资源评价研究。完成了主养区养殖群体、不同地理野生种群的淡水鲈、鳢和黄颡鱼遗传多样性分析，为上述鱼类的进一步选育工作奠定了基础。突破了一种斑点叉尾鲴微卫星家系鉴定方法，该方法能够对斑点叉尾鲴谱系进行准确鉴定，准确率达 96.6%，能够快速准确鉴定斑点叉尾鲴混养个体亲本，为后续斑点叉尾鲴混养并开展标准化生长比对提供了基础，提高选育效果。

采用 PacBio 三代测序、Hi-C 分析及三代全长转录组技术进行大口黑鲈和黄颡鱼基因组测序、组装与注释，此项工作为下一步种质资源挖掘与育种研究奠定坚实基础；结合基因组测序与转录谱等分析，挖掘与大口黑鲈生长、性别等性状相关基因资源。其中性别决定与分化的分子机制研究，证实了 Dmrt1 在大口黑鲈中的性别二态性表达。开展性别控制与单性鱼培育研究，完成大口黑鲈性腺发育周期观察，确立其性别分化点，并利用激素处理技术建立第 1 代性逆转群体。利用 RAD-seq 技术构建了斑点叉尾鲴遗传连锁图谱，并进行了性别、生长相关 QTL 分析。利用雌、雄性乌鳢、斑鳢基因组 NGS 数据，运用序列比对和基因组组装等方法，从基因组中解析出性染色体显著差异序列，首次建立简捷高效的乌、斑鳢遗传性别 PCR 鉴定方法。通过比较黄颡鱼和瓦氏黄颡鱼部分基因组序列的差异，获得了一个 DNA 分子标记能有效区分黄颡鱼、瓦氏黄颡鱼及其杂交种。上述各项工作对于培育大口黑鲈、鲫和鳢优良品种、推动健康可持续养殖具有重要意义。

二、构建了鳜和斑点叉尾鮰遗传连锁图谱并进行重要性状定位

采用 ddRAD-Seq 技术构建了翘嘴鳜首张 SNP 高密度遗传连锁图谱。进一步对鳜性别和生长 2 个性状进行全基因组关联分析，获得共 16 个与性别决定和生长相关位点。该图谱的构建为鳜重要性状相关的基因与标记的进一步定位提供宝贵资源，同时将有助于鳜基因组序列的组装，并对后续鳜分子选育种研究、加速鳜优良品种的培育具有重要意义。利用 RAD-seq 技术构建了斑点叉尾鮰遗传连锁图谱，并进行了性别、生长性状的全基因组关联分析。利用初步筛选到的 10 661 个 SNP 进行分群和遗传连锁图谱构建，结合斑点叉尾鮰染色体数目共分出 29 个连锁群。利用遗传连锁图谱对斑点叉尾鮰基因组进行组装，组装得到的数据为 700 M，占基因组大小的 86.7%，map 基因 18 733 个，占总基因数的 86.9%。遗传连锁图谱的构建以及全基因组的组装为后续斑点叉尾鮰的基因组育种研究、分子标记开发和应用奠定了基础，对斑点叉尾鮰的分子育种研究具有重要意义。

三、黄鳝养殖模式及仿生态繁育苗种技术研究及应用

黄鳝养殖在我国发展非常迅速，2016 年已达到 38.6 万吨，产值近 230 亿元，但黄鳝产业存在诸如鳝苗基本依赖于野生资源、培成活率低等问题。针对黄鳝产业存在的关键问题，系统地对黄鳝营养、消化、繁殖生理、苗种繁育、养殖技术等进行了研究。攻克和形成了黄鳝苗种生态繁育的核心技术。研发出了微流水循环式网格培育黄鳝苗种技术，将黄鳝苗种培育成活率从 30% 左右提高到 90% 以上。研究了黄鳝的营养与消化生理、饲料配方与投喂技术，开发出了黄鳝的专门配合饲料。研发出了基于生态学方法的黄鳝性别调控技术和黄鳝人工生态繁殖技术，改变了鳝苗过去完全依赖于野生种苗的状况。

四、建立了特色淡水鱼基因组辅助育种、转基因育种等育种平台

已完成了 XX 雌鱼和 YY 超雄黄颡鱼的全基因组组装，组装出了黄颡鱼 X 和 Y 染色体，为黄颡鱼的性控育种提供理论基础，正在建立黄颡鱼基因组辅助育种技术平台，辅助黄颡鱼生长和抗病等性状的选育工作。采用可遗传全雄生产技术（GMT 技术）获得了不需要雄性激素处理的全雄罗非鱼粤闽 1 号，具有生长快、出肉率高等特点，已在多地进行了中试，取得了显著效果，带动了

当地罗非鱼产业的健康发展。结合性逆转和性别标记鉴定技术成功创制YY超雄斑鳢，并利用YY超雄斑鳢与XX乌鳢生产出首个全雄杂交鳢，2018年实现规模化生产，生产全雄苗种300万尾，大规格苗种150多万尾，养殖对比试验显示全雄杂交鳢生长速度提高20%以上，饲料系数显著降低，成活率明显高于其他品种，综合效益提高50%以上。

开发并比较金鱼Tgf2转座子和巨核酸酶I-Sce I介导的基因转植技术，证实两种方法均可有效提高斑马鱼基因转植的效率与整合率。通过高通量测序比较罗非鱼受链球菌感染前后的转录谱数据，从中挖掘出可受温度与细菌感染调控转录的热激蛋白基因Hsp70的启动子；采用基因工程技术制备6种鱼虾溶菌酶重组蛋白并比较其溶菌活性，选取具较强溶菌活性的罗非鱼C3溶菌酶（c-type lysozyme 3）作为转植靶基因；构建了基于Tgf2转座子系统、Hsp70启动子驱动的C3基因转基因元件，通过显微注射获得转基因罗非鱼，并已获纯系。转C3基因罗非鱼珠研1号的F2和F3代均具有较高的C3基因表达水平与较强的抗病力，说明Hsp70基因启动子驱动的溶菌酶基因可提高受体鱼的抗病力。"转c-type lysozyme 3基因抗病尼罗罗非鱼珠研1号"现已获农业农村部农业转基因生物安全管理办公室"转基因生物中间试验"的批文（农基安办报告字〔2018〕第660号）。通过进一步扩大培育及相关生物安全评估，有望为罗非鱼养殖业提供抗病品系，促进罗非鱼养殖业健康可持续发展。

开展了虹鳟优良品种的选育工作，形成了拥有自主知识产权的核心育种技术，同时适应产业需要，积极开展虹鳟全雌三倍体制种技术研究工作，并向主要养殖区域进行了推广，取得良好的效果，平抑了进口虹鳟三倍体鱼卵价格。

第三节　精准化营养需求　优化饲料配方

在特色淡水鱼营养需求及高效绿色饲料技术研究方面，取得众多进展。

一、罗非鱼精准营养需求及高效饲料技术研究与应用

该成果系统研究了罗非鱼养成中期（50-200 g）和养成后期（>200 g）的营养需求，建立了罗非鱼各阶段的营养需求数据库；研究了壳寡糖、胆汁酸、红景天等12种功能性添加剂在罗非鱼饲料的应用效果，提高了罗非鱼的

生长性能和饲料效率，改善了鱼体健康；红景天、干姜和黄芪多糖等饲料添加剂明显提高了罗非鱼低温环境下的存活率；首次合成了乙酰阿魏酸乙酯，具有明显促进罗非鱼生长和抗氧化功能的作用；建立了不同生长阶段的罗非鱼饲料原料评估及饲料配方技术，构建了精准投喂技术，有效降低了饲料系数和氮磷排放。该成果技术配制的罗非鱼饲料在大规模的生产实践中表现如下：20～50 g的养殖阶段，饲料系数为 0.6；在 20～250 g的养殖阶段，饲料系数为 0.8；20～600 g的养殖阶段，饲料系数为 1.1～1.2；饲料氮蓄积率可达50%；磷蓄积率可达 25%。截至 2018 年 9 月，该成果已经在广东、福建、广西、海南和云南等省区累计推广应用罗非鱼饲料 40.8 万 t，新增产值 17.785 亿元；累计推广应用罗非鱼多维多矿预混料 1 580 t，间接应用到罗非鱼饲料 14.8万 t，新增产值 1 315 万元。本成果已经累计发表学术论文 75 篇，获国家发明专利 6 项。成果评价专家组一致认为，该成果总体达到国际先进水平，其中养殖中后期的罗非鱼精准营养需求和提高罗非鱼低温条件下存活率的饲料技术达到国际领先水平。

二、藻源性新蛋白源在水产饲料中应用的关键技术取得进展

微藻具备高效浓缩固定 CO_2 的能力，可利用海洋、滩涂、荒漠等非粮食作物用地作为养殖场所，且富含蛋白质、高不饱和脂肪酸、富含 EPA 和 DHA、微量营养素和天然色素、多糖等多种生物活性物质，生长周期短，繁殖迅速，生产不占用耕地，可工厂规模化养殖。

开展了藻源性新蛋白源在水产饲料中应用的关键技术研究，探讨了微藻作为新型蛋白源替代鱼粉，对鱼类生长、代谢、品质特征等所产生的影响及其机制，在此基础上提出了一种替代水产饲料中鱼粉的藻源性复合蛋白混合物及应用技术，已经申请国家发明专利（已受理，申请号：201810 137 459.4）。同时还开展了微藻作为功能性的饲料原料对特色淡水鱼品质提升作用的研究。本研究将为促进藻类资源在水产养殖上的应用和水产饲料业的发展提供科学依据和技术支撑。

三、乌鳢营养需求及高效环保配合饲料关键技术的研究与应用

根据乌鳢对饲料气味、质地的选择，筛选不同形态、粒径、比重的饲料，进行摄食驯化，最终由不摄食到 100% 摄食人工配合饲料。在国内率先提出乌

鳢苗种摄食驯化方法，解决了苗种难以摄食驯化、培育成活率低的瓶颈问题（取得授权发明专利ZL201010269947.41）。研究了乌鳢的营养素（蛋白质、蛋能比、维生素C、赖氨酸、含硫氨基酸及磷）需求量；研究了蛋白质和维生素B6、蛋白质和维生素E对乌鳢生长和蛋白质代谢的交互作用；提出以植物蛋白源为主要蛋白源时，需额外补充赖氨酸和蛋氨酸等必需氨基酸。按照乌鳢的营养需要，筛选磷源、添加植酸酶、维生素D和调控钙磷比等措施降低饲料氮磷的排泄，研制环保饲料。从整体代谢水平、细胞和分子水平系统地阐述胁迫状态下鱼体的生长、免疫与抗病、代谢与内分泌调控以及应激反应的变化，筛选抗应激和抗病的可商品化的免疫增强剂（丙氨酰－谷氨酰胺（力肽）、L－甘露寡糖、L－肉碱、虾青素等）剂量、周期和投饲策略，通过以上绿色免疫增强剂的筛选研制抗病饲料。同时结合生产实践，研究适合乌鳢摄食的配合饲料加工工艺和参数（如含水量控制、淀粉含量、调质管进口温度控制等保证其浮性率），结合养殖单位和饲料生产单位的实践，梳理和提炼农业行业标准《乌鳢配合饲料》（NY/T 2072–2011），可规范全国乌鳢配合饲料的生产和流通。最终达到为乌鳢提供易摄食、营养精准、高效环保及抗病的专用配合饲料全程替代冰鲜鱼养殖。

四、环保型鳗鲡膨化浮性配合饲料和幼鳗驯食技术取得进展

针对我国鳗鱼养殖中使用传统粉状饲料存在的因饲料溶散而污染水质的弊病，以及使用不便、饲料成本高和鳗个体生长均匀度差等问题。研发出了环保型鳗鱼膨化浮性颗粒饲料配套技术，该技术产品采用先制粒后真空喷涂油脂的饲料加工工艺，可生产出脂肪水平高达15%～25%的鳗配合饲料；因使用低廉的面粉作为黏合剂，利用理想氨基酸模式使用非鱼粉源蛋白质饲料原料，且降低饲料粗蛋白质水平1～3个百分点，使饲料成本降低10%左右；该产品在美洲鳗养殖中应用，取得了与粉料生长性能接近，肝脏健康明显改善，氮排放减少6.5%的效果。该产品比传统粉料在环保、节水、省工、降低饲料成本及提高鳗均匀度和经济效益等方面优势明显。如何使鳗鱼尽早尽快改变摄食粉料的习惯，从摄食粉料转到膨化浮性颗粒饲料对鳗鱼养殖的意义重大。建立了主要通过改造投料台、逐渐在粉料的悬浊液中增加颗粒饲料比例和控制投料量的驯食方法，可实现7～12 d完全驯食鳗鱼摄食膨化浮性颗粒饲料。本技术有关内容已申请发明专利2项（申请公布号：CN108094765A、

CN107996892A）。环保型鳗鱼膨化浮性颗粒饲料配套技术对于鳗鱼养殖尤其是循环水养殖模式具有重要意义，极具推广前景。

五、大口黑鲈营养与饲料的研发与推广应用

以饲料的必需氨基酸（赖氨酸、蛋氨酸、精氨酸和苏氨酸）的最适需求量、非蛋白质能量（糖类和脂类）和常见植物性蛋白质原料中的抗营养因子对大口黑鲈的生长、营养物质的利用、内分泌和免疫的影响作为基础性研究的重点，探明了大口黑鲈营养与摄食、消化、生长、内分泌和健康的内在的规律；揭示了使用配合饲料饲养大口黑鲈过程中常出现的摄食量下降、肝脏病变、生长不良等内在原因；从而实现了营养调控的科学化和精准化，为配合饲料配方和加工工艺的科学制定奠定了依据。在此基础上，开展了与大口黑鲈专用饲料配方相适应的饲料加工工艺与设备的研究，解决了酶制剂体外降解饲料中抗营养因子，低淀粉与高水平油脂饲料的加工工艺与装备等一系列难题。通过上述研究的开展，最终解决了大口黑鲈专用高效配合饲料的配方与饲料加工的技术难题，为大口黑鲈高效配合饲料的产业化奠定了坚实的基础。研发的大口黑鲈专用配合饲料产品经大量的生产实践证明，具有高效（饲料系数<1.0）和环境友好（饲料的氮保留率大于45%），并能完全替代冰鲜杂鱼饲料的优点。围绕上述研究与开发，研究团队已在国内外学术期刊上发表学术论文20多篇，获得国家发明专利3项。

六、黄鳝和泥鳅营养与饲料研究取得初步进展

研究了大鳞副泥鳅和黄鳝脂肪营养需求，研究结果明确了大鳞副泥鳅和黄鳝在不同发育阶段对脂肪需求，在保证大鳞副泥鳅和黄鳝获得较佳的生长性能条件下，提高脂肪的利用效率，减少蛋白质含量，降低氮排放，有利于养殖水域生态维护和健康发展；其次比较了不同脂肪源对黄鳝生产性能和消化吸收率的差异，结果表明鱼油作为脂肪源效果最好；研究了投喂频率对泥鳅生长的影响，结果表明：日投喂3次，大鳞副泥鳅可获得最佳生长性能；日投喂2次可获得最佳饲料利用率；研究了饲料原料粉碎粒度对泥鳅和黄鳝生长的影响；同时为了深入研究黄鳝养殖生产上常见的脂肪肝病，用CCl_4为肝损伤剂建立了黄鳝肝损伤模型。

七、研究鲟鱼营养需求参数，开发绿色高效鲟鱼饲料技术

研究了1种杂交鲟（市场主养品种）幼鱼对饲料中维生素C、烟酸和肌醇的需要量。获得了1种鲟鱼（达氏鳇）幼鱼对6种饲料原料的表观消化率、肠道微生物的组成，以及2种饲料蛋白原料对相关基因表达的影响。开展鱼粉替代技术研究，查明了不同比例豆粕替代鱼粉对1种杂交鲟幼鱼生长性能、体成分、饲料系数、生理指标及氮磷排放的影响，进行了不同比例豆粕替代鱼粉的条件下杂交鲟幼鱼的代谢组学研究。开展鲟鱼氮磷排放机理的研究，采用鲟鱼插管技术进行了1种杂交鲟幼鱼的磷灌注实验。研究饲料添加剂在增强鲟鱼免疫力等方面的作用，开展了益生素在1种杂交鲟中的应用试验。研究了不同投喂率、投喂频率、饥饿再投喂对1种杂交鲟幼鱼生长性能、饲料系数及相关生理指标的影响，还开展了匙吻鲟投喂技术研究。这些研究对于优化鲟鱼饲料配方、优化投喂方式、减少氮磷排放，均具有一定的指导意义。

八、鲑鳟营养需求及高效饲料技术研究与应用

开展了鲑鳟鱼营养需求、饲料高效利用技术、绿色添加剂的研发和精确投喂技术研究。完善了鲑鳟鱼类的营养需要数据库，揭示其营养物质代谢规律及对肠道发育和免疫的作用机理。构建了蛋白源和脂肪源高效利用技术，评定了牛磺酸、茶多酚、谷胱甘肽等免疫制剂对虹鳟生长和免疫的作用，筛选出中草药免疫增强剂和益生菌，开发的虹鳟高效饲料，饲料系数（0.9～1.1）均达到或超过进口饲料水平，而饲料成本显著低于进口饲料。构建了土著鲑科鱼类的投喂模式，节省养殖成本2%～5%。鲑鳟鱼营养数据库构建，高效环保饲料开发和精准投喂模式的建立为推动鲑鳟鱼类规模化养殖、促进冷水鱼产业发展发挥重要作用。

第四节　建立和完善病害综合防控体系

一、寄生虫区系与重要寄生虫生活史和感染模型的建立

以养殖对象特色淡水鱼为主，结合野外调查和文献收集，系统建立它们的

寄生虫区系名录，并期望逐步发展成寄生虫图谱，为寄生虫病的准确诊断和防治提供科学依据。

寄生鳜鱼鳃部的寄生虫包括河鲈锚首吸虫、微山尾孢虫，寄生鳜鱼消化系统的寄生虫包括大型多钩槽绦虫、强壮粗体虫、假全棘环虫、黄颡前驼形线虫、鳜毛细线虫、胃瘤线虫、鳜航尾吸虫、河鲈源吸虫、斜睾合肠吸虫、鳔等睾吸虫、范尼道弗吸虫。其中，锚首吸虫、尾孢虫和棘头虫有引起疾病造成危害的报道。

寄生黄颡鱼鳃病的寄生虫包括即黄颡四锚虫、黄颡伪锚盘虫、月斧伪锚盘虫，以及寄生甲壳动物固着鳋和长三指鳋，肠道寄生虫包括寡钩恒河绦虫、强壮粗体虫、黄颡刺盖线虫、杜父鱼驼形线虫、黄颡前驼形线虫、河鲈源吸虫、鲶东方异肉吸虫、斜睾合肠吸虫、舌形棘缘吸虫、鲶后睾吸虫、范尼道佛吸虫。

虽然上述这些寄生虫的感染造成的直接危害并不是非常严重，但是，由于寄生导致的细菌感染，特别是引起柱形病（在我国亦称烂鳃病）的柱状黄杆菌的感染，通常给鳜鱼网箱养殖带来严重的经济损失。

多子小瓜虫是一种世界性分布的纤毛类寄生虫，可寄生于绝大多数的淡水鱼类，引起宿主大量死亡并造成严重的经济损失。为有效防控多子小瓜虫病，减少病害发生带来的经济损失，对多子小瓜虫的传代、生活史及防控方面进行了较为深入的研究，建立了多子小瓜虫人工传代模型和虫体标准收集操作规程，保证了实验样本的稳定获得，为揭示小瓜虫的侵染、发育和成熟规律、药物筛选和病害防治提供了研究模型。修正了多子小瓜虫生活史模型，补充了多子小瓜虫滋养体、包囊和掠食体三个阶段的形态特征和发育特点，并对其关键环节进行了系统的研究，为解析其致病机制提供了理论依据。探究了环境因子对多子小瓜虫形态发生和发育过程的影响，发现其生活史过程中的薄弱环节，为生产中多子小瓜虫病的防治提供了直接的依据。首次建立了多子小瓜虫生活史阶段的转录组文库，在基因水平上探明多子小瓜虫发育分化以及侵染宿主的生理过程，为多子小瓜虫药物研发和疫苗制备提供了基础。

二、细菌性和病毒性疾病的快速诊断、流行病学与综合防治

开展了特色淡水鱼主要细菌性和病毒性病害病原的分离鉴定、快速检测、耐药性与流行病学调查等方面的工作，为研究病害的发生规律、病原的致病机

理和制定有效的防治对策，提供了坚实的基础。

1. 罗非鱼链球菌病的快速诊断及综合防控技术

确定了我国罗非鱼链球菌病的主要病原为无乳链球菌，为今后罗非鱼链球菌病的防控奠定了坚实的理论基础。建立了多重PCR、环介导等温扩增（LAMP）技术和DIG-cfb原位杂交方法等定性和定量PCR的检测方法，实现了罗非鱼链球菌病的便捷、准确、灵敏、快速和规模化的诊断，快速检测方法的建立也为罗非鱼链球菌病的早期预测预警提供了有力的技术支撑。阐明了我国罗非鱼无乳链球菌的流行规律和传播方式，为罗非鱼链球菌病的防控提供了科学依据。阐明了温度对无乳链球菌在鱼体内的动态消除规律及其毒力的影响机制，发现了Sip、LrrrG、C5a、菌毛蛋白和荚膜多糖等多种无乳链球菌毒力基因，从而揭示了无乳链球菌的致病机理。研发了复方中草药制剂和微生态制剂，通过饲喂或者泼洒，可显著提高罗非鱼对链球菌病的抗病能力；研制了无乳链球菌的灭活疫苗、亚单位疫苗、PLGA微球口服疫苗、益生菌活载体疫苗和弱毒疫苗等相关生物制品，为罗非鱼链球菌病的免疫防控提供了有力保障。构建了鱼菜共生养殖模式，不但能够净化水质、维持生态平衡、促进物质循环，而且能够有效控制罗非鱼链球菌病的暴发。综上，通过病原鉴定、快速检测方法的建立、流行病学分析、生物制品的研发以及鱼菜共生养殖模式的构建，有效控制了罗非鱼链球菌病的流行与暴发，实现了罗非鱼绿色生态的健康养殖，促进了罗非鱼养殖产业的可持续发展。

近年来，罗非鱼水产品的食品安全受到了广泛关注。耐药检测结果显示，罗非鱼食用部分肌肉携带的耐药菌很少，食品相对安全；肠道和鳃组织携带的耐药菌以大肠杆菌为主，大部分菌株携带有不同类型的喹诺酮类药物耐药（PMQR）基因，存在一定的耐药传播隐患。

2. 罗非鱼湖病毒的检测与鉴定

针对近年来在泰国、以色列、埃及等国报道的罗非鱼湖病毒（Tilapia lake virus，TiLV），从2017年至今，对广东、广西、海南等地多个大型罗非鱼养殖场进行了调查，设计特异性引物进行RT-PCR诊断，在144份样品中，共检出21份阳性病料；另外，在与罗非鱼混养的黄颡鱼中也检出阳性样品。对阳性样品进行测序显示为罗湖病毒，且与已报道的罗湖病毒株在核苷酸序列同源性为93%～99%，氨基酸序列同源性为94%～100%。经过对罗湖病毒感染样品组织匀浆，进行背鳍前侧基部注射回归感染。感染后第7 d，罗非鱼开始死亡；第 19 d，感染罗非鱼全部死亡。发病症状表现为：皮肤多处溃烂，体表出血，鳍基充血明显，鳃呈粉色、灰色，腹部肿大，解剖可见腹水严重，内脏器官黑变。取部分阳性病料感染 EPC、CCB、FHM、MFF-1、E11 等细胞系，进行病毒分离，在 E11 细胞中发现明显的 CPE。对广东、海南及广西的罗非鱼湖病毒病进行流行病学调查，来自广西南宁和广东湛江的发病罗非鱼可培养出 TiLV。

3. 鳜病毒病流行病学调查和免疫防治

在东北、长江中下游地区和珠三角地区，开展了鳜病毒病的流行病学调查。长江中下游地区养殖的鳜病毒病主要病原是真鲷虹彩病毒（red sea bream iridovirus, RSIV）的 RSIV-I 亚型病毒，辽宁丹东养殖斑鳜的主要病原为 RSIV-II 亚型病毒，而广东省内则同时发现传染性脾肾坏死病毒（infectious spleen and kidney necrosis virus, ISKNV）的 ISKNV-I、ISKNV-II 和 RSIV-I 共两种三个亚型病毒。此外，在广东养殖的鳜中发现一株蛙虹彩病毒，是一类新的鳜病毒，命名为鳜蛙虹彩病毒（mandarin ranavirus, MRV），目前在南海、番禺、肇庆及湛江的发病鳜中均分离到 MRV，可导致养殖鳜 40% ～ 90% 的死亡率。

基于 ISKNV 极早期非结构蛋白 VP23R 和晚期结构蛋白 VP101L，开发出了 ISKNV 的免疫快速诊断技术，对 VP23R 免疫学诊断方法比对 VP101L 早约 12 h，灵敏度也更高。同时，发展出一种可特异性同时检测鳜传染性脾肾坏死病毒和鳜虹彩蛙病毒的双重 PCR 检测方法。针对鱼类肿大细胞病毒感染细胞外形成的伪基底膜结构（VMBM）的降解机制进行了研究。发现 VMBM 的重要组成部分 VP08R 蛋白多聚体在还原剂的作用下容易降解，检测细胞内部氧化还原状态（ROS）发现，病毒感染后胞内的还原力大幅度提高，特别是还原型和氧化型谷胱甘肽的比例（GSH/GSSS）比正常细胞高 10 倍以上，而这种比例的谷胱甘肽溶液可以导致 VP08R 多聚体的降解，同时，细胞内谷胱甘肽代谢相关的酶活性发生重大变化。

针对虹彩病毒暴发引起的鳜死亡，利用 NH0618 株研制出鳜传染性脾肾坏死症灭活疫苗，目前正处在申报新兽药证书阶段，预计明年下半年可生产上市，将可以有效控制鳜病毒病的发生。

4. 鳢、鲈主要细菌性病原鉴定与检测及其致病机理研究

通过流行病学调查，厘清了鳢、鲈的主要细菌性病原为鰤鱼诺卡氏菌、舒伯特气单胞菌、维氏气单胞菌。建立了这些病原菌的定性的PCR和实时荧光定量PCR检测方法，利用不同荧光标记，构建了YFP、DsRED及mcherry等标记的鲕鱼诺卡氏菌，初步阐明了诺卡氏菌与鳢免疫细胞的相互作用机制以及诺卡氏菌感染鳢形成肉芽肿病变的致病机理。首次建立了诺卡氏菌感染透明四带无须鲃的动物实验模型。通过转录组学和蛋白质组学分析，发现鳢T细胞受体信号和MAPK信号通路在抗感染过程中的作用，进一步筛选克隆了12个相关基因，分析了它们的表达模式及在信号传导中的功能。

制备了舒伯特气单胞菌全菌灭活疫苗，测试分析表明免疫接种后血液免疫指标、血清抗体效价、免疫保护率等均有显著升高；同时，开展了免疫增强剂对杂交鳢抗病效果的田间试验，发现疫苗和免疫增强剂均可不同程度提高杂交鳢抗舒伯特气单胞菌感染的能力。

5. 鱼类烂鳃病病原—柱状黄杆菌的遗传多样性、遗传操作和致病机理

柱状黄杆菌作为淡水鱼类的重要致病菌，给我国淡水水产养殖带来了严重经济损失。我们在国内较早开展了柱状黄杆菌的基础和应用研究，取得了良好的研究进展。

从我国不同区域分离到了多株对鱼有较强致病性的柱状黄杆菌，它们可以被分为3个基因组型。通过全基因组测序，解析了柱状黄杆菌3个基因组型菌株的全基因组；筛选了柱状黄杆菌强毒株和弱毒株的差异基因和蛋白；研究了柱状黄杆菌强毒株的外膜蛋白质组，通过构建并筛选柱状黄杆菌的外膜蛋白文库，获得了一些候选保护性抗原；将这些候选保护性抗原制备成亚单位疫苗，在实验鱼体内取得了较好的保护效果。

为探明柱状黄杆菌的致病机理，突破了柱状黄杆菌的限制性屏障，构建了一个不仅能够应用于柱状黄杆菌，还可广泛应用于拟杆菌门其他成员的高效的遗传操作系统，突破了困扰柱状黄杆菌和拟杆菌门其他成员的遗传操作瓶颈。以此为基础，研究了包括硫酸软骨素酶、糖基水解酶等在内的柱状黄杆菌多个毒力因子的功能。在此基础上，我们发现拟杆菌门特有的T9SS与柱状黄杆菌毒力关系密切，T9SS的功能缺失会导致该菌的运动能力丧失、毒力显著下降。将此突变株作为候选弱毒疫苗株的研究工作正在进行。

6. 爱德华氏菌生物被膜形成的分子机理研究

揭示了爱德华氏菌III型分泌系统输送器蛋白EseB介导爱德华氏菌聚集和生物被膜形成的机制，进一步探索了输送器蛋白EseC通过招募EseE负调节生

物被膜的形成。

发现爱德华氏菌的Ⅲ型分泌系统和鞭毛蛋白诱发宿主细胞毒性、逃避宿主免疫监视的分子机制，鉴定并阐明了爱德华氏菌Ⅲ型分泌系统效应分子EseG和EseJ的功能及其与宿主免疫的互作机制。鉴定和阐明了爱德华氏菌分子伴侣蛋白EscE的功能，发现EscE和EsaH是EsaG（Ⅲ型分泌系统Needle蛋白）的分子伴侣。阐明了Ⅲ型分泌系统分子伴侣EseE正调控编码输送器蛋白EseB、EseC和EseD的操纵子，揭示了EsaB/EsaL/EsaM三者形成复合物，负调控效应分子的分泌。

建立了爱德华氏菌新遗传操作系，当前使用的爱德华氏菌基因缺失的遗传操作系统周期长、过程烦琐，为解决这个问题，我们建立了基于PCR产物的一步法基因缺失方法，使突变株构建缩短至 2～3 d，同时利用该方法可以对基因组上特定的基因添加标签。该遗传操作系统将加快爱德华氏菌功能基因研究步伐，并可推广应用到其他水产细菌病原。

三、罗非鱼神经肽的内分泌调控与促生长应用

从内分泌调控的角度，围绕鱼类生长轴，系统而全面地研究了鱼类摄食、生长、免疫和代谢的调控相关的分子机制，建立和不断完善了重组蛋白表达、纯化、活性验证、稳定性检测、添加入饲料方式、小规模投喂和中等规模投喂等的鱼类重要功能基因重组蛋白研发和应用的实验平台；现已开发出多种与生长、代谢和免疫相关的神经肽或重组蛋白。其中的鱼类促生长肽在连续 3 年的中试试验中显示出能显著促进罗非鱼生长的特性，该促生长肽能使鱼体的增重率达 10% 以上。在饲养管理方面，我们研究了不同的投喂水平、投喂频率对罗非鱼摄食生长性能和代谢的影响；同时还探讨了罗非鱼主要养殖区不同养殖模式，包括传统养殖、一年两造精养、鱼虾混养和鱼菜共生等对罗非鱼生长、代谢和免疫的影响，为罗非鱼最优养殖模式、饲料投喂水平和投喂频率的选择与优化提供了参考。

四、鳜类物种分化与免疫系统

鳜类（Sinipercids）是淡水鲈形目鱼类，仅分布在东亚的中国、越南、日本和朝鲜，在中国种类最多，包括鳜属（Siniperca）和少鳞鳜属（Coreoperca），通过大范围的样本收集，利用线粒体基因估算鳜类分化时间，

发现鳜类为非单系起源，鳜属大约起源于 22.71 ± 4.84 MYA（million years ago），从渐新世到中新世之交辐射到更新世，在中新世伴有几次快速的成种事件；而少鳞鳜属最有可能起源于约 22.90 ± 3.78 MYA。

从血细胞的形态、组成、胸腺和头肾的解剖结构和个体发生，揭示了鳜免疫细胞组成与免疫器官发育成熟的过程。鳜血液中的白细胞包括I型和II型粒细胞，巨噬细胞、淋巴细胞、浆细胞。鳜孵化后第 7 d，可观察到起源于第三、第四和第五咽弓上皮的胸腺原基细胞团，在胸腺实质中观察到 3 种上皮细胞、3 种粒细胞、巨噬细胞、囊细胞、树突状细胞，同时观察到血胸屏障的存在。鳜头肾在发育初期完全由肾小管组成，随着发育推进，肾小管的数量逐渐减少，淋巴细胞的数量逐渐增多，在孵化后 35 d，肾小管完全消失，肾上腺出现在血管周围，头肾作为淋巴－肾上腺组织而存在，成为中枢免疫器官。

解析编码抗体基因，揭示头肾抗体产生细胞的个体发生和抗体产生规律。发现鳜存在三种免疫球蛋白，分别是IgM、IgD和IgZ。利用原位杂交技术检测到IgM阳性细胞首先在孵化后 20 d出现在头肾中，随后在 26 d和 39 d的脾脏和胸腺中相继检测到，在肠和鳃等黏膜免疫组织中IgM阳性细胞出现较晚，大约在孵化后 3 个月左右开始出现。另外，利用原位杂交技术检测了IgD和IgZ在鳜成鱼组织中的分布。IgD仅在头肾和脾脏中检测到，阳性细胞数量较少。肠和鳃中未发现IgD阳性信号。IgZ阳性细胞在头肾、脾脏、鳃中都有分布，在头肾和脾脏中阳性细胞较少，鳃中阳性细胞数量较多，分布规律类似于IgM。通过实时定量PCR检测了 3 种Ig在注射灭活柱状黄杆菌后鳜头肾、脾脏、血液、鳃组织中表达量的变化趋势。结果显示IgM在各组织中的表达都有较大幅度的上调，且加强免疫组要比初次注射组上调幅度大。IgD和IgZ表达上调幅度要比IgM小，但在鳃中上调较明显，提示可能在黏膜免疫中发挥重要作用。

另一方面，扩增TCRα、β、γ基因恒定区序列，发现它们在淋巴组织如头肾、脾脏、胸腺、鳃中有较高水平的表达。在注射灭活柱状黄杆菌后，可在胸腺、鳃、肠等组织中检测到明显上调表达。

系统解析了鳜和两栖、爬行类的干扰素系统组成与功能，揭示了脊椎动物I型干扰素的演化历程。发现鳜只有 3 个I型干扰素基因，即IFNc、IFNd、IFNh，比其他鱼类如鲑鳟和鲤科鱼类的I型干扰素基因数量少。但是跟其他鱼类一样，鳜具有 2 个II型干扰素基因，即IFN-γ和IFN-γ相关因子（IFN-γrel）。发现鳜传染性脾肾坏死病毒感染，能使干扰素产生发生延迟。鳜I型干扰素受体基因*CRFB1*、*CRFB2*、*CRFB5* 具有相似的表达模式。*IFNc*、*IFNd*、*IFNh*选择性利用的受体复合物，分别是*CRFB2* 和 *CRFB5*、*CRFB1* 和 *CRFB5*、*CRFB1* 和 *CRFB5*，产生更高水平的干扰素诱导基因表达。鱼类的I型干扰素可以诱导自身和*IRF3* 和 *IRF7* 的表达，产生更大的级联效应，而*IRF3* 和 *IRF7*具有不同的调节这三个I型干扰素表达的功能。发现IFN-γ能诱导下游和信号通路分子，包括*Mx*、*IRF1*、*STAT1*、*SOCS1*、*CRFB17* 和 IFN-γrel的表达，IFN-γ和IFN-γrel能各自形成二聚体，IFN-γ利用*CRFB6* 和 *CRFB13*，而*CRFB17*的存在就可以导致IFN-γrel信号传导。

此外，以两栖类和爬行类的生物爪蛙、安乐蜥，以及高原倭蛙和中华鳖为对象，解析了它们的I型、II型和III型干扰素的组成与受体，揭示了它们的免疫功能，发现鱼类的I型干扰素与其他脊椎动物I型干扰素的同源，但是蛙除了具有这一支同源的I型干扰素以外，还有分化出了另外一支有内含子和没有内含子的I型干扰素，从而揭示了脊椎动物I型干扰素组成与演化的规律。

第五节　优化养殖模式　保护养殖水域环境

一、罗非鱼高效生态规范化养殖关键技术研究与应用

广西是我国罗非鱼养殖优势区域，罗非鱼产业是广西水产支柱产业。自2009 年以来，在国家和自治区科技计划支持下，针对罗非鱼养殖模式、安全越冬及标准化配套技术等存在的难题开展了系统研究，取得了突破性成果，为广西罗非鱼产业健康发展提供了重要技术支撑。

①针对养殖水体恶化、养殖效益较低等问题，根据不同的养殖载体（池塘、山塘、流水池、越冬池），以及放养和投喂管理等，创新研发了控温吉富罗非鱼养殖、超高密度流水养殖、低成本超高产养殖、鱼菜共生生态养殖和一年两造等 5 种主导模式，以及鱼鳖混养、鱼虾混养、罗非鱼与淡水石斑鱼混养和山塘轮捕轮放养殖等 4 种养殖技术模式，开展绿色生态养殖，提高了养殖产量和效益。

②针对罗非鱼不耐寒，冬季无法安全越冬的难题，创新研发了池塘越冬塑料大棚搭建、采用电热丝和池塘围栏进行轻简化越冬、利用绿色环保能源地源

热泵和太阳能进行控温等技术，大大提高了罗非鱼苗种和成鱼的越冬成活率及效益，并可根据市场需要开展罗非鱼苗种的常年繁育供应。

③针对罗非鱼种质评价、亲本保种、遗传育种、高效增氧、池塘工程化改造、遗传和生长及重金属毒理机制等存在的难题，创新了罗非鱼多元杂交等育种技术，选育获得了桂非1号罗非鱼优良品系并实现了向东南亚出口，研发了新型池塘微孔增氧技术，形成了池塘改造技术规范等。为罗非鱼的亲本保种与选育、池塘标准化改造等提供了重要技术支撑。

获授权专利22件（发明12件、实用新型10件），实施成果转化1件（12万元）；发表论文50篇（SCI 11篇、核心期刊33篇）；参编出版著作3部；选育获得具有独立知识产权的桂非1号罗非鱼新品系1个。近三年累计新增产值45 219.7万元、新增利润8 440.1万元。累计生产桂非1号等优质罗非鱼苗种20 750万尾，推广应用面积10.37万亩。良种销售范围遍及我国20多个省份和地区，并首次实现苗种向东南亚的规模化出口，为我国罗非鱼种业打入国际市场奠定了基础。由于较好地解决了罗非鱼产业相关的技术关键，使广西罗非鱼的产量、产值和出口创汇由2010年的21.6万t、21亿元、1.9亿美元达到目前的31.6万t、32亿元、3亿美元左右。产生了显著的经济、社会和生态效益。

该成果申报了2018年广西科技进步二等奖并通过了终评公示。

二、基于物联网的罗非鱼养殖水质监测、预警系统研究及示范

2010年起，罗非鱼育种岗位联合养殖、信息岗位等开展基于物联网的罗非鱼养殖水质监测、预警系统研究和应用，取得了一系列研究成果。

①研发了管道抽水式水质监测系统和移动浸入式水质监测系统、基于互联网或移动终端的水质实时发布和查询系统平台、基于物联网的罗非鱼养殖水质反馈调控系统，实现池塘溶氧量的自动控制。

②建立一种新的数据聚类方法，提高了水质监测原始数据的融合精度；构建了基于改进极限学习机的水质参数预测模型，提高了预测预警的准确率。

③开展氨氮和亚硝氮对罗非鱼胁迫响应的基础性生物学研究，确定了养殖安全阈值，为物联网技术在罗非鱼养殖水质反馈控制中的应用提供了基础。

该研究成果共发表论文13篇，出版专著1部，获授权发明专利3项、实用新型专利7项，软件著作权2项。该成果2014—2016年在江苏、上海、广西等地推广应用，提升罗非鱼苗种成活率5%左右，提高劳动生产率5%～10%，在

示范基地累计新增产值 26.1 万元，新增利润 9.9 万元；优化了罗非鱼生产管理方式，提高了养殖的科技化和自动化水平，具有广阔的推广应用前景。

三、养殖水质生态调控和修复技术研发

围绕特色淡水鱼健康养殖、养殖水质生态调控和修复等领域开展了鱼－菜共生养殖模式研究、脱氮副球菌对氮的去除技术研究、镧/铝改性沸石去除水体中磷的研究、利用微藻净化养殖尾水技术研究、养殖池塘微生物群落研究、不同模式养殖池塘浮游生物群落结构动态研究、利用多级生物系统修复淡水养殖池塘生态环境的技术研究等方面的工作。建立了鱼－菜共生养殖模式、多级生物系统养殖模式两种高效健康养殖模式；建立了鱼－菜共生水质调控技术、多级生物系统修复淡水养殖池塘生态环境技术等两项水质调控技术；初步形成了微生物脱氮技术、镧/铝改性沸石除磷技术、利用微藻净化养殖尾水技术等。以池塘生态修复和节能减排为主要目标，系统开展了池塘生态修复及循环水养殖技术的研究与推广应用示范。通过对典型养殖池塘污染通量调查，建立了养殖池塘营养素收支模式。通过开展水生植物、底栖贝类、滤食性鱼类、微生物等对水质净化及调控的效果研究，确定了池塘循环水养殖系统净化面积合理配比。通过对固定化微生物技术、水上农业技术、植物化感物质控藻技术及池塘底质改良技术的集成和优化，创立了池塘原位多级生物修复体系。形成了一整套适合特色鱼的水质净化和修复新技术。其社会、经济、生态效益显著。2008年以来，发表论文 100 余篇；申报专利 50 余项，获授权专利 24 项；参编出版著作 3 部；获成果奖 4 项。

四、池塘工程化循环水养殖技术研发

池塘工程化循环水养殖，是近几年来渔业转型升级、创新发展的一种新模式，与传统池塘养殖模式相比较，新模式在工艺理念、技术装备和养殖方式等方面都具有了重大的革新。通过对传统养殖池塘的改造，科学布局养鱼、养水的空间与功能，综合运用新型养殖设施与工业化技术，集约化利用养殖空间，科学构建生态位，有效吸除废弃物，从而实现高产优产、水资源循环使用和营养物质多级利用的生态养殖。加入体系以来，工程化养殖岗位针对水产传统池塘养殖中存在废水排放、周期性藻类水华暴发、鱼肉品质下降及装备化水平低下等一系列问题，重点在池塘工程化养殖系统优化、养殖系统生态调控技术优

化、养殖鱼类的生长适应情况等方面开展了相关研究。在科技创新方面取得了一系列业绩。

①开展了流水槽养殖系统工艺优化的研究，从砖砌混凝土到玻璃钢、防水布、防渗膜等材质，再到不锈钢材质，形成了水泥桩、钢框架、拼装式的养殖系统建造工艺，逐步解决了池塘改造难度大、系统建造工期长、环境营造不便利等问题；优化了气体推水增氧设备，筛选出切割式增氧盘，切割式增氧盘具有不易被污泥等堵塞、曝气面积大、牢固、寿命长等优点。

②开展了净化区生态环境构建与调控、生态养殖品种搭配技术的研究，形成了水培植物（空心菜、鱼腥草和薄荷）和滤食性动物（白鲢、花鲢、鳜鱼和三角帆蚌）组合调控水质技术。

③通过生长速度和鱼体生理生化指标的定期检测，得出吉富罗非鱼的适宜投喂量为体重的 4%～5%，适宜投喂频率为 4～5 次/d；加州鲈适合于高密度养殖，适宜放养密度为 10 000～2 000 尾/槽，加州鲈适宜投喂频率为 2 次/d（6：00 和 18：00）；

④构建了大水面集中供气模式、渔稻流水槽养殖模式、虾蟹池相邻池塘改造模式、池塘+导流板模式、池塘沟渠串并联改造模式、"渔光一体"养殖模式等 6 种养殖模式。

2017 年以来，工程化养殖岗位在体系资助下，发表论文 4 篇，申请专利 8 项，授权实用专利 1 项；1 人获江苏省青年双创英才称号；培养研究生 3 人，累计培训国内外渔业官员、专家、技术人员及基层渔技推广骨干 500 余人。

五、池塘养殖生态调控技术研发

针对特色淡水鱼池塘养殖主产区区域条件及主养品种绿色、高效、健康养殖要求，集成池塘标准化改造技术、生态工程化水质调控调控技术、精准化饲喂技术、渔业物联网技术、养殖循环水减排技术，形成符合现代渔业建设要求的特色淡水鱼绿色高效健康池塘养殖模式；以健康养殖水质保障为目标，研发了一批池塘生态调控技术，主要有复合人工湿地净水技术、生物絮团调控技术、人工浮床技术等。在江苏、安徽、上海等地规划设计养殖池塘 3 000 亩，通过标准、会议、技术培训、宣传等辐射 2 万亩，有力地推动了特色淡水鱼池塘养殖的升级改造。

养殖设施与设备岗位研发和优化的"移动式太阳能增氧机"以太阳能为

动力，在水面移动运行，具有机械增氧功能和水层交换功能，固定增氧能力 1.24 kg/h，因其移动功能，增氧效率大幅增高，溶氧均匀度维持 75% 以上，最大提水能力 1 254.4 m³/h，具有节能、作用范围大、全方位利用池塘生态潜能的优点。解决了固定式增氧机增氧范围有限的问题，大大提高了增氧效率。该产品适合温热地区、寒冷地区的不同类型，性能和使用范围更广，复合绿色、健康高效养殖生产的需要，为我国渔业生产最广泛的池塘养殖模式物质技术装备条件升级提供了综合解决方案，发挥了示范带动作用。目前，已经在全国多地推广使用，并在 2018 年推广到东南亚地区。用户普遍反映设备运行稳定、水质调控效果好，养殖增产超过 10%。该产品在 2018 年评为上海市高新技术成果产品。

在特色鱼绿色循环水生态养殖模式构建方面，先后研发了黄颡鱼内循环流水养殖模式，鮰鱼池塘工厂化循环水养殖模式、基于生物絮团的罗非鱼–虾共生模式等绿色养殖模式。针对以上模式不同特色鱼养殖品种特点，研究团队在系统中配备了高效集污、层级净化、苗种分级培育、水质调控、智能投喂等生产管理系统及设备，实现了池塘养殖尾水的高效净化和循环利用、富营养物质资源化利用、养殖环境有效调控、养殖过程清洁高效，具备了设施化、机械化、自动化生产能力，符合池塘设施化发展方向。在池塘养殖向标准化、设施化、机械化、智能化和多营养层级复合、精细化生态高效养殖的情势下，研究团队研发的池塘分级序批养殖模式为我国池塘养殖调结构、转方式、健康可持续发展提供了新途径，具有巨大的市场前景。

六、大水面生态养殖技术研发

以大水面水体主要包括湖泊、水库等为重点研究对象，以大水面生态养殖技术为核心研究内容，自启动到 2018 年 11 月，在湖泊水生态系统评价与修复、水库生态渔业模式创新与示范以及新型网箱养殖系统的研发与创制方面取得阶段性成果。

①湖泊水生态系统评价与修复：以江苏淀山湖和湖北长湖为例，分别确定了淀山湖翘嘴红鲌繁殖场及其保护措施和长湖连续三年生态恢复实施方案，为藻型湖泊的特有鱼类的繁殖与生态保护和浅水型湖泊的生态修复与生物多样性保护研究奠定了基础。

②生态渔业模式创新与示范：以湖北竹山堵河水系 4 座水库为对象，完成

水库天然渔产力的初步评估和水库高效、生态增养殖渔业模式发展的方案设计；以江苏阳澄西湖与青海克鲁克湖、漕湖为对象，分别构建了适用于草型湖泊的河蟹"南养北育"模式和藻型湖泊的特有鱼类生态渔业模式，并进行推广和示范。

③新型网箱生态养殖系统探究：以江西柘林水库匙吻鲟、长吻鮠等网箱养殖为例，完成了3个养殖品种2频次57个样点的数据获取，并结合水流、水温、溶氧的分层和季节变化规律对养殖周期内网箱养殖的氮磷收支、区域水质、水底沉积物迁移扩散规律进行分析，为构建零排放或低排放新型网箱生态网箱养殖系统提供基础依据。

在上述研究的基础上共发表相关论文5篇，出版专著1部。

第六节　提供加工效率　建立质量安全可追溯体系

一、特色淡水鱼保活保鲜技术研究开发

在特色淡水鱼保活运输方面，利用丁香酚、MS-222、CO_2、生态冰温等不同休眠方式使鮰鱼进入休眠，研究了鮰鱼在不同保活温度及不同保活时间下的存活率，结合不同无水保活条件对鮰鱼保活时间和生理生化的影响，筛选不同运输时间下的最佳保活条件，可使鮰鱼在丁香酚结合CO_2复合休眠方式下，保活时间达到18 h，存活率≥90%，对其肝脏肾脏损伤最小；同时探究了不同浓度丁香酚溶液休眠下的鮰鱼体内丁香酚的代谢规律，建立了批量检测鱼样中多种丁香酚类化合物方法，40 mg·L-1丁香酚溶液休眠的鮰鱼，完全代谢仅需4～6 d；本研究结果为淡水鱼无水保活提供理论依据和技术支撑，为建立丁香酚作为渔用麻醉剂的监管规范提供参考，可建立鮰鱼无水保活运输技术规范一套，研究成果发表核心期刊3篇，投稿1篇。

在特色淡水鱼保鲜、深加工与质量安全技术研究方面，特色淡水鱼保鲜与贮运岗位科学家团队开展鲈鱼冷藏保鲜包装材料、保鲜剂和包装方式的筛选研究，形成了鲈鱼贮藏品质控制技术，鲈鱼采用LDPE保鲜膜+0.25%的茶多酚+真空包装，保质期达到8 d以上，在模拟"超低温贮藏、低温运输、销售、家庭暂存"的流通过程中能较好地保持产品品质；建立基于脂肪氧化指标的鲈鱼

货架期预测模型，平均误差低于 10%。

该技术发表论文 9 篇，其中 SCI 论文 2 篇；申请发明专利 2 项，授权发明专利 1 项，"淡水鲈鱼贮运过程品质控制技术研究与应用"成果登记 1 项。

二、罗非鱼精深加工技术研究及产品开发

在罗非鱼片加工关键技术研究上，集成了多项高新技术成果，包括罗非鱼腥味脱除技术及腥味消除机制研究、活体发生技术、臭氧减菌化处理技术、新型保水剂与保鲜剂协同保鲜技术等。同时结合罗非鱼最适致死技术及基于蛋白组学的品质评价技术研究，揭示了罗非鱼片贮藏品质变化的机制，提高了罗非鱼片的产品品质。

在罗非鱼新产品加工技术研究开发上，通过研究罗非鱼片冰温气调保鲜加工技术、罗非鱼片液熏加工技术及贮藏特性、罗非鱼休闲食品加工关键技术、混合罗非鱼鱼糜凝胶改性技术等，开发了冰温气调保鲜罗非鱼、液熏罗非鱼、特色罗非鱼罐头、腊制罗非鱼、酒糟罗非鱼、罗非鱼鱼糜制品等新产品。研究蛋白回收技术、定向酶解技术、超微粉碎技术等，开发出罗非鱼海鲜酱、胶原蛋白、降血压肽、抗氧化肽、氨基酸螯合钙、透明质酸、血红素和 SOD 酶等功能性产品，极大提升了罗非鱼物的经济价值。

该项研究的技术和相关产品共获得各类奖励 5 项次，申请国家发明专利 25 件，其中已获得授权专利 12 件；制定了罗非鱼及相关标准 19 项，其中已颁布 17 项；已发表论文 103 篇，技术水平达到国际先进水平。核心技术成果在广西、广东、海南等省进行了推广应用，累计推广 9 家罗非鱼加工企业，取得显著的经济效益和社会效益。

三、加工副产物绿色酶解技术研究与应用

建立酶解–膜分离分布式酶解技术。目前酶解法常常是分阶段进行，先酶解再分离产物。该方法由于存在产物抑制作用，导致酶解效率较低。为了解决该问题，提出了酶解–膜分离耦合技术，建立了酶解–膜分离分布酶解核心技术。研究了 Alcalase 2.4 L 对鱼鳞胶原蛋白的酶解特性，考察了对 DPPH 的清除能力大小，确定了 3 kDa 超滤膜为酶膜耦合试验所用超滤膜。针对酶解效率低的问题，研究了酶解工艺，通过优化获得了分布式酶解–膜分离耦合反应制备胶原蛋白抗氧化肽的最优工艺。该工艺的建立降低了酶解过程中的能耗，降低

了水的使用量，提高了酶解效率，提高了产品得率，减少了废物排放。

建立不补料酶膜耦合酶解技术。为控制蛋白的酶解程度，保证产品的功能活性，建立了不补料连续酶膜耦合反应技术，制备鱼鳞胶原蛋白抗氧化肽，提高了蛋白转化率及单位酶肽产量。与传统的间歇反应器相比，酶膜反应器可实现生产上的连续化操作，弥补间歇反应底物不足的情况。通过酶膜反应器的反应与分离耦合，能够从反应混合物中连续而有选择的移出反应产物，可降低反应液中产物浓度，减小反应中的产物抑制现象。同时，通过产物在线分离，避免了多肽的过度降解，有助于产物活性的提高。

四、养殖水产品质量安全可追溯体系构建

水产品质量安全是国内外关切的重大民生问题。一旦发生问题，可能给产业造成不可估量的损失，建立水产品质量安全可追溯体系是解决该问题的有力抓手。针对此问题，有效运用现代信息技术，通过技术和管理创新，建立了质量安全可追溯体系，保证"多环节、多主体、多角色、多流通模式"全覆盖，实用且有效。

①创建总体技术架构。为建立符合国情的可追溯体系做好了顶层设计。不同于单品种、线性供应链、企业内部追溯系统，最先确定政府集中式外部监管追溯为主、企业内部追溯为辅的追溯模式。覆盖不同生产单位、不同流通环节主体、不同层级监管主体及供应链各环节，满足不同角色主体信息查询需求。

②突破主体身份识别等关键技术。集追溯、监管、防伪功能于一体，满足水产品特性。针对鱼、虾、贝类等品种数量大、单体小，不易以单体为追溯单元的特点，明确了追溯单元划分原则。采用监管码和追溯码相结合的追溯编码技术方案，实现国际追溯标识标准与国内监管的优势互补、有机结合。采用水产品专用追溯标签，保证可追溯体系对不同品种和产品物流模式的适用性，实现大量鲜活运销水产品的可追溯性。突破追溯码分组加密技术，研制了追溯标签现场生成防伪交易终端。

③实现追溯系统模块化设计。规范信息采集标准，保证其适用性。开发完成各环节内部管理和追溯信息系统模块，形成完整信息链条；创制了信息分类分级细则，并创新应用三类信息采集终端。

④构建开放兼容的监管追溯平台。可与多个系统/平台无缝对接。全国统一的覆盖"中央—省—地市县"多层级的养殖水产品质量安全监管追溯平台，

形成全面监管、主体自律、品牌优化的水产品质量安全保障机制和管理模式。

第七节 完善产业预测和预警系统

一、特色淡水鱼产业安全预警系统研究

产业安全预警是产业现代化管理的具体体现和实现形式，可以帮助产业主管部门对产业经济运行状态实施监控，及时发现问题，找出问题的根源所在，提出解决问题的有效对策。"十二五"期间，产业经济研究室以罗非鱼产业为研究对象，以体系综合试验站示范县示范点为数据采集点，建立了养殖、加工和市场产业经济数据采集系统，开发完成了罗非鱼产业安全预警系统，制定了产业经济数据采集实施方案，保证产业安全预警系统的正常运行及数据库的定时更新。

特色淡水鱼产业安全预警系统由产业数据采集处理子系统、产业预警指标处理与分析子系统、产业跟踪信息发布子系统和产业安全警情发布子系统所组成。系统可以进行产业生产要素、市场、安全等变化分析，及时了解特色淡水鱼产业链各环节经济运行状况。手机客户端提供了国内外市场行情查询，以及苗种生产、成鱼生产、产品加工、市场贸易等产业安全监测和预警等功能。

在系统的指标评价体系、预警方法、设计思想、警度警限设定等取得了多个方面的创新。

特色淡水鱼产业安全预警指标体系包含了产业环境、产业国际竞争力、产业对外依存度和产业控制力4个方面以及若干多个二级和三级指标，警情、警兆指标选自产业苗种、成鱼、饲料、渔药、加工、市场流通以及国际贸易等各个环节的观察对象，产业的不同发展时期预警指标的选取及权重各不相同，产业安全预警系统对上述问题有效地进行了处理。

不同的预警方法、警度警限使用产生预警结果不尽相同。特色淡水鱼产业安全预警系统采用用户自定义分析方法进行产业安全预警分析。满足对不同产业、区域、时期、指标及权重、预警方法、警级等情况下产业安全预警分析。

"十三五"开始，产业安全预警系统从原来单一的罗非鱼产业发展到罗非鱼、鳗、鲫、鳜、淡水鲈、鳢、黄鳝、泥鳅、黄颡鱼、鲑鳟、鲟等11个产业。

二、特色淡水鱼产业数据库建设

在"十二五""十三五"期间，产业经济研究室开展了特色淡水鱼产业基础数据库和特色淡水鱼产业经济数据库的建设。

特色淡水鱼产业基础数据库录入了特色淡水鱼产业仪器设备、全国产业研发人员、全国省级科技研发项目、国内外产业技术研究进展、产业国际主产国研发机构、产业国际生产国进出口贸易、全国进出口贸易和产业生产成本等内容。其中，产业技术国内外研究进展数据库记录数据 1 285 条，全国省以上立项的科技项目数据库记录数据 367 条，全国从事研发的人员数据库记录数据 452 条，主要仪器设备数据库记录数据 974 条，其他主产国特色淡水鱼产业技术研发机构数据库记录数据 190 条，种质资源数据库记录数据 38 条，良种场数据库记录数据 124 条，良种场基本统计数据库记录数据 74 条，亲本数据库（良种场）记录数据 78 条，苗种场数据库记录数据 302 条，苗种场基本统计数据库记录数据 237 条，亲本数据库（苗种场）记录数据 108 条，苗种生产技术数据库记录数据 47 条，饲料安全数据库记录数据 133 条，饲料安全检测技术数据库记录数据 102 条，营养需求数据库记录数据 440 条，饲料厂数据库记录数据 118 条，饲料产品数据库记录数据 86 条，饲料源数据库记录数据 118 条，饲料源营养成分数据库记录数据 576 条，饲料分类数据库记录数据 53 条，渔药厂数据库记录数据 118 条，渔药产品数据库记录数据 149 条，病害防治数据库记录数据 121 条，病害快速检验技术数据库记录数据 55 条，养殖场数据库记录数据 752 条，养殖场基本统计数据库记录数据 563 条，养殖品种数据库（养殖场）记录数据 336 条，成鱼养殖技术数据库记录数据 94 条，养殖模式数据库记录数据 87 条，养殖产区环境数据库记录数据 74 条，养殖环境常规监测数据库记录数据 93 条，加工企业数据库记录数据 144 条，加工技术数据库记录数据 23 条，加工产品数据库记录数据 60 条，渔业标准规范数据库记录数据 446 条，渔药标准数据库记录数据 143 条，渔业法律法规数据库记录数据 1 609 条，主要生产国与进口国基本情况数据库记录数据 134 条，进出口贸易统计数据库记录数据 4 279 条。

特色淡水鱼产业经济数据库录入了产业示范区苗种生产、成鱼养殖、加工生产、市场贸易及饲料、渔药等各环节产业实时跟踪数据。其中，生产成本数据库记录数据 369 条，价格数据库记录数据 10 060 条。

中 编
产业服务与科技扶贫

特色淡水鱼产业技术体系坚持为产业服务的宗旨，围绕产业中存在的问题和产业发展对科技的需求，集聚优势力量和科技资源开展科学研究和技术创新，并通过综合试验站开展试验示范、技术培训和成果转化，从而提升了科学技术对产业问题的解决能力，加速了新技术、新成果的转化进程。10年来，特色淡水鱼产业技术体系致力于产业服务、支撑渔业发展，体系人员不畏严寒酷暑，走渔村、进渔户、到鱼塘，指导养殖生产，解决产业问题，并通过技术培训等方式传道、受业、解惑，在服务渔业产业发展和推动渔业转方式调结构等方面发挥了重要作用。

2015年中共中央、国务院做出了关于打赢脱贫攻坚战的决定。2016年11月23日，国务院发布《关于"十三五"脱贫攻坚规划的通知》指出，农林产业扶贫、科技扶贫是产业发展脱贫的重要内容，农林种养产业扶贫工程是十三五期间重点实施的产业扶贫工程。现代农业产业技术体系作为引领农业产业发展和农业科技创新的主体，必定要肩负使命，按照国务院提出的产业扶贫、科技扶贫要求，助力贫困地区人民打赢脱贫攻坚战。为此，特色淡水鱼产业技术体系不忘初心、牢记使命，在助力贫困地区人民脱贫致富奔小康的道路上主动作为、积极做事，在滇桂黔石漠化区、乌蒙山区、秦巴山区、武陵山区、大别山区等特困区吹响了产业扶贫、科技扶贫的号角。

推动特色淡水鱼产业种源发展

遗传改良研究室

农业种业是国家战略性基础性的核心产业，是保障国家粮食安全的根本。水产良种是水产业发展的源头和先导产业，在水产业发展中的地位是无可替代的。水产种质资源（遗传多样性资源）是选育新品种的基础材料。自 2008 年始，在罗非鱼产业技术体系和特色淡水鱼产业技术体系的稳定支持下，特色淡水鱼遗传改良研究室岗位科学家围绕产业发展需求，坚持为产业服务的宗旨，建立了罗非鱼等特色淡水鱼种质资源共享平台；对特色淡水鱼的种质资源进行了详细的研究，挖掘出优良种质资源为新品种的培育提供了优良材料；建立并完善了良种规模化保种、扩繁和推广体系；以大联合大协作形式开展特色淡水鱼健康技术培训，促进了我国罗非鱼等特色淡水鱼产量稳步上升，保障了特色淡水鱼产业的健康发展。同时也培养了一大批水产遗传育种专家，提升了团队成员的科研能力，取得丰硕成果，为我国水产事业的储备了人才。

一、科技兴农，良种先行

1. 完善的罗非鱼等特色淡水鱼种质资源库、培育新品种

以国家罗非鱼遗传育种中心等育种单位为依托，遗传育种相关岗位建立了罗非鱼等特色淡水鱼种质资源库，优化资源配置，建设产业服务型资源平台。保有全国最大的罗非鱼等特色淡水鱼种质资源库，包括尼罗罗非鱼 78 品系、88 品系、埃及品系、吉富品系，奥利亚罗非鱼夏奥 1 号、埃及品系、斑点叉尾鮰江丰 1 号等。先后育成了吉丽罗非鱼（GS-02-002-2009）和莫荷罗非鱼广福 1 号（GS-02-002-2015）两个耐盐罗非鱼新品种和雄性率高、生长快、出肉率高的吉奥罗非鱼新品种（GS-02-003-2014）。培育出易于驯食的"秋浦杂交斑鳜"（GS-02-005-2014）和能摄食人工配合饲料的乌斑杂交鳢新品种（GS-02-002-2014）。此外杂交黄颡鱼黄优 1 号生长和成活率均比普通黄颡鱼快 30% 左右；经过 5 个世代的针对性选育，吉富罗非鱼壮罗 1 号的抗病

性能和生长性能均得到了明显提高，2018 年分别通过了全国水产原良种委员会的现场审查。

2. 完善罗非鱼等特色淡水鱼良种规模化保种、扩繁和推广体系

遗传育种相关岗位进行了罗非鱼等特色淡水鱼的种质资源的保存、整理、补充，加快良种选育，并通过农业部罗非鱼遗传育种中心、国家级罗非鱼良种场（如广东三高、广西南宁等）和国家级斑点叉尾鮰良种场（如安徽巢湖三珍水产公司）及各地省级良种场和其他中小苗种场间的引种关系，建立起罗非鱼等特色淡水鱼良种育繁推体系，并向二级扩繁点提供新品种父母本和后备亲本，用于新品种的后续扩繁与养殖。同时搭载技术服务体系，及时地将新近研发成果转化为渔业实际生产。2009 年向国家级青岛罗非鱼良种场、国家级伟业罗非鱼良种场、广西壮族自治区水产科学研究院和云南省渔业科学研究院等单位提供新吉富罗非鱼苗种 32 万尾，后备亲鱼 1 420 尾；2010—2018 年分别向福建省淡水水产研究所、茂名伟业罗非鱼良种场、佛山市南海百容水产良种有限公司、上海市水产研究所、体系海口综合试验站和福建省南靖科兴水产良种场等十多家良种场或研究所提供新吉富罗非鱼苗种 1.4 亿多尾。2013 年向广西水产研究院武鸣繁育基地、茂名市茂南三高良种繁育基地分别提供埃及尼罗非鱼和夏奥 1 号奥利亚罗非鱼各 5 万尾鱼苗作为亲本，广西水产研究院罗非鱼繁育基地和茂南市三高良种繁育基地作为国家级罗非鱼良种场年产苗种上亿尾，在两广地区大规模推广。2016 年向云南综合试验站无偿赠送岗位选育的奥利亚罗非鱼优良苗种 5 000 尾，用于在当地开展罗非鱼单性养殖示范，促进当地提高罗非鱼良种率，促进云南省罗非鱼种业健康发展。在江苏省南京千惠渔业科技有限公司和南通华鎏水产有限公司设立斑点叉尾鮰江丰 1 号良种亲本的二级扩繁点。2017—2018 年，向两级家二级扩繁点提供斑点叉尾鮰江丰 1 号良种亲本种苗 56.4 万。向湖北嘉鱼三湖渔业有限公司和嘉鱼长河水产养殖有限公司提供斑点叉尾鮰江丰 1 号的密西西比选育系和阿肯色选育系亲本 2 500 组。向眉山伟继水产种业科技有限公司提供斑点叉尾鮰"江丰 1 号"亲本 2 000 组。此外，还向国家级斑点叉尾鮰良种场安徽巢湖三珍水产公司提供斑点叉尾鮰江丰 1 号亲本 3 000 组。秋浦杂交斑鳜也已推广全国 10 多个省市养殖，实现了经济效益与社会效益。为长江本地鳜鱼苗种开发、品种改良，产业稳步发展起到了支持作用。2017—2018 年提供虹鳟混合性别苗种 400 万粒（尾），虹鳟全雌二倍体和三倍体苗种 200 万粒（尾），山女鳟、褐鳟（亚东鲑）

苗种 200 万粒（尾），出产商品鱼 5 000 吨，每年带动就业近 100 人，同时也会促进饲料加工，餐饮服务、运输行业的发展与就业。建立了 4 个黄鳝养殖试验示范基地，通过向基地提供优质苗种、普及健康养殖技术和常态化的技术咨询等措施，2016—2018 年累计新增产值 112 873 万元，新增利润 39 985.6 万元。在湖北荆州、仙桃和潜江市的推广应用技术成果，2016—2018 年累计新增产值 395 297 万元，新增利润 124 387.5 万元。

通过良种规模化保种、扩繁和推广体系，使罗非鱼等特色淡水鱼种质的保存、开发利用得以实现，并持续进行推广应用，实现了特色淡水鱼苗种生产单位亲本优质化，使生产的苗种优质稳定，提高了特色淡水鱼良种覆盖率。帮助实现罗非鱼等特色淡水鱼养殖增产、增收、增效的目标，引导和推动着我国特色淡水鱼种业向健康、绿色和可持续发展。

3. 开展多样的技术培训、咨询宣传活动，助力特色淡水鱼产业健康发展

链球菌病是制约罗非鱼产业健康发展的关键因素。目前罗非鱼链球菌病已经呈现发病个体小型化、症状多样化、抗药性增强和疫情容易反复等趋势。为此，遗传选育相关岗位专家加强体系内的交流和合作，总结现有成熟技术，在夏季高温链球菌病暴发前夕提出预警，并以大联合大协作形式加强科技培训，2009 年以来，每年以相关岗位组织或参与的技术培训班 10 多期，培训相关岗位团队骨干、当地技术人员和从业人员上千人。同时编写《罗非鱼链球菌病防控关键技术》等轻简化技术和宣传手册，通过培训班发放或媒体发布，普及宣传科学防控罗非鱼链球菌病方法。如 2016 年编写了《罗非鱼链球菌病防控技术》并由农业部向全国发布。又如 2012 年，由研发中心牵头，海口综合试验站承办的"海南省罗非鱼健康养殖技术培训班"在琼海市举行。此次活动不仅聚集了体系的科研力量，包括良种选育岗位、病害防控岗位、养殖技术与环境岗位、广州综合试验站等专家为养殖户授课培训，同时吸引了地方单位的参与，像琼海市科协、琼海市罗非鱼养殖协会等也投入了巨大的热情，从当地实际生产情况入手，为养殖户排忧解难。培训班上，各位专家以生动具体的案例向养殖户讲授养殖注意事项等。又如 2017 年育种相关岗位专家参加了由《水产前沿》杂志社主办的"2017 广东加州鲈养殖创新模式发布会"并作了相关报告，介绍了大口黑鲈产业的现状与存在问题，结合广东省 2017 年 6 月新颁布的《广东省水产品质量安全条例》，提醒养殖过程的安全用药，强调重视优良苗种的选用、进行高密度养殖环境下水生态环境的调控，是实现少用药或不用药，保证大口黑鲈养殖产业的健康可持续发展的重要保障。黄颡鱼育种岗位团队在北京综合试验站的协作下，在雄安新区的白洋淀开展黄颡鱼的种质资源调查，并同安新县科技局和白洋淀国家农业科技园区内的龙头企业绿之梦开发有限公司在黄颡鱼新品种培育和生态健康养殖等方面开展合作。

遗传育种相关岗位还与一些地方政府水产主管部门和企业签订了产学研合作协议，有力地促进了特色淡水鱼产业的健康发展。如鳢育种岗位以佛山市顺德伟谷农业技术有限公司为示范基地，通过顺德生鱼养殖协会进行杂交鳢苗种繁育技术推广，通过加强亲鱼培育，调节繁殖温度、激素等影响因子，将杂交鳢产卵率提高到 80% 以上，受精率提高到 85% 以上。2016—2017 年，在珠海年丰农业科技有限公司 3 000 亩杂交鳢养殖基地进行示范。制定了生产操作规程，全程指导基地规范生产，比其他场养殖的杂交鳢提前 2 个月达到商品规格。该技术方案获得养殖户的一致好评和认可。黄颡鱼育种岗位和武汉百瑞生物技术有限公司合作进行黄颡鱼全雄 2 号的新品种研发工作，对水产新品种黄颡鱼全雄 1 号进行品种改良；与射阳康余有限公司等几家单位合作研发了杂交黄颡鱼黄优 1 号，其生长和成活率均比普通黄颡鱼快 30% 左右。又如黄鳝泥鳅育种岗位与湖北省黄鳝主要养殖市县的水产管理部门如荆州市水产局、潜江市水产局和仙桃市水产局等签订了产学研合作协议，聘为当地黄鳝产业发展技术顾问，为当地黄鳝产业的健康发展起到指引的作用。同时还选取黄鳝养殖基础和条件较好的企业和合作社合作，如与监利县海河水产养殖专业合作社、仙桃市卫祥水产养殖专业合作社和公安县旭峰黄鳝养殖有限公司等单位签订了成果转化和技术合作协议，创办黄鳝养殖与苗种繁育试验示范基地，通过现场指导、组织观摩、培训和产业技术试验示范，帮助养殖人员提高养鳝技术水平，带动当地黄鳝产业的发展。此外，还与中央电视台七频道合作，针对黄鳝养殖在每年 9 月开始易暴发鱼病，大多养殖户不能进行有效防控的现状，以"跨过鬼门关的鳝鱼"为题，制作了鳝鱼健康养殖技术，不仅在中央电视台进行了播出，而且制成光碟，免费发放 2 000 多张。针对消费者对人工养殖黄鳝是否放心食用的问题，2018 年与中央电视台 12 频道合作，讲解了黄鳝人工养殖技术，以消除市场对人工养殖黄鳝投喂避孕药的顾虑。还建立了手机短信平台和"黄鳝养殖技术交流"微信平台，适时发布黄鳝养殖技术信息，及时解答养殖者的问题。为培育黄鳝知名品牌，还重点指导示范养殖企业进行标准化养殖，通过团队对湖北监利县海河水产专业合作社的技术指导，将其注册的"荆江"

牌黄鳝成功培育成湖北省著名商标，近 3 年连续获得中国国际农产品交易会金奖。

二、提升科研能力，特色淡水鱼产业发展可期

1. 锐意进取、创新种质，推动特色淡水鱼产业种源发展

遗传改良研究室育种岗位专家围绕产业发展需求，坚持为产业服务的宗旨，潜心研究，不断创新，同时也培养了一大批水产遗传育种专家。如体系首席科学家杨弘研究员目前是我国特色淡水鱼种质改良与健康养殖领域的杰出专家，利用体系的联合优势，通过与试验站合作将团队的罗非鱼育种成果在主产区推广使用，极大地提高了主产区罗非鱼的良种覆盖率和养殖效益。李思发先生是体系老一辈的育种专家，对罗非鱼种质创新有不倦的追求，他领导的课题组先后获得了罗非鱼新品种 2 个，对罗非鱼种源产业发展起到了积极的推动作用，同时李思发先生也培养了大批我国鱼类育种专家如赵金良、王成辉等。通过几代人的努力，为我国特色淡水鱼产业发展壮大奠定了坚实的种源基础。

2. 加强自身学习、不断提升自我的业务能力和视野

遗传改良研究室育种岗位专家日常科研任务繁忙，同时还经常要到产业一线解决各种产业问题。但专家们也在繁重的工作中，见缝插针，抽出时间加强自身的学习，不断提升自身的业务能力。如体系首席科学家杨弘研究员积极参与国际交流，他先后访问新加坡国立大学、淡马锡生命科学研究院、新加坡农粮兽医局等机构、美国奥本大学等科研机构，开展包括鱼类基因工程、鱼类繁殖生物学、抗病育种等国际先进技术培训学习活动，并与新加坡开展学术交流和座谈，并向国际专家介绍国内罗非鱼产业的研究进展，推销罗非鱼养殖产品。此外，2013 年 5 月，杨弘研究员作为中国专家远赴马拉维，与农业部对外援助、英国对非援助项目人员合作开展罗非鱼中英援非项目规划，利用我国罗非鱼产业专家的智力资源对非洲国家农业发展提供帮助，扩大中国罗非鱼产业领域的先进技术在世界上的影响力，同时也在中、英、非三方交流过程进行相互学习，并培养了团队的国际责任和国际公德意识。

3. 悉心指导扶持后辈，青年才俊辈出，特色淡水鱼产业发展可期

遗传改良研究室育种岗位专家还特别重视团队的发展和建设，将团队成员的培养作为重要的工作任务之一，通过传帮带等多种形式，使得一批年青的科研骨干脱颖而出，成为体系工作的中坚力量。

首席科学家杨弘研究员一贯秉持"把科研论文写在大地上"的原则，重点培养青年科技骨干到生产第一线锻炼，有目标、有计划、有步骤地培养提高科技人员在一线生产中发现问题、提出问题、解决问题的能力。每年的6—10月罗非鱼生产季节，杨弘研究员带领团队成员有一半以上的时间是在罗非鱼生产一线上度过的，关注罗非鱼养殖中出现的各种问题，并与相关专家分析和提出解决方案，常常出现第一天晚上刚到家，第二天一早又出发的情况。十余年间，哪里有台风，哪里有病害，杨弘研究员总是第一时间出现在哪里，他带领自己的团队奔赴罗非鱼各主产区开展抗灾、抗病工作，指导渔民开展生产自救，降低经济损失，获得大家的一致好评。团队成员也已能独当一面了。

岗位专家王炳谦团队以梯队建设为核心，充分发挥团队带头人"传、帮、带"的作用，积极落实后备带头人培养制，全面提升团队的整体素质。为后备带头人和其他骨干人员提供发展平台，几年来，团队后备带头人分别在各类学术会议学术报告3次，开展培训授课2次，主持承担水科院重点项目1项。

又如岗位专家卢迈新研究员，经常带领团队成员到生产一线，从产业问题中凝练出科学问题，有3人先后获得国家自然科学基金的资助，曹建萌博士和高风英博士获得了"蓝色粮仓"的经费资助。高风英博士获得了2011—2012年度"广东省直机关三八红旗手"荣誉称号，团队成员曹建萌博士从水产科学的门外汉，很快成为体系工作的科研骨干。王淼博士也能在卢迈新研究员的指导下，从产业中寻找到相关的关键问题，结合国家的产业政策和要求，完成了相关项目的研究。同时研究成果进行了推广应用，并获得了广东农业推广二等奖。

又如岗位专家梅洁教授，每次体系的会议或者学术活动，都会带上团队成员郭稳杰，以增强他对产业需求和发展有全局性地了解，了解行业专家们是如何发现科学问题并解决科学问题的。目前，黄颡鱼种质资源评价主要由他完成，这部分工作已撰写SCI论文，被*Journal of genetics*期刊收录。

又如岗位专家叶星研究员带领团队成员经过生产一线调研、体系内与体系外同行的交流和学习，业务工作能力显著提高。在工作中紧贴实际，从产业需求和渔民诉求出发，重点开展解决产业问题的科研工作。团队成员胡婕、田园园博士获得"广州市珠江科技新星"荣誉称号，两人次获广东省自然科学基金项目资助。

陈昆慈团队的成员赵建副研究员，之前工作阵地重点主要在实验室，自从参加产业体系工作以后，借助产业技术体系平台，扩大了与外界的沟通和交流，更加深入地了解产业发展的动态和急需解决的技术问题。例如他为了解决杂交鳢受精率偏低严重影响苗种生产效率的问题，提出利用激素调控亲本性腺发育结合精子保存方法进行人工授精，获得很好效果，首创了通过人工授精生产杂交鳢苗种的方法，大大提高科研和生产效率。欧密博士，2017年参加工作。短短的1年半时间，除承担鳢性别基因鉴定等实验室工作，还深度参与了乌鳢性逆转、全雄苗种繁殖、培育、养殖对比试验等野外工作。娇小秀气的女博士，在鱼塘边，在水池中，不怕苦，不怕晒，全力以赴参与种鱼挑选、激素催产、人工繁殖和养殖测量等工作，很快掌握了苗种繁育技术，可以独立主持这类试验研究，成为团队能里能外的骨干力量。

岗位专家杨代勤通过国家特色淡水鱼产业技术体系的搭建的平台，不仅更好地服务和指导了黄鳝、泥鳅产业的发展，同时培养了人才，提高了团队成员的科研能力和水平。他培养团队成员的心得一是将任务分解到每个成员，通过压担子让年轻人在工作中锻炼成长。二是安排年轻成员参加国内外的相关学术会议，扩大他们的学术视野，了解相关研究的学术前沿与动态。三是带领他们深入实践基地，向基层第一线的工作人员学习，提高解决生产问题的能力。如阮国良博士作为团队的主要成员，主要负责黄鳝营养繁殖生理等基础性工作，通过本岗位的培养，2017年晋升为教授，2018年成功遴选为湖北省科技厅将其作为国家中青年科技创新领军人才候选人之一向科技部推荐。易提林博士作为团队主要成员，主要负责黄鳝种质资源与分子辅助育种，2017年以岗位工作为基础，申报成功湖北省自然科学基金1项，2018年第一作者在Gene上发表学术论文1篇。岗位专家边文冀研究员，坚持产学研结合，与南京农业大学等国内外多家科研院所开展学术交流，赴湖北、四川、安徽等鲫鱼主养区开展实地调研。坚持让团队成员参加学术会议和培训，不断提高科研业务能力。

2018年度，岗位专家边文冀研究员遴选成为上海海洋大学和扬州大学硕士研究生指导教师，朱晓华教授级高工成为扬州大学硕士研究生指导教师，秦钦副研究员成为南京师范大学硕士研究生指导教师。团队浓厚的学术氛围和活泼的工作环境，为年轻人提供了成长的沃土。团队成员钟立强助理研究员获得了2018年度"江苏省省级机关优秀党员"和"江苏省海洋与渔业局系统优秀党员"荣誉称号。

确定鱼类营养需求，发展饲料工业技术

营养与饲料研究室

一、饲料开发与推广，助力特色淡水鱼产业发展

1. 加强产业调研，掌握特色淡水鱼饲料产业需求

体系专家与广东海大饲料公司、通威饲料公司、澳华集团、广东恒兴饲料实业股份有限公司、福建大北农水产科技有限公司、中粮饲料（佛山）有限公司、广州信豚水产技术有限公司长期保持良好的互动，经常与他们进行面对面及电话等形式的沟通，及时了解特色淡水鱼饲料产业存在的问题及新的发展趋势，积极就特色淡水鱼饲料的发展及特色淡水鱼产业发展进行研讨和交流，与海大集团、广东恒兴集团、深圳澳华及大北农集团建立了互访－合作的技术交流平台。通过各种交流渠道，了解到大多数特色淡水鱼的营养需求参数不明、饲料配方没有专用的消化率数据库，存在饲料配方难以精准设计造成饲料成本增加、饲料原料利用效率低等亟须解决的问题，明确了优先开展特色淡水鱼的主要营养素需要量研究和主要原料消化率数据库的构建等工作。

2. 加强体系研究成果应用与推广

体系罗非鱼营养与饲料研究成果在福建大北农水产科技有限公司和深圳澳华农牧科技有限公司得到了应用。利用本岗位的罗非鱼营养与饲料研究成果生产的高效环保罗非鱼饲料已经在广东、福建、广西、海南和云南等省区累计推广应用40.8万吨，新增产值17.785亿元，利用体系成果显著降低了罗非鱼饲料系数和氮排放；广州信豚水产技术有限公司应用了罗非鱼维生素和矿物盐需要量及绿色饲料添加剂的研究成果，累计推广应用罗非鱼多维多矿预混料1 580 t，间接应用到罗非鱼饲料14.8万t，新增产值1 315万元。

将大口黑鲈营养与饲料研究成果在有关饲料企业进行了产业化，产销了大口黑鲈全价配合饲料共3万多t，创造产值4亿多元，获得利润4 000多万元。2018年在继续保持与浙江欣欣天恩水产饲料有限公司对大口黑鲈全价配

合饲料生产技术与推广应用合作的基础上，另外增加了广东恒兴饲料股份有限公司、浙江德清县鸿利饲料有限公司和杭州海皇饲料开发有限公司3家合作单位，这三家新合作单位于当年均产销了大口黑鲈全价配合饲料2 000多t。上述4家合作公司均按照我们研发团队一直秉承的高效、安全和环境友好的理念，所生产的大口黑鲈专用配合饲料产品能完全胜任养殖全程，无须搭配冰鲜杂鱼。

3. 面向贫困地区，实施科技扶贫精准输入

精准扶贫是产业技术体系工作的一部分。恩施州是中部、西部国家级贫困地区，是全球唯一探明独立硒矿床所在地，被评为"世界第一天然富硒生物圈"。硒是恩施地区的特色资源，硒资源是恩施摆脱贫困的重要资源。鲖黄颡鱼营养需求与饲料岗位团队在2018年4月至9月，对恩施州贫困地区进行扶贫工作调研，在恩施州科技局的配合和安排下，调研了恩施州硒研究院、国家富硒产品质量监督检验中心、恩施屯宝生态农牧业有限公司、恩施州硒康牧业发展有限公司、建始县良宇养殖有限公司和恩施州国硒冷水渔业开发有限公司等单位，调查了该贫困地区渔业产业布局情况、产业发展中的主要问题，以及硒产业发展中的一些问题。在调研的基础上，鲖黄颡鱼营养需求与饲料岗位团队向恩施州科技局和相关企业提出了合作进行富硒特色淡水鱼相关技术和产品的研发的建议。

黄鳝泥鳅营养与饲料岗位积极响应国家扶贫政策，秉持着"授人以鱼，不如授人以渔"的原则，多次开展渔业技术培训以助推渔业增效、贫困渔民增收。目前已在江西南昌市新建区开展建档立卡贫困户科技扶贫培训60余人，在广西柳州，云南德宏芒市开展科技扶贫培训培训人员约100余名。通过培训，部分贫困农户的经济收益具有明显的递增趋势。

4. 开展多种形式的技术培训与指导，取得较好的科技服务效果

结合依托单位积极开展科技服务，罗非鱼营养与饲料岗位科学家文华积极参加依托单位开展的各项渔业科技服务活动，开展了科技服务工作。先后前往湖北荆州、洪湖、赤壁、潜江、仙桃、石首等地，通过对水产公益性服务人员、科技示范户和水产养殖大户进行技术培训，为渔民朋友现场答疑解难和发放提供技术资料等多种方式提供技术服务。

联合体系其他岗位共同开展技术服务。与体系研发中心或其他岗位及试验站联动，开展罗非鱼养殖技术培训班，岗位专家文华研究员先后在河北省任

丘，海南琼海，广西南宁、北海、柳州，广东珠海、惠州，福建福州，云南芒市等多地向养殖户讲解罗非鱼配合饲料技术，本岗位还与北海站和柳州站等综合试验站合作开展了罗非鱼高效环保饲料应用效果评估试验，提出了适宜罗非鱼主产区（广西区）典型养殖模式的高效环保饲料技术，编写了"罗非鱼实用饲料配方及投喂技术要点"。文华研究员还与体系内专家先后赴贵州、江西、四川、湖北、黑龙江等省对特色淡水鱼产业多种生产方式和生产环节进行广泛深入的调研，并会同当地渔业主管部门对渔业发展和生产技术细节进行建言献策。

岗位科学家王桂芹利用教学平台，多次向渔民传授名优鱼类集约化和规模化养殖及其配合饲料技术，合计培训渔民 5 000 多人次，推动了水产健康养殖和饲料生产两个产业的发展。

岗位科学家翟少伟及团队成员在 2017 年和 2018 年全国鳗鲡现代产业技术培训班授课，内容涉及营养与饲料、循环水养殖技术、病害防治及检测技术等方面，培训全国鳗养殖企业和饲料企业技术人员 300 余人次。经常深入鳗生产第一线，为福建省福清、南平、三明、龙岩和漳州地区鳗养殖企业开展技术服务活动，多以现场解决生产中具体问题或提出改进方案形式为其服务。还已与福建省三明市、龙岩市、漳州市六家大型鳗鱼养殖场建立了密切合作关系，为其提供饲料组胺检测、病原微生物检测以及饲料营养成分检测服务。

岗位科学家刘红柏及其团队参与养殖技术培训班、座谈会、现场互动服务活动，培训养殖技术人员等 200 余人次；免费发放技术书籍、资料 100 余份；对配合饲料的选择、使用、投喂技术、中草药及其组方的应用、营养与代谢疾病和循环水养殖条件下的饲料问题进行了现场指导与服务，切实解决了养殖从业者关切的饲料和投喂问题，为产业发展助力。

岗位科学家周秋白和南昌综合试验站联合，多次前往江西进贤、鄱阳、余干、东乡等县市开展黄鳝泥鳅养殖情况调查和技术指导。如对瑞洪镇黄鳝养殖专业户调查，发现养殖户对黄鳝病害处理仍存用药不科学的问题，据此，周秋白教授现场讲解黄鳝健康养殖技术以及如何减少用药和合理用药，针对养殖户使用的药物进一步开展风险效果评估，并联系黄鳝经销商了解市场情况。对促进黄鳝泥鳅产业健康发展起到了积极作用。

5. 建立产学研基地，扎实推进技术示范推广工作

鳗营养与饲料岗位目前与福建锦江之曼科技有限公司、福建福源渔业发展有限公司建立了紧密的合作关系，在实际生产的过程中开展试验研究更有意义，可充分发挥示范带动作用促进鳗业发展。根据鳗养殖企业生产中存在应激、脂肪利用及肠道健康的问题，今年在福建锦江之曼科技有限公司开展的胆汁酸、葡萄籽提取物、丁酸梭菌等功能性饲料添加剂试验，试验组每座 30 m² 左右精养池平均增加 5 000 元以上的收入；在福建福源渔业发展有限公司开展的葡萄籽原花青素试验，使每座 160 m² 左右的精养池平均增加收入 1 万元左右。功能性饲料添加剂的良好效果，使周围鳗养殖户也纷纷效用。即解决了生产中的实际问题，又起到了示范推广作用。

鳜营养与饲料岗位联合湖北省水产良种试验站，建立高品质鳜产业基地。与湖北省水产良种试验站开展密切合作，在湖北等鳜主产区创建高品质鳜产业基地，加速推动鳜苗种产业的研制与市场化，展现我国鳜种质资源与鳜养殖新技术优势，形成资源节约、环境友好的鳜可持续发展产业新模式，确保养殖鳜质量安全，形成品牌有力推动养殖鳜鲈产品的出口创汇，促进湖北省由水产大省转变为水产强省。合作主要为以下模式，一是创新合作模式，以发展鳜产业为契机，采用"以企带村、以村带户"的精准扶贫方式，运用"科技+公司+基地+农户"模式，实现产业扶贫的目的。以华中农业大学鳜研究团队为指导，湖北省水产良种试验站牵线孝南基地和当地水产养殖户发展鳜的养殖，达到华中农业大学研究团队"得"数据、湖北省水产良种试验站"得"技术、广大水产养殖户"得"实利的三赢好结果。二是创新养殖模式，通过精养鱼塘投饵单养、混养及大水面套养等多种模式实施生态养殖，有效地把低产值商品鱼转化为高产值优质鱼类，即改善水域生态环境，又能开创好的经济效益。通过大水面套养模式在孝感野猪湖、咸宁通山富水水库、武汉野芷湖、大悟龙潭湖等自然水域进行推广养殖，同时指导翘嘴鳜华康 1 号的销售客户进行池塘单养、混养的大规格鱼种培育。推进湖北水库、湖泊、池塘养殖产业结构调整。

在国家特色淡水鱼产业技术体系的技术支持下，紧紧围绕渔业供给侧结构性改革和转型升级新要求，加快建立协同创新联动推广机制，黄鳝泥鳅营养需求与饲料岗位团队联合昆明综合试验站、南昌综合试验站分别在云南和江西建立两个稻鳅综合种养示范试验点，取得了明显的收益增长效果。

6. 积极响应体系应急性技术服务

2011 年 6 月，根据《农业部关于切实抓好当前农业抗旱减灾工作的紧急通知》，农业部派出了五个农业抗旱减灾科技指导组，由有关农业和渔业专家参加，分赴江苏、安徽、江西、湖北、湖南五省指导抗旱减灾工作。罗非鱼岗位专家文华研究员作为渔业专家参加了湖南科技指导组的抗旱救灾工作。作为抗旱减灾科技指导组第一小组的成员，其奔赴了环洞庭湖区的益阳市南县、沅江市、大通湖区和常德市安乡县等地开展农业抗旱减灾科技指导服务。指导组会同省、市、县（区）农业、渔业科技人员，深入各县市区的主要乡镇和典型村组田间地头、农家渔户、河湖池塘，调查了解当地农业、渔业抗旱减灾情况及存在问题，指导科学抗旱减灾。

二、打造一支具有国际竞争力的罗非鱼营养、饲料研究团队

体系成立之初，罗非鱼营养与饲料岗位仅有 4 名在职职工，其中仅 1 人拥有高级职称。在体系稳定支持下，本团队陆续引进新的人才，原有职工也伴随体系一起成长。目前本研究团队在编员工 7 人，其中 6 人具有博士学位，1 人具有海外留学经历，1 人正在国外访学；团队中研究员 1 人，副研究员 3 人，团队已经成长为一支稳定的具有竞争力的罗非鱼营养与饲料研发团队。

在人才培养方面，我们经常组织团队成员学习国家和党的政治纲领文件，要求成员作为农业科研系统的科研人员，要坚定自己的理想信念，在自己的工作岗位上，要努力工作，把工作当成自己安身立命之本、施展才华的平台，更要把工作当成使命，成为一个有用的人，一个对社会有价值的人。不要有不良的生活习惯，我们要严格遵守工作纪律、生活纪律，做一个守法，有底线的科研工作者。要严守国家财政资金的使用规定，严格按照预算合规合法支出；我们要严守学术道德，在学术研究中有底线，我们要开展对产业有用的科研活动，而不能制造学术垃圾。在科研实践中，对凡是有疑问的试验结果，要求两人审核，重新验证，要求每个人对发表的文章试验数据负责。

加强团队成员之间的沟通。团队成员之间除文华研究员外，其他成员年龄都较为接近，在职称评审、其他课题申报以及任务承担方面存在较多的竞争。我们要求团队内部成员之间进行有效沟通。调整彼此心态和准确的角色定位，把个人目标与工作目标结合起来，明确知道自己要做的事，以及清楚如何去做。积极与领导沟通，取得对团队的认可和支持。加强团队与其他团队之间的沟通，为团队争取更充足的资源与更好的环境，并对工作进程以及工作目标与工作关系人不断达成共识，更好地促进共同科研工作目标的实现。我们团体于2012 年和 2014 年获得中国水产科学研究院先进集体的荣誉称号。

我们要求团队成员加强学习，不断更新自己的知识构架。不仅要在一个点上钻下去，更要抬头看，了解最新的生物科学发展态势，我们需要学习新的科学理念、技术方法，并应用到科学研究中来。在体系的十年里，团队成员中蒋明、田娟和刘伟完成博士学业，学习了营养组学和蛋白质代谢通路研究的技术手段，提升了理论知识和技术水平。

以后将继续创造条件，争取让每个团队成员到国外先进实验室进行学习，培养他们的国际视野和国际交流能力。创造条件，直接引进具有海外留学经历的优秀博士或知名学者；引进国内先进实验室的优秀博士生，全面打造一支具有国际竞争力的罗非鱼营养与饲料研发团队。

三、激流勇进，争当行业先锋

韩冬研究员积极主动地把鲴黄颡鱼营养需求与饲料岗位的工作和湖北省科技特派员工作联系起来，使体系岗位的部分任务得以更好地实施和开展。派驻单位天门海大饲料有限公司是广东海大集团华中区规模最大的企业，特别是近年来的特色淡水鱼饲料生产和销售表现良好。为了鲴黄颡鱼营养需求与饲料岗位相关任务能够和企业的实际需求紧密对接，在国家特色淡水鱼体系这个大平台的指导和规划下，鲴黄颡鱼营养需求与饲料岗位团队对武汉、荆州等地的饲料企业进行了实地调研，选择了天门海大饲料有限公司作为主要抓手，进行各项任务的落地示范。结合天门海大饲料有限公司在现阶段的技术需求，提出了近阶段的相关产业技术服务：①构建特色淡水鱼类的原料消化率数据库。②黄颡鱼饲料中菜粕等我国本土原料资源的高效利用技术攻关。相关成果已在饲料企业的黄颡鱼饲料配方设计中初步应用。通过科技特派员工作和岗位工作的有机结合，鲴黄颡鱼营养需求与饲料岗位和企业相关的任务得以顺利地开展，韩冬研究员也被湖北省科技厅评为年度优秀科技特派员。

乌鳢营养与饲料岗位成员单晓枫具有营养饲料和动物医学的学习和研究背景，可以很好地探讨水产动物营养与免疫的机理，每年指导 10～15 名硕博学生。科研思路来源生产，他与广州利洋水产研究所有很好的合作，蹲点他们的养殖基地，把理论的研究结果亲自中试，不断调整剂量和条件，得出几种免疫增强剂的使用方法，同时通过他们的动保产品进行很好的推广和应用。近两年来，他在该领域的研究已发表了十多篇SCI论文，副教授破格升为博士生导师。

　　淡水鲈岗位研究团队的李松林博士后自加入产业体系的工作以来，不辞劳苦，任劳任怨，勇挑重担。他除了需要完成学校的教学任务和其他科研项目任务外，还在岗位内承担科研和秘书工作。由于身兼多职，他放弃了所有的节假日，常年处于"5加2"和"白加黑"的工作状态。他认识到产业体系的工作不仅仅是要做好科研工作，更要深入生产第一线，了解产业存在的问题和诉求，使得研究工作更接地气。为此，他加入体系不到两年的时间内，花了大量的时间深入饲料工厂和养殖塘口，了解实情，提出了一系列改进岗位工作的有益方案。他提出了通过深入研究大口黑鲈的糖代谢调控机制，降低血糖的应急研究方案，获得了国家自然科学青年资金项目的资助。在比较营养学这一新的研究领域，他将多种肉食性鱼类，如大口黑鲈、大黄鱼和石斑鱼对相关营养素的需求与代谢机制进行生化水平与分子水平上的比较，以期能区分在营养与代谢方面的异同点，实现营养的精准配给和调控。近两年来，他在该领域的研究已发表了SCI论文十多篇。假以时日，他将逐渐成长为一名有担当的鲈鱼营养与饲料研究专家。

提升病害防控水平，打造可持续发展的产业科研队伍

疾病防控研究室

一、推广科技创新，保障养殖业增产增收

1. 开展产业调研、技术培训，提升渔民病害防控水平

疾病防控研究室岗位科学家和相关团队，在广东、江西、湖北、江苏、贵州、四川、广西、安徽、山东等地开展产业调研，全面了解特色淡水鱼养殖产业中的病害问题，针对养殖生产中发生的病害问题，开展病害防治技术培训，共组织或参与组织了50余次技术培训活动，培训人员4 000多人次，受培训农技人员1 000余人，受培训渔业生产者3 000余人。向广大基层技术人员和养殖户讲解病害的发生和流行情况、症状特征、安全用药、水质调控、池塘改造、健康养殖、水产品安全等与水产病害防治相关的内容，受到广泛欢迎，提升了病害防控水平，保障了水产品食品安全，有效地促进了渔业增效与渔民增收。开展了"罗非鱼常见病害与综合防治""加州鲈常见病及其防治技术""鳜病毒病及其免疫防控""鳜鱼生态健康养殖技术""鱼菜共生养殖模式探讨""水产养殖质量安全监管与质量控制技术"等主题的培训活动，受到广大基层渔业科技人员和渔业从业者的热烈欢迎，促进了特色淡水鱼病害综合防控水平的显著提升。通过这些工作，我们也更加感到基层渔业工作者对科技的渴望，我们要不断提升技术服务水平和解决重大关键技术难题的能力，加快成熟先进实用技术的示范推广。

2. 现场指导、基地示范，解决病害防控的实际问题

常年坚持为广大渔民的水产养殖问题"把脉问诊"，采用在实验室接诊和现场指导的方式，为广大养殖户的养殖生产"保驾护航"。每年大约诊断各种病例上百次，切切实实为广大渔民服务，广受渔民欢迎。在广西、广东、云

南、湖南、湖北、山东等地开展了一系列的特色淡水鱼病害诊断与防治服务，特别值得一提的是，疾病防控研究室团队成员在广西、广东、云南开展的罗非鱼病害防治，在广东、湖北开展的鳜鱼病害诊断与防治，在湖北开展的黄鳝和乌鳢病害调查，在山东开展的鲑鳟类病害诊断与防控，在广东和湖北开展的鲈病害调查和防治等方面的工作，不仅加强了渔业生产者的疾病防控意思，而且有效地促进了养殖水平和病害防控水平的提高。

建立与养殖区域渔业合作社或者养殖专业户的密切联系，建立防病示范基地、稻渔综合种养基地、特色淡水鱼养殖基地，从放养比例、水质调控、防病措施、生产管理等方面进行全方位的技术指导，并协助对养殖生产全过程进行管理，有效地降低了种养成本，增加了经济效益，促进了产业绿色发展。这方面比较成功的典范，包括中国水产科学研究院珠江水产研究所在广西建设的稻鱼健康生态养殖基地，华中农业大学相关团队在湖北协助建立的诚义生态种养殖专业合作社、洪茂生态养殖合作社，在江西建立的高渡亇亩生态鲈鱼养殖基地等，使农民和渔民的种养效益都得到了显著提高。

在服务产业过程中，对我国一些养殖种类的病原组成也有了更清晰的认识。2018 年早春，我国北方一养殖水体发生大面积的鲑鳟鱼死亡，死亡率高，从发病到死亡进程段，生产者迫切需要找到病因，避免病害进一步发生，以减少疾病造成的损失。我们联合相关研究单位科研人员，及时驱车赶往养殖基地，冒着北方的早春严寒，体科研人员在简易工棚中开展了显微检查，病灶部位病原分离接种，病鱼取样等相关野外调查工作。随后，在实验室开展了培养、鉴定方面的工作。参考国内外报道，我们确认这是一起由异弧菌引起的、只在水温低情况下暴发的疫病。在此基础上，我们从管理的角度给养殖者提供了加强管理避免该病发生的措施，产生了明显的防病效果。

3. 与试验站合作，推广罗非鱼促生长实验

与广西、广东、云南的试验站和相关企业合作，开展罗非鱼促生长剂应用实践，降低饲料利用率，促进罗非鱼快速生长，促进产业持续健康发展。疾病防控研究室中山大学相关团队开发出罗非鱼促生长剂，在广西柳江、云南罗平、广东阳江等开展罗非鱼促生长剂投喂实验。通过不同的养殖环境和不同的养殖模式，验证了促生长剂的功能。指导正确使用促生长肽，加强饲养管理，降低了饲料和人工成本；另一方面，在罗非鱼养殖中使用鱼类促生长肽能促进蛋白利用降低饵料系数，能使养殖户的养殖产量增加10%以上，为养殖户带

来显著效益。在广东粤西贫困地区阳江，通过技术指导和鱼类促生长肽应用，改造养殖基地，改善水质，使之更适合于广盐性鱼类生长，通过提供有关饲料和添加产品，开展示范试验，饲料和添加剂的应用达到预期效果，养殖生产效益显著增加。

4. 响应"一带一路"建设倡议，服务沿线国家渔业发展

2017年因泰国发生亚洲首例罗非鱼湖病毒病疫情，该病传染性极强，对罗非鱼养殖业造成严重影响，为防止TiLV疫情扩散，避免我国罗非鱼产业遭受威胁，岗位科学家翁少萍教授团队配合全国水产技术推广总站在中山大学召开罗非鱼湖病毒国际研讨会，有超过20个国家的代表交流了在他们在TiLV的鉴定、检测、危害与流行方面的最新情况。

2018年6月18日—24日，联合国粮农组织（FAO）罗非鱼湖病毒病防控技术国际培训班在广州举行，本次培训班由FAO和全国水产技术推广总站主办，中山大学和中国－东盟海水养殖技术联合研究与推广中心承办。全国水产技术推广总站党委书记张锋出席了结业仪式并讲话。培训学员来自泰国、印度尼西亚、马来西亚、越南、缅甸、柬埔寨、巴西、秘鲁等国家，包括政府工作人员、学者、技术人员、大学生。培训内容涵盖罗非鱼养殖、罗非鱼生物学、罗非鱼湖病毒病病理学、流行病学、检测技术、日常监测流程、应急预案和防控技术路线等。培训班上，交流了各国罗非鱼养殖情况和生物学特性，分析了罗非鱼湖病毒病的病理学、流行病学特点，探讨了罗非鱼湖病毒检测的多种方法，并在实验室进行了解剖、取样、检测等实际操作训练，讨论了罗非鱼湖病毒病的监测、应急预案和防控技术路线等。此次培训班，为提高各罗非鱼主要养殖国对罗非鱼湖病毒病的认识水平和防范意识，加强国际间合作与交流，强化各国技术人员对罗非鱼湖病毒病的诊断能力、防控能力和应急反应能力，有效防控罗非鱼湖病毒病，对保障"一带一路"国家罗非鱼养殖产业的正常发展具有重要意义。

二、团队建设是体系持续发展的保障

1. 不断提高理论知识水平和科技攻关能力，增强了科技服务技能

特色淡水鱼产业技术体系细菌病防控岗位团队共有5位主要成员，均在中国水产科学研究院珠江水产研究所水产病害与免疫研究室工作，该研究室成立于20世纪60年代，具有开展水产养殖病害防控研究的悠久历史，为团队成员的成长提供了良好的环境基础；团队成员大部分是 80 年代的年轻成员，虽然具有良好的教育背景，但对产业的了解和熟悉程度还存在差距，在体系经费的稳定支持下，本团队成员迅速成长，既提高了解决产业需求的科研能力，也增强了服务产业的科技技能。

岗位科学家姜兰研究员，深入广东、广西、江西、湖北、湖南、江苏、贵州、四川、安徽、吉林、黑龙江、甘肃、青海等地的养殖场开展产业调研，通过与体系其他岗位/试验站的联动，与地方基层、渔民等的深入交流，全面了解特色淡水鱼养殖病害发生概况、及时跟踪水产养殖中的重大病害问题。坚持开展农业科普和技术推广活动，参与各类病害防治技术培训和健康养殖培训等讲座和座谈 20 余次，提高水产养殖者的病害防治水平、推介渔用药物规范使用方法，极大地促进了养殖者的生产积极性。通过体系活动，在对鳜、鲈、鳢、鳗鲡的病害有全面认识的基础上，系统增加了对黄鳝、泥鳅、虹鳟等多种养殖品种和养殖模式的认知，拓宽了研究思路，明确了今后工作的重点方向。

在加入体系前，团队主要成员谭爱萍副研究员就在龟鳖类病害方面有丰富的临床诊断和防控经验，长期通过电话诊断、科技下乡、技术培训等方式服务于渔业生产一线，在广东省业界得到充分肯定；加入体系后，通过不断的学习和实践，迅速掌握了鲈、鳢、鳜等特色淡水品种的病害临床诊断和防控技术，能独立承担相关的工作，开展了免疫增强剂对提高杂交鳢抗诺卡氏菌感染的田间实验并取得了一定的效果。赵飞和邓玉婷博士，针对鳢抗细菌感染的免疫机理和水产养殖抗菌药物耐药性开展了相关的应用基础研究，目标都是为特色淡水鱼细菌疫苗开发、降低渔用药物使用、评估渔药使用风险提供理论依据。

2. 积极培养全方位服务特色淡水鱼病害防控工作的优秀人才

本岗位团队自加入体系以来，积极加强团队人才培养和人才队伍建设。迄今为止，本岗位共培养博士研究生 18 名，硕士研究生 22 名，博士后两名，其中一名在站，另外一名是已顺利出站并正式留在团队的孙彩云副教授。研究生和博士后是完成团队所承担体系研究任务的主要力量，除了完成各自的科研课题，他们要根据自己课题的研究方向，收集相关文献、专利和标准等资料，并提交孙彩云老师，由她分门别类整理好后提交岗位科学家。此外，同学们每半个月需提交一次自己的工作进展汇报，作为本岗位工作日志的素材。对于表现优秀的同学，团队老师带领他们参与体系的各种调研活动，让他们走出实验室，走入生产第一线，充分了解和体会研究与生产实际相结合的重要性；对于优秀的高年级同学，团队鼓励和支持他们参加国内外的学术会议，让他们充分了解国内外同行的工作以及研究领域的发展前沿，以拓展他们的研究视野。通过上述措施，在培养同学们从事科学研究的同时，培养了同学们理论联系实际的意识，培养了他们解决生产实际问题的能力，培养了他们勇于承担团队任务、互相合作互相帮助的团队精神。

孙彩云副教授在香港大学获得博士学位后于 2010 年 7 月以科研博士后身份加入本团队，并于 2014 年 1 月以副教授编制正式入职中山大学，成为本团队的固定骨干成员。自入团队以来，除了承担科研任务，她还积极参与团队实验室的日常管理和本岗位承担的体系各项工作中。首先，她协助本团队岗位科学家开展体系要求的各种调研、应急任务和培训并撰写相应的书面报告。其次，在体系的日常工作中，她负责整理同学们收集的文献、专利和标准，并负责每月专报的撰写。此外，她积极协助岗位科学家完成体系每年的年终总结与人员考评工作，自 2011 年以来一直承担"体系产业发展趋势与政策建议分报告"和"体系产业技术发展分报告"的撰写。孙彩云副教授分别于 2012 年 11 月和 2018 年 9 月协助岗位科学家组织了由中山大学、珠江水产研究所和广州综合试验站联合举办的"罗非鱼养殖与病害"研讨会和由中山大学承办的"广东省重要经济鱼类健康养殖工程技术研究中心"成立大会暨 2017—2018 年度会议。自 2011 年起，团队积极提供机会和条件让她参加国内外的各种学术会议。通过上述全方位的锻炼，她已迅速成长并具备在多方面均能独当一面的能力。

3. 科技兴渔，人才是关键

寄生虫病防控岗位团队依托于华中农业大学，共有 5 名主要成员，其中教授 1 名，副教授 2 名，长期致力于水生动物病害防控研究工作。本团队共有 10 名研究生致力于鱼类寄生虫相关研究工作，其中在读博士研究生 2 人，在读硕士研究生 8 人。本团队注重人才培养，始终围绕"科技兴渔，人才是关键"这一主题开展培养工作。

一是以德为先，强化责任感教育。淡水渔业是一种养殖周期长、季节性强、风险相对较高的产业，需要具有社会责任感的创新创业人才投身渔业事业发展中。本团队通过渔业政策宣讲、科技支农、企业帮扶等社会实践，加强学生的责任意识，培养学生振兴渔业的责任感，引领学生进入水产行业。

二是利用平台，鼓励实践创新。本团队充分利用产学研基地、特色淡水鱼产业技术体系、校友企业等资源平台，鼓励并引导学生围绕解决产业科学中的现实问题，结合实际开展毕业课题或科技创新活动，通过分析和解决实际生产问题，提高实践创新能力。本团队在读研究生陈红雕在广州诚一水产养殖公司基地进行黄颡鱼与草鱼寄生虫病害防控研究，主要研究养殖池塘理化因子及微生物种群变化与养殖鱼寄生虫病害发生关系，根据病害流行规律制定药物防控策略，防治寄生虫病的暴发，目前取得较好的防控效果。在研究过程中，陈红雕自主创新发明了养殖池塘浮游生物快速定量分析的新方法，不仅大大缩短水样浓缩时间，同时减小了样本量，解决了养殖生产对浮游生物数据准确性与时效性的要求，该成果正在专利申请中。

三是深入一线，对接产业。本团队青年教师深入到一线养殖基地，开展实战教学工作；团队研究生参与养殖实践工作，将理论与实践进行有机结合。本团队青年教师柳阳主要从事黏体动物的系统分类、生活史及病害防控研究工作，师从本岗位专家顾泽茂教授，读研期间多次深入湖北、江苏、沈阳等地区养殖基地进行养殖生产实践与采样工作；2014年留校任教后，每年都会去不同的产学研养殖基地从事2个月的实践教学工作，一方面，言传身教，指导本科生实践生产工作；另一方面，通过不断学习与实践，使自己更好地对接产业。

4. 面对养殖实践，凝练科学问题，培养创新人才

我国水产养殖业获得了巨大发展，不仅为我国农业和农村经济的发展做出了巨大贡献，也为我国人民提供了优秀蛋白质来源，为保障我国食品安全做出了重要贡献。水产养殖业的快速发展，特别是特色淡水鱼养殖产业的发展，极大地满足了我国人民对食物多样性的追求，使广大民众的幸福感获得了极大提升。另一方面，水产养殖业的快速发展，特别是种类较多的特色淡水鱼养殖业的发展，也给水产科技工作者带来了极大挑战，常见病原在不同养殖对象和养殖环境中造成的危害时有发生，新发病害的危害常常是灾难性的，对新的养殖对象的养殖生物学缺乏认识等问题严重困扰着特色淡水鱼产业的持续健康发展。

坚持探索，培养专门人才，突破淡水鱼类重要病原，柱状黄杆菌的遗传操作系统。柱状黄杆菌是在世界范围内引起淡水鱼柱形病（我国亦称烂鳃病）的病原，其危害严重。但是，对其致病机理长期缺乏研究，严重制约了病害防治工作的开展。本体系岗位科学家团队围绕柱状黄杆菌，在全国范围内开展了基因组多样性、限制性屏障系统、蛋白质组方面的研究，突破了适于柱状黄杆菌遗传操作的基因缺失和互补操作系统，首次在柱状黄杆菌中实现了基因缺失和互补，不断揭示柱状黄杆菌的致病机理与关键致病因子，开创了柱状黄杆菌病原生物学研究，奠定了柱形病免疫防治的理论基础。培养的相关专门人才很多都在与水产相关的高校和研究机构从事相关专业研究和教学工作，李楠博士也成功晋升副高职称，成为岗位团队成员，继续探讨柱状黄杆菌的致病机理和免疫防治。

解析爱德华氏菌分泌系统，认识其致病机理，不断提高人才队伍水平。无论是危害鲶形目鱼类的爱德华氏菌，还是危害鳗鲡和海水鱼类的其他种类的爱德华氏菌，它们都具有相同的分泌系统，也就意味着它们具有相似或者可以说相同的致病机理。通过基因和蛋白水平的研究工作，我们已清楚解析爱德华氏菌III型分泌系统的结构、效应分子的分泌与作用机制以及与宿主相互作用，发表了系列高水平研究论文，培养了一批硕士和博士研究生充实到我国相关水产教学和科研机构，岗位科学家团队成员谢海侠副研究员在国内外学术界也具有良好的学术影响。

从比较和进化的角度认识特色淡水鱼的免疫系统，探知免疫系统演化，发展免疫制剂，培养高水平人才。鱼类作为进化地位相对低等的脊椎动物，也具有天然免疫和适应性免疫系统。近年来，绿色药物研发和综合防控岗位科学家团队，利用鳜鱼和模式生物斑马鱼，以及两栖和爬行类，开展脊椎动物干扰素系统的比较和进化免疫学研究，鉴定了干扰素和大量的干扰素诱导基因，其中很多具有抗病毒功能，一些可以开发成新型免疫制剂。在这些研究工作中，注重培养学生的独立思考和独立解决问题的能力，近年来培养的学生中有多人参加研究生学术交流，并获得奖励。研究生侯静和刘莹莉先后获得华东师范大学"水生动物南山论坛"、中国科学院海洋研究所承办的"中国科学院第二届海洋生命科学研究生论坛暨山东省第二届海洋生命科学研究生暑期学校"的学术报告奖励，研究生甘桢两次获得国家奖学金。多名博士毕业生走上工作岗位后，或获得了省级的优秀青年基金资助、或成长为大学教授和研究所研究员、或获得了"青年千人"称号，一人获得了国家杰出青年科学基金资助，在不同的岗位为我国水产事业的持续健康发展辛勤工作、努力奉献。

养殖模式多样化，助推产业健康发展

养殖与环境控制研究室

自 2008 年以来，在罗非鱼产业技术体系（后改为特色淡水鱼产业技术体系）的支持下，养殖与环境控制研究室针对特色淡水鱼的遗传育种、养殖模式、水质调控、技术培训和政策咨询等方面开展了广泛的产业服务工作，有力地推动了产业的健康快速发展。

一、参与遗传育种研发，助推广西罗非鱼产业发展

池塘生态化养殖岗位科学家罗永巨及其团队通过中国水科院淡水渔业研究中心从世界渔业中心引进 4 个最新的吉富罗非鱼家系，首次在国内系统采用闭锁（半闭锁）群体继代选育结合家系选育的方法，分别对 4 个家系进行了 5 个世代的保种和选育，其生长速度、体型和产卵量 3 个主选性状的年平均选育进展分别达 12%、8.5% 和 9.2%。

同时，罗永巨团队负责组建的广西第一家国家级罗非鱼良种场——广西南宁罗非鱼良种场，于 2011 年获得了国家级罗非鱼良种场的资格验收。目前，该良种场年生产优质的桂非 1 号罗非鱼苗种（占广西罗非鱼苗种属地生产量的 30% 以上），其生长速度居国内领先水平，已成为广西罗非鱼养殖的主养品种，推广养殖范围覆盖我国 20 多个省市自治区，累计推广养殖面积 50 多万亩，并首次出口到越南和老挝等东南亚国家。为解决广西优势特色罗非鱼产业发展瓶颈问题提供了坚实的种质和技术支撑，为我国罗非鱼种业打入国际市场奠定了基础。

罗永巨及团队自 2008 年加入体系以来，主持或者积极参与了广西地方特色淡水鱼产业发展规划等的编写工作，已颁布实施或者被采纳的有：①广西壮族自治区人民政府《广西现代生态养殖"十三五"规划》（参与）；②广西壮族自治区水产畜牧兽医局《广西渔业种业发展"十三五"规划》（参与）、《广西养殖产业精准脱贫"十三五"规划》（参与）、《广西渔业发展"十三五"规划》

（参与）、《广西罗非鱼产业发展"十二五"规划》（参与）、《广西现代养殖业种业（水产业）"十二五"发展规划》（参与）；③国家罗非鱼产业技术体系研发中心的《广西"十三五"罗非鱼产业调研报告》（参与）；④广西壮族自治区科学技术厅《"十二五"广西科技发展规划重大专项（罗非鱼）论证报告》（主持）；⑤2018年广西天峨县人民政府《2017—2030年天峨县渔业发展规划》（主持）；⑥财政部《广西中央财政现代农业生产发展资金优势水产品产业——罗非鱼项目实施方案》；⑦广西壮族自治区农业厅《广西建立罗非鱼地方创新团队的报告》（主持）。

此外，罗永巨研究员还执笔编写了5个广西申报国家级罗非鱼良种场项目可研报告，协助2个广西申报国家级罗非鱼良种场项目单位，均获得了农业部批复建设，使广西目前在建的国家级罗非鱼良种场项目达到7个，为全国之最。通过示范带动和技术指导，不仅促进了广西一批良种场的快速建设，完善了广西的育种设施及技术体系，为广西养殖罗非鱼的苗种供应打下了坚实的基础，有力地促进了广西罗非鱼产业的快速发展。

二、推广生态净化技术，服务渔业绿色发展

池塘养殖是我国传统的养鱼方式，具有养殖密度高、投入高等特点，这种养殖方式虽然能够达到高产目的，然而若处理不当，则势必产生一些不良后果，其中最主要的问题有两个：一是养殖池塘自身环境恶化，病害频发，导致药物滥用，从而影响养殖生物的品质；二是池塘尾水排放增加而影响生态环境。这在一定程度上限制了水产养殖业的健康可持续发展，同时也有违提质增效、减量增收、绿色发展、富裕渔民的渔业发展方向。

十年来，养殖水环境控制岗位团队在陈家长研究员带领下，一直致力于特色淡水鱼养殖水质生态调控和修复方面的科学研究和技术推广工作，努力通过创新科技和传播技术推动产出高效、产品安全、资源节约、环境友好的现代化渔业。为降低水产养殖对内外环境的污染负荷、减少养殖病害发生、提高养殖产品质量、保持养殖水域生态平衡，养殖水环境控制岗位开发了养殖池塘立体生态净化技术——水上经济作物的"水上农业环境调控技术"、水中培养净水微生物的"水中固定化微生物环境调控技术"、水下放养螺贝类和功能载体的"水底多元化环境调控技术"。岗位人员常年坚守在实验基地或试验示范点测试参数、优化技术，历尽艰辛摸清了每一个关键技术要点，成功示范了"养

殖池塘立体生态净化技术"。多年来，经过原始创新和集成创新，作为"养殖池塘立体生态净化技术"核心的"水上农业环境调控技术"已经申报 4 项专利，开发出的水上农业品种包括食用蔬菜空心菜、水芹菜、大蒜、生菜等，以及中草药薄荷、鱼腥草、虎杖等。从以空心菜为水上农业经济作物的技术推广应用过程中的统计结果来看，应用水上农业环境调控技术的养殖池塘亩产量可提高 17% ～ 21%，净利润提高 15% ～ 20%；同时，通过多次收获，空心菜的亩产量可达 487.7 ～ 928.2 kg，由此直接从水体中带走的 N、P 分别可达 1.83 ～ 3.49 kg/亩和 1.89 ～ 3.59 kg/亩，体现出良好的生态环境效益和社会经济效益。

为了加速养殖池塘立体生态净化技术的推广应用，增加养殖户收入，提高渔业产业的经济效益、环境效益和社会效益，养殖水环境控制岗位专家陈家长研究员及其团队成员不畏天气炎热、不畏泥路艰难，走渔村、进渔户、到鱼塘，向养殖户手把手传授技术；同时通过培训班培训渔业科技推广人员。仅 2016 年以来，累计培训养殖户 89 人次、渔业技术人员 330 人次。十年来，该技术已经在广西、广东、云南、福建、江苏、浙江、安徽等地得到广泛推广应用，累计推广面积达 5 万余亩，体现出良好的生态环境效益和社会经济效益。

三、开展池塘工程化循环水生态养殖技术创新，引领养殖模式发展

大力开发推广特色淡水鱼池塘健康养殖模式是推进池塘养殖业可持续发展的必由之路，而池塘工程化循环水生态养殖是近年来渔业转型升级、创新发展的一种新模式，与传统池塘养殖模式相比较，新模式在工艺理念、技术装备和养殖方式等方面都具有了重大的革新。

工程化养殖岗位科学家徐跑及其团队成员，致力于集成工程化循环水生态养殖系统的增氧推水、水槽材质及养殖品种等运行参数优化，不同品种高密度下生长、精准投喂及品质调控技术，并进行了产业化示范推广，建立起工程化养殖新技术和新模式。研发了拼装式钢架结构和商混结构两种养鱼水槽的工艺模式，筛选了不锈钢、改性PVC、玻璃钢、阳光板等简易拼装式水槽材质；在扬中基地重点实施了江滩地质的环沟式流水槽养鱼模式的基建施工、材质筛选和设备安调技术示范；在江苏建湖示范了商混结构的流水槽养鱼模式的基建施工、材质筛选和设备安调技术示范。采用切割式曝气盘替代微孔增氧盘优化了气提推水增氧设备，同时通过高温季节的溶氧变动规律及微生物响应特征的

研究，优化了液氧设备和制氧设备的高温富氧技术。建立了大水面池塘、相邻池塘、环沟式池塘、稻渔综合种养结合、光伏发电等池塘工程化循环流水养殖的布局模式与运营方式。确定了罗非鱼、斑点叉尾鮰、黄颡鱼及加州鲈等宜养特色淡水鱼品种，其中，杂交黄颡鱼及斑点叉尾鮰的养殖成活率大于85%，饲料系数 1.22 ～ 1.85，净产量达 95.45 ～ 135.00 kg/m³。在江苏建湖与江苏正源创辉农业科技发展有限公司联合设计建设了 108 条商混结构养鱼水槽，实施水面 1 000 余亩，配套比例合理的大规格鱼种专养水槽，创建了正源"冲浪鱼"品牌，成为池塘工程化循环水养殖新模式的样板，并得到时任江苏省委书记李强同志专程实地视察及肯定。

此外，建设了镇江扬中、无锡江阴等经济发达地区拼装式水槽的池塘工程化循环水生态养殖实施示范点，高密度养鱼水槽面积减少 5%，名优特色品种产量达 50 kg/m³ 以上。新模式能养好鱼、集"好"污、养好水，实现水资源循环利用和营养物质多级利用。目前该技术已经在江苏、浙江、安徽、上海等地推广应用，起到了优产、高效和生态的效果，发挥了良好的生态效益和社会效益。

四、规划设计，倡导生态养殖

养殖设施与设备岗位科学家刘兴国研究员及其团队成员，开展了特色鱼池塘生态工程化养殖模式规划设计工作。

①完成了江苏银宝集团发阳水产精品园区规划设计工作，总占地面积 2 238 亩，按照设施先进、功能完善、生态环保、环境优美的理念对整个场区进行规划，划分新技术、新模式养殖试验区、生态养殖示范区、池塘工业化养殖区、水体生态修复净化区等，通过特色淡水鱼新品种、新技术、新养殖模式的引进，来提高当地水产养殖科技含量，提高经济效益，构建生态循环养殖模式。

②完成安徽富煌三珍国家级鮰鱼良种繁育场规划设计，占地面积约 800 亩，以建设国家级鮰鱼水产良种场为目标，拟通过生态工程化技术、设施水质调控技术和渔业物联网技术对场区进行提升改造，项目实施后为能够为增值放流提供优质品种，整个场区成为巢湖特色突出，环境优美的渔业湿地公园；项目建设成为以渔治水、零污染排放、生态修复典范。

③完成科技部、农业部环太湖面源污染治理项目。浙江省湖州市千金镇南

窑桥、商墓黄颡鱼水产面源污染治理示范点共计1 000亩，针对当地黄颡鱼高密度养殖产生的养殖尾水无法治理的难题，倡导生态养殖理念，通过内部污染管控和养殖尾水生态净化实现对养殖尾水的有效治理，构建了生态沟渠、沉淀塘、生态塘、人工潜流湿地的养殖尾水处理工艺，可实现养殖废水中COD、TN减排50%、40%以上，并实现部分水体的循环利用。

同时，养殖设施与设备岗位科学家刘兴国及其团队还开展了太阳能移动增氧机的技术研发和推广应用工作。研发的"太阳能移动式增氧机"可实现在水面移动增氧，固定增氧能力1.24 kg/h，因其移动功能，增氧效率大幅增高，溶氧均匀度维持在75%以上，最大提水能力1 254.4 m³/h，相关产品已经推广到上海、江苏、广东、宁夏、浙江等地。使用移动式太阳能水层交换增氧机，可节约用电50%以上，具有节能、作用范围大、全方位利用池塘生态潜能的优点，并与喃嵘水产（上海）有限公司等企业签订了技术转让合同或合作备忘录，争取尽快实现批量化生产，为我国水产养殖健康高效发展提供新产品。

五、开展调研与技术服务，为特色淡水鱼大水面产业发展保驾护航

大水面养殖岗位专家杨德国研究员及其团队，为响应现代农业产业技术体系引导产业与技术发展趋势、解决产业发展难题，以技术支撑和促进产业发展为理念，自大水面养殖岗位工作启动以来，积极参与特色淡水鱼体系相关产业发展的考察调研活动，杨德国研究员及团队主要技术骨干先后赴湖北、山东、安徽、贵州、青海、甘肃、黑龙江、广西、浙江、上海等11个省市（区），开展湖泊水库生态渔业、水库网箱养殖、冷水鱼产业发展、养殖尾水治理以及产业扶贫技术需求等方面的产业考察调研30余人次。通过考察了解掌握产业发展问题和技术需求，组织岗位团队骨干成员为相关企业或政府机构提供技术服务工作，并得到相关单位的一致认可。

①与山东省鲁控水务发展集团有限公司、安徽省安庆市皖宜季牛水产养殖有限责任公司分别就丁坞水库、碧霞湖水库开发利用，以及安徽鲌类新品种选育、池塘循环水养殖、湖泊生态渔业等技术服务签订了战略合作协议。

②为湖北省荆州市长湖生态管理局就水生态环境修复与保护、水生生物资源调查与生物多样性保护以及人工湿地建设等提出阶段和整体实施方案。自2017年方案实施以来，长湖水环境质量得到明显改善，水体富营养化程度显著降低，水生生物及鱼类生物多样性也逐步提高。

③为湖北海丰渔业科技有限公司设计规划竹山县四水库（霍河水库、潘口水库、松树岭水库、龙背湾水库）的渔业资源调查和生态渔业方案，通过结合渔获物调查和声学探测方法对水库鱼类数量和种群结构摸底，并评估水库天然渔产力特别是滤食性鱼类的渔产力，设计并制定水库生态渔业的增养殖方案，提高企业经济效益。

④为湖北省竹山县设计 2018—2030 年养殖水域滩涂规划方案，划定三区。方案初稿已提交竹山县水产局，相关审定和实施工作 2018 年完成。

⑤以江西九江柘林湖西海生态渔业有限公司合作，探讨柘林湖网箱养殖污染物排放、迁移转化规律及养殖容量，为大水面水体新型网箱生态养殖系统创制提供理论支撑。

六、构筑平台，科学管理，培养科技后备人才

在创建科研平台、引进培养人才方面，养殖与环境控制研究室的各个岗位团队也做出了积极的努力，获得了令人瞩目的成就。

（一）池塘生态化养殖岗位的做法与经验

筑巢引凤，构筑平台留住人才。近年来，凡是正式入编单位的职工，都可以购买一套政策性住房，这对引进人才有很大的吸引力；同时基本建成了武鸣基地、院内鱼病和特色淡水鱼分子遗传育种的研发平台，科技人员引进后有用武之地。

和睦团结、分工不分家。团队带头人经常告诉和要求团队成员：大家来自全国各地，能够在一块工作是一种莫大的缘分，必须精诚团结，就好像亲兄弟姐妹一样相处；要求每位职工从加入团队的那一天起，就要定位好自己的主要研究方向，设计好自己的人生规划，不断努力进行填空补缺，切莫虚度光阴；多年的实践经验证明，科研和成果转化开发是密不可分的，因此，要求科研人员必须接地气深入一线，成果转化人员也要主动承担科技项目研究。真正做到你中有我，我中有你，责任共担，成果共享。

注重加强和国内外单位及同行的合作，开展项目申报、技术研发及高水平文章发表等。如和美国农业部鱼病研究所合作开展了罗非鱼链球菌的技术研发，和中国水科院淡水研究中心合作联合开展了项目申报和技术攻关，和华大基因、中国科学院沈阳应用生态研究所、中国水科院黄海所、广西大学、湖南师范大学等合作研究并发表了多篇SCI论文。

对团队成员实行比较宽松的管理方式。为了更好发挥科技人员主观能动性和工作积极性，在保证完成体系任务的前提下，对其个人的研发方向及成果署名等不做硬性规定管理，主要从大方向给予指导、材料上加以把关和结果导向上进行监督；根据科研工作经常要加班、水产工作经常要下基地等实际情况，给予科技人员相对宽松支配时间的自由度。

池塘生态化养殖岗位团队在体系这个大平台上，通过团队建设，在科技能力和个人发展上都取得了一系列的成绩。

罗永巨 2009 年进入国家现代农业产业体系，2010 年晋升为研究员，2012年获广西"新世纪十百千人才工程"第二层次人选，被聘为广西大学和上海海洋大学兼职教授（水产养殖专业硕士研究生导师）、广西壮族自治区科技重大专项咨询委员会委员、南宁市人民政府特聘科技专家顾问以及联合国粮农组织（FAO）水产项目顾问。2017 年他被聘为国家特色淡水鱼体系池塘生态化养殖岗位科学家。"罗非鱼良种选育及规模化健康养殖关键技术研究与示范"项目成果获 2010 年广西科技进步二等奖、"罗非鱼产业关键技术升级研究与应用"项目成果获 2013 年农业部中华农业科技二等奖、"罗非鱼脂肪肝病综合防治技术研究"项目成果获 2011 年广西科技进步三等奖、"罗非鱼大规格鱼种规模化培育与生态养殖技术研究"项目成果获 2011 年中国水科院科技进步一等奖。发表文章 43 篇（其中，SCI15 篇、核心期刊 28 篇），授权专利 16 件。

郭忠宝原为罗非鱼体系南宁综合试验站团队成员，2017 年被聘为特色淡水鱼体系南宁综合试验站站长，目前为广西水产科学研究院武鸣特色淡水鱼基地的核心骨干。黄婷、李丽萍原为罗非鱼体系南宁综合试验站团队成员，2014 年晋升副研究员职称，她们的合作论文《我国罗非鱼链球菌病分子流行病学与免疫防控技术研究》2013 年获广西科技进步二等奖。团队成员肖俊 2013 年博士后出站，晋升副研究员职称，任广西壮族自治区水产科学研究院特色淡水鱼综合试验基地副主任；发表学术论文 40 余篇，其中以第一作者在 *Fish & Shellfish Immunology*、*PloS One*、*BMC Genetics* 等刊物上发表 SCI 论文 7 篇，获得专利授权 8 件。团队成员周毅 2017 年获广西杰出青年科学基金，他的"罗非鱼高效生态规范化养殖关键技术集成创新与应用"项目获 2018 年广西科技进步二等奖；以第一作者或通讯作者在 *Fish & Shellfish Immunology*、*Scientific Reports*、*PloS One* 及《水产学报》等国内外学术刊物上发表论文 20 多篇，其中 SCI 论文 18 篇。团队成员陈明 2014 年广西大学兽医专业博士研究生毕业，获广西青年岗位能手称号，2016 年晋升研究员职称。近几年来，以第一或通讯作者发表论文 20 多篇，其中 SCI 论文 15 篇，获授权发明专利 5 件，现为国际水产免疫学权威期刊 *Fish & Shellfish Immunology* 审稿专家。团队成员朱佳杰 2017 年晋升副研究员职称。以第一作者或通讯作者发表论文在 *Fish & Shellfish Immunology*、*Journal of Thermal Biology*、*Genetics and Molecular Research*、*Current Protemics* 及《水产学报》等期刊发表论文 20 多篇，获授权专利 5 件，参编出版著作 3 部。

（二）养殖水环境控制岗位的做法与经验

养殖水环境控制岗位依托现代农业产业技术体系项目，加强团队人才建设，积极促进团队成员岗位成才，加强团队渔业科技领军人才建设，不断提升团队的科研创新能力和为渔民服务的能力；加强渔业渔村实用人才培养，通过技术培训等方式培养产业技术骨干。目前养殖水环境控制岗位有团队成员 10 人，其中研究员 3 人、副研究员 3 人、助理研究员 2 人、研究实习员 2 人，通过不断发展和提升，已经形成了老中青搭配合理、知识层次结构科学的人才梯队。

十年间，岗位科学家陈家长因材施教、个性化培养团队成员，在致力于创新科研、传播技术、服务渔民的过程中培养渔业科技领军人才和渔业渔村实用人才。在人才的研究领域上，实行一门精、门门通的人才培养策略，例如在养殖水环境控制技术的研究过程中，由孟顺龙负责底质净化技术，开了利用螺贝类净化养殖池塘底质技术研究等；由范立民负责微生物净化技术，开展了脱氮副球菌对氮的去除技术研究等；由郑尧负责植物净化技术，开展了鱼－菜共生养殖模式研究等；由李丹丹负责微藻净化技术，开展了利用微藻净化养殖尾水技术研究等；由宋超负责环境评价技术，开展了养殖水环境和水产品风险评估技术研究等；同时，每个人在精通本领域的同时，又要兼顾其他领域，做到一门精、门门通。在人才的研究层次上，注重渔业科技领军人才和渔业渔村实用人才的一体化培养，要求团队成员既能"上天"，又能"入地"；既能搞基础研究，又能搞技术推广；既向着渔业科技领军人才的方向发展，又向着渔业渔村实用人才的方向努力。通过多年的培养，3 名团队成员在职攻读博士学位，其中 2 名已经顺利毕业；3 人被聘为副研究员；团队骨干孟顺龙同志 2012 年被授予第六届无锡市青年科技奖，2013 年被选拔为"中国水产科学研究院百名科技英才"，2017 年被选拔为"中国水产科学研究院中青年拔尖人才"。岗位专家陈家长研究员在培养团队成员的同时，也在不断地提升着自己，在通过一个个科技创新践行产出高效、产品安全、资源节约、环境友好的现代化渔业过程中，取得了骄人的成绩，为渔业产业和地方经济放在做出了突出贡献，2010年被国务院第一次全国污染源普查领导小组办公室、环境保护部、国家统计局、农业部联合授予"第一次全国污染源普查先进个人"，2012年被无锡市人民政府授予"无锡市有突出贡献中青年专家"。此外，十年来，在岗位科学家陈家长研究员等的指导和引领下，本岗位累计培养硕士30多名、产业技术骨干1 000多名，为产业发展提供了充足的人才储备，有力推动了养殖水环境控制领域的科技创新和成果转化进程。

（三）工程化养殖岗位的做法与经验

近年来，工程化养殖岗位团队致力于创新科研、传播技术、服务渔民，依托现代农业产业技术体系项目，加强团队人才建设，积极促进团队成员成才，加强团队渔业科技领军人才建设，不断提升团队成员的科研创新能力和服务渔民的能力；加强渔业实用人才培养，通过技术培训等方式培养产业技术骨干。系统研究了养殖对象生长适应情况及配套技术、应激与品质控制技术、水体生态环境影响评价、水生植物区域配置及水质净化技术、智能化控制技术等等多方面的工作；构建了大水面集中供气模式、渔稻流水槽养殖模式、虾蟹池相邻池塘改造模式、池塘+导流板模式、池塘沟渠串并联改造模式等5种养殖模式；形成了加州鲈鱼池塘工程化生态养殖技术规程1项。为了践行"质量兴农、绿色兴农、品牌强农"，保障特色淡水鱼产业的绿色发展，工程化养殖岗位团队访渔民、走鱼塘，顶着酷暑严寒把新技术送到池塘边、送到千家万户。团队成员常年坚守在实验基地、试验示范点测试参数、优化技术，历尽艰辛摸清了每一个关键技术要点，成功示范了池塘工程化循环水养殖新技术。

在岗位科学家徐跑研究员和团队骨干徐钢春副研究员的指导和带领下，团队形成了一支覆盖水产养殖、营养调控、水环境调控及病害防治等专业，年龄结构合理的技术研发团队。团队骨干徐钢春副研究员荣获2017年江苏"青年双创英才"和2018年"无锡市有突出贡献中青年专家"荣誉称号。

（四）养殖设施与设备岗位的做法与经验

岗位科学家刘兴国研究员是中国水产科学研究院渔业机械仪器研究所生态室主任，主要从事养殖工程与水域生态修复方面的研究工作。兼任水科院水产养殖学科副主任，农业部重点实验室学术委员，上海市领军人才，全国水产传播专家，上海市农业工程学会副理事长，南京农业大学、上海海洋大学等校硕士、博士研究生导师。先后主持国家科技支撑、自然科学基金等课题 10 余项，发表论文 100 余篇，获发明专利 60 余项，制定行业标准 2 项，出版专（参）著 12 部，获得省部级科技奖励 8 项，在池塘高效养殖模式、渔业水域生态修复等方面取得多项创新性成果。

国家特色淡水鱼产业技术体系养殖设施与设备岗位团队成立以后，已分别与南京农业大学、上海海洋大学、广东海洋大学等高校建立了联合研究生培养机制，拥有生物学一级学科招生点和博士后工作站，招收生物学、水产养殖、水域生态学、机械工程等方向的研究生，目前团队成员中有 2 人聘为硕士研究生导师，1 人聘为博士研究生导师，目前在读研究生 6 人，毕业 2 人，培养博士后 1 名。另外，团队每年还为科研人员提供专业学习培训，使所有科研人员都能通过不同方式得到专业提升。

（五）大水面养殖岗位的做法与经验

大水面养殖岗位是 2017 年新增设的岗位，工作任务主要以江河湖库等天然或人工大中型水体为对象，开展渔业资源高效与生态化利用、水域生态环境维护与恢复技术模式的研发、推广示范，同时为渔业产业发展尤其水库湖泊生态渔业发展培养人才。作为新进体系的岗位专家及团队，为更快更好地适应产业体系工作，通过走出去、引进来，不断提升了专家和团队骨干成员掌握产业动态、服务产业发展的能力。

全力推行广泛性产业合作模式。自 2017 年以来，岗位专家及团队成员陆续赴湖北、山东、安徽、贵州、青海、甘肃、黑龙江、广西、浙江上海等 11 个省市就大水面养殖产业发展进行考察调研，并先后与山东济南鲁控水务发展集团有限公司、湖北省荆州市长湖管理处、安徽省安庆市皖宜季牛水产养殖有限责任公司、湖北海丰渔业科技有限公司、湖北省竹山县水产局以及江西九江西海生态渔业有限公司等政府机构或企业签订技术服务合同或协议，开展大水面渔业资源管理、水域生态修复、生态渔业开发等方面合作，在践行国家现代农业产业技术体系引导产业发展趋势、解决产业发展难题、促进产业创新发展理念同时，使大水面养殖岗位专家及团队的创新能力得到进一步提高。

提高团队骨干成员核心竞争力。在全面发展团队成员各方面潜力的基础上，根据各成员的个人优势和发展潜力，重点培养骨干成员的科技创新和学习交流的能力。如团队骨干成员李学梅助理研究员 2017 年 5—8 月赴挪威科技大学开展访问学习，不仅开拓了学术思维、提高了其个人科研能力，还加强了双方进一步交流合作的渠道。李学梅博士于 2018 年成功入选中国水产科学研究院第四批"百名科技英才培育"计划，为大水面养殖岗位团队人才培养与发展奠定了良好的基础。

积极扩大团队高水平技术人才规模。本岗位团队自组建以来，逐渐形成了以杨德国研究员为中心，以中青年的博士研究生为主体，以专业硕士研究生为辅的团队建设理念，保证了团队的可持续发展。自 2017 年以来，本岗位又先后引进 3 名硕士研究生为团队成员，进一步扩大团队高技术人才建设和储备。

推动特色水产品加工，解决企业实际问题

加工研究室

一、科技研发，产业推广

加工研究室在加工技术研发的基础上，积极推动技术的转化与应用，坚决贯彻农业农村部强调的"技术对产业的贡献度"的要求，力求研发的技术服务于产业，同时积极深入企业，通过技术扶持及技术培训，及时解决企业在加工技术的瓶颈问题，推动企业的发展及创新。

1. 推动特色水产品加工及综合利用的成果转化及产业化开发

采取"走出去"的战略，积极促进成果转化工作，大力开展产学研合作。支持科技人员深入企业，在项目合作、基地建设、产品研发、技术咨询、人员培训、平台建设、技术转让、产品中试、生产线组装等开展广泛的科技合作，在特色水产品加工及综合利用方面，针对特色淡水鱼预制调理品蛋白质冷冻变性快、副产物综合利用率低、淡水产品安全存在隐患等问题，通过对特色淡水鱼蛋白质冷冻变性、加工副产物综合利用等深入系统的研究，解决了淡水产品产业发展的关键技术难题。主要技术和成果已在湖北淡水鱼加工龙头企业得到应用，建成 3 条生产线，形成了 10 亿元的产值、1.79 亿元利税。有利于水产加工业的转型，提高企业效益和农民收入。

实施产学研大协作，参与了杭州千岛湖鲟龙科技股份有限公司鲟鱼鱼子酱加工副产物的利用，开展了针对鲟鱼肉加工利用的研究和产品开发。对鲟鱼肌肉蛋白开展了高值化利用研究，利用现代生物酶解技术进行了鲟鱼功能多肽的制备，筛选出能够定向酶解生成抗炎多肽的生物酶，并建立了制备工艺，初步对其抗炎免疫活性进行了研究。同时还协助企业开展了鱼头汤的产品研发，确定了产品生产工艺。

在特色风味休闲鱼产品开发方面，与江苏中洋集团股份有限公司、江苏中也食品进出口有限公司和江苏味巴哥食品股份有限公司开展了对接，就特色鱼

类加工业的发展进行了交流和合作，推动了企业在鱼类加工产品的开发，拓宽了企业的业务范围。

2. 研发罗非鱼精深加工技术服务于企业

收集企业在生产过程中遇到的技术难点和诉求，开展针对性的研究，多项成果在罗非鱼产业中广泛应用。例如，针对罗非鱼发色技术难点，新探索出一套罗非鱼发色方法——活体发色法，有效地解决了传统方法发色不稳定不持久的不足之处。活体发色法方首先在广东省中山水产品进出口公司进行推广后，取得了良好的效果，其他企业纷纷效仿。相比传统的箱式发色方法，活体发色法节省了大量的成本，彻底改变了罗非鱼片加工的流水线。目前活体发色技术已成为罗非鱼加工行业的标配技术，全国的罗非鱼加工企业均采用了该项技术。

在烟熏加工技术方面，研发了罗非鱼片液熏技术填补了国内外的空白，采用经过提纯分离的无毒熏液熏制产品，提高熏制产品的食用安全，同时可减少对环境的污染，开拓了罗非鱼的加工新产品，成为我国罗非鱼出口创汇的新增长点。在保鲜工艺方面，完成了冰温气调保鲜关键技术研究，研究了包装材料、气体装载率对鱼片冰温气调保鲜效果的影响，确定罗非鱼片冰温气调包装减菌化预处理技术及相应的冰温气调保鲜条件，该技术提高鲜罗非鱼片的货架期，为消费者提供充足的、高鲜度的鲜罗非鱼片，扩大罗非鱼片的品种和销售范围及销售量，提高罗非鱼加工产品的附加值。针对罗非鱼加工副产物的综合利用进行了研究，通过罗非鱼软包装罐头工艺的研究，解决小规格罗非鱼的利用问题；以罗非鱼加工下脚料鱼骨为原料，研究罗非鱼下脚料鱼油提取工艺研究，采用超微粉碎技术和氨基酸螯合技术，制备出的微细鱼骨粉产品，研制开发的高钙活性益生菌饮品和复合氨基酸鱼骨钙中试产品，也在企业中得到推广应用。多年来对罗非鱼加工前、中和后各阶段的规范化产业技术的集成和不断创新，建立了罗非鱼零废弃加工与质量控制技术体系，开发了液熏罗非鱼片、罗非鱼罐头、腊罗非鱼制品、冰鲜罗非鱼等一系列多元化产品等，在广东、海南、广西三个省份的几十家企业进行推广应用，新增产值数十亿元，经济效益和社会效益显著。

3. 切实解决水产加工企业的实际问题

在特色淡水鱼质量安全上，完成扬州市高邮市永顺水产合作社发展规划，为企业发展献计献策，提出了合作社绿色健康发展模式。永顺水产合作社主要从事从养殖户购买、运输和销售鳜鱼等业务，尚处于初级模式的发展阶段，合作社与养殖户间的合作关系较为松散，产品品质波动较大，没有企业标准，缺乏稳定的生产模式，也没有形成品牌，企业发展受到很大的限制。通过与永顺水产合作社走访、学习调研先进企业的运行管理，提出了企业绿色健康发展思路和框架，目前已开展了企业发展方案的起草工作，企业也开始推动养殖户的绿色养殖培训工作。另外，为了提高保障产品安全性和市场竞争力，同时也为了提高养殖户的安全绿色养殖理念，在岗位的推动下，合作社筹建了水产品质量安全快检实验室，协助合作社购置了相关的快速检测设备，并协调进行了技术培训，使合作社掌握了必要的检测知识和技术，专职技术人员熟练掌握了快检设备的操作，起到了把好产品质量关的作用，为降低经营风险提供了保障。

4.可追溯体系为养殖水产品质量安全保驾护航

建设水产品质量安全可追溯体系，可以实现对水产养殖品生产、加工、流通等各个环节关键信息的全程跟踪和监管，是发生质量安全事件后落实生产责任主体的有效手段，也是畅通信息渠道、引导消费者正确消费、建立消费者监督长效机制的重要途径，对提高我国水产品质量管理实践具有十分重要的意义。

针对我国水产品质量安全状况和生产消费需求，利用产品供应链理论，研究提出了我国水产品质量安全追溯的关键环节、关键控制要素和追溯模式，创造性地制订出贯通养殖、加工、批发、零售和消费全过程、多品种的水产品追溯单元编码规则与编码生成技术，开发设计了水产品主体标识与标签标识技术，建立了水产品供应链数据传输与交换技术体系，科学设置了追溯信息导入与查询动态权限分配原则与方法，集合形成"中央–省–地市县"多层级水产品质量安全追溯与监管平台。

在此基础上，积极推进可追溯技术和体系的示范应用，并对推广机制进行创新。①统一技术标准。创制了可追溯标签、编码、信息采集三项技术规程，以推荐性行业标准形式发布，为统一分散建设的可追溯体系提供了科学依据。②规范技术模板。明确了各层级功能，归纳了追溯体系操作流程，形成了全面的作业指导书，拍摄了40分钟的视频教程，为体系规范、统一、快速复制提供了技术模板。③研究运行机制。开展可追溯体系运行机制研究，确定了可追溯体系在市场准入制度中的定位和作用，为指导整个项目的研发和追溯体系实际运行提供了理论基础。通过推广应用，成功建立了包含政府监管部门、养殖企业、批发市场、渔业行业协会、渔民专业合作社和消费者查询平台等组成的水产品质量全程跟踪与溯源体系，宣传推广不断深入，市场认知度逐渐提升。

水产品质量安全可追溯体系的建立及应用，有助于提升企业信誉度、知名度以及品牌影响力，保证销量、实现优质优价，实现产品与市场差异化；提高企业信息化管理水平，通过数据汇总统计改善生产技术，降低成本；可为主管部门提供有效监管工具和技术手段，实时掌握辖区内企业情况和生产情况，提升管理效率和执行力；促进"市场倒逼"机制和水产品质量安全长效、自动运行机制的形成；增加水产品供应信息透明度，增强食品安全意识，为养殖水产品质量安全保驾护航。

二、发光发热，为国家水产事业尽心竭力

1. 延伸渔业产业链，实业兴渔——记保鲜与贮运岗位科学家熊光权

熊光权，1983—1987 年就读于西南农业大学食品学系农产品贮藏加工专业，1987 年毕业后在湖北省农业科学院从事科研工作，现为湖北省农业科技创新中心淡水产品保鲜加工团队负责人。同时兼职为湖北省政府参事促进会理事、中国食品科学技术学会高级会员、中国水产学会资深会员、湖北省淡水产品加工产业技术创新联盟副理事长。

由于熊光权研究员长期工作在基层一线，尽心尽力推广水产品加工技术，经湖北省委、省政府批准，2017 年度熊光权研究员被评为"湖北省有突出贡献中青年专家"称号；在服务产业方面，基于优秀的产业服务背景，他参与湖北省政协行业调研，通过实地考察企业生产现状和市场概况，为湖北省政府部门制定、出台水产品加工相关政策出谋划策，提出"对标小龙虾发展之路，促进湖北淡水鱼产业转型"的产业发展理念，获得主管部门和同行的高度认可。他积极开展技术培训，将研发的特色淡水鱼保鲜加工技术在 10 余家企业中推广应用，形成了近 10 亿元的产值，为水产加工业的转型升级做出了积极贡献。

熊光权研究员在工作和团队建设过程中不断改进工作方式。一手抓立项，提高科研项目的立项档次和成功率；一手抓产出，提升团队成果产出的水平和团队的业务能力。同时，进行人才培养和团队建设，2017 年以来团队有 2 人晋升为研究员，1 人获湖北省农业科学院领军人才培养计划资助，2 人获湖北省农业科学院青年拔尖人才培养计划资助，10 人次入选湖北省科技特派员和"三区"人才。

2. 锲而不舍，攀登高峰——记鱼品加工岗位科学家李来好

李来好研究员是国家特色淡水鱼产业技术体系加工研究室主任、鱼品加工岗位科学家。长期以来，针对广东省罗非鱼加工品种单一、科技含量低、质量安全控制技术不完善和加工副产物没有得到有效利用等产业存在的问题，开展重点研究、基础性研究、前瞻性研究和应急性研究等工作，以促进罗非鱼加工的高效和节能，提高罗非鱼加工产业的竞争力，保障罗非鱼产业的可持续健康发展。十年来获各级科技奖励 32 项次，其中国家级二等奖 2 项，省（部）级一等奖 5 项、二等奖 9 项、三等奖 8 项；获国家发明专利授权 60 多件；发表学术论文 400 多篇，其中 SCI 和 EI 收录 60 多篇；出版技术著作 13 部；获得广东省劳动模范、享受国务院政府特殊津贴、农业部科研杰出人才、广东省丁颖科技奖、全国优秀科技工作者、罗非鱼产业十年领军人物等荣誉称号。

发展罗非鱼精深加工，实现罗非鱼"零废弃"利用。十多年前，水产品加工学科发展滞后，罗非鱼养殖势头刚起，加工薄弱。李来好研究员认准了这条鱼，为罗非鱼的加工进行了周密的筹划。他根据罗非鱼加工业发展的需求和亟待解决的科学技术问题，研究罗非鱼片活体发色技术，极大地推动了罗非鱼片产品的出口。在加入国家罗非鱼产业技术体系后，李来好团队不断调整、拓展研究方向和研究领域，在罗非鱼加工与保鲜研究上处于行业前列。近年来更是拓展了罗非鱼加工副产物综合利用及功能食品的研究，将罗非鱼加工从技术单一到产品齐全、从低层次到高水平，一步一个脚印，扎扎实实地发展起来。

成果推广，效益显著。罗非鱼是我国优势出口水产品，为了解决产业存在的加工产品单一、加工技术水平不高和加工产品在国际市场的竞争弱等问题，李来好研究员在国家罗非鱼产业技术体系的资助下，带领课题组首次将罗非鱼加工技术与质量控制系统化集成研究，将罗非鱼加工利用技术科学化、规范化。经过几年的努力，该成果的研究水平达到了国际领先水平，先后在粤东、粤西及珠江三角洲等 8 家生产企业得到应用，编印了罗非鱼加工技术推广手册 5 000 份，培训了企业员工 3 000 多人，提高了生产人员的质量安全意识，推动了 HACCP 质量体系在加工企业中的实施，改进了罗非鱼的传统加工工艺，增加了加工产品的品种，规范了加工和质量控制技术，提升了加工产品的质量和国际市场的竞争力，带动了罗非鱼的苗种、饲料、养殖业的良性发展，扩大了罗非鱼流通和加工企业的发展规模，增加了就业岗位 2 000 多人，取得了显著的经济和社会效益。

学无止境，甘当人梯。科学技术的竞争说到底就是人才的竞争。李来好同志深深地感受到人才培养的重要性，为此，他致力于为社会培养有用之才，体系研究团队不断扩大，并培养了多名博士生、硕士生；以各种形式培训的企业技术人员和生产人员共 5 000 多人，团队成员也在科研上硕果累累。

现在，体系从原来的罗非鱼扩大到 11 种特色淡水鱼，李来好研究员感觉肩上的担子更重了，但可做的事情也更多了。李来好研究员将秉承锲而不舍、勇攀高峰的精神，为发展我国水产事业和培养科技人才继续做出贡献。

3. 科研与生活的完美邂逅——记副产物综合利用岗位科学家高瑞昌

千百年来，人类寻觅食物的匆匆脚步，从来不曾停歇。随着时代的更迭和生活水平的提高，越来越多的水产品成为人们餐桌上必不可少的美食。鱼、虾、贝、藻等各种水产品，因其营养丰富、味道鲜美，深受人们的喜爱，其带来的衍生价值更是对我们的生活有着极大的意义。对于副产物综合利用岗位科学家高瑞昌教授来说，水产品不仅是人们餐桌上的美食更是他的科研对象。多年来，他致力于水产品蛋白质化学和食品风味化学研究，成功将科研与生活做到了完美结合。与水产品研究结缘是与高瑞昌的学习经历息息相关的，本科和博士期间，他分别就读于山东农业大学和中国海洋大学食品科学专业，水产品在山东人的食谱里占有极为重要的地位，也给他的研究提供了机缘。

加入国家现代特色淡水鱼产业技术体系以来，高瑞昌和他的课题组在水产品加工与综合利用方面开展了深入系统的研究，特别是对淡水鱼蛋白质的精深加工开展了大量的工作，为淡水鱼的高值化利用提供了理论基础和技术支持。课题组研究了鱼类加工副产物综合利用的现代绿色发酵技术，从发酵菌株的源头筛选、菌株的生长特性和发酵工艺优化到发酵水产调味品的品质变化及评价，最后到产品开发等全生产线的研发，都进行了大量的工作。获得了多株具有自主知识产权的发酵菌株，建立了相应的发酵生产工艺，为传统鱼调味制品的绿色快速发酵提供了技术支持。为了提高鱼类加工副产物中鱼鳞的利用，减少环境污染，高瑞昌团队开展了鱼鳞胶原蛋白高效提取的绿色工艺，建立了鱼鳞胶原酶膜分离分布式酶解技术和不补料酶膜耦合酶解技术，该技术的建立不仅避免了酶解过程中胶原蛋白水解过度导致活性丧失的问题，而且还大大提高了工具酶的重复利用率，降低了生产成本，提高了企业经济效益。该技术已被江苏大学五棵松生物科技有限公司转化，用于生产胶原蛋白肽，取得了较好的效益。

除了在副产物加工与利用方面进行研究，高瑞昌团队还积极为水产品企业的发展建言献策。2018年江苏省高邮市永顺水产合作社经人介绍到江苏大学需求技术支持，作为学院唯一的从事水产品的教授，高瑞昌热情地接待了来客，通过交流了解了企业的发展困难和问题，双方很快建立了合作。高瑞昌教授为企业的健康发展提供了多项建议，均被采纳，特别是帮助企业建立了水产品安全快检实验室，并协调商家对企业人员进行了技术培训，实验室的建立大大降低了企业的风险，为企业发展提供了技术保障。

自从加入体系以后，高瑞昌教授课题组的工作重心逐步从应用基础研究转向应用研究，确立了以解决行业发展问题为导向的工作原则，树立了推动行业发展为目标的工作思路。目前团队核心骨干6人，2名教师、4名副教授，均为博士，博士研究生2人、硕士研究生16人、留学生1人。共同的目标凝聚了一群富有朝气的奋斗者，必将为特色水产品加工副产物综合利用做出应有的贡献。

高瑞昌教授现为江苏大学"青年教师骨干学术带头人"、中国食品科技学会青年委员会委员、中国水产学会会员，并入选江苏省"六大人才高峰"培养工程。他以第一作者或通讯作者在*Journal of Chromatography A*、*Food Chemistry*等国内外期刊发表论文23篇，其中被SCI收录13篇，EI收录9篇；主编"十二五"高等学校通用规划教材《食品化学》1部，参编其他高等学校通用教材5部；以第一发明人身份获授权国家发明专利4项，申请国家发明专利8项；获中国轻工业联合会科技进步奖、高等学校科学研究优秀成果奖等省部级和市厅级奖励5项；已培养硕士研究生11名。

4. 因材施教，育好人——记质量安全与营养功能评价岗位科学家宋怿

从体系和岗位未来发展着眼，团队成员的成长成才决定体系和岗位的研究工作水平，其实质是增强体系"自我造血"功能。质量安全与营养功能评价岗位科学家宋怿研究员一贯把团队成员的培养放在重中之重的位置，经过几年的努力，已初见成效。

宋怿研究员以身作则，努力在各方面做好表率。他非常看重并珍惜体系的工作并认真对待体系每一项任务，哪怕是填写日志这一日常的事务工作。他治学严谨，勇于创新，勤奋工作，恪尽职守，不断增长才智和学识。他认为，树立良好的形象和认真工作的态度，是培养人、感染人的基础。

在日常工作中，宋怿研究员尊重、关心、信任团队的每一名成员。对团队

成员，不管是博士、硕士，还是项目助理，他都给予同等的尊重和关心。秉承彼此相互信任和默契配合这一原则，形成团队良好的工作氛围。

根据团队成员的特点，因材施教进行培养，这是宋怿研究员的又一作风。质量安全与营养功能评价岗位不同于一般的研究岗位，所从事的工作既有宏观管理工作，又有具体的科学研究。团队成员中，不同成员专长和兴趣爱好迥异，基于此，宋怿研究员采用因材施教的方法给予针对性培养。团队中黄磊对于追溯管理较为擅长，宋怿研究员便鼓励他在这一方面进行发展和加强。另一位成员程波对于具体的科学研究更能沉下心来，宋怿研究员则引导他树立远大理想目标，着重在科学研究方面上对其进行培养。

给任务、压担子。宋怿研究员始终坚信，一个人只有在具体的工作中，才能快速地成长和进步。为了让程波尽快成长进步，工作过程中，他有意给其布置任务、压担子，将质量安全研究中最为核心和最为重要的药物代谢残留预测研究工作交给他，与此同时，从思想上进行指导和激励，让其树立起主人翁精神，更积极、更主动地为整个岗位的发展考虑。

创造条件，提供帮助。巧妇难为无米之炊，随着岗位工作内容的增加和研究内容的变化，很多工作超出了团队成员原有的基础条件，在压担子的同时，宋怿研究员从实验合作单位的协调、项目研究辅助人员的招聘、研究生招生、实验室建设等各方面，全方位支持和帮助团队成员。并在此基础上进行全程参与，将多年工作累积的经验进行传授和辅导，让他们尽量少走弯路，尽快成长。

在做好研究工作的同时，宋怿研究员总是鼓励并创造条件让团队成员走出去，到体系各单位及全国各兄弟单位开展交流合作。他全力支持和帮助程波赴荷兰瓦赫宁根大学学习深造，努力拓展其学术思维和视野，增强其沟通和合作交流的能力。功夫不负有心人，经过几年的重点培养和指导，程波个人科研能力得到明显提升和加强，多项成果得到发表授权，工作业绩也得到院领导认可，并入选中国水产科学研究院"百名科技英才"培育计划，连续4年获得优秀共产党员称号，目前是质量安全与营养功能评价岗位团队坚实的后备力量。

着眼产业发展规律，引导产业可持续发展

产业经济研究室

一、特色淡水鱼产业数据库

产业基础数据库与产业经济数据库是产业经济研究的必备基础条件，也是产业技术体系服务于产业和政府主管部门进行宏观调控和管理的重要工具及决策依据。

产业数据库的构建为长期积累产业历史监测数据打下了基础，为产业科学研究和主管部门决策管理创造了条件。产业基础数据库与产业经济数据库是进行产业生产要素、经济效益、市场变化、产业政策及产业安全预警等分析工作的主要数据来源。在"十二五""十三五"期间，产业经济研究室利用产业基础数据库与产业经济数据库数据完成了产业发展趋势、生产要素变化及经济效益、市场变化及趋势、产业发展政策、产业安全预警等大量研究分析报告以及上级相关部门分配的应急性任务报告，为政府、产业主管部门和企业出谋划策，对产业可持续发展发挥了十分重要的作用。

二、产业发展与预测、预警报告

产业经济岗位研究的根本目的是保障特色淡水鱼产业健康持续发展，研究重点在特色淡水鱼产业生产、加工、流通和市场等环节的发展情况与相互间的联系，以及与之紧密相关的产业预测与预警分析，主要涵盖了产业结构、产业组织、产业发展、产业布局和产业政策等方面。

"十二五"期间主要以罗非鱼产业为研究对象，2012—2016年产业经济研究室每年均提交了罗非鱼产业发展趋势分析报告、罗非鱼生产要素变化及经济效益分析报告、罗非鱼市场变化及趋势分析报告、罗非鱼产业发展政策研究报告、罗非鱼产业效率与产业链效率分析报告和罗非鱼产业国内外生产与贸易概况分析报告等。"十三五"期间将研究对象扩展到罗非鱼、鳗、鮰、鳜、

淡水鲈、鳢、黄鳝、泥鳅、黄颡鱼、鲑鳟、鲟等十一个特色淡水鱼品种，在"十二五"罗非鱼产业经济各分析报告的基础上，扩充为特色淡水鱼产业发展趋势分析报告、特色淡水鱼产业生产要素变化及经济效益分析报告、特色淡水鱼产业市场变化及趋势分析报告、特色淡水鱼产业发展政策研究报告和特色淡水鱼产业国内外生产与贸易概况分析报告等。

年度研究性分析报告的提出，对当年特色淡水鱼产业的发展情况进行了很好的总结，指出了当年存在的问题，并为未来产业的发展趋势指明了方向，为相关主管部门制定产业发展战略、产业政策提供了基本依据。

三、重点任务技术经济跟踪分析

体系重点任务的实施是产业技术体系服务于产业发展的基本途径，产业经济研究室除了在产业经济方面进行相关学术研究外，同时也需要对体系其他重点任务开展技术经济跟踪分析。技术经济跟踪分析从根本上保障了体系重点任务的有序推进，是重点任务是否需要进行调整的重要决策依据，对于如何做好目前工作和下一步计划，实现既定研究目标，具有十分重要的意义。

技术经济跟踪分析主要是对当年正在进行中的科研项目进行经济效益分析和预测，并和基础经济评价结果进行对比，及时跟踪、分析和反馈项目经济效益情况，从而指导项目决策，提高项目效率和经济效益。

"十二五"期间进行技术经济跟踪的重点任务主要包括罗非鱼高效健康养殖模式及配套技术研究、罗非鱼链球菌病综合防控技术研究和罗非鱼质量安全可追溯研究及示范等；"十三五"期间进行技术经济跟踪的重点任务主要包括基于质量安全和环境协调的产业关键技术研发、特色淡水鱼种质资源评价及良种培育、特色淡水鱼营养需求与绿色饲料研发、特色淡水鱼主要病害诊断与防控技术研究、特色淡水鱼设施化生态养殖技术研究与示范、特色淡水鱼保鲜、深加工与质量安全技术研究。并在2011—2018年形成了各重点任务的技术经济跟踪分析报告，报告中涵盖了项目的研发目标、研发任务、目标完成情况、项目的经济社会和生态效益评价等内容。

四、应急性任务分析报告

产业经济研究室的主要服务对象是农业农村部、政府部门、产业主管部门和其他上级相关部门，通过对产业形势的跟踪监测，了解产业运行情况，及时指出产业即将发生或已经发生的异常情况，并对异常情况提供应急处理对策报告，以期引导产业的稳定发展。如2017年参加并开展了体系扶贫、创新驱动引领现代农业加快发展等相关工作的计划与调研。2018年为上级主管部门提供中美贸易摩擦对特色淡水鱼产品影响的应急分析，并提出相应的对策分析报告。

任何一个产业都不是独立存在的，而是和其他产业或多或少都存在着关联性。同样的，产业安全预警分析也不可能是独立的，需要处在社会经济大环境内，与其他相关产业进行综合的分析处理，这样形成的预警分析结果才更加具有现实指导意义。在渔业跨体系经济岗位的合作中，产业经济研究室对特色淡水鱼产量价格进行预测预警分析，形成2017年度和2018年度特色淡水鱼产量价格预测预警分析报告，对特色淡水鱼各品种产量、市场价格、出口量与出口价格进行预测，根据历史数据的情况及课题研究者的经验，设置预警区间，对产量、市场价格、出口量与出口价格进行预警分析，并根据预警结果提出相应的对策。

在服务于本产业的同时，产业经济岗位对社会的服务也是研究任务中不可或缺的一部分，尤其是对"三农"相关问题的研究和对策分析。现代农业产业技术体系经济岗位科学家分组研究工作中，产业经济研究室的核心分析内容是农业科研机构成果转化的模式，2018年研究室在上海和湖北等地开展了针对技术成果转移转化案例的调研，选择了科研成果转化较为成功的三个案例：武汉市农科院水产研究所农业科技成果转移转化模式、中国水产科学研究院渔业机械仪器研究所农业科技成果转移转化模式和中国水产科学研究院淡水渔业研究中心云南省红河县哈尼梯田农业科技成果转移转化模式，并根据实地调研的内容，对科技成果转化模式的类别、技术推广模式、运行机制、推广成效、发展战略、实现路径和存在问题等方面进行了分析，撰写了区域性农业科研机构成果转化模式调研及案例分析报告。

五、合理分工，因材施教，促团队成员成长

产业经济岗位科学家袁永明及团队自加入体系后，深感责任重大，他们懂得做好产业经济岗位工作必须依靠一支符合产业需求的产业经济研发队伍。"十二五"期间，如何培养团队人员胜任产业经济岗位的要求便成为工作的重中之重，在如何创造工作环境、提高产业服务意识、增强凝聚力、提高科学研

究合作能力、解决产业实际问题能力等多个方面，袁永明及其团队做了有益的摸索与积极的努力。

产业社会生产经济调研以及产业数据采集是产业经济工作的基础。"十二五"期间产业经济团队的培养从传统的实地经济调研入手，让团队人员走进大街小巷、农贸市场、山沟沟、池塘边，从渔民、市场小贩那里获得第一手数据。多年来，团队人员不畏严寒酷暑、台风暴雨，克服各种困难，共走过20个省30多个市县，先后完成了500多次调研工作，掌握了生产、加工、流通和市场等特色淡水鱼的产业情况，全面培养团队人员吃苦耐劳、爱岗敬业的精神，提高了团队人员社会生产经济调研能力。

全面掌握产业经济理论及研究方法是正确分析和解决产业问题的根本手段。"十二五"期间产业经济团队人员除了自身不断努力学习、提高基础理论和工作业务水平外，产业经济岗位团队还千方百计给成员提供学习机会与发展空间，鼓励在职获取学位、参加国内外培训班、进行访问交流等，组织团队人员与外国留学生进行学术交流，安排成员在国内外学术交流会发言。多年来，团队成员先后进行了对美国、匈牙利等国家产业经济访问交流；参加并完成了ABC国际项目和FAO南南合作项目；参加国内外学术会议51次。这些活动开阔了团队成员的国际视野，提高了国际交流能力。

经过"十二五"期间团队人员的共同努力，产业经济岗位积累了一定工作思路和工作方法，团队成员的科研工作能力明显得到提升。进入"十三五"，体系从罗非鱼产业扩大为特色淡水鱼产业，岗位工作需要增至11个品种大类，正因为有"十二五"工作基础以及团队成员的实践经验和工作能力，"十三五"特色淡水鱼产业经济岗位工作进展十分顺利、每个团队人员都有明确的分工，进入各自角色，团结合作共同完成各项工作任务。

因地制宜发展京津冀高效健康特色淡水鱼产业

北京综合试验站

京津冀地处我国的"首都经济圈"，北京又是严重缺水的大城市，环保压力日益增大，对水产业的发展方向具有制约性的作用。水库禁止网箱养殖，自然水域取消养殖许可，养殖业用水从收取水资源费到禁止部分深层水使用，排水检测加强，部分地区禁止排放，这些制约使特色淡水鱼产业面临巨大压力。北京综合试验站自设立之初就注重发展高效健康养殖模式，从发展工厂化循环水养殖模式到渔–菜、渔–稻、渔–荷、渔–林协作，因地制宜，走出了各具特色的健康养殖发展道路，为京津冀地区水产养殖业的可持续发展树立了典范。

一、发展多种多样的健康养殖模式

1. 适宜北方地区的高效养殖模式研发

京津冀地区冬季期时间长，水资源短缺，但也拥有多种资源禀赋。天津汉沽地区拥有地热水资源，而且当地的"小站稻"闻名中外，20 世纪 50—60 年代，曾以特二级优质稻米销往日本、古巴及东欧、东南亚等国家和地区。北京综合试验站结合其特有的资源优势与当地企业合作开发出了越冬温室高产养殖模式，亩产在 2 万 kg 以上，每亩利润达到 8 万元以上，并利用养殖尾水和底泥灌溉和肥沃稻田，示范面积 1 250 亩，完美地解决了制约行业生存和发展的瓶颈问题，为京津冀地区拥有相似资源的地区做出了示范。

2. 工厂化循环水养殖模式研发

罗非鱼需要在越冬期培育鱼种，冬季供应市场也需要相应的设施和养殖技术，北京综合试验站在昌平示范县技术支持北京市金润龙水产技术有限公司，设计并建设了循环水工厂化养殖车间 6 000 m^2，合作进行了罗非鱼工厂化循环水鱼种培育和成鱼养殖试验，获得成功，罗非鱼鱼种产量 52.5 kg/m^3，成鱼达 86 kg/m^3。同时在天津静海建立了一套成熟的适合北方地区的罗非鱼工厂化养殖模式。

3. 罗非鱼超高密度养殖模式研发

北京综合试验站和天津滨海新区维江水产养殖合作社合作，进行了鱼种超高密度培育技术研发并取得成功，总结了三种配套高产养殖技术模式：罗非鱼单养，亩产 2 万～2.5 万 kg；与淡水白鲳混养，亩产达 5.5 万 kg（罗非鱼 1 万 kg 左右）；与清道夫混养，亩产 1.5 万～2.5 万 kg，出产 20 cm 以上清道夫 10 万～15 万尾。养殖周期 11 个月，罗非鱼规格可达到每尾 750 g。

4. 健康养殖模式研发

雄安新区位于白洋淀，盛产芦苇和荷花，拥有制作荷叶茶的悠久历史，荷叶茶能够降"三高"调节血脂，是优质保健茶。北京综合试验站根据当地资源条件，协助河北绿之梦农业开发有限公司建设了 33 条推水养殖槽，达到年产 500 t 罗非鱼、黄颡鱼的生产能力，示范面积 450 亩，同时能年产 20 t 荷叶茶，构建渔荷立体种养系统，开拓了循环养殖的新思路。在滨海新区示范县天津众民水产科技有限公司进行了室外陶砾过滤配合植物吸收的模式进行养殖水循环处理，效果显著。在天津维江水产专业合作社建立罗非鱼-水稻协作养殖模式，效果良好。

二、因地制宜建设优质示范点，为行业主管部门提供技术支撑

发展工厂化循环水养殖是水产养殖业生存的必然方向，北京市水产科学研究所自 20 世纪 70 年代开始就进行了相关技术研究与试验，但限于当时国内经济发展水平而未能成功推广。2000 年以后，随着技术积累和行业发展不断成熟，在小汤山基地建成了 1 500 m² 工厂化养殖车间，随后支持昌平区农业局建设了 6 000 m² 工厂化循环水设施，共同开发了北方特色的罗非鱼一条龙产业链，从技术和经济上都取得了成功，成为国内最早实现盈利的工厂化循环水养殖实例之一。2010 年开始，北京市农业局着重发展工厂化养殖，北京综合试验站的两个示范点成为标杆企业，技术团队也被作为技术支撑，有力地支持了行业主管部门的重大举措。

三、依靠当地力量，采取多种模式进行示范、推广

北京综合试验站在京津冀地区设立了 5 个示范县、10 个示范点，依靠自身团队的力量是很难做好工作的，凭借多年来的合作，试验站与当地水产主管

部门、推广机构以及龙头企业多方合作，共同进行技术研发与示范、推广，采取培训班、实地观摩、微信群、电话咨询和现场指导等方式加强养殖户与推广团队之间的交流、合作，起到了良好的服务效果，有力地推动了产业的不断发展、进步。

四、发扬团队精神，在技术推广中展现工作风采

体系成立十来年，北京综合试验站在首席专家的指导下，与岗位专家和其他试验站合作，圆满地完成了工作任务，团队成员团结一致，兢兢业业，努力工作，伴随着体系的发展而不断进步、成熟，取得了优异的成绩。

高级工程师张欣从普通的团队成员通过体系的培养和自身的不断努力，成长为核心骨干，进而接替苏建通站长成为北京综合试验站新的站长。体系设立之初，张欣就参与了示范县的设立及骨干人员、示范点的遴选，作为罗非鱼特色高产养殖产区，天津滨海新区示范县就是他力主设立的。在体系的执行过程中，他与高阳示范县骨干徐彩利配合，使得高阳地区罗非鱼温室养殖单产提升110%以上，协助任丘示范县远全义使该地区罗非鱼单产提升了50%以上。在北京昌平区常兴庄渔场设立工厂化循环水示范点也是他提出的建议，并且在示范点建设中起到了关键性作用，为北方地区发展高效、环保水产养殖提供了新的实践经验。

张欣同志长于生产性、实用技术研究，而且吃苦耐劳。在与天津汉沽地区示范点研发罗非鱼温室高产技术的过程中，经常连续几个月吃住在渔场，与滨海新区示范县骨干郑义民和刘维江协作，全程参与生产实践，为搞清生产技术的详细环节，还经常参与夜班值守，观察高产模式下罗非鱼夜间的活动情况，并详细测定水质变化和鱼的耐受能力，摸清影响单产的条件要素，逐步改进管理模式和生产条件，温室池塘单产由 3 000 kg/亩逐步提高到 2.5 万 kg/亩，条件好的养殖场可以达到 4 万 kg/亩，随后还连续开发出了罗非鱼与淡水白鲳、清道夫混养技术，大大提高了养殖户的经济效益，亩效益最高的达到过 20 万元以上。

试验站的主要工作是技术试验、示范与推广，服务渔民是一项重要工作。张欣在示范点的建设过程中倾注了大量精力，实地指导、电话咨询、召开培训班是主要的服务方式，在北京金润龙常兴庄渔场建设工厂化循环水车间的过程中，配合昌平示范县骨干朱靖斌，全程参与了车间设计、用材选择和运转模式

确定，并且在车间运转过程中提供解决方案和技术指导。该车间成功运转十年，是国内淡水工厂化循环水车间最成功的操作实例之一。

体系是个强大的团队，传承体系团结协作、求真务实、严谨而勇于创新的团队文化，必将带动下一代的年轻骨干，持续推动体系工作的不断发展。

加快转型升级，全面推进江苏特色淡水鱼产业高质量发展

南京综合试验站

一、江苏地区加州鲈、黄颡鱼品种繁育攻关

1. 突破加州鲈鱼秋季繁育技术难关

江苏苏南地区自20世纪80年代末开始进行加州鲈鱼引种，养殖已有30年历史，养殖产量从最初的亩产100多kg发展至1000多kg，加州鲈鱼已成为该地区主导养殖品种之一。2017年全省加州鲈池塘主养面积5万余亩，年产量超过4万t，年产值超10亿元，成为国内第二大主产区。优良苗种一直是制约产业发展的主要因素，受气候条件影响，江苏地区苗种繁殖时间较晚，当年繁殖鱼苗当年养成难以达到上市规格。鉴于此，南京综合试验站吴江示范点示范基地——苏州聚福水产有限公司与淡水鲈种质资源与品种改良岗位合作开展加州鲈鱼秋季繁育，在国内首次建立了涵盖亲本低温诱导、营养调控、水流刺激的加州鲈鱼秋季繁育关键技术。2017年6月18日引进优鲈1号亲本1250kg，规格600g/尾以上，在水泥池经过半个月暂养过渡适应后对亲本进行低温诱导；2017年9月20日注射第一针催产剂；10月7日将亲本放入池塘；10月28日实现产卵；11月1日大批量产卵；12月12日结束产卵。孵化30个批次，共繁育秋季水花6000多万尾。秋季繁苗对于江苏地区加州鲈鱼养殖具有重要的意义。秋季放养的加州鲈水花，达到商品鱼上市的时间恰好是一年中该品种价格最高的时间段，可显著提高养殖收益，同时和春季早繁苗种错峰上市，进一步规避了养殖风险。

2. 稳步推进黄颡鱼新品种选育研究

黄颡鱼是江苏省本地特色淡水鱼养殖品种，全省养殖面积8万余亩，但苗种产业发展水平难以满足本省黄颡鱼养殖产业发展。为此，南京综合试验站借

助特色淡水与产业技术体系平台，联合黄颡鱼种质资源与品种改良岗位在射阳示范基地开展杂交黄颡鱼品种选育研究，成效较为显著。此外，南京综合试验站联合南京市水产科学研究所、深圳市华大海洋研究院开展黄颡鱼全基因组测序工作，相关成果已发表在 *Toxins* 杂志上。以期借助黄颡鱼基因组研究成果，开展黄颡鱼分子育种，从而缩短育种年限，培育性状优良的黄颡鱼选育品种。

二、示范推广，提质增效，推进淡水鱼产业高质量发展

1. 提高良种覆盖率，全面提升产业核心竞争力

水产良种是水产养殖产业健康发展的基础，南京综合试验站尤其重视良种在示范县内的推广和应用。吴江示范点开展优鲈 1 号人工苗种大规模化繁育和养殖推广，年繁育加州鲈优鲈 1 号和优鲈 2 号苗种 10 亿尾，并且在全面掌握了加州鲈春季提早繁育技术的基础上，着力加州鲈秋季繁育技术研究，并成功突破秋季繁苗技术难关，繁育加州鲈优良苗种在省内加州鲈鱼主产区得到了很好的应用。射阳示范点开展杂交、全雄黄颡鱼苗种培育，每年繁育良种 3 亿多尾，并且在核心示范点开展良种推广应用，示范点基本达到了良种的全覆盖。赣榆示范点积极推进本地泥鳅人工繁殖攻关，目前示范基地内人工繁育泥鳅苗种覆盖率达到 30%以上。在东台、大丰、射阳等沿海斑点叉尾鮰主产区大力推广斑点叉尾鮰江丰 1 号新品种，显著提升该地区斑点叉尾鮰产业竞争力。

2. 开展稻田综合种养，助力产业提质增效

稻田综合种养是一种现代农业发展新模式，经过多年探索已形成稻-鱼、稻-虾、稻-蟹、稻-鳖、稻-鳅等养殖模式，取得了显著的经济、社会和生态效益。2017 年江苏省农委与省海洋与渔业局联合发布《关于加快推进稻田综合种养工作的通知》，稻田综合种养在江苏多地蓬勃发展。目前，江苏省共扶持稻田综合种养试点县 22 个、建设示范基地 59 个，示范基地总面积超过 3 万亩，带动全省稻田综合种养面积达到 67 万亩，和单纯的稻麦种植相比，每亩地可以增收 1 000 元左右。南京综合试验站发挥自身优势，在大丰、东台等示范点扶持示范基地，组织省内相关单位专家赴示范点进行技术指导，并联合当地农业推广部门和农业广播学校开展养殖技术培训，在示范点内取得了较好的成效。

3. 稳步推进池塘工程化建设，促进产业转型升级

南京综合试验站积极推进池塘工业化生态养殖模式试验示范，在吴江、射

阳、东台等示范点开展池塘工业化生态养殖系统与池塘物联网建设，探索机械化、智能化及信息化高效黄颡鱼、加州鲈鱼、斑点叉尾鮰等品种养殖模式。并探索池塘工程化设施与物联网技术相结合，实现养殖设施实时监控、水质在线检测、鱼病远程诊断，投饵机和增氧机自动化操作，大大提高渔业生产水平，节约劳动成本，实现现代渔业智能化管理和可控、可追溯管理，使产品质量安全得到有效监管。目前，全省各类池塘工业化循环水养殖水槽面积超过 10 万 m²，主要养殖品种为斑点叉尾鮰、黄颡鱼、加州鲈、鳜鱼等特色名优淡水鱼品种。江苏省在全省范围内全面推广池塘工业化生态养殖、池塘水净化及循环利用养殖等模式。实施养殖尾水达标排放制度，加快实现渔业生产由传统模式向生态健康、循环养殖模式的根本性转变。

4. 大力推广颗粒饲料投喂，实现产业绿色发展

加州鲈是行情走势较为平稳的饲养种类，近两年价格更是屡创新高，大部分饲养户每年都能够保持不错的盈余水平，这也是加州鲈饲养开展较快的原因。2016 年江苏省加州鲈饲养面积超过 5 万亩，吴江、溧水等加州鲈饲养的主产区主要以冰鲜投喂为主，全程饲料投喂不足 30%。随着环保力度的加大，为了解决水产养殖给水体环境带来的环保问题，江苏省渔业主管部门发布相关文件专门针对水产养殖投喂冰鲜鱼饵料问题做出规划。为此，南京综合试验站在吴江示范点以及其他加州鲈主产区重点开展全程颗粒饲料投喂技术推广，经过养殖比较，颗粒饲料投喂优势日益凸显。随着加州鲈饲料配方的不断升级和完善，饲养户饲养加州鲈也从本来的全程冰鲜或部分冰鲜加饲料，逐步往全程饲料方向发展。

三、科技入户，注重团队人才建设

南京综合试验站每个季度在示范县定期举办加州鲈、鳜鱼、泥鳅、斑点叉尾鮰等品种养殖技术、病害防治、水质调控及养殖尾水处理等专题培训，自进入特色淡水鱼产业技术体系以来，已累计培训新型职业农（渔）民千余人。2018 年南京综合试验站在吴江示范县成功举办"加州鲈产业高质量发展研讨会"，邀请国内水产养殖领域专家、学者为吴江及周边地区加州鲈产业发展出谋划策。在近两年实施"特色淡水鱼产业技术体系南京综合试验站"项目过程中，涌现出以刘培作同志为代表的科技入户先进人物。

南京综合试验站吴江示范县技术骨干刘培作同志，长期从事淡水鲈、鳜鱼等特色鱼类繁育与养殖技术研究，以及养殖技术推广，曾参与省三新工程"大口黑鲈优鲈1号规模化繁育及健康养殖技术示范推广""鳜鱼池塘高效无公害养殖技术的研究"等项目，开创加州鲈鱼"一早两高"新模式。每年为科技示范户、贫困户、新型职业农民、养殖专业合作社举办养殖技术培训班，培训500人次以上。此外，刘培作同志奔走于各养殖基地、田间地头，进村入户推广实用养殖技术，帮助养殖户解决疑难问题，始终坚持把养殖户的事当作自己事。

南京综合试验站不仅注重提升渔民和基层技术骨干的技术水平，还注重团队高层次人才建设。南京综合试验站站长陈校辉同志，长期从事黄颡鱼、斑点叉尾鮰等特色淡水鱼品种的开发研究，并担任江苏省渔业科技入户工程专家，进入体系以来获江苏省"333工程"第三层次培养对象，并超额完成江苏省"六大人才高峰"资助项目，2017年晋升研究员职称，2018年先后被聘为上海海洋大学、扬州大学硕士研究生导师。团队骨干成员张世勇同志，2018年考取中国科学院大学华大教育中心的定向培养博士研究生，学习基因组学专业，研究方向主要为特色淡水鱼斑点叉尾鮰、黄颡鱼基因组育种研究。

模式创新与技术引领支撑浙江省淡水鱼产业健康可持续发展

杭州综合试验站

一、模式创新与技术引领

浙江省水产技术推广总站作为杭州综合试验站的建设依托单位，坚持贯彻农业农村部和浙江省委省政府的绿色发展政策方针，在省海洋与渔业局的关心和支持下，在国家特色淡水鱼产业技术体系的技术指导下，紧紧围绕渔业供给侧结构性改革和转型升级新要求，加快建立协同创新联动推广机制，组织开展全省性的配合饲料替代冰鲜饵料养殖五年行动，在国内开创先河，助力了浙江省渔业绿色高质量发展。

1.促成出台政策文件，明确五年目标任务

为切实减少冰鲜饵料在浙江省水产养殖中的使用量，降低养殖业对海洋渔业资源的依赖和对水环境的负面影响，支撑浙江渔场修复振兴，省总站深入调研和分析全省配合饲料应用情况，并以加州鲈、乌鳢等浙江省主要特色品种为对象，研究制定了"十三五"全省水产配合饲料推广工作的总体思路和主要任务目标，细化分解了相关主产县（市、区）分品种、分年度的推广任务，并促成省主管局印发《浙江省实施水产养殖推广渔用配合饲料替代冰鲜或冰冻小鱼虾行动方案》，以文件为纲，以推广为径，以技术为翼，产学研推联动，首次全省性地开展配合饲料替代冰鲜饵料养殖行动。

2.组建工作团队，建立联动工作机制

由省总站牵头，联合省内涉海涉渔高校院所、相关市、县（区）水产技术推广站及省内主要饲料企业，组建了产学研推一体的"浙江省水产动物营养与饲料科技服务团队"。省总站每年印发团队年度工作实施方案，对年度工作要点与任务目标、核心试点建设方案做出明确要求和任务分解，并将结果作为省

局对各市海洋与渔业主管局重点工作绩效目标年度考评的主要依据，保障了配合饲料推广应用工作的有序、有据、有效推进。

3.强化试验示范，优化饲料技术

2016 年以来，在湖州、嘉兴、杭州等主产区，累计建立加州鲈、乌鳢配合饲料核心示范点 60 个，团队在对最新技术成果进行示范应用的同时，重点开展了配合饲料在不同养殖品种、不同养殖模式、不同饲料种类、不同投喂策略下的应用效果评估，确定适宜各种养殖模式的饲料筛选与投喂技术。同时，联合省内主要饲料企业，开展加州鲈和乌鳢配方的调整与优化，推动了优质高效高性价比的商品饲料研发。加州鲈配合饲料在浙江省养殖主产区从"十三五"初期的不足 10% 的应用率，到 2018 年已经基本实现全覆盖应用，三年累计辐射推广 3.9 万亩，实现了经济和生态效益双赢。

4.注重宣传引导，做好技术服务。

团队充分利用广播、电视、报刊、网络、微信公众号、农民信箱、农技110 等各类媒体平台，全方位、多角度宣传报道配合饲料替代工作开展情况及成效。近年来，团队共举办以配合饲料应用为主题的各类培训班、座谈会、现场观摩活动 30 余期，培训基层渔技人员和养殖户等 1 200 余人次；免费发放技术书籍、资料 2 000 余份；对配合饲料的使用效果、典型案例、选购要求与投喂技术进行现场指导与服务，有效地增强了养殖户环保意识和生态理念，提高人们对配合饲料的接受度和使用自觉性，努力营造出人人关心、人人支持的良好社会氛围。

二、推广加州鲈养殖，支撑产业可持续发展

加州鲈是浙江省"十三五"渔业主推品种之一，近年来养殖规模和产量发展极为迅速，2017 年，全省推广加州鲈养殖面积 4.98 万亩、产量 5 万 t 以上，产量比 2016 年增加约 70%，已成为省渔业供给侧结构性改革的重要淡水养殖品种之一，发展前景广阔。杭州综合试验站建设依托单位浙江省水产技术推广总站，借助体系平台资源，发挥自身科研和推广优势，以问题为导向，以高质量发展为目标，加强模式创新与技术引领，围绕加州鲈这条鱼做好文章，支撑产业的健康可持续发展。

1.开展育种研究，做好种业培育

省总站作为浙江省"十三五"水产新品种选育重大科技专项——加州鲈选

育课题的主持单位，与水科院珠江水产研究所开展合作，联合开展了加州鲈亲鱼营养强化和温度调控培育技术的研究，促使亲鱼提前产卵，并获得稳定的受精率，实现了加州鲈的早繁早育，为国内首创。搜集不同地理群体的加州鲈，进行亲本选择和亲本配组，设置不同自交组合和杂交组合并开展养殖对比评估以获得具有优良生长性能的杂交品系。指导湖州湖旺水产种业有限公司建成省级加州鲈良种场，累计早繁加州鲈优质苗种 8 亿尾以上，苗种远销江苏、安徽、湖南、四川等地，受到业内青睐。通过新品种选育和种业企业的培育，有力提升了我省加州鲈良种的生产和供应能力。

2. 开展模式创新，推动生态养殖

以生态、高效养殖为理念，开展养殖模式集成创新与示范推广。目前，浙江省加州鲈养殖模式主要有两种。一是池塘专养，混养少量花白鲢，亩产约 800 ~ 1 000 kg。二是开展以加州鲈等品种为重点的"跑道"养殖关键技术攻关与示范，并于 2017 年组建了全省池塘循环流水"跑道"示范推广团队。利用这种技术单位水体产量可达 50 kg/m³ 以上，养殖的成鱼体型佳、肉质与口味好，折合亩均利润是传统鱼塘的 2 ~ 3 倍，并且养殖水循环利用或达标排放，生态效益显著。

此外，杭州综合试验站还指导核心试点企业浙江恒泽生态农业科技有限公司，探索设施化分段养殖模式，即第一阶段采用工厂化循环水育苗（从水花培育到 100 g 左右）；第二阶段采用池塘循环水"跑道"养殖（培育鱼种到 300 g）；第三个阶段采用室内工厂化循环水养殖，利用无藻环境进行提升品质（至上市规格），构建出了高品质加州鲈绿色养殖新模式。在饲料使用上，围绕浙江省实施水产养殖推广渔用配合饲料替代冰鲜或冰冻小鱼虾行动方案，杭州综合试验站组织开展加州鲈等品种配合饲料替代冰鲜或冷冻小鱼虾的全省联动推广行动，至 2018 年已基本实现全省加州鲈主产区配合饲料全覆盖应用。

3. 开展安全防控，护航健康发展

省总站通过在全省开展病害测报（10 个监测点）、流行病学调查（8 个养殖场）、主要病原菌耐药性普查、用药减量行动试点（4 家养殖场）等一系列"组合拳"工作，为加州鲈的病害防控提供保障，每月病害流行趋势和对策建议同时在"浙江渔业信息网"和《浙江渔情信息》上发布，对养殖生产提供及时指导。2018 年省总站质检中心共检测加州鲈及其饲料样品 326 项次，质量安全合格率达到 100%。我站还助力德清县在全国率先开展水产品全域快速检测，完成了 4 个主要渔业乡镇包括加州鲈、黄颡鱼、乌鳢等品种共 3070 批次水产品快速检测工作，为加州鲈养殖业的健康发展保驾护航。

三、扎根基层、担当实干的团队成员沈学能

沈学能是杭州综合试验站示范县南浔区技术骨干，湖州市南浔区菱湖镇农业综合服务中心渔技员。他 1978 年 11 月参加工作，四十年如一日，在工作中尽职尽心尽责，善于研究，勇于担当，为湖州地区特色淡水鱼产业发展和社会主义新农村建设做出了贡献；连续 4 年被评为省级优秀农技员和全省渔业先进工作者，2017 年获农业部"最美农技员"殊荣，2018 年再获中国水产学会"渔业科技服务领军人才"荣誉。

南浔区淡水鱼产量居全国内陆县区前列，全区拥有水产养殖池塘面积 18.78 万亩，2017 年养殖产量达 13.37 万 t，辖区内的菱湖镇为全国三大淡水鱼生产基地之一，被联合国教科文粮农组织评为保存最好的"桑基鱼塘"模式基地，特色淡水鱼占比 85% 以上。近年来，该镇大力弘扬湖鱼文化，拉长渔业产业链，全力打造"中国淡水渔都"新名片，作为淡水渔都的"娘家人"，镇上的养殖户只要养鱼碰到难题了，都会想到找沈学能来解决，向他请教鱼塘水质、鱼病防治等各类问题。

"要做好惠农实事，最重要的是要帮助农民增收致富"，这是沈学能在从事技术推广四十多年来，心中一直牢记的话。他积极响应"做活水文章，优化水生态，抓好水经济"的政策，组织当地陆续引进优鲈 1 号、杂交黄颡鱼、台湾泥鳅等 8 个良种，苗种 1.2 亿尾，累计推广 3.6 万余亩；同时，他还带头集成创新了油基鱼塘、鱼菜共生、稻田养鱼等综合种养模式，并全面推广加州鲈和乌鳢全程使用膨化饲料生态养殖技术。2016 年，他又带头将池塘循环流水"跑道"养殖模式引入南浔区开展试验示范，指导建立基地 2 个，取得了显著成效。

沈学能的另一个身份是菱湖渔业协会秘书长，他觉得，作为一名基层渔业技术推广员，工作开展要从农民的实际需求出发，这样才会有成效。常年来，他积极组织科技示范指导培训，推进渔业生产方式转变，帮助农民解决疑难问题，提供相应的技术支持。2017 年，协会举办培训班 15 期、开展科技示范户党员活动 2 次，参训人数 1 250 人次；组织专家认证、会诊 5 次；开阔了渔民思路，提升了技术水平。通过渔业协会的多年普及教育，该镇连续 5 年水产品

检测合格率达到 100%，良种普及率达 95% 以上；农民养殖新技术培训和推广率达 85% 以上。

与此同时，沈学能还主持参与农业标准化项目 5 个，主持参与科技项目 2 个、渔业产业提升项目 16 个、农技推广项目 6 个，发表实用技术论文 14 篇。2014 年起，他又亲自创建了菱湖渔业协会网站；创办菱湖《水产简报》并发送 30 余期。

虽临近退休年龄，沈学能却每天都闲不下来，也不愿意让自己从渔塘边闲下来。党的十九大报告提出了实施乡村振兴战略，在沈学能看来，要朝着这个宏伟目标前进，自己首先要做的就是想办法帮助更多渔民提高养鱼技术、提升养殖综合效益。2017 年以来，按照杭州综合试验站的统一部署，结合南浔地区渔业发展的实际需求，沈学能的工作重心放在了"跑道"养鱼的示范与推广上，仅 2018 年上半年全镇就建成 102 条"跑道"，实现循环水养殖。2018 年 11 月，南浔区又喜迎中国水产学会南浔学会服务站和桂建芳院士专家工作站的挂牌成立，沈学能欣喜地表示，这是南浔渔业实现跨越式转型发展的最佳契机，依托中国水产学会和院士团队的国内顶尖渔业科技研发力量，他会在推动南浔渔业成为全省乃至全国现代渔业绿色发展的"样板地、模范生"工作中，继续贡献自己的光和热。

安徽省健康养殖模式探究

合肥综合试验站

按照农业农村部和安徽省委省政府决策部署，安徽渔业坚持"生态优先、绿色发展"的方针。合肥综合试验站以安徽省农业科学院水产研究所为建设依托单位，在各级领导的关心和支持下，在国家特色淡水鱼产业技术体系的技术支持下，积极推进供给侧结构性改革，深入实施渔业绿色健康养殖技术模式攻关，持续推进水产标准化健康养殖，紧密结合地方经济和现代渔业发展的现实需要，围绕引领农业科技创新、推动农业提质增效、推进农业绿色发展、促进农民增产增收、支撑政府决策等中心和重点，协同推进试验示范与产业服务。

一、探索绿色健康水产养殖技术模式

1. 山泉流水养殖鱼类健康管理关键技术研究

安徽平原、山地丘陵类型齐全，山地丘陵占到全省将近一半的土地面积。国家农业重要遗产——山泉流水养鱼，是一种因地制宜的开放式生态养殖模式，发源于安徽南部以休宁为主的山区。利用山涧溪流养殖淡水鱼类，既是自然与人文的传承，又是契合现代生态学理念的典范。山泉流水养鱼是利用或模拟水体的流动性开展淡水养殖的生态型工程技术系统，在研究和应用中形成了池塘内循环流水、池塘工程化循环水、山区梯级式流水养殖和受控式集装箱，结合生态沟、生态塘、生态床、多级人工湿地以及鱼菜轮作等不同净化系统的养殖模式，在皖南山区的特色鱼养殖中，发挥了重要作用。

山泉流水养鱼系统与集约化池塘循环流水养殖（intensive pond aquaculture，IPA）技术系统在流水利用、系统结构、功能区划分、优质化养殖、环境控制、生态化追求等方面具有相互兼容、相互借鉴的一致性。我们吸收IPA等模式的现代理念，提高山泉流水养鱼技术的适宜性、适用性和先进性，具体做法包括以下几个方面：

①山泉流水养鱼系统原位改造：就地取材，利用卵石覆盖池壁池底，使之

表面光滑；或在水泥池壁涂抹薯类淀粉，灌水浸泡，使之着生藻类，达到保护鱼体的目的；又或直接覆盖养殖膜。

②池型和面积改造提升：调整池塘面积为 10 ～ 15 m²，水深 0.6 ～ 1.0 m，池形由不规则多边形或四边形改为抹角正方形、正多边形或圆形，池底微凹。水流从池壁一侧进入，形成连续的稠密空间边界，继而呈圆周形漩涡运动，漩涡运动核心的每个外圈的向心力总是大于相邻内圈的向心力，重力加速度形成不断收紧的内旋力，使全部物质向心集中，达到水体交换均匀无死角，流量流速可控。开启阀门，数分钟内即可排出池水的 20% ～ 30%，正中排水除污，达到池底无鱼粪淤泥沉积的效果。

③养鱼系统现代化升级：采用玻璃钢、不锈钢、PVC 养殖膜等新型环保材料和活动式微孔增氧管网等技术，利用 IPA 原理优化设计，改造和新建养殖池，避免混凝土池壁表面粗糙、微孔增氧管网凸出、钢制拦鱼栅腐蚀，露出尖锐棱角，造成鱼体擦伤的缺陷。

④山泉流水资源的梯级利用：在土地较为开阔的地方建筑规模化养殖小区，对养殖池进行梯度设计，修建生态引水渠（管），利用山涧溪流自然落差或机械提水，引水进入养殖区，对山泉流水资源进行梯度利用，节约提水的动力耗费。

⑤配套建设集污池和稻田等类型湿地：在养殖场区配套建设集污池和稻田等类型湿地，处理养殖尾水中的排泄物、残饲等废弃物，实现异位净化和物质能量的循环利用。达到改进流水鱼池、水质净化方法稳定和提高养殖产品品质的效果。

2. 池塘循环水水动力及水质仿真模型研究

基于计算流体动力学（computational fluid dynamics，CFD），通过数字模拟的方法，构建池塘工程化循环水养殖系统流场仿真和固相颗粒追踪模型。通过传统实验对仿真数据进行检验，结果表明：通过数字模拟方法可初步评估池塘工程化循环水养殖系统设计对固相沉降的影响，可大幅缩短研发时间和成本，同时又为养殖系统优化设计提供多种可能性，展现了新的研究方法的技术优势。

3. 适宜池塘循环流水养殖（IPA）的大口黑鲈苗种培育研究

集约化池塘循环流水养殖（IPA）技术系统在安徽省乃至国内的应用已经形成一定的规模。IPA 系统养殖大口黑鲈的试验也已取得显著效果，但大口黑鲈苗种投放IPA系统养殖时，一般池塘培育的鱼种存在不适应水流刺激、应激反应强烈、难以摄食配合饲料、死亡率较高等问题。我们于2016年、2017年分别引进60万尾大口黑鲈卵黄苗进行苗种培育、IPA适应性定向培育驯化试验。待大口黑鲈水花苗长至2.5 cm左右时，开始驯化。驯化过程中，进行3次模拟流水冲击和拉网密集驯化，使用网眼密集的绢网，整塘拉网，缩小鱼苗活动范围，进行密集锻炼。第一次密集锻炼时间为1 h；隔5～7 d再拉网1次，密集锻炼时间为2 h；夏花鱼种阶段，进行第3次拉网锻炼，密集锻炼时间为3 h。结合流水冲击适应性驯化和食性转化训练，大口黑鲈鱼种投放到池塘循环流水养殖系统中进行养殖，环境适应性增强，生理应激反应小，2016年和2017年成活率分别达到98.69%和99.07%。

进入国家特色淡水鱼产业技术体系以来，合肥综合试验站团队成员获得"养殖水产品的死亡监测方法""抑制淡水鱼脂肪氧化的天然复合抗氧化剂"等授权发明专利3项；申报（实审）"抑制淡水鱼脂肪氧化的天然复合抗氧化剂""养殖水产品的死亡监测方法""一种瓣结鱼与光倒刺鲃的池塘微流水养殖方法"等8项获得发明专利授权；"池塘工程化循环水氮物质扩散仿真系统""池塘工程化循环水颗粒沉降预测系统"等6项获得软件著作权；发表《The impacts of crustacean zooplankton on a natural ciliate community: a short-term incubation experiment》《池塘内循环流水养殖模式的关键技术研究——以安徽省为例》《稻虾共生与鳜鱼共养的稻田种养轮作技术研究和模式试验》等学术论文十余篇；制定和修订安徽省地方标准6项。

二、协同推进安徽省试验示范与产业服务

1. 强化试验示范，推进健康养殖

合肥综合试验站在沿淮、沿江地区设立了五河县、怀远县、义安区、贵池区和东至县等5个示范区县、10个示范基地，根据示范区县的技术需求、养殖基础和产业发展要求，开展了鳜、鲈、泥鳅、黄鳝、黄颡鱼、鳢、鲖等新品种引进、繁育，配合岗位科学家开展了本地翘嘴鳜和南方翘嘴鳜养殖对比试验、杂交鳜新品种养殖试验示范，以及杂交鳢、杂交黄颡鱼和单性黄颡鱼引进与养殖试验示范。为解决大口黑鲈养殖品种种质退化的问题，在岗位科学家的支持下，协助示范基地企业引进美国原种，在同等养殖条件下，子代表现出生长速度快、饲料系数低、抗病力强的优势，同时开展电子芯片标记、遗传性状

分析工作，为启动大口黑鲈新品种选育奠定基础。为实现饲料替代冰鲜鱼养殖，开展了大口黑鲈幼苗开口食驯试验，也取得良好效果。

在养殖环节，开展了翘嘴鳜和斑鳜池塘主养、鳜（或黄颡鱼、鲈）池塘内循环流水槽高产养殖、鳜+克氏原螯虾与稻+克氏原螯虾轮作轮养、稻+鳜（或鲈）+蟹（青虾）共生、鳜饲料替代养殖、稻田+黄颡鱼（泥鳅）等新品种、新技术、新模式试验示范。结合池塘工程化养殖需要，团队科研人员长期驻点，研发了循环水颗粒沉降预测系统、池塘工程化循环水动力监测系统、池塘工程化循环水氮物质扩散仿真系统、池塘工程化循环水流速监控系统、池塘工程化循环水动态精准投喂系统、养殖水产品的死亡监测方法，与养殖物联网结合应用，获得国际现代渔业博览会奖。同时在岗位科学家的指导帮助下，开展了鳜虹彩病毒免疫疫苗、池塘微生态制剂等应用试验与示范。

2. 勇担产业责任，做好技术服务

合肥综合试验站组织站内外力量，在全省范围内开展了池塘内循环流水养殖系统（IPA）关键技术应用和综合效益、主要特色淡水鱼病害发生特点和时空分布、稻渔综合种养适宜品种筛选和主要模式效果、"三鱼两药""一减两控三基本"、皖南鳜鱼加工等专题调查和技术服务。为安徽省内的16个市、26个区县开展了养殖区域规划和工程建设涉及水产种质资源保护区环境论证规划，对淮河安徽段、新安江、巢湖、花亭湖、沱湖等水域开展了水质和渔业资源调查，为增殖放流和生态修复提供基础依据。在长江铜陵段江心洲等地合作建立了水质和野生水生动物监测与养护基地。

此外，还对辐射区太和县受控集装箱养殖、颍上县稻田泥鳅养殖、定远县盐矿罗非鱼养殖、泾县杂交鲟养殖、望江县黄鳝养殖、休宁县山泉流水养鱼、黄山区太平湖观光渔业、砀山县黄河故道鲤鱼增养殖等开展试验示范与技术服务。为阜南县淮河橄榄蚌繁育、无为县特色水产加工等与中国水产科学研究院淡水研究中心、大连工业大学朱蓓薇院士团队建立合作研发机制机构发挥穿针引线的纽带作用。

三、加强团队理论与实践、业务与责任的结合

1. 站内主要成员：强化专业理论与实战经验相结合

合肥综合试验站是在安徽省农业科学院水产研究所专业技术人员中遴选组建的技术服务团队。团队中有高级职称4人、中级职称8人、博士5人，以

80后、90后的年轻人为主体。从各自专业而言，大家都是学有所专，专业理论和实验室功底扎实。但有所长，必有所短，面向示范区县和示范基地的一线试验示范、塘口操作、理论技术的通俗化表达等方面则表现出短板。合肥综合试验站采取以老带新、长幼结合的方式，合理分工搭配，在技术上强化灌输，年轻的硕士、博士缩短了"实习期"。同时，根据他们分别毕业于中国科学院大学、中国科技大学、合肥工业大学等院校及不同专业，把理论兴趣、"电脑养鱼"的习惯方式、发现研究选题等与体系产业链的相应环节、示范区县养殖对象与技术需求落地联结起来，放大长处，扩大兴趣范围，携手进入事业成长期和扎实服务的状态。由植入标记或注射疫苗无从下手到心手相应，由技术下乡不敢张口到循循善诱，直接表现了年轻一代快速适应与成熟，斩获国家自然基金、省科技攻关等研究任务，发表了一批SCI论文和学报级论文，又与地方技术骨干和服务对象联合申报发明和实用新型专利。

2. 基层技术骨干：强化业务素质与职业操守相结合

合肥综合试验站在示范县设有15名基础技术骨干，他们大多数是区县和乡镇水产技术推广站（中心）的工作人员，有的还是区县农委（水产局）技术型领导。除了担负本职工作，还承担基层政府安排的其他繁多的管理性和突发性的任务。合肥综合试验站积极沟通，帮助他们化繁为简或两者兼顾，专心开展基层特色淡水鱼技术试验示范和推广应用工作。五河示范县技术骨干通过开展鲈鱼快速开口食驯试验，通过试验示范的具体工作给养殖户看，走村串乡了解养殖状况，把养殖户当成兄弟，吸引了江苏等地养殖企业开展鲈、鳜、泥鳅养殖，特色淡水鱼养殖在皖东北的淮河流域形成抱团规模发展的态势。东至县程文平身为县局副局长，基本上每个周末都开着自家车，从城里捎带养殖户需要的渔需品，到塘口把脉诊断，东至县鳜鱼养殖和圩畈区稻田综合种养成为典型的示范区。合肥综合试验站一边走下去，一边请进来，开展技术服务与培训。结合农村农民新技术培训，在示范和辐射区县送"课"上门每年达15人次，送技术骨干到科研单位和大型养殖企业实训多人。通过试验站与基层结合，基层技术骨干获得省级水产技能竞赛优胜奖5人、4人获得技术职称晋级、1人申报省政府津贴，多人次获得省市县表彰。

3. 养殖经营人员：强化科技素养与社会责任相结合

养殖经营企业和养殖户是发展好特色淡水鱼产业的根基。合肥综合试验站针对养殖经营主体普遍存在科技素养偏低、技术认知度偏差的问题，和当地基层技术骨干一道，不厌其烦灌输新技术、新模式、新设备、新品种和新管理的要点与理念。一是结合体系检查试验站和示范区县任务落实情况，首席和岗位科学家将宽领域、大视野、新策略传播给基层管理部门、养殖企业、合作社和养殖户，从而触动其科技意识和社会意识。二是试验站专家沉下去，结合试验示范任务，与示范基地人员吃住在一起，劳动在一起，养殖经营主体近距离观察专家严谨的做事风格、规范的操作细节，从而使得他们从"粗枝大叶"中"恍然大悟"。三是帮助养殖经营主体走正规化的道路，从池塘、流水槽、工厂化繁育养殖设施的布局和细节，到养殖记录、养殖规程的制订，以及标识标牌，合肥综合试验站专家做到手把手亲自教。四是开展技术试验示范的同时，灌输生态治理、场区环境、产业化发展、企业化管理、乡村振兴的一系列政策形势和技术策略。通过深入细致的工作，省内第一套富营养化养殖尾水处理系统即将完工，贵池国家鳜鱼育种中心的优质种苗扩散应用到周围省区，国家级现代渔业种业示范场、省级良种场、省市级龙头企业得到建设和验收。在铜陵市和义安区水产技术推广站技术骨干的扶持下，示范基地铜陵张林养鱼有限公司快速成长，"池塘内循环流水养殖大口黑鲈及苗种培育"获第二届中国国际现代渔业暨渔业科技博览会金奖，负责人张林兵获得全国农业劳模称号，得到习近平总书记等党和国家领导人的接见。

福建省罗非鱼养殖生产技术优化

福州综合试验站

一、技术探索与创新

福州综合试验站是最早一批进入国家现代农业产业技术体系建设的试验站，经过十年的不断努力与创新取得以下几方面成绩。

1. 罗非鱼苗种培育技术研究与应用

针对罗非鱼苗种繁育过程中人工捞苗费时费力，网箱苗种培育率低等问题，改良了罗非鱼繁育池塘的苗种收集方法，研发了一种"罗非鱼稚鱼收集装置及收集方法"。主要利用刚离开母体的罗非鱼稚鱼具有集群性、贴近水面、紧靠池壁边游动的特性，借助水流让稚鱼苗种通过收苗弯道自动进入集苗箱，与传统人工使用抄网捞苗相比，收苗率高，且降低了人为操作对稚鱼苗的伤害，提高了苗种的质量和成活率；减少了繁育池塘内人工频繁走动捞苗对亲鱼繁育的干扰，提高产苗率，能降低劳动强度。获得国家实用新型专利1项（ZL 201620868263.9）。另外在网箱苗种培育过程中，采用了气提水循环的网箱培苗方式，投喂粗蛋白45%的粉状配合饲料，经16 d培育，平均规格达到2.78 cm，培育成活率达到88.5%。与常规网箱相比，苗种生产速度提高26.1%，成活率提高了4.2%。气提循环水网箱培苗方式，使用一台气泵同时实现了增氧和加快网箱内外水体交换，解决了常规网箱育苗过程网箱内外水体交换量小、容易造成缺氧等问题。

2. 罗非鱼与凡纳宾对虾池塘混养模式优化与应用

针对近年来罗非鱼市场价格偏低、养殖成本相对增加、养殖利润低等问题，在福建漳州市开展池塘罗非鱼－凡纳宾对虾混养模式的优化与应用研究，适当降低了罗非鱼放养密度，亩放养规模40尾/kg的罗非鱼苗种1 500尾，配套完全淡化标粗的凡纳宾对虾1万尾，规格为2.5～3.0 cm，以提高虾苗成活率。跟踪了龙海示范县进江养殖场的养殖情况，罗非鱼－凡纳宾对虾混养模式平均产量 1 057.5 kg/亩，其中罗非鱼产量 1 012.5 kg/亩，凡纳宾对虾产量 45 kg/亩，养殖平均效益达到 1 819.7 元/亩，示范面积 400 多亩。

3. 罗非鱼寄生虫病防治药物的筛选

罗非鱼苗种繁育过程中发生率较高的车轮虫和三代虫并发病，极易引起罗非鱼稚鱼大量死亡，由于车轮虫、三代虫对常规药物已产生不同程度的抗药性，不少渔场将用量增加 1～3 倍，或反复使用 2～3 次，仍达不到满意的治疗效果。针对这种状况，福州综合试验站开展了罗非鱼车轮虫和三代虫驱杀药物的筛选，选择了敌百虫、氯氰菊酯、代森胺等药物进行配伍和有效浓度筛选，证实了代森胺可有效提高敌百虫对车轮虫、三代虫的杀灭效果，50%代森胺溶液 0.18～0.3 mg/L+敌百虫 0.3～0.5 mg/L 浸浴 48 h，对罗非鱼苗种寄生的车轮虫、三代虫的驱杀效果达到 100%。获得国家发明专利"一种治疗罗非鱼三代虫病的复合制剂"1 项（ZL 201611120043.9）。

二、立足实际，推进福建省特色淡水鱼产业发展

福州综合试验站自加入国家特色淡水鱼产业技术体系建设以来，始终紧紧围绕福建特色淡水鱼产业发展需求，立足产业发展实际，从科技创新、推动渔业提质增效、推进渔业生态养殖试验示范、促进渔民增产增收、支撑政府决策以及原中央苏区产业技术扶贫等方面服务渔业、渔民和渔村，助力全省渔业绿色健康持续向高质量发展。

1. 利用网络平台，注重实用技术服务

根据体系产业发展要求和全省实用技术下基层的需求，自 2011 年起，福州综合试验站积极响应福建省委、省政府为民办实事的任务要求，与福建省农业科学研究院协作，充分利用福建省"农村实用技术远程培训"平台，通过福建省公共频道同步直播，以授课或实地现场传授的形式，开展了 12 期苗种、养殖、病害等方面的技术培训，累计培训人员达 2 000 多人次，突破了传统养殖技术培训班的形式，其影响面更广、覆盖面更大。

2. 紧跟"一带一路"倡议，技术服务走出国门

为积极响应国家"一带一路"倡议，提升我国水产养殖技术"走出去"的战略影响力，对外宣传国家特色淡水鱼产业技术体系产业研究成果，福州综合试验站积极组织人员参加了在闽以及在非洲的两期援非水产养殖技术培训班，不仅将我国比较成熟的罗非鱼养殖技术和实用经验手把手地传授给学员，还增

进了对外交流合作，为拉近中非传统友谊，贡献一份力量。

3. 制定灾害应急机制，服务快速有效

福建为台风多发地区，每年都有 2～3 个台风登陆，为积极参与防台救灾应急技术服务和灾后恢复生产技术指导工作，福州综合试验站每年组织团队成员、各示范县技术骨干成立技术服务小组，在灾前、灾后深入受台风影响养殖区进行技术指导。另外在病害多发期，开展应急性病害防治技术指导和培训工作，进行现场病害诊断，提供病害防治技术措施和方案，指导养殖户开展病害防治工作。

4. 响应国家扶贫号召，技术扶贫多点发力

福建为原中央苏区扶贫工作重点区，为服务国家扶贫攻坚，福州综合试验站团队成员黄洪贵、曾占壮研究员积极参与古田县、漳平市财政局开展的扶贫专项工作，分别对接了原中央苏区古田县水口镇、漳平市和平镇贫困山区的扶贫技术指导工作；示范县技术骨干陈三木参加了由漳州市水产技术推广站主持的产业技术脱贫项目，为漳州市平和县长乐乡重点革命老区提供泥鳅苗种繁育、养殖等技术指导，帮扶 1 家泥鳅养殖合作社建立起工厂化苗种孵化车间，帮助周边 18 家贫困户走上脱贫道路；团队其他成员也响应福建省委、省政府"科学扶贫、精准扶贫"的号召，试验站技术骨干王茂元参加了福建省第二批驻村蹲点扶贫工作，被选派到原中央苏区古田县大桥镇丘地村帮助贫困乡村脱贫攻坚，并于 2017 年 11 月顺利完成驻村蹲点工作，被古田县组织部考核认定为优秀。

三、扎实工作，强化团队建设

福州综合试验站自 2011 年参加国家现代农业产业技术体系建设以来，受到依托单位福建省淡水水产研究所的大力支持，一直比较注重人才培养，参加试验站工作的团队成员 10 多人，其中高级工程师 6 人、工程师 4 人；示范县区及示范基地技术骨干 15 人，其中高级工程师 5 人、工程师 5 人。通过不断积累与努力，福州综合试验站团队成员中有 3 名成功晋升中级职称，1 名取得副高职称，1 名被聘为全国水产标准化技术委员会第五届淡水养殖技术委员会委员，团队科研实力日益加强。

团队成员王茂元 2009 年毕业于南京农业大学水产养殖专业，硕士学历。2010 年成为福州综合试验站团队技术骨干、联系人。王茂元十年如一日始终坚持在福州综合试验站种质保存与选育基地生产一线工作，把工作做到池塘边，把成果写在大地上，先后获得国家实用新型专利 3 项、国家发明专利 1 项；"罗非鱼优良品种培育、推广及产业化关键技术集成与创新"获第二届中国水产学会范蠡科学技术奖二等奖（第 5 名）；参加编写多部水产类科学书籍，发表学术论文 10 多篇。作为一名普通的水产科技工作者，他始终以服务渔业、渔村、渔民为服务宗旨，不畏困难，扎实工作，充分展现了一位水产工作者良好的形象。

王茂元同志在得知体系有国家产业技术扶贫工作任务时，就结合试验站工作参加了福建省委、省政府组织的"福建省第二批驻村蹲点"扶贫工作，被派往宁德市古田县大桥镇丘地村开展驻村扶贫。刚到村里不久，他就帮助村里一位退伍老兵解决了退伍待遇问题。扶贫期间，他立足村情民意，积极推动村庄发展，为村里争取项目帮扶资金，累计筹措帮扶资金 16 万元，完成了村农用机耕路的延伸修建、进村道路护坡的修缮以及村民饮水工程水源管线等项目建设，改善了村民生产生活条件。王茂元始终坚持吃住在村，深入田间地头，调查村情民意，能够扎根农村一线，主动融入农村基层、深入群众，努力实践党的十八大重要精神，展示了一名下派蹲点村干部的良好形象，得到了宁德市古田县委组织部的肯定与称赞。

在团队成员以及各示范县的技术骨干的不断努力和配合下，福州综合试验站连续三年在年终考评和考核中被认定为优秀，工作得到大家一致肯定！

湖泊高效生物养殖模式推动江西淡水鱼产业发展

南昌综合试验站

一、湖泊高效生物养殖模式

江西省太泊湖主要养殖鲢鳙，虽然水体并没有投饵，但每个季度会进行适量的施肥。施肥必然的后果就是导致水体浮游动植物生长、底质富营养化。而减少施肥又导致水体鱼产量下降，经济效益降低。因此着重在太泊湖试验主养鲢鳙，然后放养鲤鲫自然增殖改善底质，放养黄颡鱼自然增殖和放养翘嘴鲌，达到减少施肥，高效利用水体，提高经济效益的养殖模式。

增殖名优经济鱼类有利于提高大水面养殖经济效益，充分利用低值野杂鱼资源。大水面由于不能做到像池塘养殖那样彻底清塘消毒，麦穗鱼、鳑鲏等野杂鱼与经济鱼类争饵料、争氧气、争生存空间，影响主养经济鱼类的产量。通过放养鲤鲫等生活于底部的杂食性鱼类，不但能够搅动水体底质，加强水体能量流动，同时又能摄食食草等鱼类未完全消化食物和有机碎屑等。而黄颡鱼主要摄食小鱼、虾及各种陆生和水生昆虫（特别是摇蚊幼虫）、小型软体动物和其他水生无脊椎动物。大水面放养黄颡鱼能够增加对于水体各种无经济价值的小鱼、水生昆虫和小型软体动物数量的控制。增殖大型肉食性鱼类，一般以野杂鱼为食，能够增加名优鱼类产量，提高养殖经济效益。所以采取此种养殖模式后，太泊湖水体富营养化程度下降，水体水质逐渐好转，单位产量及养殖效益连年递增。

二、以示范县为中心，辐射周边地区

南昌综合试验站有新建、余干、南城、峡江以及进贤五个示范县，试验站团队成员以五个示范县为中心，向周边辐射，定期下基层开展泥鳅、黄鳝、鳜鱼、黄颡鱼、鲫鱼以及鲈鱼等技术服务工作。

1. 积极动员

按照有关文件精神，结合扶贫攻坚十月大走访活动主题，南昌综合试验站团队成员转发了有关"结亲结对"和扶贫日活动的通知，要求各团队骨干成员在手机端下载"社会扶贫App"，注册为爱心人士，参与线上对接贫困户发布的社会帮扶需求，志愿帮助贫困户的有关需求。各团队骨干成员积极响应，在手机端注册App，自愿开展"结亲结对"帮扶活动，为扶贫工作贡献一份力量。

2. 选派团队成员，驻村帮扶

南昌综合试验站选派了一名政治素质好、工作作风硬的骨干同志，作为省农业厅驻井冈山市扶贫工作队队员，到井冈山市新城镇排头村驻村开展帮扶。驻村工作期间，该同志立足村情村貌，实施产业扶贫，先后圆满完成了主要任务。

一是基础设施标准化。推动开展了110亩的鱼池改造工作，使该村的罗陂自然村从一个"杂乱差"的穷乡村，逐渐蝶变为以休闲渔业为主题的美丽乡村示范点。

二是渔业生产组织化。推动成立泉盛渔业合作社，积极引导当地贫困户通过出租土地、水面等收租，参与养殖管理等领取工资性收入，通过扶贫资金入股分红的形式获得公平长效的利益，基本建立了脱贫致富的长效机制。

三是养殖模式高效化。针对当地市场消费特点，从抚州东乡区购买鄱阳湖1号泥鳅良种寸片20万尾，采用"常微流水＋低密度＋低投喂"的小规格泥鳅健康养殖模式，取得了良好的养殖效果。同时进行了"种草＋放牛＋养鱼"综合养殖示范，实现了数千元的经济效益。

四是科技成果推广化。在做好驻村扶贫的同时，积极推广科技成果，通过牵线搭桥，在井冈山文水科技园联合打造了一个泥鳅综合养殖示范基地，向全市辐射推广泥鳅养殖模式与技术，落实了"帮村联镇带市"的工作原则。以井冈山文水科技园泥鳅综合养殖示范基地为平台，向中央、省、市各级领导专题汇报了水产产业扶贫相关工作，起到了较好的宣传、展示和推广的作用。该同志驻村期间关心村民和困难群众，积极对接扶贫需求，解决贫困户的有关问题，深受广大干部群众的好评，其个人被评为2017年度全省农业工作先进个人，所在扶贫队驻村帮扶工作被评为2015—2017年度省派单位定点帮扶工作

"好"等次。

3. 主动对接，线下帮扶

按照"结亲结对"和扶贫日活动的有关通知，南昌综合试验站与鄱阳县乐丰镇十字河分场联系，成功在"社会扶贫App"线上，对接了3户贫困户。所分管领导带领试验站团队成员人员，上门为贫困户宣传了精准扶贫政策和农村教育、医疗、养老、救助、产业发展等强农惠民政策，帮助贫困户知晓扶贫政策，做好解疑释惑工作。充分对接贫困户的生产生活需求，为"结亲结对"帮扶对象送上了价值约600元的慰问品，为其生产生活提供了更充实的物质保障。

4. 科技帮扶，产业扶贫

为切实做好扶贫攻坚工作，发挥水产科技工作优势，加强产业扶贫工作力度，提高扶贫工作成果。南昌综合试验站成功与鄱阳县乐安特种水产开发有限公司结成帮扶对象，在该公司设立了"特种水产养殖示范基地"，实施时间为2018年6月至2019年12月，为该公司养殖品种选择、养殖模式建立、病害防治等养殖技术问题，开展了有关技术研究和指导，提出了该公司产业发展的有关技术建议。通过养殖示范、以点带面的形式，带动了20余户贫困户的产业扶贫，取得了良好的产业扶贫效果。

为进一步推动扶贫工作扎实开展，南昌综合试验站将继续动员全体团队成员积极参与到扶贫工作中来，积极发挥个人专业优势，主动对接渔业养殖贫困户，帮助解决渔业生产实际问题，提高养殖户科学养殖技术水平，为科技扶贫贡献自己的一份力量。

三、勤恳奋进，团队素质不断提高

南昌综合试验站自2017年成立以来一直重视人才队伍的建设，受依托单位的支持，有团队成员13人，其中研究员2名、副研究员4人、工程师6人、助理工程师1人；示范县区及示范基地技术骨干15人，其中推广研究员2名、高级工程师2人、工程师4人。这两年，通过团队成员不断的积累与努力，南昌综合试验站有两名成员获得高级工程师的职称，培养博士2人，一名入选2018年江西省"百千万人才"，一名示范县基地技术骨干获得"峡江县十佳道德模范"以及农业部授予的"农业技术推广贡献奖"。

近几年，南昌综合试验站开展了名特优水产的技术推广，重点抓好中华鲟流水养殖，长江胭脂鱼二级繁育、池塘、水库主套养，中华鳖健康养殖，草鱼计划免疫，全雄黄颡鱼精养，美国大豆协会80:20池塘健康养殖，网箱无公害养殖，黄鳝无土养殖，小龙虾精养和人工增殖等关键技术推广。技术的创新和推广使峡江县累计受益的养殖水面达14.5万余亩，每年培训新型渔民200余人。受益农户达1 500余户，五年来新增效益超亿元。

南昌综合试验站峡江示范县骨干成员习宏斌在工作中一直兢兢业业，勤勤恳恳，致力于试验示范和科技创新工作，峡江县水产养殖技术在习宏斌的大力推广下，单产和养殖效益走在全省前列。2017年峡江县水产品产量达到17 532 t，比2016年同期增743 t，增长2.0%，其中特种水产品产量8 259 t，比2016年同期增402 t，增长1.25%。

习宏斌主持科研项目多项，获得省部级、市厅级科技进步奖近十项，发表科技论文20余篇，实用新型专利授权2项，制定鲌鱼和鳜鱼等地方标准多项。他主抓峡江县鲌鱼产业的发展项目，发展鲌鱼网箱养殖8万m²，年生产鲌鱼4 500 t，出口创汇达3 000余万美元，新增产值1.3亿元。解决了鲌鱼繁育、网箱养殖、病害防治等关键技术难题，鲌鱼基地被市委组织部授予"双学三培两带"培训基地，市政府还将鲌鱼纳入全市三大农业主导产业。

习宏斌在工作中牢固树立"养殖基地就是办公室、服务渔农就是本职"的思想，带领渔业干部进村入户，真正做到送技术到户，使渔业干部在工作中不断充实，技术不断提高，营造出党员干部人人创先争优的氛围。

他先后获得省部级、市厅级表彰和奖励多项，获得"农业技术推广贡献奖""江西省先进工作者""全省农业工作先进个人""峡江县十佳道德模范""吉安好人"等多种荣誉称号。

湖北省特色淡水鱼养殖技术创新

武汉综合试验站

一、养殖技术创新

1. 姜黄甘草粉申报工作

围绕国家新兽（渔）药姜黄甘草粉的申报完成了所有试验工作，并获得临床试验批件。

完成姜黄甘草粉中试生产工艺研究；建立姜黄提取物及姜黄甘草粉的质量标准；对姜黄甘草粉的药效进行评价；考察了姜黄甘草粉大塘预防效果，表明姜黄甘草粉可以对人工养殖克氏原螯虾肝脏起到一定的保护作用；考察了姜黄甘草粉对小鼠的急性毒性和大鼠的亚慢性毒性，表明姜黄甘草粉无急性毒性作用，正常剂量范围内无明显亚慢性毒性损伤作用。

2. 鳜的雌核发育研究

成功诱导了F1、F2两代雌核发育新品系群体，使用F1代雌核发育鳜开展转性诱导获得了伪雄性系在鳜群体选育F4代的基础上，应用人工雌核发育技术，以生长为目标性状筛选雌核发育纯系1个。以F1雌核发育群体为基础，应用甲睾酮（MT）成功诱导了"雌核发育群体"转性为生理雄鱼，建立了伪雄性系1个，养殖6个月后存活雄性系个体725尾，育性良好。

3. 开展水产混养模式创新

开展了网箱鳝鳅混养模式、鳜-小龙虾轮养模式、斑点叉尾鮰-鲌鱼、黄颡鱼-鲌鱼混养模式创新。先后在武汉综合试验站仙桃示范基地开展了网箱泥鳅，黄鳝的养殖，取得了显著的成效，鳝鱼种苗繁殖产量达3 900万尾；在咸宁示范基地开展了斑点叉尾鮰-鲌鱼混养模式的示范与推广工作；在武汉市江夏区山坡基地分别开展了鳜-小龙虾轮养模式、黄颡鱼-鲌鱼混养模式等。

4. 鳜鱼跑道饲料养殖技术创新

鳜鱼"跑道"饲料养殖技术的推广、示范与中试工作在位于武汉市东西湖区的武汉渔水情生态渔业发展有限公司开展。该示范基地现有跑道13条，跑道面积每条110 m^2，跑道高2 m，主养品种有鳜鱼、黄颡鱼、大鳞鲃等。其中共有三条跑道养殖品种为鳜鱼。鳜鱼跑道养殖所用饲料喂养人工饲料与冰鲜混合，2018年平均每条跑道的年产量为1.25万kg。在养殖期间，武汉综合试验站技术骨干在鳜鱼人工饲料的配比提出了相应的配方，并在病害防控与日常管理工作中进行了实时跟踪与观察，针对鳜鱼的病毒性疾病提出了相关的预防措施。

二、转变角色，坚持绿色可持续发展，推崇生态养殖

武汉市农业科学院水产研究所作为武汉综合试验站的建设依托单位，武汉综合试验站自成立以来，围绕湖北省特色淡水鱼斑点叉尾鮰、鳜鱼、黄鳝、黄颡鱼、泥鳅、乌鳢、加州鲈等进行了7条鱼的绿色高效生态养殖推广与示范，结合我省7条特色鱼品种的产业发展现状和面临的瓶颈，我站积极发挥体系内的政策、技术和服务优势等各项职能，促进我省特色淡水鱼产业健康快速发展。武汉站的目标是重点解决我省特色淡水鱼类产业难题。

1. 探寻鳜鱼产业高效养殖模式

湖北省具备发展鳜鱼产业的资源和区位优势。鳜鱼养殖是门槛高、风险高、技术要求高的"三高"产业，但是湖北省的鳜鱼养殖量无法满足市场扩张性需求。鳜鱼的市场的价格波动性比较大，传统养殖方式下，鳜鱼通常集中在冬季上市，夏秋季是鳜鱼上市淡季，根据湖北地区的养殖特点，成功探索了适合淡季上市本地养殖的鳜养殖模式，在武汉佳鑫鳜鱼科技发展有限公司，养殖基地规模示范300亩，此养殖模式使鳜鱼养殖在100天上市（即在国庆节之前上市），缩短养殖周期，减少病害风险，显著提高养殖收益的目的。不仅取得了较好的经济效益和生态效益，而且示范辐射带动作用明显。

2. 强化示范推广效益，实时监控养殖病害

武汉综合试验站示范基地通山县洪茂生态种养殖专业合作社从2015年开始养殖加州鲈，截至2018年已形成加州鲈养殖基地1 100亩，是湖北省目前最大范围的加州鲈养殖基地。今年养殖加州鲈取得了较好的养殖效益。针对养殖病害高发及用药难的问题，我站组织技术人员开展主要病害的流行病调查工作。以及实时监测发病情况，做到及时诊断及时治疗，同时我站会定期收集基地鱼体样本，查看鱼体长势。

3. 坚持生态养殖，推荐生物饲料代替应用

武汉综合试验站在湖北省仙桃市卫祥水产专业合作社示范基地推广了网箱养殖黄鳝、泥鳅等高效养殖技术，现累计有苗种繁育基地2 000亩，育苗箱30万口，年产20～30 g鳝苗近亿尾。成鳝养殖面积近万亩，网箱16万口，年产商品鳝近3 800 t，年产值近4亿元，年利润8 900万元。武汉综合试验站全面推行黄鳝生态养殖，增加生物饲料使用量，以红虫、蚯蚓、饲料鱼为主的生物饲料，使用量达到饲养周期的60%，成鳝销售前50天停用颗粒饲料，产品的生化指标现已达到生态产品的标准。在武汉综合试验站的指导下，针对黄鳝消化道、皮肤疾病和寄生虫等感染，研制了几种中草药配方，有效地防治了黄鳝消化道、皮肤疾病和寄生虫感染等对黄鳝致命的疾病。基本上停止了化学药物的使用，实现了成鳝产品"零化残"。为周边村民免费培训技术，在帮助村民脱贫上，做出了贡献。

4. 做好三农技术服务，加强宣传力度

武汉综合试验站建立了淡水鲈、斑点叉尾鮰、黄颡鱼、鳜健康养殖微信服务平台，2018年推送技术文章130余篇；开展了技术培训16场次，包括了鳜鱼、黄颡鱼的高效养殖技术、日常病害防管等相关内容。开展了鮰、鳝、鳅、黄颡鱼、淡水鲈等疾病防控技术培训及现场技术服务，形成了淡水鲈综合防控技术1套。为仙桃、监利县、蕲春县养殖企业技术服务10次，参加调研活动15次，培训工作5次，培训人数600余人，免费发放资料1万余册。

三、协同合作，组建高效团队

武汉综合试验站自2017年成立以来一直注重人才队伍的建设，受到了依托单位的支持，现有团队成员15人，其中正高级工程师4人、高级工程师6人、工程师4人、助理工程师1人；示范县区及示范基地技术骨干15人，其中高级工程师6人、工程师5人、农民技师1人、其他3人。通过不断的积累与努力，团队晋升二级高级工程师1名、副高级工程师1名，引进博士1人，攻读在职博士1人，进入系统内博后站1人。团队成员综合实力日益加强，有两人主持湖北省重大科技攻关专项，三人成功列选为湖北省农业产业技术体系岗位科学家，二人列选为武汉市农业产业技术体系岗位科学家，成为省市淡水鱼产业发展中的重要技术力量。同时我站两个示范基地被列为2018年省市级示范基地。

团队成员艾桃山同志深入基层，服务产业，为农户解忧解难。年服务基层120余天，先后受邀到河南、湖南、内蒙古、广东、江西、湖北等省份、乡镇区开展实地技术指导180余次，通过"鱼大夫"、鱼病110、QQ群、微信群等平台实现一对一远程指导1 200余次，讲座20余场，受益养殖户约8 000户；年辐射面积约20万亩，直接增效8 000万元以上。艾桃山同志创办了中博水产生物技术有限公司，建成了国内完整的渔药生产基地，7条生产线通过了农业农村部兽药GMP认证和复认证，认证了高新技术企业，市场占有率及其品牌进入同行前列，2018年已实现产值4 000万元，利润近600万元，并且连续两年主持了湖北省重大攻关项目，2018年完成了一种中草药渔药的申报等。艾桃山同志2018年晋升二级岗位专家。

此外，武汉综合试验站组织了由国家人社部和特色淡水鱼产业技术体系合作举办的为期7天的国家生态高效渔业技术高级研修班，受众人员全部为全国水产专业高级技术人员或管理人员，人数73人。体系首席杨弘研究员、岗位科学家聂品研究员、杨代勤教授也亲临现场进行授课和答疑。

推动广东省水产养殖生态稳定发展

惠州综合试验站

一、生态循环水产养殖技术应用

惠州综合试验站根据惠州地区的养殖特点，成功研发了适合本地养殖的"鱼-菜共生"及其升级版本"鱼-药共生"养殖模式，并开展了大范围的示范及推广工作。将其归纳总结后形成"生态循环水产养殖技术推广应用"，后申报并获 2016 年广东省农业技术推广奖三等奖。

惠州综合试验站通过将生物浮床及无土栽培等方法结合，建立鱼、菜优化养殖结构及水质调控系统，在池塘养殖生态系统水平，调整养殖结构、平衡功能来维持养殖系统的稳定发展。通过该系统的示范应用，有效提高惠州水产养殖户对新型、生态养殖模式的认识，积极转变养殖观念，提升养殖综合效益，对推动惠州水产养殖健康、持续发展起到关键的促进作用。同时，鱼菜（药）共生技术的使用大幅降低了水生动物病害发生，减少了养殖用药，提高了养殖鱼类存活率；养殖水质符合渔业水质标准，养殖用水排放实现无污染零排放；鱼类、蔬菜长势良好，均达到无公害农（水）产品质量要求，真正实现可持续生态健康养殖。

为了将该技术在惠州市及周边范围内推广，惠州综合试验站开展了生态循环水产养殖技术推广工作并取得了较为显著的成效。

生态循环水产养殖技术推广应用期间，惠州市先后建立生态循环水产养殖示范点共 8 个，遍布惠城区、博罗县、惠阳区、惠东县、龙门县等 5 个县区，涉及鱼菜共生、鱼药共生等多种养殖模式，示范点面积共 1 600 余亩，其中惠城区振华渔业有限公司示范养殖面积 156 亩，搭建浮排面积 11 450 m²，养殖总产值 367.01 万元，纯收入 87.66 万元，新增总产值 56.5 万元，新增亩收益 2 679 元；博罗县吴波畜牧水产养殖有限公司示范养殖面积 182 亩，搭建浮排面积 14 570 m²，养殖总产值 426.86 万元，新增总产值 54.23 万元，新增亩收益 2 980 元；惠州市财兴实业有限公司将现代农业示范园区 1 060 亩养殖区改造成为生态养殖循环水处理系统从事罗非鱼、中华鳖等的池塘养殖。

同时，惠州综合试验站构建的"鱼-药共生"生态养殖系统一方面通过利用水生植物吸收水体中的营养盐等，使养殖水体保持清新；另一方面搭建的浮排在高温季节有助于降低水面温度，减少鱼类应激反应；第三，水面种植的中草药根系分泌的有效物质能够抑制或杀灭水中的病原体，同时收割后的中草药既可以售卖，也可以堆沤在鱼塘肥水或供鱼食用提高机体免疫力，最终达到鱼类发病减少，少用药，存活率提高，从而提高养殖经济效益。

二、加强技术引导，促进特色淡水鱼产业健康有序发展

惠州综合试验站依托惠州市渔业研究推广中心进行建设，自 2011 年加入体系以来，根据产业的发展需求及地方、企业和养殖户需要，围绕主导品种和主推技术开展科研推广工作，加强转化推广力度，指导解决惠州市渔业生产中的关键技术难题。在体系首席、执行专家组及岗位科学家的带领下，我们在惠州区域内开展试验示范及相关技术服务工作。

1. 建立养殖示范，加强技术推广

在我站的指导下，惠州市共建立高效健康养殖、规范用药等试验示范基地（点）20 多个，示范辐射面积 35 000 多亩。我站根据惠州地区的养殖特点，研发了适合本地养殖的"鱼-菜共生"及其升级版本"鱼-药共生"养殖模式，并开展了大范围的示范及推广工作。从该模式的养殖品种选择、水上植物筛选、浮排改进、品种搭配、养殖效益等多个方面进行了一系列的研究，最终将技术归纳、优化，形成了可复制、可推广的养殖模式。多年来，在惠州区域内建立示范点 8 个，累计推广鱼-菜共生面积 3 200 多亩，推广鱼-药（鱼腥草）共生面积 1 100 多亩，取得了较好的经济效益和生态效益，示范辐射带动作用明显。

2. 完善体系，加强渔技队伍建设

我站与各县（区）渔技人员广泛开展"专家组＋技术指导员＋科技示范户＋辐射带动户"及"专家＋试验示范基地＋农技推广人员＋科技示范户＋辐射带动户"的技术服务模式，建立健全县（区）、乡、村渔业科技试验示范基地网络，开展新品种、新技术的引进、试验示范，无公害养殖技术的推广。

3. 拓宽技术推广培训手段，提高养殖户技能

一是召开形式多样的技术培训班。多年来，我站累计举办罗非鱼及特色淡

水鱼相关培训班 46 期，培训渔技人员及养殖户 3 000 余人次，发放资料 6 000 余份；二是建立渔业养殖技术交流群，方便养殖户技术交流、信息共享和及时推送相关技术资料；三是利用多媒体和网络技术结合，在惠州电视台、报刊等进行多渠道宣传水产相关技术。

4. 依托现代网络信息技术，创新推广服务模式

引入"互联网+"、地理空间信息技术、信息通信技术等现代化手段，创新推广模式，扩大技术推广服务面和影响范围，打造集水产技术推广信息化管理平台、"微渔技"微信公众号、移动短信平台等一体的全方位技术推广互动平台，提高技术推广现代化服务水平。每年向我市水产企业、养殖户和基层渔技人员发送有关国家法律法规、渔业信息、新技术、鱼病防治常识、灾害天气预报、防灾减灾措施相关信息约 12 万条。

5. 深入基层，科学指导养殖生产

一是深入塘头、网箱养殖区，调查摸底养殖情况，针对水产重大疫病和在养殖区"滥用药、乱用药、用禁药"等问题开展了养殖技术指导，讲解病害防治技术、违禁渔药知识以及规范填写养殖记录台账。二是开展渔技下乡宣传及指导活动，面对面宣传健康无公害养殖技术、标准化养殖、规范用药、新品种的养殖和新技术新模式的使用等，并解答养殖户的养殖咨询。平均每年开展渔技下乡活动 3 次，咨询人员 300 余人次，派发宣传资料及手册 500 余份，并向渔民赠送渔药和饲料等。

6. 积极响应，妥善处理渔业突发事件

惠州综合试验站参与特色淡水鱼相关应急事件几十次，内容涉及罗非鱼链球菌病等病害暴发，台风、寒潮等自然灾害防灾减灾、救灾复产以及渔业污染事故调查等各个方面。我站作为技术牵头单位，会同有关部门工作人员前往现场，采集样品进行分析调查，及时向上级汇报情况，并给出相应的解决方案，做好突发事件的调查和应急工作，充分发挥了基层渔业研究推广部门的作用，为惠州市特色淡水鱼产业可持续发展做出贡献。

三、保持知识更新，提高团队专业能力

惠州综合试验站依托惠州市渔业研究推广中心建设，与中国水产科学研究院、中山大学、华南农业大学等科研院所建立了深度合作关系，并借助特色淡水鱼产业技术体系平台进行人才培养。自 2011 年加入体系后，惠州综合试验

站站长及团队成员中共培养领导职务成员 5 人（第一任站长张志敏现为大亚湾水产资源省级自然保护区主任，第二任站长梁浩亮现为惠州市海洋技术中心主任，第三任站长姚振锋现为惠州市海洋信息中心副主任。原骨干成员叶林、王贺分别为市渔业研究推广中心和市海洋技术中心副主任，他们均是在加入体系后被提拔的），培养技术骨干成员 8 人，其中培养水产养殖高级工程师 4 人、水产养殖工程师 3 人。

在团队成员的培养中，一是保持知识更新。派遣成员外出学习，与合作单位进行技术交流等，团队成员平均每人每年外出培训不少于 3 次；二是开展技术创新与实践。根据本站承担的体系任务，结合本地渔业现状，惠州站团队成员在养殖品种、养殖技术及养殖模式等方面开展创新与实践；三是开展相关技术推广。惠州站团队成员参与渔业科技入户工作，采取"专家组+技术指导员+科技示范户+辐射带动户"及"专家+试验示范基地+农技推广人员+科技示范户+辐射带动户"的技术服务模式，开展品种及技术的引进、试验示范及推广工作。团队成员平均每年培训养殖户 500 余人次，进而提升成员综合能力；四是开展技术支持与服务，将所学知识与实际生产相互印证，提高成员解决实际问题能力。惠州站团队成员走进塘头一线，积极参与病害防治、技术指导及应急处理等，平均每年技术指导和上门服务 200 余人次，协助解决养殖品种病害暴发、大量死亡等事故。

惠州综合试验站在本体系建设期间，依托体系平台，于 2013 年引进技术骨干李庆勇并对其进行培养。目前，该同志在省级以上刊物上发表论文 10 余篇；参编著作 2 部；获发明专利 1 项；制定地方标准 2 项；获广东省农业技术推广奖二等奖、三等奖各 1 项；在基层渔业人员知识更新与培训中，平均每年授课 4 次；在相关技术推广与服务中，平均每年深入塘头指导 50 余人次，接受技术咨询 20 余人次，并在养殖病害规模暴发、台风寒潮等的技术指导和救灾复产中，为养殖户提供了相应的方案和补救措施。2018 年第 22 号台风"山竹"（强台风级）带来的强风、强降雨和海水倒灌等，对惠州市渔业造成了较大损失，尤其是沿海的惠东县渔业损失高达近 2 亿元。李庆勇同志作为防台应急小组成员，自台风登陆前便至惠东县、大亚湾区等台风影响较大的地区开展防御台风现场指导工作；台风应急响应结束后，到受灾现场了解养殖户受灾程度、损失情况，积极指导养殖户开展灾后防疫和救灾复产等工作。

广东省罗非鱼健康养殖模式推广

广州综合试验站

一、开展罗非鱼标准化及健康养殖模式示范，形成相关养殖技术规范

2009 至 2010 年，广州综合试验站在肇庆、广州、珠海等市进行罗非鱼养殖技术及健康养殖模式示范和推广，示范面积 2 330 多亩。其中在珠海市平沙罗非鱼基地进行广特超罗非鱼标准化健康养殖模式的示范，该基地养殖户巫新洋承包的 3 口池塘，面积共 24.3 亩，主养广特超罗非鱼，混养南美白对虾。养殖 7 个月，罗非鱼平均体重 1 130 g，亩产 1 554 kg。实现产值 42.9 万元，利润 19.5 万元。总结了"广特超罗非鱼与南美白对虾混养技术规范"，提供给水产技术推广部门和渔业科技入户体系。

二、与病害功能研究室进行罗非鱼病害情况调研，积极防控罗非鱼链球菌病害

2010 年春节以后，珠海市金湾区平沙罗非鱼养殖基地出现苗种大量死亡的情况，尤其是养殖某品牌的池塘发病率和死亡率都很高，病情难以控制。广州综合试验站邀请了中山大学鱼病专家李安兴教授前往该基地采样、鉴定发病原因；并积极与体系养殖与病害功能研究室主任卢迈新研究员联系，请教防治方法，共同探讨对该基地病害防控的措施。使该基地的罗非鱼病害及时得到了控制，当年整个万亩养殖基地取得了良好的经济效益。

三、加强管理，扩大示范效果，发挥好示范基地的作用

2011 年至 2015 年，广州综合试验站在前期试验示范的基础上共筛选建成 6 个示范县（区）基地，分别为广州市番禺区万利水产养殖场，示范养殖大规格高品质罗非鱼；广东罗非鱼良种场，示范罗非鱼常年繁殖技术；广州市（花

都区）陆仕水产企业有限公司，示范罗非鱼一年养殖两造技术；珠海市富民罗非鱼养殖开发有限公司东风养殖场，示范罗非鱼与南美白对虾混养技术；高要区马安鱼樑窦养殖场，示范不同罗非鱼品种的养殖效果；开平市马冈镇荣达水产养殖场，示范罗非鱼与其他鱼类混养技术。2012 年 8 月对各示范基地进行统一立牌，加强管理，扩大示范效果，辐射影响周边养殖户。

"十三五"后，原罗非鱼产业技术体系变更为特色淡水鱼产业技术体系，广州综合试验站的相关试验示范工作也做了适当的调整。在原有示范基地的基础上，2017 年撤销开平示范县示范基地（该基地列入特色淡水鱼体系其他试验站），新增南沙示范县（区）示范基地、广州市南沙区洪润农民专业合作社和广州市南沙区李庆帮养殖场，示范罗非鱼与草鱼轮养（混养）技术。2018 年在花都示范区广州市伟德农业有限公司，示范乌鳢生态养殖技术。2017—2018 年在广东罗非鱼良种场示范特色淡水鱼（罗非鱼、鳜鱼、乌鳢）集装箱循环水养殖模式。

四、编写了两套罗非鱼养殖轻简化技术资料和挂图

按照农业部科教司和国家罗非鱼产业技术体系的要求，广州综合试验站负责"罗非鱼与南美白对虾混养技术"和"罗非鱼一年养两造技术"两项轻简化技术资料和挂图的编写整理工作，我们认真总结广东省在罗非鱼养殖方面积累的这两项高效健康养殖技术，使其在全国推广应用，2012 年已由中国农业出版社正式出版。

罗非鱼与南美白对虾混养技术可有效提高养殖的经济效益。清塘消毒后，先放南美白对虾苗 3 万～5 万尾/亩，养殖半个月后，放养罗非鱼苗 2 000～3 000 尾/亩。养殖过程中只需投喂罗非鱼饲料。采用捕大留小、多次收获的模式，每亩可收获罗非鱼 1 500～2 000 kg，可收获南美白对虾 150～200 kg。

罗非鱼一年养两造技术是第一造养殖大规格的越冬鱼种，在冬天搭建塑料大棚，每年 9—10 月购买鱼苗越冬，亩放 50 000 尾，到第二年 3 月中下旬规格可达到 50～100 g，亩放养 2 000 尾，搭配少量的鲢、鳙、生鱼，养殖 3 个月左右即可达 800 g 以上的上市规格，亩产 1 500 kg。第二造养殖当年鱼苗，于 4—5 月购买鱼苗标粗，等第一造上市后放养，亩放养 2 000 尾，养殖 4 个月上市规格可达到 800 g 以上，亩产达到 1 500 kg。全年亩产可达到 3 000 kg。

投喂人工配合饲料，饲料系数 1.5 左右。

五、积极开展渔业科技促进年活动，坚持开展养殖技术培训工作

2012 年的中央 1 号文件突出强调农业科技创新，把推进农业科技创新作为"三农"工作的重点，充分表明中央坚持科教兴农战略，大力推进农业科技跨越发展，为农业增产、农民增收、农村繁荣注入强劲动力的坚强决心。为了贯彻落实中央 1 号文件精神，农业部决定在全国开展农业科技促进年活动，以"科技进村入户，助力增产增收"为主题，以改革创新为动力，以强化自主创新、强化成果转化应用、强化科技服务和技术培训，激发广大农业科技人员创新和服务的热情为重点任务，力求通过大联合、大协作，深入推进农业科技快速进村、入户、到场、到田，全力支撑实现"两个千方百计、两个努力确保"的目标。我站按照国家罗非鱼产业技术体系的统一部署和本省的实际，积极参与渔业科技促进年活动，推进良种进村入户，助力渔业增产增收，取得了一定的成效。

2011—2015 年广州综合试验站技术培训情况

市县	时间	参加人数（人）	派发资料（份）	赠送鱼苗（万尾）
恩平市	2012.3.22	150	150	20（罗非鱼）
新会市	2012.3.23	70	70	10（罗非鱼）
开平市	2012.3.24	80	80	11（罗非鱼）
鹤山市	2012.3.25	80	80	11（罗非鱼）
台山市	2012.3.26	90	90	12（罗非鱼）
海丰县	2012.3.27	90	90	12（罗非鱼）
合计		560	560	76

桂中地区特色淡水鱼科技创新与推广

南宁综合试验站

一、科技创新

1. 罗非鱼良种选育与推广示范

罗非鱼快长型专门化品系基础群选育：团队成员对基地吉富罗非鱼家系4个进行家系自交繁殖，每个家系根据体型、生长速度挑选30组亲鱼配对，收集20 000尾鱼苗进行培育，养成培育阶段共进行3次选育，构建了罗非鱼快长型专门化品系基础群。

开展罗非鱼保种选育与良种繁育推广工作：维持生产性亲本保种规模2万尾；扩繁后备亲本4万尾；罗非鱼核心亲本继代保种2 000尾以上。

2017年度，南宁试验站广西水产科学研究院武鸣基地顺利通过广西出入境检验检疫局的出境水生动物养殖场/中转场检验检疫注册登记，成为广西目前唯一的通过认证的出境水生动物养殖场。依托该资质认证，2017年度累积出口到老挝优质罗非鱼苗种120万尾，获得普遍好评。

2. 鱼虾混养模式研发

鱼虾混养池塘对水体生态系统有激活和调节作用，使物质循环持续进行，提高了养殖池塘生态系统运行的稳定性，从而为鱼虾生长提供了高效稳定的生态环境，进而提高养殖的综合效益。鱼虾混养期间，一般只投罗非鱼料，而罗氏沼虾以摄食罗非鱼残饵与天然藻类、浮游动物为主。这样不但充分利用了饲料，还能有效控制饲料对水体的污染，维持好鱼虾的生长环境。此外，鱼虾混养通过罗非鱼吃病虾这种方法有效控制对虾发病传染死亡，罗氏沼虾成活率较高。池塘中水生植物既能净化水质，转化氮、磷等水体污染物质，改善养殖环境，增加养殖收益，又能给罗氏沼虾蜕壳时提供避开敌害的隐蔽场所，增加适宜的栖息空间，同时，收获的空心菜也能创造一定的经济价值。罗非鱼池塘混养罗氏沼虾能够充分利用养殖水体资源，减少饲料投喂，阻断病害的蔓延，降低鱼塘养殖风险，增加养殖效益。

3. 池塘循环流水养殖试验

2017 年，南宁站开展池塘循环流水养殖系统模式试验：在 20 亩池塘上建设了 3 条共计 330 m² 的循环流水养殖槽，水槽长 22 m、宽 5 m、深 2 m。气提式推水设备，每条水槽安装了一台 2.2 kW 的旋涡风机，并且将 3 个风机进行串联，既保证了功率，又保证一旦风机出现问题，另外 2 台风机依然正常供气。曝气管采用美国进口气管。养殖试验是养殖中后期，推水效果明显提高。排泄物收集设施，由原来的锅底式改成自走式，收集效果明显改善。开展了不同密度罗非鱼养殖试验，水槽外池塘还投放鲢鳙鱼和罗氏沼虾。2017 年 12 月 7 日，专家现场查定测产，3 个流水槽产量分别为 4 480.66 kg、8 795.83 kg、11 813 kg，总产成鱼 25 089.49 kg。根据养殖试验，初步形成了罗非鱼池塘循环流水养殖模式。

4. 罗非鱼种质创新及示范推广

针对罗非鱼生长性状开展选育工作，以引进世界渔业中心吉富罗非鱼 4 个品系为主，通过群体选育出快长高产型桂非 1 号，并在广西水产科学研究院武鸣罗非鱼良种繁育示范基地繁育水产苗种。首次通过海关正规渠道把 200 多万尾苗种出口到老挝并进行养殖示范，取得了较好的经济和社会效益。示范养殖结果表明，桂非 1 号罗非鱼具有生长速度快、个体均匀、体型好、耐低氧、成鱼起捕率高、出肉率高和饲料系数低等特点。桂非 1 号罗非鱼是适宜推广养殖的优良品种。

5. 加州鲈鱼苗种培育

开展了凶猛肉食性加州鲈鱼苗种驯化培育工作，取得较好的业绩。利用 50 m² 水泥池和 270 m² 的池塘结合进行驯化试验，试验期间共投放加州鲈苗水花 200 万尾，投喂水花期轮虫开口饵料、红虫＋专用配合饲料，最后转为全程专用配合饲料。苗种培育期间应用中草药来预防和提高自身免疫力。试验结束时，加州鲈鱼苗规格为 400 尾/kg，成活率高达 65%。该苗种培育方法正在申请专利中。

6. 高效健康生态养殖模式研究

以绿色高效健康理念为指导，开展了充分利用养殖水体资源、控制饲料投喂及净化水质、最终提高养殖综合效益的生态混养模式研究。主要包括鱼虾混养模式（罗非鱼＋罗氏沼虾和罗非鱼＋南美白对虾）、鱼鱼混养模式（罗非鱼＋

淡水白鲳和罗非鱼+淡水石斑鱼）和鱼菜共生模式等。以上高效健康生态养殖模式研发的成果，对推动广西特色淡水鱼养殖业的高效快速健康发展具有重大意义，推广应用前景广阔。

二、实验示范，服务广西中部地区特色鱼产业

南宁综合试验站依托单位广西水产科学研究院，是广西唯一的一所专业性水产科研机构，主要从事水产良种培育、苗种繁育、水产养殖、渔业资源与环境保护、鱼病防控等方面的研究开发、技术推广与培训；承担全区渔业环境监测、渔业水域污染事故调查鉴定、水生动物疫病监测、水产品质量监督检测、水生野生动物救护、渔业技术咨询与科普等公益性事业，形成较完整科研平台。在南宁市区域内主要针对体系实验示范与产业服务开展工作。

南宁综合试验站团队成员在科研生产一线针对相关问题开展实验研究与示范。在国家级罗非鱼良种场开展亲本保种与选育、桂非1号罗非鱼苗种的繁育及推广和特色淡水鱼养殖品种的筛选；同时配合体系其他岗位完成相关实验。同体系其他岗位和试验站交流，学习各地方先进的健康养殖模式和技术，在示范点开展实验示范，集成适合广西的模式，再通过技术培训的方式，让养殖户更好地了解和掌握，形成产业技术成果推广应用。

定期培训与专题培训。南宁综合试验站要求5个示范县区（兴宁区、良庆区、西乡塘区、武鸣区和横县）根据各示范县区特色淡水鱼产业出现的实际情况定期举行技术培训。各示范县区利用退耕还林养殖培训、农村党员大培训、城区各部门联合的"科技三下乡"、科技大行动等机会，进行健康养殖技术培训和咨询、发放技术资料，取得了较好的科技服务效果，大大提高了各区县的特色淡水鱼养殖技术水平。

重点季节开展针对性产业服务。高温季节到来之前，及时开展防病技术咨询，做好防病宣传；高温期，指导示范区养殖户科学投喂、病害防控及相关养殖技术，避免病害暴发；病害暴发，建议养殖户先停料观察，然后再进行有效的换水及药物综合防控。针对性的产业服务使得高温期间罗非鱼链球菌得到了有效控制，挽回了经济损失。

三、提高团队技术素质，以科技服务产业

南宁综合试验站根据科研单位的特点注重团队成员的培养，受到了依托

单位广西水产科学研究院支持，团队成员 10 人，其中副高职称 5 人、中级职称 4 人（博士后 1 人、博士 2 人、硕士 3 人、学士 4 人）；示范县区及示范基地技术骨干 15 人。团队成员钟欢博士完成博士后工作。并加入体系以来，主要从事特色淡水鱼育种技术及关键生理机制基础研究，进行了罗非鱼育种及种质资源改良、特色淡水鱼遗传育种以及鱼类生长内分泌调控激励的研究。利用以上述材料，系统地报道了鱼类在杂交事件中基因组、表观遗传和基因表达水平的差异。通过激素调控研究鱼类免疫系统对生长激素、性激素的应答机制，并探讨了应激条件下免疫关键基因的转录水平变化。这些研究为淡水鱼类育种和繁殖生理学研究提供了理论依据。他主持科研项目（课题）5 项，其中国家自然科学基金 2 项、中国博士后科学基金会 1 项、广西自然科学基金 1 项、广西直属公益性科研院所基本科研业务费项目 1 项；以第一作者在 *Marine Biotechnology*、*Fish & Shellfish Immunology*、*Scientific Reports*、*Marine Genomics* 等期刊上发表学术论文 13 篇；获得副高研究员职称。此外，团队成员有 2 人主持广西重大科技专项。

在体系的支持下，南宁综合试验站团队成员的科研成果与产业实践相结合得更加紧密。产业实际问题为科研提供研究方向，精准定位，而科研着眼于产业基础，真正为产业提供科技支持。团队成员能够更精准更全面地为特色淡水鱼产业提供技术支撑，服务于特色淡水鱼养殖户。

桂南地区罗非鱼养殖模式研究

北海综合试验站

一、罗非鱼养殖技术研发创新

北海综合试验站自加入现代农业产业技术体系以来，在产业技术研究中心的领导下，紧紧围绕技术研究工作重心，与体系内其他单位团结协作，从实际情况出发，组建了北海综合试验站的工作团队，按任务书的要求认真落实各项工作，并利用自身拥有加工厂、饲料公司、养殖基地等条件，开展技术创新研究近十项，主要包括：罗非鱼养殖技术与饲料配制技术的协助研发；罗非鱼高效健康养殖模式及配套技术研究；罗非鱼链球菌病综合防控技术研究；罗非鱼质量安全可追溯研究及示范；罗非鱼养成期营养与高效环保饲料配制研究；罗非鱼促生长添加剂研究与应用；罗非鱼腥味脱除、品质评价及分级技术研究；罗非鱼加工副产物高值化利用关键技术研究。北海综合试验站依托单位技术研发能力较弱，加入特色淡水鱼产业技术体系以后，得到了岗位专家的技术支持，提高了整体研发水平，这十年来技术研发创新点如下。

1. 开展罗非鱼质量安全可追溯研究

罗非鱼产品在生产的各个环节，从养殖、加工、运输、贮藏和销售的所有阶段，都能够通过识别标志追溯和追踪到相关的信息记录，不但可以提高罗非鱼加工产品质量，提高我国罗非鱼产品在国内外市场中的竞争优势，保证罗非鱼产品的质量安全，还可以为其他水产品养殖及加工发展模式形成有效的示范带动作用，促进水产品加工业的全面发展。

2. 建立水产品加工后贮运过程中品质控制与危害消减技术研究

采用生物发色剂代替CO发色罗非鱼片，使酶法生成的特定物质与肌红蛋白结合保持罗非鱼色泽稳定；建立海带内生菌DNN6蛋白抑菌涂膜协同气调包装的罗非鱼片保鲜包装新技术，延长鲜罗非鱼片的保藏期和提高其品质；系统研究罗非鱼在贮藏中与品质相关的指标，建立罗非鱼产品品质评价模型及主要危害因素的微生物预警技术。

3. 罗非鱼加工副产物可控酶解、提纯分离技术研究

与中国水产科学研究院南海水产研究所、广西大学轻工学院合作研究，对罗非鱼鱼鳞鱼皮等加工副产物的可控酶解技术和提纯分离技术进行研究，提高了罗非鱼胶原蛋白的提取率、提升产品品质。罗非鱼副产物的精深加工技术的快速发展，使得罗非鱼真正成为一条"零浪费的鱼"，促进了水产业的健康和谐可持续发展。当前，以罗非鱼鱼鳞鱼皮为原料开发的罗非鱼胶原蛋白肽得到广大消费者的青睐，北海综合试验站技术团队还致力于罗非鱼功能性蛋白肽的开发，罗非鱼胶原蛋白肽产品会更加多元化。

二、整合资源，齐心协力，促广西南部地区淡水鱼生产

北海综合试验站产业服务方面包括：所在区域罗非鱼新品种的示范与推广；健康养殖技术与饲料配制技术的协助研发；产业技术联合试验与示范；建立罗非鱼产业发展的基础性平台，形成产业技术研发与成果推广应用的畅通渠道。配合遗传与改良研究室、营养与饲料研究室、养殖与环境控制研究室、加工研究室与主管部门、技术推广部门等开展全方位合作，开展技术培训，向全社会推广，积极帮扶北海综合试验站区域养殖户建立健康养殖模式。北海综合试验站在依托单位北海钦国冷冻食品有限公司等主要罗非鱼加工龙头企业的带动下，示范养殖工作起到了很好的辐射带动作用。这些加工企业在回收加工超过60%罗非鱼产量的过程中，依据加工厂质量安全的规定，要求农户按技术示范去养殖，提升加工原料鱼品质，同时对农户进行有效的技术指导，使健康养殖能迅速推广应用。

北海综合试验站经过多年的培训工作，拥有了一支由水产技术推广站和水产企业专业技术人员为主的高层次水产技术队伍，在罗非鱼育种、养殖、加工、副产物利用等技术研发、推广应用上取得显著成绩，积累了丰富的经验；掌握了一批涉及罗非鱼产业链各环节的、有较高成熟度的关键技术，并长期免费开展罗非鱼疾病防治、检测工作，指导养殖户通过调整放养密度、加强水质调控、及时增氧等措施，降低病害风险，减少或避免病害，提高养殖效益。这些都为健康养殖的推广应用提供了重要保障。

自加入特色淡水鱼产业技术体系以来，北海综合试验站在产业技术研究

中心的领导下，结合建设单位各企业内部自有的苗种、养殖、饲料、加工等优势条件，大力发展产业转型升级，从 2008 年产值 4.12 亿元，增长至 2017 年 23.94 亿元，并通过加强公司治理、健全内部管理制度完成了股份制改造，于 2012 年 9 月 5 日在深圳证券交易所挂牌上市，股票代码 002696。之后更是在体系的影响力作用下，各级政府高度重视罗非鱼产业的发展，出台了一系列扶持罗非鱼发展的政策，罗非鱼产业一路高歌猛进，而北海站建设单位集团公司更是成为全球规模最大的罗非鱼水产食品提供商，同时集水产研发、水产种苗选育、水产养殖、水产技术服务及水产饲料、水产食品、水产生物制品的生产、加工、出口和贸易为一体的，为罗非鱼产业化事业添砖加瓦。

三、取长补短，积极进取，团队建设成就斐然

北海综合试验站成立十年来，充分发挥依托单位农业产业化国家重点龙头企业的规模优势，内引外联，创新人才培养机制，吸引一批水产加工领域的高端技术人才。同时在试验站及企业内部进行人员结构调整和优化，合理配置资源，最大程度发挥技术人才的专业优势，取长补短，积极进取，构建健康和谐发展的人才培养模式。北海综合试验站有团队成员 10 人，高级工程师 1 人、工程师 5 人、助理工程师 3 人；示范县区及示范基地技术骨干 15 人，其中高级工程师 3 人、工程师 3 人、助理工程师 5 人、技术员 2 人。此外，在这十年来，利用特色淡水鱼产业技术体系以及农业龙头企业的影响，"柔性引进"特聘专家 2 人、博士 2 人，引进博士 1 人、硕士 6 人，集中人才力量，优化科技资源配置，大力发展技术创新。

此外，北海综合试验站利用企业便利条件，在加工基地建立检测中心和技术服务部门，培养专业技术人员，服务产业。团队成员张剑从事水产养殖技术服务行业已有 8 年之久。2016 年他开始参与北海综合试验站水产养殖技术服务工作，2017 年加入北海综合试验站团队。他常年奔走于塘口，为农户解忧解难，并组织技术交流会，为渔技人员和养殖户提供交流平台，提升养殖技术水平。据不完全统计，张剑参与举办的养殖技术培训班/交流会一年不下 15 场，很受养殖户的欢迎。这么多年来，他秉持一心为农的初心，设身处地为养殖户考虑，并将养殖户的需求与市场结合，互相交流、探讨，传授给他们适合的养殖技术和最新的政策，让养殖户在养好鱼的同时，没有后

顾之忧，极大增强了养殖人员的信心。这十年来，北海综合试验站从基层出发，培养了近百名张剑这样的技术服务人员，他们没有硕士、博士的高学历，但是他们有一身过硬的技术本领，秉承初心，为养殖户排忧解难，为渔业的持续发展发挥了自己的光和热。

桂东地区罗非鱼养殖技术创新

玉林综合试验站

一、创新养殖技术，助推产业增效

科技创新是产业发展的根本动力和力量源泉。发展现代渔业必须紧紧依靠科技进步和创新驱动，大力实施"科技兴渔"战略。尤其是"十三五"规划实施以后，发展现代渔业、破解渔业发展瓶颈显得更为迫切。玉林综合试验站利用体系优势，围绕国家特色淡水鱼产业技术体系、广西水产技术推广总站中心工作，加强水产渔业的科技集成创新与推广应用，为全区渔业经济发展、渔（农）民增收发挥了积极的作用。

1. 创新思想观念，转变发展方式

为了充分、合理、有效地开发利用渔业，利用科技创新，促进渔业可持续发展，首要的是观念创新、思路创新。我国渔业发展正处于从传统渔业向现代渔业转变的关键时期，坚持以科学发展观为指导，是促进渔业增长方式的转变、保证渔业可持续发展的前提。创新思想观念，转变发展方式，要把握好两个关键因素：一是要牢固树立以人为本的观念，要站在新的起点上落实以人为本，着眼于满足人民群众对水产品的需求；二是牢固树立人与自然和谐的发展观，统筹人与自然和谐发展的关系，发展水产养殖要充分考虑养殖环境的承载能力，坚持人与自然的和谐共处。

2. 创新养殖技术，驱动产业增效

科技是强渔之基，创新是强渔之魂。加强技术创新能力建设，支持各相关主体建设渔业科研平台和技术创新基地，助力渔业经济提质增效。玉林综合试验站充分发挥渔业科技推广机构的作用，推行高效、生态、优质的健康养殖方式。革新传统养殖生产方式，利用现代装备技术，为现代渔业的可持续发展提供有力的支撑。试验站自成立以来，持续加大资金投入，统筹安排将资金用在关键点上，深入开展罗非鱼苗种越冬示范养殖。2017年8月，改造罗非鱼越

冬养殖池塘 20 亩，共投放宝路罗非鱼水花苗 300 万尾。到 2018 年 6 月，培育销售罗非鱼苗 100 万尾、越冬大规格鱼种 6.5 万 kg、150 万尾，销售黄颡鱼苗 21 万尾，销售总产值 170 万元。初步集成了采用铺盖钢丝透光薄膜越冬大棚、抽取地下深井水、铺设微孔增氧设施、投喂浮性饲料、辅以水质改良调节剂、疫病综合防控等系列技术措施的罗非鱼种越冬示范养殖及罗非鱼池塘高产高效养殖技术模式。另外，2018 年初，在柳州市天之润农业发展有限公司 20 亩池塘示范点，开展了采用"养殖池塘+高效生物过滤槽+大型智能投饲增氧系统+叶轮式增氧机+臭氧射流式增氧机+大跨度柔性保温大棚"工艺模式的养殖技术研究示范。指导该公司自培罗非鱼苗，平均亩投放罗非鱼苗 5.6 万尾，至 2018 年 4 月 30 日开始销售，亩产量突破 7 500 kg，保温大棚池塘罗非鱼循环水高产高效养殖集成技术研究达到预期效果。

3. 注重推广宣传，加快现代渔业步伐

玉林综合试验站团队充分利用本站专家与自治区、县（市）渔业推广站建立的技术合作及咨询、计划、论证等关系，积极开展科技创新成果方面的技术咨询、技术推广、技术服务和技术培训等活动。截止到 2018 年底，科技下乡 30 次，培训渔民 500 多人次，扶持渔业示范户 20 多户，辐射带动示范户 100 度户。做技术推广同时，也注重宣传，通过电视、网络、微信公众号等各类媒体平台，全方位、多角度地宣传报道现代科技渔业开展情况及成效。有效地增强了养殖户对现代科技渔业的认识和理念，改变传统观念，提高了对现代科技创新的认可和接受。

二、加快广西东部地区现代渔业建设步伐，扎实推进渔业绿色发展

国家特色淡水鱼产业技术体系玉林综合试验站从 2016 年起参与实施体系工作，在广西壮族自治区海洋和渔业厅的领导和帮助下，在国家特色淡水鱼产业技术体系和广西水产技术推广总站的支持下，紧紧围绕建设现代渔业、打造特色淡水鱼强区的工作目标，突出"低碳循环、生态环保"的理念和特色，加快现代渔业建设步伐，组织开展低碳渔业生态养殖示范与推广，推进渔业特色化、优质化、高效化、绿色化发展，确保我区渔业经济呈现良好发展态势。

1. 组建工作团队，制定工作目标

结合玉林综合试验站所管辖区域的实际情况，由张秋明书记牵头，成立了工作领导小组和工作专班，制定了推进渔业绿色发展建设的实施方案，明确了

工作目标、工作任务和工作措施。同时，将工作内容落实到单位、落实到科室、落实到具体人，实现工作目标和任务的清单化，并将结果作为国家特色淡水鱼产业技术体系对我站重点工作绩效目标年度考核的主要依据，保障了渔业生态绿色发展建设工作的有序、有据、有效推进。

2. 积极响应政府号召，精心谋划建设方案

近年来，局部区域的水产养殖污染引起社会关注。促进水产养殖绿色发展，是当前渔业转型升级的重头戏，是渔业供给侧结构性改革的主要方面。为切实减少水产养殖业的二次污染，降低渔业用药的使用量，降低水产养殖对水环境的负面影响，玉林综合试验站因地适宜，结合辖区实际，在深入调查研究、反复论证的基础上，确定了重点实施的总体布局思路。先后建立了稻（藕）渔综合种养技术试验示范基地（三江和东兴市）、循环流水养鱼新技术试验示范基地（玉林市）、池塘养殖原位环境调控技术试验示范基地（玉林市）、"微生物+"调控水质试验示范基地（玉林市）和特色淡水鱼良种培育示范基地（陆川县）等五大板块基地。加快实现渔业生产由传统模式向生态健康、循环养殖模式的根本性转变。

3. 强化示范推广，夯实生态渔业基础

"十三五"规划强调，要以渔业可持续发展为前提，妥善处理好生产发展与生态保护的关系。为贯彻落实政策，2017年开始，玉林综合试验站开展了如下技术试验示范：

在三江县和东兴市开展了"稻（藕）渔综合种养关键技术和模式的集成与创新"。其中，在三江县和里盘龙种稻养鱼农民专业合作社建立300亩稻渔综合利用示范基地，开展6种稻渔综合种养生产模式科学对比试验；在三江县福泰养殖专业合作社建立30亩稻渔生态综合养殖示范基地，进行"稻+泥鳅+田螺"模式试验示范，泥鳅半年亩产200 kg，亩产值达4 800元，到目前，三江县稻渔综合种养面积达7.5万亩，其中高山稻鱼年产量2 656 t，年产值1.21亿元，高山鱼稻（再生稻）年产值1 500万元；在东兴市开展塘底种藕、塘中养鱼、塘上采莲的藕塘与乌鳢的生态种养模式试验，种养面积230亩，亩产值达1.95万元。这种"稻鱼共生"的种养模式既提高了农田的综合效益，又实现了资源和效益的有机结合，从而达到生态绿色优质高效的目的，更是对推进养殖产业转型升级，促进渔业增效和农民增收有着十分重要的现实意义。

在玉林市大力发展"循环水槽+益生菌+生物浮床"的水产养殖新模式，

示范工作主要在玉林市的 5 个基地进行。一是在广西宏泰水产良种场、鑫坚集团、广西牧渔人公司和广西利渔公司建造并投产使用水槽 14 条，建设尾水处理沉淀池 4 座，安装自动吸污机 6 台。通过吸污装置把养殖粪污吸到沉淀池进行沉淀、过滤和净化然后再流回养殖水体中，实现了养殖零排放；二是建造生物浮床，在玉林市 5 个基地共建生物浮床 712 m²、生物净化池 15 亩，栽种空心菜、菱角、水浮莲 3 种水生植物用于净化水质。经过检测养殖水体的氨氮、亚硝酸盐指标均在 0.2 mg/L 以内，符合国家渔业水质标准；三是在循环水养殖的沉淀过滤池里添加益生菌处理养殖尾水，或者在池塘中泼洒益生菌直接处理养殖水体水质，或是使用益生菌拌料投喂的方式改善水质。在玉林市 5 个示范基地 705 亩水体共使用益生菌 1 315 kg，其中直接泼洒 1 115 kg，拌料 200 kg。2018 年 5 月福绵区升平大口鲶养殖专业合作社的鱼塘养殖水体氨氮严重超标，达到≥1.7 mg/L，使用益生菌对养殖水体进行原位调节以后的第 15 天，经测试，氨氮恢复正常。相较传统池塘养殖模式，该模式不仅具有提高单位面积产出、降低人力成本、实现零排放等优点，且在水质净化区仍可放养部分滤食性鱼类和种植具有经济价值的水培蔬菜，从而达到增加综合效益、保护生态环境的目的。新的养殖模式既解决了目前水产养殖存在的水体污染、产品不安全、效益不高等问题，更是对传统水产养殖的一次重大变革，具有可控、高产、高效、安全、环保等优势，符合绿色发展方向。

4. 加大宣传力度，做好技术服务指导

团队注重宣传报道，充分利用电视电台、报纸杂志和网络、微信公众号等各类媒体平台，全方位、多角度宣传报道绿色生态渔业开展情况及成效。如稻田综合种养的广西"三江模式"，三江县当地主要新闻媒体做了详细宣传报道。另外，玉林市大力发展的"循环水槽+益生菌+生物浮床"的水产养殖新模式，也在玉林新闻电视台报道和玉林市电视台"今日乡村"的栏目组跟踪采访做专题采访和报道。同时，团队两年多来，举办以配合渔业生态养殖、绿色发展为主题的各类培训班，培训人次达 200 多人次；发布相关公共信息服务 5 万多条，覆盖 80%的养殖户；举办座谈会、现场观摩人数达 100 多人。如 2018 年 5 月 3 日博白县水产畜牧局 17 人到玉林市 4 个示范区基地考察循环微流水养鱼技术；2018 年 10 月 23 日贵港市政府领导率领 25 人前来玉林市，参观了示范基地的循环微流水养鱼技术；还有广西蒙山县、富川县等县的水产畜牧兽医局也派人前来参观考察这一技术。2018 年 10 月 18 日，玉林综合试验站邀请岗位科学家卢迈新研究员、周秋白教授和成都综合试验站站长赵刚研究员到三江举办稻渔综合种养培训研讨班，培训当地技术骨干、养殖户 80 多人。另外，免费发放相关技术书籍、资料 1 000 多余份。通过技术培训、现场观摩、宣传报道等方式，有效地增强了养殖户环境保护意识和生态理念，提高了他们对"循环水槽＋益生菌＋生物浮床"的水产养殖新模式和稻渔综合种养技术"三江模式"的接受度和积极性，有力地推动了当地渔业向生态绿色养殖的发展。

三、团队实力增强，技术推广提效

玉林综合试验站自 2016 年成立以来一直注重人才队伍的建设。现有团队成员 20 人，其中正高职称 4 人、副高职称 2 人、工程师 8 人、助理工程师 6 人；示范县区及示范基地技术骨干 15 人，其中高级工程师 1 人、工程师 7 人、农民技师 1 人。团队成员综合实力日益加强，有 1 人参加国家自然基金项目 1 项（省部级），成为自治区、市淡水鱼产业发展中的重要技术力量。

团队成员罗广福同志是柳州市渔业技术推广站病害防治技术骨干，他长期从事水生动物疫病防控、水产动物繁育、渔业资源调查等相关技术推广和科研工作，参与了国家自然基金项目 1 项（省部级）、市厅级项目 3 项、县局级项目 1 项，完成新技术推广 4 项，成果登记 4 项。加入国家特色淡水鱼产业技术体系后，罗广福负责柳州市区域的养殖病害防治岗位。他平时勤奋刻苦，努力钻研，深入基层，服务产业，帮助生产基地解决许多养殖及病害问题。年服务基层 180 天，先后受邀到广西、广东等地开展实地技术指导 100 多次，通过微信群、QQ 群等平台实现一对一远程指导。功夫不负有心人，罗广福在 2017 年第二届全国水产技术推广职业技能竞赛广西赛区预赛中获得个人一等奖，全国赛区中获得个人三等奖的好成绩；在 2018 年广西水产水生生物病害防治技能竞赛大赛获得个人二等奖。鉴于他的出色表现，广西壮族自治区总工会于 2018 年 6 月授予他"五一劳动奖章"。

化解海南省产业矛盾，促进特色淡水鱼产业发展

一、海南省罗非鱼养殖模式应用

1. 建立了罗非鱼链球菌病防控方法

罗非鱼产业是海南省水产养殖支柱产业之一，是渔业经济的增长点。然而，随着罗非鱼集约化养殖的快速发展，环境污染等问题导致的罗非鱼疾病危害也日渐严重，其中，尤以罗非鱼链球菌病危害最大，罗非鱼链球菌病主要危害亲鱼及 100 g 以上的幼鱼和成鱼，传染性强，发病率达 10%～40%，死亡率达 25%～80%，甚至更高。目前，罗非鱼链球菌的防治尚无完全有效的方法，滥用抗生素药物导致药物残留，影响罗非鱼产品质量，进而影响中国罗非鱼出口市场。本研究应用生态控制技术，通过底质改良、水体消毒、微生物和水质调控等方法，全面改善养殖水环境，达到病害防控，避免使用抗生素、激素等药物造成罗非鱼体内残留，以及对水质和池塘底质的污染，降低罗非鱼链球菌病暴发概率，提高罗非鱼品质，有利于罗非鱼产业可持续性发展。

四年的试验数据显示，使用该方法，罗非鱼成活率达 85% 以上，比传统养殖方法明显提高 30 个百分点以上，商品鱼产量大大提高，给养殖户带来较好的经济效益，有利于罗非鱼产业可持续性发展。同时，申请了国家发明专利"一种罗非鱼链球菌病防控方法"。目前在海口、文昌、琼海、定安、屯昌五个示范市县进行推广示范，总示范面积 3 000 余亩，有效防止和控制了海南省高温期罗非鱼链球菌病的发生。

2. 构建池塘底泥处理装置

海南省罗非鱼养殖面积约 2.66 万 hm^2，其中池塘养殖面积 1.60 万 hm^2，占总养殖面积的 60%，主要分布在海南省东部地区。因养殖户过多追求经济效

益，加之海南部分区域水源缺失，导致池塘底部淤泥过多，产生大量有害微生物，致使池塘水质变坏，罗非鱼患病率大大提升，影响罗非鱼肌肉品质，直接降低罗非鱼养殖的经济效益。在原有条件下，如何保持池塘水体水质和清除水体中的淤泥，开发一种结构简单的清污装置很有必要。采用实用新型专利"一种清污装置"，已在海南省罗非鱼养殖区域进行了中试，取得了显著效果，带动了当地罗非鱼产业的健康发展。

3. 罗非鱼混养模式研究与应用

在罗非鱼单养池塘系统中，养殖生物结构单一，饲料利用率较低，大量代谢产物在池塘中积累，导致养殖水环境恶化，是传染性疾病大规模暴发的主要原因之一。以养殖罗非鱼为主，再搭配一定比例的其他水生动物一起进行混合养殖的养殖方式，能够充分利用池塘水域生态空间和水域生态系统内物质和能量，合理安排各生物群体之间的食物链，减少病害传播的机会，最终提高池塘的综合效益。针对罗非鱼混养模式，研发出"一种罗非鱼与南美白对虾混养系统"和"一种罗非鱼与锯缘青蟹混养方法"。使用上述系统和方法养殖的罗非鱼出塘规格、产量、成活率等方面都高于传统单养模式，同时充分利用池塘的使用面积，降低成本，达到增产增效，对稳定养殖户有着积极的作用。

二、服务产业，推广技术，促进产业可持续发展

海口综合试验站依托单位为海南省海洋与渔业科学院（海南省海洋开发规划设计研究院），该院作为海南省海洋与渔业厅直属单位，在政府与渔民之间有着重要的桥梁作用，而我站作为海南省海洋与渔业科学院淡水渔业对外平台，对海南省罗非鱼产业各方面发展亦有承上启下的作用，促进了海南省罗非鱼产业的可持续发展。

1. 协助政策出台，化解产业矛盾

根据我站实地调查数据，为政府出台罗非鱼相关法律、法规出谋划策，使其更贴近养殖户实际需求，让出台的政策更好地为渔民服务。同时，以解决实际问题来推动海南省罗非鱼产业的发展，着力解决罗非鱼产业中养殖户与加工企业购销矛盾和药物残留问题，避免再次出现"罢市现象"和"磺胺事件"。

2. 发展多模式养殖，促进罗非鱼产业可持续发展

我站进入体系以来，先后开展了"鱼菜共生"、鱼虾混养、鱼蟹混养等研究，利用养殖生物间不同生活习性和特点，充分发挥养殖水环境，提高饲料利

用率，降低有害微生物大量繁殖，减少养殖生物病害，二者互利共生达到增产增效的效果。同时，研发半咸淡水养殖罗非鱼、罗非鱼高密度养殖技术研究与示范工作，充分利用海南省半咸淡水水源，并取得了一定的成效，在海南罗非鱼主要养殖区域推广示范养殖面积达几百亩。

3. 办好技术培训，提升科学养殖意识

为贯彻落实相关文件会议精神、提高广大养殖户安全养殖生产意识，促进海南罗非鱼产业健康可持续发展，我站积极开展科技咨询培训活动，通过网络、电话、上门服务及授课等多种方式进行罗非鱼科技咨询培训服务，其内容涵盖了罗非鱼生态养殖技术、病害防控技术、罗非鱼养殖模式、水产品质量安全及标准养殖等。十年来，共举办培训班 44 期，培训基层农技推广人员 200 余人和当地养殖户 5 700 余人，并发放养殖技术资料 10 000 余份，有效提高养殖户的养殖技术和管理水平。

4. 科技服务，助力生产

当海南省罗非鱼主养区遭遇台风袭击和链球菌病暴发时，我站及时上报体系，并邀请有关专家亲临现场，指导防灾、抗病工作，同时制定了相关措施，现场指导养殖户恢复生产，尽量减少经济损失。

三、深入基层，建设科技队伍

海口综合试验站自 2008 年成立以来一直注重人才队伍的建设，受到了依托单位的支持，由原来团队成员 5 人（其中高级工程师 1 人、工程师 3 人、助理工程师 1 人），发展为团队专职成员 5 人（均为高级工程师）、其他人员 2 名（均为工程师）；示范县区及示范基地技术骨干 15 人，其中高级工程师 2 人、工程师 7 人、技术员 3 人、其他 3 人。通过不断的积累与努力，海口综合试验站团队成员综合实力日益加强，专职人员均主持省部级科研项目，1 人主持海南省科研院所开发专项重点科研专项，2 人为海南省农业科技 110 水产在线专家；海口、文昌等示范市县多个罗非鱼养殖示范点被评为出口认证示范点，获得无公害农产品认证。海口综合试验站注重授课和上门服务、现场指导相结合的培训方式，多次深入基层，服务产业，为农户解忧解难。授课中，向技术骨干和养殖户传授最新养殖技术、病害防治技术和水产品质量安全控制技术，图文并茂，重点突出，强化薄弱环节，改变固有落后养殖观念，调动其积极性和创造性。在培训期间，专家们根据学员们自身的经验及需求进行互动交谈，了解养殖户实际需求和生产实践中出现的问题，"对症下药"解答学员们生产中的疑惑，同时现场派发生产资料，便于养殖户们在培训结束后自学，提高养殖技能。从根本上确保产品质量，杜绝使用违禁药物，增强养殖户防病意识，推进整个产业可持续发展。十年间共授课 30 余次，现场技术指导 200 余次，通过科技 110、QQ 群、微信群等平台实现一对一远程指导 1 000 余次，受益养殖户约 10 000 余人次，辐射面积约 30 万亩。

打造规范化现代渔业养殖与推广模式

成都综合试验站

一、深入调研，扶持特色水产业

成都综合试验站完成了四川省内鲟鱼、鲑鳟、黄颡鱼、鲷鱼、黄鳝、泥鳅、鲈鱼等产业调研报告；通过收集不同水系黄颡鱼群体材料，开展种群多样性分析，为种质评价和良种选育打下基础；集成了泥鳅、鲈鱼、黄颡鱼池塘健康养殖，鲟鱼、鲑鳟鱼流水健康养殖等技术；在示范县喜德县、泸定县、雨城区、崇州市等建立了 4 个陆基集装箱养殖系统；在示范县眉山市东坡区和仁寿县等建立高效养殖模式—池塘内循环养殖模式，示范面积为 200 亩，养殖品种主要为鲈鱼、黄颡鱼等；在天全和都江堰示范县大力推行机械化、设施化、标准化的鲟鱼、虹鳟等冷水鱼养殖模式，打造规范化的现代渔业养殖模式；在邛崃、大邑、崇州、新津、江油、内江等地探索多种稻渔种养发展模式，新建立了核心示范点 5 个，示范推广面积为 8 500 亩，打造稻田有机鱼和有机稻品牌；在四川省多地积极推广水库式生态放牧方式，开展了白龙湖、亭子口水库生产力调查，根据调查评估了两湖渔业发展潜力，并在两湖建立了 2 个生态养殖示范区，开展大水面生态养殖试点；大力发展生态渔业养殖，采取"人放天养"的生态发展模式，结合生态环境保护、资源增殖、休闲渔业、品牌营销、信息化建设等方面进行创新、示范，并进行了鲢、鳙等品种的投放。推广了新品种——江丰 1 号斑点叉尾鮰和鱼类免疫力产品（通威肽给力）等；在集中连片特殊困难县——秦巴山区平昌县、旺苍县、乌蒙山区越西县等召开培训会 9 次，培训生产技术人员 600 余人。

二、开展技术培训，服务渔业生产第一线

特色淡水鱼产业技术体系启动以来，成都综合试验站把服务农民、扶持特色水产业作为中心，把培训农民、培养基层技术骨干作为重要任务。近年来，

先后开展技术培训 10 余期次，培训农民（包括乡村干部、农民技术员、县乡水产技术人员）近 1 000 人次。还应邀到其他兄弟省市，如广西、贵州、重庆、湖南等地进行培训交流。经验如下：①培训设计，是讲好课的基础。培训前要充分调研，做到心中有数，精心设计；讲课要看对象，有针对性组织材料。②培训方法是提高培训效果的重点。给农民、渔民、基层技术骨干培训，更要讲究培训方法，提高他们学习的兴趣，将理论知识、农业技术和语言表达方式有机结合是提高农民培训效果的关键。通常采用的有讲授法、演示法、谈话法、讨论法、案例法、参观法。③现场答疑是解决问题的法宝。农民参加技术培训，往往带着具体问题而来，尽管我们有针对性地讲授，但很难满足每一位农民的需求。因此，为了给广大农民解决实际问题，在每次讲授结束之后，留出充足的时间解答农民在实际生产遇到的各种问题，这种方式收到非常好的效果。

农民、渔民、基层技术骨干是一类特殊群体，限于其文化水平和视野、经历与经验，对知识的接受能力与其他群体有较大的不同。因此说，给农民讲课要比给其他人讲课难得多。总的原则是：说话态度亲切自然；表达感情朴实动人；声音语调抑扬顿挫；速度节奏张弛有致；语言格调诙谐风趣。授课方法讲究直观性、启发性、诱导性、可接受性等。

三、典型人物——张继业

张继业是眉山市东坡区渔政管理站站长，平时积累了很多水产方面的技术，很多成果获了奖，但在他心里一直有一个疑惑，这些成果对农业生产的指导作用有多大？2017 年，他在成为成都综合试验站东坡区示范县技术骨干后，通过承担体系任务，开阔了视野，内心也有了很大的变化。在这个领域里，他不仅领略了科技前沿的精彩纷呈，而且通过下乡参加科技服务等活动，看到了广大农民朋友对农业科技知识的渴望。怀着对水产事业的热爱，2017 年 11 月张继业创办了眉山伟继水产种业科技有限公司，出任公司总经理兼执行董事。公司经营模式为"公司+农户"，搭建水产苗种生产销售平台，年生产销售各类水产苗种 100 多亿尾，成为国内最大的淡水水产苗种生产与销售企业之一。

以技术服务为支撑，促云南省特色淡水鱼产业发展

昆明综合试验站

一、技术服务工作

云南省国土面积的 94% 是山区，经济水平相对落后，产业发展困难重重。昆明综合试验站作为特色淡水鱼体系在云南唯一的团队，面向全省开展了大量技术服务工作。

1. 立足区域养殖特点，深挖传统养殖潜力

由于云南省水产养殖业发展滞后，新的品种、技术、养殖模式应用面较小。昆明综合试验站分别选择不同示范县的重点养殖区域，进行示范养殖，通过示范县团队成员推广给普通养殖户，从而带动地方产业发展。多年来，开展了传统商品鱼池塘套养丝尾鳠、淡水蓝鲨（苏氏圆腹鱼芒）、笋壳鱼、中华鳖、本地胡子鲇等土著品种和优质经济养殖品种试验示范。推广工作的开展，启发了养殖户思路，开拓了有效提高传统池塘养殖效益的途径。在西双版纳地区，罗非鱼池塘套养丝尾鳠已非常普遍，亩均效益增加近千元。

2. 密切关注产业动态，及时提供技术支持

针对产业发展遇到的突发性事件和紧急情况，昆明综合试验站密切关注，快速反应，较好地完成了应急性技术服务。2014 年，云南大部地区遭遇了多年不遇的低温冰冻灾害，灾情发生后，昆明综合试验站第一时间提醒并帮助各示范县水产站及广大养殖户及时采取有效措施，同时利用体系平台向岗位科学家和兄弟试验站学习、交流，及时制定发放《低温情况下罗非鱼养殖注意事项》。通过与下设各示范县农业局、水产站共同努力，最大限度地减少了养殖户的损失。

2018 年 8 月末，"三文鱼舆情事件"爆发后，媒体针对国内虹鳟鱼产业出

现大量报道，给云南省虹鳟鱼产业带来负面影响。昆明综合试验站站长缪祥军及时接受昆明《都市时报》记者采访。从养殖环境、苗种生产、养殖投入品等方面做了详细介绍，针对虹鳟鱼类寄生虫的分布特点、形态特征、生活环境、繁殖习性等进行了专业分析，同时介绍媒体记者实地考察了虹鳟鱼养殖场。昆明《都市时报》于 9 月 5 日发表《云南虹鳟鱼好吃不争论》，一定程度上维护了省内虹鳟鱼产业的健康发展。

3. 深入产业生产一线，传授养殖管理技术

为了及时、高效地将先进养殖技术普及到地方水产技术部门、养殖企业和基层养殖户，2008 年以来，昆明综合试验站及下设示范县共组织举办科学技术培训 400 余次，覆盖云南省上百个地方村镇，培训岗位人员、农技人员、养殖户 5 000 余人次，较好地发挥了综合试验站的技术支撑作用。

4. 积极建言献策，提供决策助力

昆明综合试验站积极配合省农业厅，为省委、省政府制定产业发展政策提供意见、建议，编制行业标准。2012 年，按照省政府安排，撰写《云南罗非鱼产业发展研究》；2014 年，配合省委政策研究室，完成《做大做强罗非鱼产业的调研报告》；2015 年，配合省农业厅编撰完成《云南省罗非鱼产业发展规划（2015−2020)》；2017 年，完成《新吉富罗非鱼苗种生产技术操作规范》《罗非鱼池塘养殖技术规范》等云南省标准的制定。相关工作的开展，为云南省特色淡水鱼产业政策制定提供了决策依据，促进了产业的健康发展。

二、节能减排与产业化

昆明综合试验站在工作中认真践行生态优先、绿色环保的发展理念，注重渔业供给侧结构性改革和养殖过程节能减排研究。

1. 注重渔业供给侧结构改革和养殖过程节能减排研究

随着近年来云南省江河水利资源的大力开发和利用，各大电站库区网箱养殖蓬勃发展，随之带来了日趋严重的水体污染，库区大水面养殖的可持续发展成了当务之急。昆明综合试验站通过学习考察和认真思考，结合我省实际情况，自主设计研发了一套适合库区养殖的"环保漂浮式流水养殖系统"，安装调试后放置于万峰湖库区试验基地开展罗非鱼高密度养殖试验。通过将鱼粪和残饵移出水体并进行生物处理、二次利用，大大减少传统投饵网箱对水体环境的污染，为云南万峰湖乃至全国池塘和水库网箱可持续发展提供了可行的技术

解决方案。

为解决山区人民吃鱼难的问题，昆明综合试验站引进了陆基推水集装箱循环养殖系统，结合"鱼菜共生"等生态养殖技术在试验基地开展养殖试验示范。重点针对云南特有的地形地貌、海拔、气候、水温、水质等条件不断完善养殖系统，积累了宝贵的实操经验。为在云南省引进和推广这一高效、节能、环保的水产生态养殖模式发挥了积极作用。

2. 确定了罗非鱼产业化开发的"一条鱼工程"发展思路

2006 年，云南省渔业产业确定了罗非鱼产业化开发的"一条鱼工程"发展思路。2008 年 1 月—2010 年 9 月，昆明综合试验站团队承担了云南省农业厅下达的"云南省罗非鱼产业化开发试验示范及推广"项目。

通过项目的实施，三年间在全省共新建和改扩建罗非鱼良种基地 4 个，培育水花 15 700 万尾、夏花 20 200 万尾，改变了从海南、广东购入苗种的局面，初步建立起省内良种体系；重点引进与推广了新吉富、百桂 1 号、夏奥 1 号等 5 个罗非鱼优良品种，应用到不同的主产区；初步建立起省内罗非鱼健康养殖技术规范；研发了双层网箱养殖模式和网箱规模化培育罗非鱼苗种，广泛应用于省内库区网箱养殖中。通过项目的实施，云南省罗非鱼加工企业从无到有，罗非鱼片出口也由零增长到 2 680 t，创汇 1 340 万美元。项目开展过程中，累计培训养殖户、基层技术人员、管理干部 3 000 余人次。

2010 年，项目顺利通过验收，获评全国农牧渔业丰收奖农业技术推广成果三等奖。

三、走出去，请进来，促产业技术转化

现代农业产业技术体系成立以来，昆明综合试验站借助体系聚集的专家优势，紧盯云南省渔业产业发展中的痛点和难点，想方设法提升试验站团队及下设示范县的技术水平，归纳起来，主要有以下内容。

1. 走出去，学习先进的专业技能

近年来，渔业养殖过程中对生态环境保护的要求越来越高。由于我站对渔业环境监测的能力有限，2014 年，昆明综合试验站团队 3 人到淡水渔业研究中心环境研究室学习，得到岗位专家陈家长老师及团队的悉心指导和帮助。2015 年，会泽示范县水产站新建了水生生物检验检疫实验室，购入一批仪器设备，由于缺乏的专业技术人员，部分仪器设备闲置。在岗位专家卢迈新老师

帮助下，水产站一名技术人员到珠江水产研究所跟班学习一个月，初步掌握了渔业病害检测的常规方法和技术。

2. 请进来，提升现有的养殖管理水平

2015 年，考虑到云南省内养殖管理较为粗放、极度缺乏现代信息化管理技术，昆明综合试验站邀请岗位专家袁永明研究员多次来到云南，分别在昆明、罗平示范基地指导安装在线智能养殖设备，培训团队成员多名。

2010 年以来，针对云南产业发展过程中的病害防控、水质管理、市场营销、品牌建设等短板，昆明综合试验站邀请体系专家，在各主养区、示范县多次举办专题技术培训会。通过专家们图文并茂的讲解，和学员面对面互动交流，极大地提升了基层技术干部、养殖户的养殖管理水平。

体系成立以来，昆明综合试验站得到建设依托单位主要领导的大力支持，团队人员从无到有，专业能力从粗到精。通过几年来的成果积累，团队成员 5 人中，获评研究员 1 人，晋升中级职称 2 人，考取博士 1 人、硕士 2 人。下设示范县也有 3 人获得副高职称。团队研发能力、产业服务能力日益增强，逐步成为省内淡水鱼产业发展中的重要技术支撑力量。

全面推动贵州山区特色渔业绿色健康发展

贵阳综合试验站

贵阳综合试验站自成立以来，依托国家特色淡水鱼产业技术体系平台和贵州省农业科学院水产研究所的人才资源，在创新、协调、绿色、开放、共享的发展理念引领下，针对喀斯特地区优质的水资源，努力克服"八山一水一分田"养殖水域缺乏的短板，加大科技创新投入，协助推进渔业供给侧结构性改革，使特色渔业获得持续较快发展。

一、打造冷水鱼类工作团队，为产业服务做好人才储备

积极打造冷水鱼类养殖专业工作团队，从依托单位抽调不同专业领域的专业人才充实冷水鱼类养殖技术服务团队，专业涉及遗传育种、病害防治、水产品加工、养殖水环境监测等，强化团队成员之间沟通合作，积极主动为全省冷水鱼养殖户提供技术服务。团队成员积极开展冷水鱼类养殖情况调研，2018年除对5个示范县外，还对荔波、毕节七星关区、罗甸、锦屏、思南、龙里等十多个区县的冷水鱼养殖进行调研指导及提供养殖技术咨询、鱼病检测等服务工作。通过技术服务指导，促进了冷水资源利用和鲟鱼产业发展。

二、发挥资源优势，因地制宜，持续推进山区鲟鱼流水健康养殖

结合贵州省生态渔业发展规划及省委省政府关于发展"一县一业"中关于大力发展冷水鱼健康养殖的有关要求和安排，贵阳综合试验站依托单位贵州省农业科学院水产研究所，在贵州省持续推进山区鲟鱼流水健康养殖技术，推广区域涉及省内9个地（州、市）的25个县（市、区），占全省88个县（市、区）的28.4%。累计推广养殖面积15.07万 m^2，产量568.36万 kg，产值2.23亿元，新增直接效益2.07亿元，节本增效0.12亿元，示范带动增收效果显著。通过节本增效技术的推广应用，也取得了显著的生态效益。其间，筛选确定了

2 个适合贵州省养殖的鲟鱼品种，获发明专利 2 项，制定《鲟鱼苗种养殖技术规范》和《商品鲟鱼养殖技术规范》地方标准，即将发布实施；建立了贵州省首个鲟鱼养殖技术服务信息平台。

三、加大科技创新，服务特色渔业绿色健康可持续发展

2018 年，重点围绕贵州省冷水鱼可持续发展，进行鲟鱼人工繁殖、产品加工及尾水处理等相关科学试验。2018 年，在贵州惠众渔业有限公司基地，开展鲟鱼人工繁殖 3 个批次，获得优质受精卵约 200 万粒；在绥阳县示范企业通过开展"平面筛+生态处理池"试验，开展山区流水养殖尾水处理示范工程，示范推广面积 4 000 余 m^2，该示范点作为贵州省率先开展尾水处理的示范基地，得到地方政府的大力支持，接待各地观摩人员 200 人次；此外，在湄潭县湄江湖水产养殖有限公司，开展山区条件下的鲈鱼反季节人工繁殖前期准备工作。

四、强化培训，做好技术服务

2018 年贵阳综合试验站主办对团队成员、示范县骨干及养殖户开展的专题技术培训 3 次；参加对贫困村养殖户的培训 3 次；此外，结合贵州省"万名专家服务'三农'行动"，通过科技特派员在贵州省内各地区开展特色淡水鱼养殖相关技术和现场指导，受训科技人员和农户达 1 000 余人；组织参加省政府、省科技厅、省农业农村厅、省农科院在贵阳、惠水、龙里、江口、石阡等地的科技下乡、科技展示与技术合作及产业扶贫等活动 10 余次。同时积极应对区域内产业突发性事件和农业灾害事件，为养殖户妥善解决特色淡水鱼类养殖过程中的洪水、干旱等突发状况，开展技术处置、疾病诊断并提供解决方案。

五、建设人才团队，助力乡村振兴

贵阳综合试验站自 2017 年成立以来，组建了以站长+核心团队成员+依托单位专业技术人员+示范县渔业推广农技干部+示范企业骨干的人才团队。团队成员副高及以上职称 3 人、中级职称 20 人，其中博士学位 1 人、硕士研究生学历 10 人、大专及本科学历 13 人。专业涵盖水产养殖学、微生物学、病害防治、环境科学、动物营养与饲料学、渔业资源、计算机等多学科，人才结构合理，研究工作经验丰富，协同攻关能力强，具有较强的综合学科优势。

依托国家特色淡水鱼产业技术体系平台，以贵州省现代山地特色高效农

业发展为需求，结合贵州特色渔业发展实际，为适应新形势渔业发展供给侧结构性改革要求，加快先进实用农业技术推广，促进山区特色渔业转型发展，贵阳综合试验站采取多层次、多渠道、多形式，对试验站团队成员开展科技培训，加强了人才团队建设，为助力脱贫攻坚及乡村振兴提供有力支撑。

针对研究所专业技术人员，侧重从自身专业能力水平提升方面加强学习和培训。通过大量实地调研，逐步摸清贵州省特色渔业发展现状及存在问题；加强与体系功能研究室、岗位科学家及国内省内特色水产领域有关专家的沟通和联系，为贵州省特色渔业发展共谋思路。2018 年，组织试验站团队成员积极参加体系各功能研究室在湖北宜昌、吉林长春、广东广州、浙江杭州等地组织的研讨会和调研考察；主动邀请水科院黑龙江所、黄海所、渔机所、长江所的专家到贵州开展鲟鱼人工繁殖、鱼类育种新技术、养殖尾水处理及鲟鱼产业发展状况的培训；积极鼓励团队成员参加由中国水产学会、中国水产流通与加工协会等国家级学会主办的学术论坛；积极参加依托单位组织的各项专业技术培训。

对示范县渔业推广技术人员，通过集中办班、现场观摩等方式，围绕网箱拆除后渔业调结构转方式和加快推进渔业转型升级的有关要求，加强对基层一线技术人员的渔业发展新理念、新方法的培训，重点就贵州山区特色渔业发展面临结构调整的环境下，如何转变生产方式、促进特色渔业发展，切实提高专业水平和指导能力。2018 年，分别在贵州省水产研究所和遵义绥阳县，开展贵州冷水鱼健康养殖、稻田综合种养、低碳高效池塘内循环养殖技术、池塘高产精养技术及工厂化循环养殖等技术培训，贯彻落实贵州省委、省政府发展生态渔业的指导意见和方针。

对示范企业负责人和技术人员，采取集中培训、现场指导、现场观摩等方式提高他们的科技接受能力、自我发展能力和辐射带动能力。2018 年，围绕贵州省生态渔业发展要求，指导遵义石林水产养殖有限公司负责人、绥阳示范县技术骨干杨文钊在省内率先开展山区流水养殖尾水处理工程试验示范工作。针对山区流水养殖池塘水量大、流速快、停留时间短等特点以及存在的可利用土地面积少等实际问题和困难，试验站通过带领杨文钊到水科院南海水产研究所深圳基地现场学习，多次邀请省内及渔机所专家到场开展指导、设计，克服了场地、资金等困难。目前，该养殖场通过"平面筛＋生态处理池"开展山区流水养殖尾水处理示范面积 4 000 余 m²，取得初步成效。

以虹鳟为重点，带动西藏地区水产行业发展

拉萨综合试验站

拉萨综合试验站 2017 年加入特色淡水鱼产业技术体系。我国西藏有为数众多的内外流水体，水系格局极为复杂，平均海拔都在 4 000 m 以上。西藏有着丰富的水资源，但西藏水产产业发展滞后，资源利用极不充分，濒危物种未得到及时保护及利用，调查研究基础欠缺，基础设施建设薄弱，推广普及难度大，相关技术人员严重缺乏。整个西藏水产产业基本处于空白。

西藏是我国重要的生态安全屏障，党的十八大报告提出"大力推进生态文明建设""加大自然生态系统和环境保护力度"。韩长赋部长在 2016 年全国渔业工作会上提出"以提质增效、减量增收、绿色发展、富裕渔民"为我国渔业发展的新目标。特色淡水鱼产业技术体系拉萨综合试验站建设正是在渔业新发展目标背景下提出，符合我国渔业发展新形势的要求以及绿色产品、生态环保的治国理念。

体系凝聚了全国特色淡水鱼品种研发领域的领军人物和骨干力量，对西藏自治区水产行业的发展具有较高层次的引领和带动作用。自加入体系以来，拉萨综合试验站团队成员在西藏自治区拉萨市墨竹工卡县、曲水县、山南市乃东区、日喀则市亚东县等地开展了西藏自治区特色淡水鱼"十三五"产业需求调研，主要调研了省级水产主管部门、县级水产主管部门。其中调研省级水产主管部门 1 个、县级水产主管部门 1 个、养殖企业 3 个。初步了解了西藏自治区鲑鳟鱼的养殖规模及技术人员组成。目前已经在亚东县、墨竹工卡县、曲水县、山南、林芝建立了 5 个示范点。

结合各示范点的特点，自 2017 年以来拉萨试验站为曲水、巴宜、乃东和墨竹工卡养殖示范点无偿提供三倍体虹鳟鱼苗 10 万余尾。在饲料供应方面，试验站先后为墨竹工卡县示范点、乃东区示范点、林芝市示范点提供各种规格进口鳟鱼料合计达 5 t，组织培训 3 次，带动西藏水产产业的发展。引入全雌三倍体虹鳟，一方面是考虑其作为冷水性鱼，生长速度较快，附加值较高，群

众接受程度较高，产业快速发展后，能为当地农牧民带来一定的经济收入；另一方面从环境保护的角度出发，虹鳟引入西藏属外来物种，全雌三倍体虹鳟为雌性不育，即使有少量逃逸也不会再进行繁殖。在防止外来物种入侵的同时，提高高原鲑鳟鱼的养殖产量，对西藏土著鱼类的保护具有积极的作用。

拉萨综合试验站作为全区唯一一个水产科研事业单位，承担了体系在拉萨试验示范和技术推广站的任务。因此，对于完善西藏水产产业链是我们的责任。鉴于西藏仅有的几个可供鲑鳟鱼养殖示范的基地设施，拉萨实验站帮助墨竹工卡县示范基地尼达公司进行鱼池改造和维修，并增加净化池。进行进水口和净化池建设，维护鱼池面积 1 600 m^2，铺设步道 500 m^2，生态池塘建设和水生植物栽培 1 000 m^2，总投资 60 余万元，目前已完成建设。

以西藏自治区农牧科学院水产科学研究所为依托的拉萨综合试验站自成立以来，得到了国家和自治区各级领导以及专家院士的亲临指导，大家对我单位目前开展的工作给予了肯定，希望通过我们不断的努力，为西藏水生态的保护和水产产业的发展做出积极的贡献。

推进云南梯田稻渔综合种养，助力少数民族全面小康

2016 年，全国拉开扶贫攻坚战的序幕。云南省是国家扶贫开发的重点地区，红河州是云南省扶贫攻坚的主战场之一，属边疆边境和少数民族地区，境内居住有哈尼、彝、苗、傣等 10 个世居民族，少数民族人口占 58%，受地理环境等因素制约，经济发展比较落后。截至 2015 年末，红河州仍有贫困人口 71.65 万，特别是哈尼梯田分布的县市脱贫攻坚任务非常艰巨。千百年来，哈尼梯田每年只种一季水稻，经济效益低，导致当地部分梯田水田改为旱田甚至放荒，给哈尼梯田保护带来严重挑战。特色淡水鱼产业技术体系充分发挥技术优势，积极在云南省开展扶贫工作。2016 年以来，体系与云南省科研机构、龙头企业及红河县政府合作，探索在红河县推广应用"稻渔共作"综合种养技术，既有效保护了梯田水田，又大幅提高了种养经济效益，探索出一条实现哈尼梯田可持续保护和农民脱贫致富双赢的精准扶贫新路子。

一、聚科技力量，深入开展产业分析诊断

按照中央脱贫攻坚要求和农业部产业扶贫部署，充分发挥科技在扶贫开发中的重要作用，早在 2016 年初，首席科学家杨弘研究员作为协调人参加了滇西边境山区特困连片区域的扶贫工作。他带领体系部分岗位专家和试验站成员深入滇西边境山区，对一线贫困地区进行了大量的实地调研，掌握了该地区渔业发展情况的详细资料。同时还联合大宗淡水鱼产业技术体系、南京农业大学无锡渔业学院等技术力量对红河县农业产业状况进行了深入调研。

哈尼梯田每年只种一季水稻，按照每亩平均产量 300 kg 计算，亩产值不足 1 000 元，扣除劳动力、种子、肥料成本，每亩稻田纯收益不到 400 元。由于劳动强度大、经济效益低等原因，当地梯田水田改为旱田甚至放荒呈加速趋势。失去水的养护，梯田易坍塌且难以修复，给当地脆弱的生态系统、文化景观带来破坏性影响，哈尼梯田可持续保护形势严峻。当地耕种梯田的农户文化

水平不高，缺乏专业技能，亟须调整农业产业结构、转变生产方式来提质增收。针对这些突出问题，专家组提出政府牵头组织、科研机构支撑、龙头企业带动实施"稻渔共作"产业扶贫方案，经红河州农业局、红河县政府充分论证后，向云南省政府、省农业厅和农业部渔业渔政管理局、中国水产科学研究院做专题汇报并得到高度重视和支持。

二、稳定合作机制，科学论证稻渔有机结合

"稻渔共作"产业扶贫工作的顺利推进并取得实效，需要政府的组织推动、龙头企业的带动和科学技术的支撑。为了建立稳定的合作机制，确保项目落地、落实，体系工程化养殖岗位、养殖水环境控制岗位和罗非鱼种质资源与品种改良岗位，与云南中海渔业公司紧密合作，研发中心依托单位中国水产科学研究院淡水渔业研究中心与云南省渔业局、云南中海渔业公司分别签署了科技合作协议，在红河县推广应用以"稻鳅共作"为主要模式的"稻渔共作"综合种养技术。

结合红河县当地地理、气候及梯田水位浅、不宜开挖沟渠等实际，经多方论证，筛选确定了"稻鳅（泥鳅）共作"作为主要模式。选定"稻鳅共作"模式，主要是基于两方面考虑：一是哈尼梯田水位较浅且非常肥沃，稻田有机碎屑、底栖生物十分丰富，可以作为泥鳅最重要的食物来源；二是泥鳅在当地市场需求旺盛，价格较高，且长成期在 4 个月左右，可以实现与水稻同期同步生长，水稻收割时泥鳅也可收获上市，同时可以利用水稻收割后的闲田再放养泥鳅，提高经济效益。

三、抓好综合配套，全面推广特色种养模式

特色淡水鱼体系发挥技术及人才优势，抽调多学科技术骨干组成精准扶贫工作队（派出专家、博士 23 批共 92 人次），赴云南红河县研究稻渔综合种养系统的生态学基础，筛选适合不同区域和海拔的哈尼梯田"稻鳅""稻鱼"等综合种养模式，并不断熟化相关配套技术，通过召开现场会、举办培训班、现场技术指导等深入宣传，迅速推广"稻鳅共作"等综合种养模式。

体系在红河县建立了占地 450 亩的水产苗种繁育中心，形成了年产泥鳅苗种 30 亿尾的规模；在河口县建立了占地 400 亩的水产良种场，引入水产新品种吉富罗非鱼中威 1 号，提升良种覆盖率；通过苗种先行，迅速推进"稻鳅共

作"项目，同时抓好示范推广，促进融合发展。在红河县政府的支持下，进行了哈尼梯田"稻鳅共作"示范试验，实现年亩产值近1万元（海拔700 m以上两季，700 m以下三季）。例如，2016年红河县乐育镇尼美村农户杨举呼联合亲戚朋友，在21亩稻田实施"稻鳅共作"，单季平均亩产泥鳅83 kg，按照当地市场价45元/kg计算，仅泥鳅一项单季亩均增加产值3 700多元。"稻鳅共作"综合种养模式示范试验的成功，改变了千百年来哈尼梯田只种一季水稻以及半年时间放水养田、无任何收入的耕作模式，得到了当地群众的认可和政府的重视。

四、筛选适合贫困地区的品种、技术，促进增产增效

体系的岗位专家在滇西地区筛选培育了适宜梯田养殖、养殖性状更加优良的泥鳅养殖品种——杂交台湾泥鳅，建立了"稻鳅共作"模式；建立了冬闲田蓄水生态养殖泥鳅增效技术；建立了梯田培育放养大规格罗非鱼苗种技术模式；建立了梯田稻渔综合种养技术操作规程；示范推广了"稻-鱼-鸭"模式。2017年在红河县推广"稻渔共作"3.1万亩，覆盖贫困户1 598户、贫困人口7 200余人，并推动稻鳅养殖从低海拔向高海拔延伸。基于红河县旅游开发区域同时也是哈尼梯田主要聚集区的考虑，将保护利用哈尼梯田及其稻作文化纳入旅游开发体系，规划建设了一批与"稻渔共作"和稻作文化体验相关联的乡村旅游、农业休闲观光项目，促进了产业融合发展及哈尼梯田遗产保护。"稻渔共作"模式探索出了山区、边疆民族地区建档立卡贫困户产业脱贫的新路子，同时通过提高产值和梯田设施建设，留住了农村劳动力，有效缓解了冬闲田、水改旱、抛荒等现象，为推进哈尼梯田保护、发展生态农业积累了实践经验。

五、培育"风险共担、利益共享"的新型经营主体

昆明综合试验站在云南地区建立"体系＋合作社＋技术＋贫困户"的运行模式，切实发挥了水产养殖在脱贫攻坚中的应有作用。按照"合作社建基地找市场、贫困户入股"的思路，以昆明综合试验站罗平示范基地作为网箱养鱼扶贫示范基地，体系专家提供技术支持，争取政府资金购买鱼种补助给贫困户，作为养鱼投资成本入股合作社，由合作社牵头负责网箱养殖管理、鱼产品保底统购统销。销售收入实行股金保底收入，盈利部分由合作社、贫困户按照3:7

共享，亏损由合作社承担。

哈尼梯田"稻渔共作"模式作为一种互利共生的农业生态循环系统，是建立在不与人争粮、不与粮争地的基础上，在保证水稻产量不降低的同时，通过提升水稻、水产品的品质来提高产值和效益，实现"一水两用、一田多收、粮渔共赢、强农富民"的最佳效果，具有成本少、收益大、见效快、增粮、节地、节工等优点，由此带来显著的经济效益、生态效益、社会效益，为当地社会经济发展打下了良好基础。经济效益方面，按照红河县实施10万亩高产示范梯田建设的目标任务，总产值可达12亿元，户均增收4万余元，可辐射全县22 860余户农户增收致富，带领12 860余户51 200贫困人口脱贫致富。生态效益方面，稻渔共生互补，减少了化肥、农药、饲料等的投入，减少了对环境的污染，稻米、泥鳅、鱼等产出品为无公害绿色食品，同时通过实施梯田、沟渠修复改造工程，提升了抗旱排涝能力。社会效益方面，探索出山区建档立卡贫困户产业脱贫的新路子，为红河县发展绿色、有机食品生产奠定了生态基础，同时通过提高产值和梯田设施建设，留住了农村劳动力，有效缓解了冬闲田、水改旱、抛荒等现象，为推进哈尼梯田保护、发展生态农业积累了实践经验。

哈尼梯田"稻渔共作"项目的实施并初步取得成效，得到了有关部门和社会各界的关注。云南省委、省政府有关领导专门做出批示；联合国粮农组织（FAO）多名高级官员、专家先后到云南、江苏调研。2016年11月，韩长赋部长到红河州调研，对"稻渔共作"产业扶贫工作给予了充分肯定，指出要保护哈尼梯田，唱响哈尼品牌，以品牌建设带动农业生产、文化传承与旅游观光共赢发展，带动当地贫困农民尽快脱贫致富。2017年3月，全国"两会"期间，全国政协委员肖燕提交议案，呼吁国家层面重视和推广哈尼梯田"稻渔共作"产业扶贫模式。2017年3月26日，云南省委领导到红河哈尼梯田"稻渔共作"苗种繁育中心实地考察调研，要求各级政府给予支持，加快示范推广，扎实推进"稻渔共作"产业扶贫工作。哈尼梯田"稻渔共作"项目实施实践证明，政府牵头组织、龙头企业产业带动、体系技术支撑，这种政产学研紧密合作的产业扶贫模式，是打赢脱贫攻坚战的有效途径，也是渔业产业扶贫的重要抓手。

打产业扶贫"组合拳"，赢"三江"脱贫攻坚战

产业扶贫作为精准扶贫、精准脱贫的关键举措和打赢脱贫攻坚战的重要保障，对于全面建成小康社会、实现贫困人口和贫困地区同全国人民一道进入全面小康社会具有重要意义。在近十年的体系工作中，广西壮族自治区内体系专家按照国家特色淡水鱼产业技术体系的安排和部署，劲往一处使，积极响应广西壮族自治区党委、政府的号召，充分发挥优势，通过开展调查研究、试验示范、技术培训、技术指导、政策咨询等形式，全方位参与了广西壮族自治区特别是三江侗族自治县的产业扶贫、精准扶贫工作，取得了显著的成绩。

一、团队骨干担任贫困村第一书记、科技特派员，全面开启产业扶贫新模式

积极响应配合自治区党委政府和主管厅局的部署，充分发挥国家特色淡水鱼产业技术体系广西团队技术骨干的核心带动作用和党员先锋模范作用，让技术骨干成为精准扶贫路上的"导航仪"。

玉林综合试验站选派综合素质高、业务能力强的党员技术骨干、病害防治科科长韩书煜担任对口帮扶贫困村三江县八江镇塘水村第一书记，同时还成立了结对帮扶工作组，由站长负总责、全站干部职工共同参与，对三江侗族自治县塘水村、布袋屯对口帮扶的28贫困户121人制定帮扶计划，实行一对一帮扶，每年带队入塘水村进行扶贫调研慰问活动5次以上，每次参加人员10多人次。

养殖与环境控制岗位专家和南宁市综合试验站团队核心成员肖俊、周毅、朱佳杰等5位同志2017年被选派为广西壮族自治区贫困村科技特派员参与广西科技扶贫工作，深入贫困村进行科技扶贫达51次，累积工作时间112天，获得贫困村一致好评。其中肖俊副研究员还作为指导专家，协助国家级贫困县上林县建立起了230亩的稻鱼综合种养基地，充分发挥了技术骨干的示范带动作用。

南宁综合试验站则在武鸣区造庆村与驻村扶贫第一书记、南宁市立上农牧

科技有限公司合作，以"第一书记+合作社+贫困户"模式，将贫困户的闲置农田流转进行稻田生态种养，聘请贫困户进行养殖管理，建立起一个 40 亩的养殖示范区，辐射带动周边发展稻田种养 51 亩，参与的贫困户每人每年稻渔增收 1 000 元，惠及贫困户达 50 多户。

二、以项目示范为带动，渔业科技精准扶贫工作取得较好的成效

在贫困县贫困村大力实施渔业科技攻关、技术推广等项目，让参与的贫困村贫困户收入倍增，渔业科技精准扶贫工作取得较好的成效。如在国家级贫困县上林县、象州县以及武鸣区实施"稻田养鱼新品种瓯江彩鲤的引进及在精准扶贫中的应用示范"项目，引进后备亲鱼 65 组、一龄种鱼 200 尾，繁育水花 20 万尾，培育鱼种 9 万尾，养殖示范面积 50 亩，辐射带动 755 亩稻田养殖瓯江彩鲤，在当地贫困村起到了很好的示范带领作用。南宁综合试验站联合贫困村申报广西科技厅"广西创新驱动发展资金"（科技重大专项）和南宁市科技项目"南宁市科学研究与技术开发计划项目"（重点研发计划），在南宁市隆安县城厢镇东安村、隆安县那桐镇、武鸣区双桥镇造庆村建立了 3 个稻田综合种养试验示范基地，面积 102 亩，开展"稻+罗非鱼""稻+泥鳅"两种模式的养殖试验，稻米质量提高，每千克销售价格要高 2 元，同时每亩增收泥鳅 100 kg，亩增收 4 000 元。玉林综合试验站在三江侗族自治县开展"稻渔综合种养关键技术和模式的集成与创新"项目，经对"优质稻+再生稻+泥鳅"养殖模式进行测产，亩产 285 kg 泥鳅，平均规格 10 尾/kg，平均单价 30 元/kg，亩利润达 3 830 元。北海综合试验站在上林县实施"罗非鱼越冬养殖技术研究"项目，打造特色地区品牌"瘦身鱼"，扶助 12 家贫困户养殖罗非鱼，总面积 86 亩，采取卖鱼后再付款、最低保护价格收购等政策助力，并派技术员到当地指导养殖生产，助力产业扶贫工作。

三、依托养殖示范基地，引领多方力量壮大扶贫队伍

广西团队充分利用技术部门的优势，近几年来共建立 30 个养殖示范基地，大力发展和扶持特色淡水鱼养殖企业、养殖户、养殖专业合作社等，鼓励和带动他们积极参与精准扶贫工作，不断壮大渔业科技扶贫队伍，产生了非常好的扶贫效果。如玉林综合试验站的养殖示范基地陆川县大桥镇龙剑水产养殖专业合作社（负责人林威龙），在基地大力发展四大家鱼及鳜鱼的鱼

苗、鱼种的同时，充分利用"公司+基地+农户"模式：一是吸收当地贫困户入股，每年分红，解决当地贫困户收入难的问题；二是专门安排贫困户家庭成员到基地工作，每年3—9月生产季节时，提供80多个临时岗位，每人月发工资1500～2000元，解决当地贫困户就业难的问题；三是带领当地贫困户20多户进行鱼苗、鱼种养殖，定期开展养鱼技术培训，让参与的贫困户每户增收8000元以上。又如玉林综合试验站三江侗族自治县特色淡水鱼苗种繁育示范基地（基地负责人梁洲），一直热心于扶贫等公益事业，2018年该基地受到山洪冲击，塘基多处受损，玉林综合试验站张秋明站长和体系岗位专家卢迈新、陈昆慈、叶星、姜兰亲临现场进行指导和帮助，基地不但当年便恢复了生产，还培育出大规格罗非鱼鱼种50万尾、泥鳅30万尾、本地鲤鱼200万尾。基地将精心培育的全雄性罗非鱼苗50万尾、台湾泥鳅苗1000多万尾全部送给贫困户养殖，惠及贫困户达1000多户。三江县福泰养殖合作社养殖示范基地，是玉林综合试验站另一个养殖示范基地，负责人杨丽能自学校毕业后，看到家乡贫困的现状，一心想为乡亲脱贫致富寻找机会，2017年，他主动联系玉林综合试验站寻求支持。通过实际考察，玉林综合试验站建议他因地制宜实施"稻谷+泥鳅+田螺+黄牛"生态循环养殖模式，他亲自带领合作社几位技术人员到珠江水产研究所现场参观学习泥鳅繁殖养殖技术。回来后他在孟寨村开展稻渔综合种养试验，养殖面积50亩，带动当地农户50户（其中贫困户35户），亩产300 kg泥鳅，增加收入35万元，贫困户家庭收入倍增，养殖获得了成功。2018年合作社再次扩大养殖规模，稻渔综合种养面积达100亩，带动贫困户85户，年增收入达20万元，使更多的群众走上脱贫致富的道路。目前，三江县稻渔综合种养面积达7.5万亩，高山稻鱼年产量2656 t，年产值1.21亿元；高山鱼稻（再生稻）年产值1500万元；稻渔综合种养产业已覆盖70%以上的贫困户，贫困人口每人每年稻鱼增收1000元。

四、开展稻渔综合种养技术和养殖饲料攻关研究，切实开展技能扶贫行动

玉林综合试验站针对传统稻田养鱼模式单一、产量低的现状开展养殖技术攻关。一是根据全区稻田养鱼经验总结推出可在全区复制推广的"广西稻渔种养十大模式"，主要包括三江"一季稻+再生稻+鱼"、灌阳"稻+鱼鳅龟鳖等品种混养"、全州"稻+禾花鱼"、融水"稻+河蟹"以及龙圩、融水、陆川"稻+

螺"、宁明"稻+蛙"等模式，并完成《广西稻渔综合种养十大模式》一书的编辑出版工作，为全区贫困山区群众通过开展稻田养鱼增加家庭收入提供了方法和途径。广西壮族自治区副主席张秀隆高度肯定了广西推广稻渔生态综合种养的做法，认为这既是解决全区农村脱贫致富和农民增收、又有利于生态保护的办法，是当前助推广西打赢扶贫攻坚战、解决农村可持续发展问题的一条很好的路子。他专门指示要对"三江模式"进行总结提炼，制定完善生产标准和技术规程，并加大宣传。二是对因地制宜、就地取材解决贫困农民稻田养鱼饲料的难题进行攻关。玉林综合试验站联合珠江水产研究所等几个单位联合研制出利用稻草、微生物制作的生态饲料，专门用于稻渔综合种养开发，该饲料既可以作为鱼类饲料，又可培肥水质，根据在三江县和里村稻田养鱼点进行投喂对比试验，养殖效果不错。开展稻渔综合种养模式技术攻关，既解决鱼粮争地的矛盾，拓展水产养殖发展空间，收到"一水两用、一田两收"的效果，也对推进养殖产业转型升级、促进渔业增效和农民脱贫增收有着十分重要的现实意义。

五、加快产业融合，鼓励龙头企业参与，形成产业扶贫新机制

广西团队根据各自依托单位的优势，支持广西贫困县申报农产品地理标识产品，引导养殖业和旅游休闲业融合，先后有"全州禾花鲤""三江稻田鲤鱼""融水金边鲤鱼"等稻渔生态综合种养产品获得了地理标识产品称号。支持引导三江、融水等地举办"烧鱼节""稻鱼节"等节庆活动，结合地方"侗族多耶节"及五一、国庆等众多节日，让游客参与钓鱼、下田捉鱼、田边烤鱼、品鱼等活动，体验侗乡稻渔综合种养等农耕文化的乐趣，既丰富了旅游内涵，把种稻养鱼与文化传承、旅游观光结合起来，又增加稻渔综合种养产业的附加值，促进产业增值增效、农民增收。

龙头企业是推进精准扶贫的重要生力军，通过龙头企业打造示范样板，辐射带动相关养殖产业区域化、产业化和规模化发展。北海综合试验站依托龙头企业百洋集团，建立"风险共担、利益共享"的产业扶贫机制，为广大养殖户提供种苗、养殖技术、饲料、金融扶持、产品收购等一条龙服务。2016年以来，累计带动养殖户3 000多户，人均新增收入0.9万元；并通过指导贫困村建立养殖专业合作社，以"公司+基地+合作社+农户"等模式，推进村企共建，使产业发展与市场需求紧密结合，提高经济效益，"大水漫灌"向"精准

"滴灌"的扶贫方式转变,通过以强带弱、强弱组合的形式带动贫困村发展优势特色养殖,推动贫困农户脱贫致富。

六、联合体系岗位专家,对贫困县水产养殖开展常态化技术指导工作

广西团队非常重视水产养殖产业对于贫困县、贫困户脱贫的助力作用,每年都要多次邀请体系岗位依托单位派出技术专家及团队到当地开展技术指导服务工作。据不完全统计,广西团队每年举办的技术培训班至少5期300多人。如2018年广西三个综合试验站分别在三江县、北海市举办了2期有关稻田综合种养、水产养殖病害防治的培训班,培训人数达140多人,培训对象为水产技术推广专技人员、体系团队骨干、养殖示范基地负责人、养殖大户等。玉林综合试验站还于2017年和体系岗位依托单位中国水产科学研究院珠江水产研究所签订"稻渔健康生态研发合作框架协议",在三江建立研发及示范推广基地。根据三江县的实际情况,依托珠江水产研究所的四位岗位专家每年多次到三江县深入开展稻渔综合种养生态学原理及相关基础理论研究、特色淡水鱼苗繁育、筛选宜养新品种、产业链研究及人才培养等调研工作,助推三江特色产业精准脱贫。养殖与环境控制岗位专家在国家级贫困县博白县、大化县、象州县、上林县等多次开展技术指导和培训,当地媒体进行跟踪报道,获得了当地渔业行政主管部门和渔民的一致好评。又如北海综合试验站近十年来,累计开展水产养殖技术培训45期,参加培训人数5000多人次,对提高养殖户技术水平起到了良好的促进作用,也为乡村脱贫打下了坚实的基础。

七、联合帮扶村党支部开展结对共建、慰问及联学活动

广西团队每年都积极主动联合三江县、大化县、上林县等贫困村党支部开展党支部结对共建、先锋结行、六一慰问留守儿童学生、庆七一联学等活动。如2018年玉林综合试验站联系几个爱心企业向三江县塘水村村委会、塘水小学赠送价值9800元的2套新电脑、4张电脑桌以及4000元"六一"儿童节活动经费。儿童节期间还带领团队成员到塘水村开展入户帮扶和参与留守学生的联欢活动。"七一"期间和塘水村党支部开展党员共建活动,给全体党员上党课,集体学习十九大报告,并进行了捐赠活动。通过这些活动,玉林综合试验站与塘水村村委和帮扶贫困户进行了有效的沟通,完善基层党组织制度建

设，提高村委会管理协调水平，增进与帮扶结对贫困户的友谊。

八、组织专家为贫困县发展渔业助脱贫提供政策咨询

广西团队非常重视特色淡水鱼产业对于当地贫困户脱贫的助力作用，经常邀请和派出专家参与广西各地贫困县发展渔业脱贫行动，向当地政府建言献策。据统计，2018年玉林综合试验站邀请到三江、龙胜、资源、陆川等县开展技术培训和指导的国内专家学者约有40多人次。如2018年9月邀请国家特色淡水鱼产业技术体系杨弘首席科学家带队的专家组12人到三江县调研稻渔综合种养工作，通过参观示范基地、召开调研座谈会的形式，共同研究探讨了三江县稻渔综合种养现状及存在的问题，并向三江县人民政府、三江县水产畜牧兽医局提出六条切实可行的稻渔综合种养发展建议。2018年10月邀请国家特色淡水鱼产业技术体系遗传改良研究室、营养与饲料研究室等8名专家到龙胜县、资源县调研指导鲟鱼、虹鳟、红点鲑等亚冷水性和冷水性鱼类养殖开发。又如养殖与环境控制岗位专家还到国家级贫困县大化县就库区渔民面对大水面网箱拆除后，该如何发展生态健康养殖提出了意见和建议。玉林综合试验站负责牵头编写国家级贫困县天峨县的《天峨县渔业发展规划（2017—2030年)》，已由天峨县政府颁布实施，该规划的实施将推动龙滩库区水产养殖业绿色发展，着力走出一条"生态渔业、环保渔业"的可持续发展新路子，为乡村振兴战略及精准扶贫等计划实施提供支撑。

产业扶贫走进秦巴乌蒙贫困区，冷水鱼养殖助力山区赢脱贫战

一、深入调查研究，为贫困地区产业发展提供新思路

根据特色淡水鱼产业技术体系的产业扶贫工作统一部署，成都综合试验站站长赵刚研究员作为四川省"科技扶贫万里行"水产养殖服务团首席专家，组织四川淡水鱼创新团队岗位专家陈先均研究员、杜宗君副教授及西昌学院黄志秋教授等团队，分别于 2017 年 7 月、9 月、11 月和 2018 年 4 月、5 月，对攀西老凉山地区木里县、会理县，川南乌蒙山区凉山彝族自治州越西县、喜德县、乐山市马边彝族自治县，川北秦巴山区广元市旺苍县，川西北高寒藏羌区阿坝藏族羌族自治州茂县、九寨沟县等 10 个贫困县特色淡水鱼产业发展现状进行了专项调研。调研对象包括了政府主管部门、龙头企业、养殖协会、合作社以及不同规模的养殖户，通过座谈和走访，对当地特色淡水鱼产业布局情况、产业发展中的主要问题，提出发展适度规模特色淡水鱼养殖、系统推进产业扶贫的新思路。

二、深入技术指导，为脱贫产业发展提供科技支撑

2017—2018 年，成都综合试验站先后 8 次赴越西、木里、会理、喜德、旺苍、平昌、珙县、屏山等地，深入企业和养殖一线，开展技术讲座和培训 10 余次，累计培训养殖企业技术员、养殖工人、养殖户超过 1 000 人，并向当地养殖企业、养殖户赠送了团队编著的《小水体养殖》《池塘科学养鱼实用技术》等养殖图书，将先进适用的特色鱼养殖技术和成果带到了老凉山地区、乌蒙山区、秦巴山区等偏远地区和连片特困地区，为贫困地区脱贫产业发展提供了强有力的科技支撑。

三、加强技术合作，提高企业的科技含量

成都综合试验站持续与天全润兆鲟业有限公司、都江堰新联水产养殖有限公司、眉山伟继种业科技有限公司等企业和单位合作，共同开展长江鲟、黄颡鱼等地方特色鱼遗传资源的挖掘和开发利用工作。通过与企业共同实施科技扶贫专项、农业成果转化专项等科技项目，创新养殖技术 6 余项，授权专利 10 余个，显著提高了贫困地区企业的科技含量，企业生产效率明显提升，有力推动了当地脱贫产业发展。

四、精准决策咨询，指导贫困山区脱贫致富

在成都综合试验站的精准指导下，位于老凉山地区、乌蒙山区的木里县和越西县的合作社以当地水资源为基础，开展"冷水鱼健康养殖技术示范与推广"项目及稻渔综合种养工作。在专家团队的指导下，越西农牧局水产渔政股从 2018 年上半年开始加大了稻田鱼苗投放量并推广稻渔生态种养面积 200 亩，患及 50 户农户。据悉，丁山乡邓家坝村稻渔综合种养示范基地开展稻田养鱼后，杂交水稻亩产 675 kg，增加了 75 kg，同时还能收获鲫鱼等水产品 60 kg，受到了凉山广播电视台官网和《凉山日报》的大力报道。

五、技术指导，为区域脱贫攻坚注入新动能

2017—2018 年，成都综合试验站共选派了 4 名科技人员到凉山州越西县、木里县、会理县等彝区开展科技服务，筛选适宜当地养殖模式 2 个（稻渔种养和冷水鱼养殖）和养殖品种 4 个，引进、培训、转化、推广成都综合试验站成熟科技成果 2 项，创新构建"科研院所—区县—企业—基地—农户（贫困户）"联动机制，为大小凉山彝区脱贫攻坚产业扶贫注入新动能。共提供技术指导和咨询服务 100 余人次，集中开展水产养殖技术培训 6 次，培训 200 余人次；协助建立养殖示范基地 2 个，促进农（渔）民户均增收 3 000 元以上。其中，通过稻渔种养技术的推广和配套技术服务，越西县稻渔综合种养示范基地鱼产量增加了近一倍，水稻产量也大幅增加，基本实现了水产养殖与生态有机稻种植的共生发展，让农户实现了增收，科技扶贫初见成效。在阿坝州汶川县耿达村集中培训养殖户 1 次，培训技术骨干 1 次；引进新品种 3 个，赠送鱼苗 5 万尾；帮助建立冷水鱼餐饮企业 1 个；建立养殖示范基地 1 个；带动贫困户脱

贫，耿达村共有 8 户贫困户，已脱贫 5 户。

六、创新养殖技术，提高贫困地区标准化生产水平

成都综合试验站与众多企业深入开展合作，协同创新，在鲟鱼养殖方面，与天全润兆鲟业有限公司共同制定了山区鲟鱼饲养管理技术规程，为贫困地区简易条件下鲟鱼养殖提供了参考。在稻渔种养方面，创新集成了稻渔生态种养循环技术等技术，并针对性地制定了《稻渔种养技术通则》。通过以上技术的示范推广，有效提高了贫困地区水产标准化养殖水平，助推脱贫产业快速发展。

七、专业规划，为贫困地区产业发展提供决策咨询

成都综合试验站团队成员充分发挥专业优势，准确把握行业发展趋势，为贫困地区水产产业发展提供决策咨询。科学制定阿坝州养殖水域滩涂规划、甘孜州养殖水域滩涂规划、凉山州会理县养殖水域滩涂规划、秦巴山区旺苍县养殖水域滩涂规划等 27 个规划，编制秦巴山区冷水鱼可行性发展报告，为贫困地区产业发展提供了重要的决策咨询。

八、面临的主要问题及建议

近年来的扶贫实践，成都综合试验站取得了显著的成效，但总体来看仍有较大的提升空间。一是研究成果大部分还只能停留在基础理论上，示范应用推广力度不足；二是团队成员繁重的科研在身，时间有限，无法全身心地投入扶贫工作；三是团队成员人数较少，无法完全满足众多贫困地区的科技支撑需求；四是团队经费有限，无法开展大面积的精准帮扶工作。

针对以上问题和困难，成都综合试验站建议：一是加大对脱贫攻坚工作的经费投入，设立扶贫专项项目或经费，加强对适用技术的研发和示范推广；二是相关部门在职称评聘、岗位晋升、承担项目等方面，政策向参与一线脱贫攻坚科技人员倾斜；三是进一步激励和提升科技人员创业创新积极性，呼吁相关部门给予科技人员创业税收、金融、奖励等方面的政策优惠。

把脉贵州贫困地区渔业产业特点，特色鲑鳟鱼养殖助力脱贫攻坚战

贵州是全国脱贫攻坚任务最为繁重的省份之一，是全国脱贫攻坚的主战场和决战区。到 2015 年底，全省仍有农村建档立卡贫困人口 493 万人、9 000 个贫困村、66 个贫困县，分别占全国的 8.8%、7.0% 和 7.9%，贫困发生率 14%，比全国高 8.3 个百分点。全省农村居民人均可支配收入 7 387 元，仅相当于全国平均水平的 60%；50 个扶贫开发工作重点县农村居民人均可支配收入 6 964 元，仅相当于全国平均水平的 56.6%。并且，现有贫困人口贫困程度更深、减贫成本更高、脱贫难度更大，依靠常规措施难以摆脱贫困。

贵阳综合试验站自 2017 年 7 月成立以来，按照贵州省委、省政府发布的《贵州省"十三五"脱贫攻坚专项规划》和《贵州省发展"一县一业"助推脱贫攻坚三年行动方案（2017—2019 年)》有关文件相关要求，依托优势技术资源，结合贵州省特色渔业发展实际，除重点在 5 个示范县（惠水县、江口县、镇宁县、绥阳县和湄潭县）开展技术指导和服务外，也在其他贫困县如铜仁石阡县、黔南州龙里县、荔波县、六盘水六枝特区等县市开展扶贫工作，并取得了显著成效。

一、调查研究，把脉贫困区产业特点

开展冷水鱼（鲟鱼、鲑鳟鱼）产业发展情况调研。主要调研了省、市（州）及县级水产主管部门，省、市（州）及县技术推广部门，行业协会、龙头企业、合作社和养殖大户等，其中调研省、市（州）及县级水产主管部门及推广部门 16 个、行业协会 1 个、龙头企业 6 个、合作社 4 个、养殖大户 19 个，掌握了贵州省冷水鱼（鲟鱼、鲑鳟鱼）产业的基本情况。在示范县开展特色鱼养殖品种病害调查，及时为养殖户提供有效解决方案。

二、试验示范，带动渔民发家致富

在绥阳县遵义石林水产有限公司（绥阳县芙蓉水产养殖农民专业合作社）开展山区流水养殖尾水处理试验示范；在 5 个示范县的示范企业及地处贫困乡镇的养殖场开展新品种、新技术试验示范。

三、技术培训，送渔业科技入村到户

2017 年 10 月 13 日，在遵义市绥阳县开展名特优新品种养殖技术、病害综合防治技术和新技术微生态制剂的使用培训，培训绥阳县特色渔业协会成员 30 余人次。2018 年 1 月 10 日，在贵阳综合试验站依托单位召开"2017 年工作总结暨 2018 年工作推进会"。2018 年 8 月 6 日，在黔南州龙里县湾滩河镇开展鲟鱼养殖技术培训，为当地养殖户及农户进行山区流水养殖鲟鱼技术培训，培训农技人员和养殖户 20 余人次。2018 年 9 月 5 日，在铜仁市石阡县聚凤乡普乐寨村开展技术培训，为普乐寨村及周边贫困户讲授稻渔综合种养技术要点，指导农村贫困劳动力因地制宜发展产业，共计 40 余名贫困户参加培训。2018 年 9 月 20 日，国家特色淡水鱼产业技术体系贵阳综合试验站 2018 年技术培训会在绥阳县召开，培训来自 5 个示范县的技术骨干、养殖大户、贫困户等 40 余人。

四、技术指导，手把手传授渔业知识

2017 年为绥阳、惠水、荔波等县养殖企业技术服务 5 次。2018 年以来，除对 5 个示范县定期进行技术服务外，依托团队成员作为贵州省科技特派员、科技副职等优势，每月到定点帮扶的 3 个贫困村开展技术服务，帮助查找和解决当地农业产业发展中的技术难题，谋划推动实施主导产业，培训培养农村实用人才。2018 年贵阳综合试验站团队成员中有 9 人作为省级科技特派员参与科技服务，服务贫困村超过 30 个。此外，团队成员还对石阡县国荣乡、长顺县代化镇等极贫乡镇进行技术指导和服务，通过项目引进、新品种新技术示范、技术培训、田间技术指导等科技服务工作，有力推动了贫困地区渔业产业发展。

按照贵州省产业扶贫指导工作方案要求，贵阳综合试验站派出团队成员张效平参加贵州省产业扶贫指导工作，每个月定期到黔南州基层一线开展工作。

主要对产业扶贫中的产业选择、技术培训、产业组织、生产方式等进行调研，总结科技在产业扶贫中的作用，为当地的产业规划提供可行性意见和建议等。截至 2018 年，张效平到黔南州调研 4 次，涉及都匀、长顺、罗甸、贵定、龙里、惠水等 6 个县市。

五、政策咨询，科学规划渔业发展

为省农委渔业处、省水产技术推广站提供生态渔业发展决策咨询，为各地水产技术推广站、养殖户开展养殖场规划及设计指导、养殖水域滩涂规划等。

六、物资帮扶，为贫困农户送温暖

为贫困村发放鱼苗、饲料、渔药及进行技术指导。2018 年 8 月，向龙里县摆主村赠送优质鲟鱼苗种 7 000 尾，饲料 25 kg，总价值 12 000 余元；2018 年 9 月，向石阡县国荣乡提供 2 500 尾大规格鱼种、饲料及渔药；向花桥镇周家湾村提供 250 kg 大规格鱼种、饲料及渔药；2018 年 10 月，向黄平县鸿发生态养殖农民专业合作社赠送价值 5 000 余元的水质快速检测设备和试剂。

七、产业扶贫初见成效

初步筛选出符合贵州山区流水养殖尾水处理的生态养殖模式 1 套，并建成目前贵州省首个山区流水养殖尾水处理示范点；增强了与各地水产部门、养殖户的联系，扩大了特色淡水鱼体系贵阳综合试验站的影响力。

八、面临的主要问题及建议

贵州省扶贫任务艰巨繁重，且瓶颈制约突出，部分农村基础设施薄弱，交通不便，产业结构单一且层次低，劳动力素质不高，项目盲目发展，缺乏科学规划与管理，影响了贫困户对渔业产业发展的积极性及可持续性。

建议推进现代山地特色高效农业发展：①着力在贫困县、极贫乡镇给予项目和资金倾斜，因地制宜发展适合的水产养殖项目，打造生态养殖基地，推进适度规模化、标准化生产和产业化经营，以点带面，辐射周边，带动贫困户受益。②推进农村一二三产业融合发展，积极引入龙头企业投资兴业，引导新型经营主体与农民建立紧密的利益连结机制。③延长水产产业链，推进农业与旅游、文化等产业深度融合，加快发展休闲农业、观光农业等。④通过大力推进农业"接二连三"，构建农业与二三产业交叉融合的现代产业体系，带动农业增效、农民增收、贫困群众脱贫致富。⑤加强对基层一线水产养殖技术推广人员、养殖大户及有发展水产积极性贫困户的技术培训，通过辐射带动，科学合理、因地制宜地发展水产养殖项目。

紧紧围绕省委、省政府关于脱贫攻坚工作的安排和部署，依托国家特色淡水鱼产业技术体系，同时结合省委组织部、科技厅关于贵州省科技特派员服务贫困村等工作要求，贵阳综合试验站团队成员将结合专业优势，继续做好贫困地区水产养殖技术服务工作。

培育良种，研发良饵，鲑鳟特色产业扶贫加快东北脱贫致富步伐

为贯彻落实国家和农业农村部产业扶贫、科技扶贫的部署要求，近年来，特色淡水鱼产业技术体系围绕国务院出台的相关政策文件，切实贯彻"创新、协调、绿色、开放、共享"的发展理念，使渔业发展朝着可持续性、生态协调、现代化的方向迈进。在特色淡水鱼产业技术体系的统一部署下，鲑鳟育种岗位和鲑鳟营养需求与饲料岗位联系所在地区渔业主管部门，群策群力，充分利用地区优势及自身淡水渔业资源的优势，结合当地实际制定科学合理的淡水渔业发展政策，促进区域淡水渔业健康持续发展，带动就业和产出，从而推动贫困地区经济发展，加快贫困地区和贫困人口脱贫致富的步伐。

一、黑龙江地区扶贫工作

黑龙江省地处我国最东北端，为贯彻落实中央精准扶贫、精准脱贫工作部署，结合黑龙江地区地理位置特殊、名贵特产鱼类种类繁多的实情，鲑鳟育种岗位和鲑鳟营养岗位及其依托单位中国水产科学研究院黑龙江水产研究所，积极助力黑龙江淡水渔业发展，利用资源和专业技术优势，协助所在地的相关贫困地区实现快速脱贫。其中鲑鳟营养需求与饲料岗位专家刘红柏团队多次前往黑龙江省绥滨县、塔河县等国家级贫困县和贫困地区调研，选定绥滨县为重点帮扶对象，黑龙江水产研究所曹广斌副所长率团队成员为绥滨水产局的寒地循环水养殖项目建设及运行提供了技术支持与服务，对该项目中冷水鱼循环水养殖工艺、设施设备系统工艺进行合理化设计，有针对性地进行援助工作。项目于2016年验收通过，目前该系统已成为我国最东端的循环水养殖示范中心，可养殖鲑科、鲟科、鲤科等多种鱼类。养殖工艺与技术辐射面广，对周边市县进行工厂化循环水养殖的引领作用明显。

在后续的循环水养殖过程中对该中心进行跟踪式技术援助，包括对循环水质指标的检测与分析、饲料投喂情况、循环水养殖饲料投喂技术指导，从而提

高饲料利用率及保证养殖水体水质指标。团队在 2018 年为该中心赠送了苗种和饲料，并持续开展养殖技术指导和技术服务，提升国家级贫困县绥滨县水产局的养殖技术和致富能力，为该县制定的年底脱贫目标提供助力。绥滨县水产局除进行贫困村资助外，还计划进行稻田养鱼脱贫致富，岗位团队成员及依托单位也为此出谋划策。此外，团队成员还帮助水产局及其所在地区的水产养殖户进行鱼病检查，开展病害防控及养殖技术指导等工作。

二、吉林省扶贫工作

吉林省从 2010 年开始投入专项资金开展东部山区冷水资源开发利用以及珍稀土著冷水鱼原种保存、驯化繁育、增养殖技术示范、规模化生产等。2017 年冷水鱼产业技术专项在延边、珲春、和龙、敦化、白山、抚松、长白等地对名优冷水鱼细鳞鲑、鸭绿江茴鱼、美洲红点鲑进行规模化人工繁育和养殖模式等技术示范、推广，网箱养殖优质高端三文鱼、三倍体虹鳟、金鳟的示范推广。此外，2013—2018 年，颁布实施了冷水鱼养殖、鱼种培育相关技术规程，为冷水鱼产业规范化发展提供技术保障，极大地提高了农民养殖的积极性，促进农业产业发展。特色淡水鱼体系从事鲑鳟鱼产业研究的王炳谦团队和刘红柏团队同吉林省水产技术推广总站曾进行多年和多方合作，其中包括单位之间的交流、技术合作，实验室及研究课题之间的项目合作。黑龙江水产研究所作为委托单位承担吉林省技术推广总站部分病害监测的检测工作，并持续为养殖中的病害防控工作提供技术支持。

为协助贫困地区脱贫致富，王炳谦研究员带领的鲑鳟育种岗位团队向位于国家级贫困地区吉林省和龙市的青龙渔业有限公司赠送推广鲑鳟鱼苗种，并持续进行技术服务。针对养殖过程中的病害防治、水产品质量安全以及鲑鳟人工繁殖、苗种培育及商品鱼生产技术进行跟踪指导。该公司于 2016 被审定为国家级细鳞鱼原种场，目前，渔场每批次可孵化受精卵 800 万粒以上，可生产细鳞鱼发眼卵 300 万粒、美洲红点鲑（七彩鲑）发眼卵 500 万粒、虹鳟金鳟发眼卵 50 万粒、大马哈发眼卵 100 万粒，每年可培育细鳞鱼、花羔红点鲑、美洲红点鲑、虹鳟、金鳟等一龄苗种 1 000 万尾。在特色淡水鱼产业技术体系的大力扶持下，该公司已发展成为集科研、养殖、餐饮、旅游、休闲于一体的综合性渔业企业，其持续健康发展为该地区提供了就业机会，促进了地区经济增长，助力了区域脱贫。

三、辽宁省扶贫工作

特色淡水鱼体系从事鲑鳟鱼产业的团队成员同辽宁省研究院所、技术推广部门也有多方合作，并进行产业扶贫调研。辽宁省淡水水产科学研究院从2005年开始，对鸭绿江和辽河流域的五种土著野生鱼类斑鳜、唇鱼骨、葛氏鲈塘鳢、鸭绿沙塘鳢和拉氏鱥开展了基础研究和技术研发，攻克了人工繁育、苗种和成鱼养殖、营养与全价配合饲料、环境约束等技术难点，实现了斑鳜、唇鱼骨、拉氏鱥全人工繁育技术及池塘、网箱规模化养殖技术；创新集成了葛氏鲈塘鳢和鸭绿沙塘鳢半人工繁育与养殖技术。2011年，开展了冷水性鱼类养殖产业化研究与示范项目，在本溪市关门山水库及观音阁水库进行冷水性鱼类科学研究、示范区的建设和技术推广，并与本溪市就建立哲罗鱼养殖产业化示范基地达成一致意向。

近年来，鲑鳟种质资源与品种改良岗位专家王炳谦团队、鲑鳟营养需求与饲料岗位专家刘红柏团队多次前往大连东鹿岛海洋科技有限公司及本溪艾格莫林等养殖基地考察，了解目前鲑鳟鱼产业发展中的主要问题，为渔民提供技术扶贫。

辽宁水产科学院从2010年开始相继从中国水产科学研究院黑龙江水产研究所引进哲罗鱼发眼卵25万粒、鱼苗1.5万尾，养殖于本溪邵文特种鱼养殖场、京溪鲑鳟鱼养殖场、辽阳县甜水乡河沿冷水鱼养殖专业合作社、海城冷泉鱼饲养中心、丹东辛宇渔业有限公司，并由鲑鳟营养团队成员尹家胜为各养殖场在孵化、苗种培育、商品鱼养殖与亲鱼培育等方面提供技术支持，2017年将培育成亲鱼的哲罗鱼进行了人工催产，收获F3代鱼苗，成功构建扩繁群体。

四、援疆工作

为推动新疆渔业发展，特色淡水鱼体系中两个与鲑鳟鱼相关岗位的团队成员与依托单位黑龙江水产研究所科研人员针对地区发展特点编制渔业发展规划，发挥科技成果和人才优势开展合作研究，采用赠送优良品种、建立示范基地、加强基层农技人员和职业渔民培训、派驻挂职干部等多种扶贫手段开展科技扶贫。岗位依托单位黑龙江水产研究所联合新疆地区渔业部门在新疆吉力湖、柴窝堡湖、伊犁河、额尔齐斯河等水域开展渔业资源调查及开发，掌握各水域鱼类种群的组成及演变趋势，掌握主要经济鱼类的生物学、生态学特征及其资源量，以便进行渔业资源的保护和合理开发土著鱼类资源。与新疆地区相关部门进行水产合作交流，联合开展了"虹鳟等冷水性鱼类的示范推广"研究工作。2012 年，黑龙江水产研究所与新疆生产建设兵团水产技术推广总站合作开展了江鳕、河鲈的繁育和增殖研究。黑龙江水产研究所派专家组多次前往新疆多地区调研，与新疆地区签订了人才培养、良种培育、增殖放流等协议，并为其引进松浦镜鲤、哲罗鲑、大鳞鲃等优良养殖种，无偿赠送阿克苏地区亚东鲑、大鳞鲃、雅罗鱼和龙研鲫等新品种苗种 50 多万尾，其中部分苗种为特色淡水鱼两个团队所赠送。此外，两个团队还数次开展在新疆地区的水产养殖技术培训讲座，为新疆渔业快速发展做出了积极贡献。

五、援藏工作

特色淡水鱼体系自 2011 年与西藏建立援助关系以来，在依托单位黑龙江水产研究所支持下，在西藏开展冷水性鱼类养殖，帮助西藏自治区规划了专业的水产研究机构——西藏自治区农牧科学研究院水产科学研究所，无偿为自治区培训一批从事渔业资源调查、水产养殖、病害防治等水产专业技术人员，为西藏自治区渔业科技人才队伍建设做出一定贡献。2017 年 8 月，黑龙江水产研究所分别与自治区农牧科学院水产研究所、林芝政福渔业开发有限公司签署了长期战略科技合作协议，计划结合西藏地区丰富的冷水资源和渔业发展状况，将亚东鲑、虹鳟、金鳟、鲟鱼等冷水性经济鱼类引入西藏，联合开展异齿裂腹鱼等土著鱼类的研发，并进行冷水性鱼类养殖技术指导和培训。多年来先后无偿援助西藏农牧科学院亚东鲑、鲟鱼、虹鳟、金鳟等冷水性经济鱼类，在西藏农牧科学院水产基地繁育车间用循环水孵化、养殖成功，形成了规模化亲鱼繁育群体。目前在西藏已经建立了从一龄鱼至三龄鱼的保种群体。此外，共同开展雅鲁藏布江中游及重点水域渔业资源的环境调查以及土著鱼类开发利用，先后开展了黑斑原鮡、尖裸鲤、裂腹鱼等土著经济鱼类种质资源采集、运输、保存和人工繁殖工作，选派有 30 年冷水鱼养殖经验的高级技师张庆渔到西藏进行现场跟踪指导，已在野生资源采集、长途运输、人工催产、受精卵孵化、苗种培育等方面取得重大突破，对土著鱼增殖放流保护具有积极意义。目前保存黑斑原鮡一龄苗种 40 余尾，长势良好，在人工养殖条件下成活达 1 年，是人工养殖条件下成活时间的最长记录；进行了尖裸鲤的繁殖，将苗种运回渤海试验站，存活尖裸鲤苗种 6 000 余尾。

六、甘肃、内蒙古等其他区域的扶贫工作

为贯彻落实国家"一带一路"倡议和农业部、中国水产科学研究院产业扶贫、科技扶贫的部署要求，2016 年根据农业部和水科院任务安排，特色淡水鱼体系依托单位黑龙江水产研究所选派吴文化同志前往景泰县挂职副县长，主要开展渔业发展工作，结合黑龙江水产研究所学科优势，依据甘肃省景泰县的地方特点和资源优势开展科技援助工作。

2017 年 6 月，鲑鳟种质资源与品种改良岗位团队赴甘肃省景泰县调研，对景泰县境内的盐碱水域和冷水资源进行了实地考察。同月，景泰县派出考察组到黑龙江，先后赴渤海冷水性鱼试验站和呼兰水产试验场，考察了温水性鱼类、耐盐碱鱼类和冷水性鱼类的种质资源保护、遗传育种和养殖技术推广工作，并与黑龙江所签订了《渔业科技战略合作协议》，同特色淡水鱼体系两个岗位的成员进行了交流。为落实相关合作协议、促进地方渔业转型升级、优化养殖结构、提高渔民收入，黑龙江水产研究所分别于 2017 年 7 月和 2018 年 6 月，向景泰县无偿赠送了优质耐盐碱鱼类大鳞鲃、雅罗鱼和冷水性鱼类业东鲑苗种共计 14 万尾，为景泰县渔业整体推进提供全方位技术支持，其中鲑鳟苗种为岗位专家王炳谦团队所赠送，并持续进行技术支持。

精准扶贫送技术到秦巴山，鳜鳝鳅鲈特色养殖促发展

2017 年以来，武汉综合实验站积极开展了多次扶贫工作，按照上级的统一部署，积极转变角色定位，迅速进入工作状态，深入田间地头，深入百姓家中，本着"识别到人、帮扶到户、落实到位"的要求，深入开展帮扶工作，具体辐射的地方有武汉市、仙桃市、洪湖市、黄冈市等多个市县。服务的主要方式是现场技术指导、集中技术培训答疑、发放宣传资料、赠送养殖书籍、举办培训班等。通过大量的科技宣传和各种养殖业的专题技术讲座，提高了农民群众的科技水平。

一、深入调查研究，明确水产业发展方向，制定发展战略

与大悟县水产局、地区重点养殖企业、养殖合作社、养殖农户共同调研，明确了大悟县开展稻－鳅、稻－鲌鳜鱼生态养殖产业发展方向。结合湖北省开展退鱼还湖工程的战略要求，深入考察了洪湖的拆围工作进展、水面养殖情况、水质情况，并就调研情况与当地有关部门进行了对接与沟通，进一步明确了发展特色淡水鱼生态高效养殖渔业发展的思路。

二、开展技术指导，赠送生产物资

在大悟县，综合试验站专家携技术、带物资前往基层进行技术服务与物资赠送，主要包括鳜、鳝、鳅、鲌等优质种苗以及渔药产品、渔机设备、养殖手册等。为仙桃市养殖合作社、养殖大户提供优质的鳝、鳅优质种苗，确保养殖户投放健康种苗，解决养殖户鳝、鳅种苗缺乏的产业问题，并赠送了渔药和生产设施。对洪湖养殖合作社、养殖大户、新型职业农民进行技术指导和服务，向广大养殖户提供养殖本地新鳜鱼良种、鳝鳅种苗。2017 年，大悟县鳜鱼养殖产量提高 5%，养殖存活率提高 10%，无重大病害发生，示范户养殖效益显著。

三、与企业签订技术服务协议，提供技术指导与服务

在大悟县三里城镇汪畈村湖北楚绿香生态农业科技有限公司种养基地，举行了武汉综合试验站对接大悟服务基地授牌仪式，指导稻–鳅综合种养池和鳅苗繁育池。站内成员对接大悟服务基地，为大悟县推进渔业科技创新和科技成果转化应用搭建了新的平台，加强了大悟县水产系统与武汉市农科院水产所的联系，建立两地长远合作关系，开展产学研一条龙无缝对接，提高渔业科技含量，推进农业产业化发展，促进农民增收致富。目前，已赠送鱼苗、渔药等近10万元，扶贫服务面积超过5万亩，2018年大悟县渔业产值增加10%。

十堰市郧西县已完成部分定点扶贫工作，与省科技厅合作完成水产养殖扶贫规划。在郧西县长安乡建立农业科技核心示范区200亩（其中长岗岭村30亩以上）；对接新型农业经营主体、农业企业、种养大户5家，集成示范推广综合种养新技术、新模式、新产品、新装备10项，举办培训班5期，活动得到湖北省科技厅的专项资金支持。

武汉综合试验站团队多次赴仙桃市现场指导并邀请专家指导卫祥水产合作社，突破鳝、鳅仿生态繁育养殖技术，解决鳝、鳅种苗短缺问题，实现鳝、鳅健康养殖。试验站配合体系岗位科学家杨代勤教授进行技术系列指导与服务。2018年仙桃市鳝鱼种苗繁殖产量达3 900万尾，产品畅销10个省市，种苗出苗率和存活率分别提高20%以上，带动当地经济效益3.68亿元，纯利润8 900万元，出口创汇800万美元。

四、开展技术培训，培养科技人才

在大悟县，武汉综合试验站团队成员从鳜、鳝、鳅、鲌的健康养殖技术和生态养殖技术等方面开展技术培训，培训300人次，发放养殖技术书籍500份，培养优秀水产科技人才、新型职业农民50人。

五、邀请国家级岗位专家研讨产业难题，解决实际问题

随着国家特色淡水鱼产业体系武汉综合试验站的启动，仙桃市卫祥水产合作社成为十个示范点之一。体系育种技术与方法岗位专家卢迈新、营养与饲料岗位专家文华、池塘生态化养殖岗位专家罗永巨、产业经济岗位专家袁永明、鳜种质资源与品种改良岗位专家赵金良、细菌病防控岗位专家姜兰等先后考察

了仙桃市卫祥水产专业合作社。通过现场勘查、座谈、交流、沟通，了解了养殖产业中存在的困惑、想法和技术需求，并就他们提出的黄鳝苗种养殖期饵料问题、水葫芦烂根毒害黄鳝污染水质问题、养殖大棚缺氧问题、白露节气后鱼病防治问题、水质肥瘦调节技术问题等，专家组一一进行了指导和解惑，并不定期提供技术援助。

六、开展养殖示范，带动产业发展

十堰市郧西县安家乡长岗岭村是省科技厅精准扶贫联系村，也是武汉综合试验站与省厅共同扶持的目标。长岗岭村有 5 个村民小组，229 户 763 人，其中建档立卡贫困户 126 户 327 人，是湖北省重点贫困村之一。围绕着产业振兴扶贫工作，实现渔业产业规划，根据国家乡村振兴战略发展要求，以十堰市郧西县安家乡长岗岭村作为科技创新示范点、示范区，通过新品种、新技术、新模式、新装备应用，结合当地农业实际需求，将水生蔬菜、果菜、巨菌草种植与水产养殖有机结合，大力发展该村综合经济效益、生态效益和社会效益。

大力推广稻渔综合种养模式，在郧西县长安乡小型山堰塘开展鲌-黄颡鱼等混养模式、集装箱养殖加州鲈、阶梯景观沟渠、莲-小龙虾综合种养以及稻-鳖、稻-鳝综合种养等高效养殖工作。

武汉综合试验站成立以来，先后在武汉市不同地区进行了鳜鱼池塘高效养殖培训、虾蟹生态健康养殖模式技术服务、泥鳅人工繁殖和苗种培育技术服务、养殖品种选择、黄颡鱼水产技术培训、泥鳅种苗气泡病防治方法和黄鳝种苗培育技术、渔用割草机械的使用等扶贫工作。

把脉产业需求，突破关键技术，不断提升
大别山区渔业产业扶贫成效

一、调查研究

合肥综合试验站（以下简称合肥站）于 2017 年正式进入国家特色淡水鱼产业技术体系。建设伊始，合肥站按照首席和体系研发中心的工作要求，对适宜发展特色淡水鱼产业的省级贫困县及受援县怀远县，农业部帮扶县、受援县埇桥区和泗县，江淮分水岭凤阳县和受援县太和县，扶贫开发重点县定远县，国家级贫困县岳西县、太湖县、宿松县、阜南县、颍上县、砀山县、萧县，国家连片特困地区大别山区的金寨县、霍邱县、望江县等 10 多个县区开展技术需求调研。在调研中，深入了解了当地水产养殖资源条件、养殖技术水平、养殖结构调整趋向、从业人员技能素质、组织形式、经营管理方式等基本状况，对在养殖过程中种苗、饲（饵）料、病害、养殖基础设施与管理、活鱼运输、产品初加工等方面存在的突出问题和技术上的集中需求进行了逐条梳理，并上报体系研究中心和相关岗位科学家。这项工作为合肥站明确示范县、辐射县、试验示范基地，以及有的放矢地承接相关功能研究室岗位科学家的关键适用技术提供了第一手资料。

几年来，杨弘首席带领体系执行专家组专家、岗位科学家多次莅临合肥站，督促检查试验示范工作并到怀远县、望江县等贫困县区和贫困乡村同当地政府、渔业主管部门、水产技术推广站以及养殖户、养殖企业开展了座谈交流，形成了技术帮扶、科技扶贫、点对点接口的具体措施。体系等开展的调研工作分别得到当地市县媒体的关注报道。

2018 年合肥站配合农业农村部委派的专家，对包括贫困县区的安徽部分养殖鳜、鲈、鳢的养殖企业开展了用药、投饲（饵）、养殖模式和尾水处理等养殖关键环节的系统调查，为下一步特色淡水鱼健康养殖、绿色发展的路径建立和规范获取了可靠的信息。

二、试验示范

合肥站在怀远县开展了泥鳅苗种繁育、池塘主养、稻田泥鳅综合种养、乌鳢新品种引进、繁育、饲料投喂，以及病害防控、水质调控等关键技术开展试验示范，对于养殖中出现的重大关键问题，邀请岗位科学家和相关专家亲临现场诊断指导。怀远示范县泥鳅稻田养殖中，每亩糯稻收入 1 400 元，商品泥鳅 8 000 元，亩均利润 3 200 元；池塘泥鳅养殖亩产 100 kg，亩均纯收入 5 000 ～ 6 000 元。怀远县三大主导特色养殖之一的乌鳢养殖面积达 175 hm^2，产量 4 222 t，产值 8 902 万元，亩均利润达 3 万元。

同时，在过去工作的基础上，合肥站还在望江、太湖、霍邱、颍上等县区开展技术辐射服务，对口帮扶开展黄鳝种质资源保护、黄鳝池塘生态养殖、规模连片稻田养殖、流水槽养殖黄颡鱼。在工作过程中，系统整理了安徽区域特色淡水鱼病害发生情况，指导面上的病害防控。合肥站在黄河故道的贫困县砀山县、萧县以及亳州市开展了鳜鱼早繁、增殖放流和黄河鲤等资源保护区养护技术试验与示范，在岳西县结合茭白、莲藕等高山水生蔬菜栽培，养殖泥鳅、龟鳖等品种，养殖取得了显著成效。

针对池塘内循环流水养殖系统（IPA）在安徽及其贫困地区的试验和应用，合肥站主动联合安徽省水产技术推广总站、合肥工业大学、安徽农业大学、安徽科技学院和合肥流水槽设计建设公司专家、技术人员到金安区、金寨县、颍上县、太和县等现场研究技术问题，应用我站研发的智能监控软件，调试改进提水增氧设施设备，讲解系统运行的技术关键措施，示范外塘净化区功能，保障了新技术、新设施、新理念由试验示范推进到贯彻落实。

合肥站还发挥桥梁纽带作用，根据县区和养殖主体的具体要求，与岗位科学家、其他相关体系、国内水产研究机构沟通信息，把脉产业问题，促进贫困地区关键技术提升，产业提质增效。

三、技术培训和指导

合肥站采取"请进来、走出去"的方式对贫困地区养殖技术人员、经营企业开展技术培训与指导工作。2017 年在合肥开展了特色淡水鱼养殖关键技术培训，邀请了岗位科学家和贫困地区涉渔人员开展培训互动，部分县区组团到安徽农业科学院、合肥国际现代渔业博览会等观摩、座谈和学习交流。结合基层新型农民职业技能培训，2018 年合肥站委派专家团队 10 多人次到太和县、颍上县、太湖县、金寨县、岳西县等贫困地区送课上门、教学到塘，授课内容丰富，方式生动活泼，累计培训指导 300 多人次。

合肥站成员和体系岗位科学家常常进村入户、巡检养殖场区和塘口，在怀远县、望江县、太湖县以及东至、休宁、义安等贫困村镇，倾听养殖户反映的生产情况，敏锐发现技术问题，对苗种适宜性抗耐性、池塘设施布局、饲料营养、饵料鱼培育、水质调控方式方法，以及休闲、观光、体验渔业等方面存在和潜在的问题进行悉心指导，提出实施和改进方案。在这些过程中，专家和养殖户一起站在塘边交谈，坐在小院交心。养殖户普遍反映在自己家门口见到大专家没有大架子，指导养殖毫不保留传授真经。

此外，合肥站专家随同杨弘首席率领的执行专家组到广西贫困县三江侗族自治县等调研学习稻田种养结合的"三江模式"、西北冷水和亚冷水鱼养殖开发经验，向合肥站示范县区和部分贫困县区介绍了外地取得的成功做法，期望得到借鉴和启发。

四、政策咨询

合肥站为贫困地区和养殖企业及经营户提供了大量的政策咨询。一是体系首席杨弘和岗位科学家在安徽开展贫困县区特色淡水鱼养殖技术需求调研期间，针对望江县、东至县、义安区等政府部门和养殖企业提出湖库密集、大水面传统养殖区如何适应环境治理政策、池塘养殖尾水处理方式和标准、退网还湖和水生动植物资源保护生态策略、池塘养殖金融保险等一系列问题，开展了广泛、系统的回应和政策解读。二是配合安徽省渔业局开展全省水域滩涂和养殖规划政策培训。合肥站对皖西和皖北的大别山连片贫困县区养殖规划开展了一对一辅导帮助，结合实地勘查、水样采集、县区多部门会商、综合性分析，大部分县区如期完成和提交了规划报告。三是对贫困和生态脆弱区合理开发利用养殖资源、发展多功能的"三产融合"渔业、建设渔业田园综合体和特色小镇，以及涉及淮河阜阳—六安段、歙县新安江等国家水产种质资源保护区的工程建设，合肥站不遗余力提供政策咨询帮助。四是在系统调查泗县、埇桥区等沱湖、天井湖上游水系点源、内源和面源污染风险点的基础上，与地方科技部门结合实施了省级科技攻关项目，并为跨界污染评价和控制提供科学评估依据。

五、主要成效

在近年科技扶贫、科技下乡工作的基础上，合肥站实施"一地一策"，筛选引进鲈鱼原种、乌鳢新品种，辅以疫苗技术，扩大翘嘴鳜养殖，推广杂交鳜鱼，实施黄鳝种质提纯。熟化鳜鱼苗种早繁、鲈鱼快速转口驯饲、流水槽养殖品种苗种适宜性培育、山区水稻冷浸田养殖、山泉流水开发养殖、生物和工程水质净化等技术。有序推进循环流水养殖系统建设与应用，结合设施设备改造升级、应用智能平台，初步改造了传统渔业的面貌。通过一系列措施，特色淡水鱼养殖逐渐成为水产养殖产品结构调整的方向，带动了产品加工产业的发育，适应了市场对水产品多层次、高质化、便利性的需求。养殖产业出现了合作化、专业化、企业化、规模化的发展演变，同时也促进了以池塘内循环流水养殖设施设计建设为主的合肥万康、以物联智能产品开发为主的安徽拓立德等新技术企业的培育。

六、主要问题和建议

安徽共有 6 个县级市、55 个县、44 个市辖区，其中国家级贫困县区、省扶贫开发重点县区 31 个。因此，贫困地区分布广，多位于山区、老区、农区、洪区，偏离经济活跃的都市城区，处在核心市场辐射半径的边缘，核心市场又对贫困地区人流、物流、资金流等生产要素产生虹吸效应。

渔业和大农业一样，作为国民经济的稳定器和压舱石，以资源性产品为主，集中面市、周年均衡供给困难，鲜活度难以持久，储运成本高。虽然贫困地区多处在生态环境优良地区，但优质难以优价，消费弹性低，容易受到替代产品和内外贸易的左右，有准公共产品的性质。

贫困地区的水产养殖资源如湖泊、水库、河溪、水田等，在生态安全、水安全、粮食安全的背景之下，将与养殖空间紧缩、现有养殖池塘老旧、高密度养殖与水体营养过剩成为一种矛盾。

水产业多以养殖为主，养殖环境依然存在许多亟待解决的技术问题，新健康养殖和绿色发展技术整体薄弱、应用成本和运行费用较大，传统养殖户对待新技术有内卷化倾向，同时二产、三产也存在技术创新不强和产业碎片化的现象以及地方政府和部门对内陆淡水养殖知之甚少、支持动力不足、投入品监管不够的问题。

综合试验站年度经费既定，示范县区工作任务繁多，而贫困地区多为交通不便之地，扩大体系及其试验站对贫困地区的技术辐射覆盖在资金、人力和支持强度上受到客观制约。

七、下一步工作

依靠体系整体力量，集中岗站集体智慧，树立敢于"接地气"的踏实作风，确立体系科技扶贫的区域集中度和产业显示度。

加强科技扶贫的力度，深度对接岗位科学家技术供给和贫困县区产业技术急迫需求，高效传导技术、产品、市场的有效讯息。

筛选一批关键适宜性技术，在科技扶贫重点县区试验示范，减少技术风险，保障养殖产业提质增效、脱贫致富的续航能力。

推进"政产学研推用"同步用力，争取地方政府、农业和渔业管理部门对体系工作、扶贫工作更多帮助，以及对养殖主体的支持。

推动示范县与贫困县的技术互动与交流，培养当地技术骨干作为渔业科技帮扶的种子，帮着算、帮着干、帮着赚，进而实现早脱贫。

下 编
体系认识与工作感悟

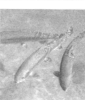

2008 年，农业部、财政部联合启动了现代农业产业技术体系建设工作，充分发挥集中力量办大事、办难事、办基础和长远事的独特优势。体系成立以来，中央 1 号文件多次出现体系的身影，地方文件也对其屡次褒扬，并自发地配合国家现代农业产业技术体系建立了地方现代农业产业技术体系。可谓从中央到地方各级政府、从国内到国外社会各界都对现代农业产业技术体系给予了高度评价，认为现代农业产业技术体系建设是我国农业科技领域的重大管理创新，实现了同一产业不同学科间融合、同一研究领域上中下游有机链接、同一科技资源跨单位有效整合利用，推动科技成果实现从科学研究、试验开发到推广应用的"三级跳"，探索出一条符合我国国情的农业科技发展之路。而对于身处体系之中的我们，又有着怎样的切身感受呢？在体系成立十周年之际，特色淡水鱼产业技术体系的参与者、践行者、推动者、受益者抒发内心感受，畅谈内心感想。

也谈体系情

邹芝英

罗非鱼种质资源与品种改良岗位成员　中国水科院淡水渔业研究中心

2008 年，农业部、财政部联合启动了 50 个农产品现代农业产业技术体系建设工作。其中，罗非鱼是唯一以"一条鱼"身份入选 5 个水产体系的品种。2017 年，根据农业部的统一部署，原罗非鱼产业技术体系调整为特色淡水鱼产业技术体系，扩容成 33 个岗位和 19 个综合试验站的大体系，研究对象由罗非鱼单一品种扩大到包含鲫、鳜、鲈、鳗、鲟等 10 余个品种。我是一名青年水产科技工作者，体系成立之初便加入体系，成为良种选育岗位团队的骨干成员，同时也是体系首席科学家办公室秘书。

2009 年罗非鱼产业技术体系与大宗淡水鱼产业技术体系在江苏无锡联合举办启动大会。一时间，来自水产行业的专家云集，有行业领军人物、省渔业（农业）局负责人、水产龙头企业老总以及青年业务尖子等。初次见到这么多专家，我激动之情难以言表。激动之余，也很疑惑：体系到底有什么魅力，吸引那么多专家竞相加入呢？启动会上，体系首席科学家杨弘研究员说出答案，他反复强调：现代农业产业技术体系不同于传统项目，它是现有农业科教体制的创新。十年的工作实践，我切身体会到它的独特魅力。

一、稳定的支持稳定了研究队伍

我一入职便加入体系首席兼岗位科学家杨弘研究员团队。恰逢农业行业专项项目进入申报答辩阶段，亲眼目睹了杨弘研究员及团队成员以单位为家、连续奋战了十昼夜完成项目申报书。当时，作为水产行业的新兵，我只能帮着完成一些材料收集、复印之类的简单工作，体会到做科学研究仅仅是科研人员工作的一部分。体系的出现，打破了这一格局，科研人员从烦琐的项目申报工作中解脱出来，集中精力进行科研攻关。

都说农业科研工作者辛苦，育种工作者更辛苦，苦上加苦的是没有经费稳定支持。受鱼类繁殖周期制约，一般来说，鱼类繁育工作一年只能进行一次。如果不成功，只能待来年。即使工作顺利，获得具有优良性状的品种，也需要长时间验证，性状稳定后，才能进入大面积推广和示范阶段。另一方面，鱼类育种工作需要保持一定种群数量以维持研究对象的遗传特征，因为这是选育工作延续的保证，而保种需要大量经费投入。因此育种是一项费力耗时耗经费的工作。体系的稳定支持彻底解决了育种工作者的后顾之忧，更重要的是稳定的经费支持稳定了科研队伍，能够心无旁骛地进行科学研究。

二、聚焦产业需求，服务产业发展

体系的建立与运行是为了加强科研与生产的结合。任务书的研究内容和考核指标不是来自项目库或者其他，而是来自产业调研。因此，要求和鼓励更多的水产科研人员走出实验室，走进田间地头，走到池塘边，倾听渔业从业者和企业的心声。同时，体系注重产业服务，科研人员在向渔民、渔技人员开展成果推广与技术服务的同时，深入了解他们的需求，进一步凝练出产业急需的技术。

体系就相当于一张"网"，把整个产业相关的部分都"笼"进来，共同推动产业的发展。它在现有科研管理体制和人事管理体制不变的情况下，围绕一个农产品，建立从养殖或者种植的田间地头到餐桌这样一个纵向线，从而把科研人员、推广人员和产业中的一些养殖企业、养殖户，包括流通、加工企业紧密联系在一起。我们团队长期从事罗非鱼遗传育种工作，团队带头人杨弘研究员是水产遗传育种和养殖研究方向的领军人物。历经数十年的攻关，选育出奥利亚罗非鱼夏奥1号、奥尼罗非鱼等罗非鱼品种（系），并逐步向罗非鱼主产区推广，但是进程不快。体系成立以后，利用体系联合优势，与体系综合试验站合作，联合推广育种成果，大大提高了罗非鱼良种的推广速度和广度，提高了罗非鱼主产区的良种覆盖率和养殖效益。相关成果"罗非鱼产业良种化、规模化、加工现代化的关键技术创新及应用"获得国家科技进步二等奖（2009年）。

三、促进交流，增强团队凝聚力

随着体系工作的不断推进，各个岗位和综合试验站之间合作不断深入，交流越来越频繁，大家已经亲如一家人。原来心目中高高在上的"大专家""大领导""老总"变得亲切起来，交流自然顺畅了许多。一年一度体系总结大会和六大功能研究室工作进展交流会是科研人员进行"信息共享"的最好时机。在体系总结大会上，来自不同专业领域的专家集中详细汇报自己科研的进展和工作情况，拓宽了不同专业、不同学科、不同研究方向的前沿科研人员的视野，在潜移默化中激发了团队成员创新能力和责任心，提高了团队的凝聚力和竞争力。在岗位科学家的带领下，我们团队入选农业科研杰出人才及其创新团队（罗非鱼产业研究创新团队，2011—2015 年），3 人继续深造攻读博士学位，我也由助理研究员晋升为副研究员，团队建设卓有成效。

经过十年稳健的运行和发展，罗非鱼产业技术体系对我国罗非鱼产业发展的巨大促进作用已经逐步显现出来。我真切感受到体系发挥出的科技支撑力量，见证它为罗非鱼产业发展带来的新变化，也深为体系团队近十年来所取得的成绩感到骄傲和自豪。党的十九大后，我国渔业发展的新目标是"提质增效、减量增收、绿色发展、富裕渔民"，为适应新时代的新要求，体系的研究方向顺应时代潮流得以适当调整。作为岗位团队成员之一，同岗位科学家一样，倍感压力，但我坚信，这一切既是挑战也是机遇。我们必会珍惜这一难得的科研平台，继续努力，认真解决产业问题，为产业科技和技术进步做出更大的贡献。

立足产业、坚定方向、服务农民

赵建

鳢种质资源与品种改良岗位成员　中国水科院珠江水产研究所

我于 2008 年 7 月在上海海洋大学硕士研究生毕业，随即在中国水产科学研究院珠江水产研究所水产种质资源与遗传育种研究室从事鱼类遗传育种工作。工作之初，很多问题都是一知半解，在同事、老师的帮助下边做边学，逐渐成长。我从 2009 年开始参加鳢育种工作，到现在已经十余年时间。其间，课题组相继承担了国家公益性农业行业科研专项、国家科技支撑计划项目，2017 年加入国家特色淡水鱼产业技术体系。加入产业技术体系以来，我深刻感受到与以往开展科研工作很大的不同。借助体系这个平台，我们加强了交流、开阔了视野，为今后的科研工作拓展了更多思路。体系激励我们承担更多社会责任，为我们的成长提供了广阔的舞台。

一、加强调查研究，瞄准产业问题

加入产业技术体系之初，我所在的鳢种质资源与品种改良岗位研究团队汇同其他岗位专家团队和试验站在广东、浙江、江苏、湖南、湖北、江西、安徽、广西、四川等地开展了产业调研，通过与省、市、县级水产主管部门和技术推广部门，以及各协会、龙头企业、合作社和养殖大户等相关从业人员进行座谈，我们理顺了鳢产业中存在的苗种质量、生产技术、养殖模式、病害、投入品、运输销售、加工等全产业链中存在的问题，也了解了各级行业主管部门、养殖户对政府政策、科研产品与技术的需求。通过这些调研活动，我们总结形成了调研报告上报给农业部，为政府部门决策提供了依据。调研过程中反映出的一系列产业问题给我们今后的科研工作提供了研究方向。

经历过这次集中调研，我最大的感触是一个产业长期健康发展需要解决很多问题，而作为科研人员，我们的研究只能集中在其中一个方面，必须与外界进行广泛的合作才能解决。而产业技术体系内不同岗位、综合试验站，以及体系间和体系外的合作，是解决产业中各个问题的关键。今后我们的科研工作也需要着眼于整个产业链，以产业亟须解决的问题为重点。

二、深入产业一线，坚定科研方向

加入体系后，我跟随岗位科学家陈昆慈研究员到各地调研的机会大大增加，能够深入到生产一线，并从中发现科学问题，找到了科研主攻方向。

广东省的中山、顺德等地是鳢苗种和商品鱼的主产区。多年来，中山市养殖户普遍采用"挑公养殖模式"，当年养殖的商品鱼进行拉网筛选，小个体的雌性淘汰上市，选留大个体继续进行越冬养殖。通过与养殖户交流，我们发现鳢雌雄个体间存在很大差异，雄性个体生长速度快、个体大，雌性生长速度较慢，尤其是规格达到半斤左右、性腺开展发育时，生长速度更慢，同时饵料系数明显增加。养殖户普遍反映希望养殖全雄性品种。

通过进一步的市场调研我们发现，鳢商品鱼的价格与规格存在很大关系，一般以 1 千克规格作为分界，1 千克以上个体比 1 千克以下的个体每千克价格贵 1.5 ~ 2.5 元。而养殖 2 年或 1 年的商品鱼中，1 千克以下的鱼大多数是雌性，商品价值较低。

由此，我们发现全雄品种能够提高鱼的生长速度和商业价值，降低饵料系数，是鳢养殖产业的迫切需求，产业价值巨大。进而我们课题组投入全部力量研发全雄品种，我在其中承担了鳢性别分子鉴定的关键技术研发。通过前期开展微卫星、AFLP 等技术筛选性别相关标记的努力，我意识到不能再通过传统的分子标记技术进行大海捞针式的碰运气筛选，必须用新的技术提高筛选效率。通过查阅文献了解新测序技术，我选择了高通量测序技术进行重新筛选。在对测序样本数和测序量之间反复权衡后，我首先用斑鳢进行实验，并取得成功，筛选到了多个与性别连锁的 SNP 标记；进而选择其中两个稳定标记利用高分辨率熔解曲线分型建立了斑鳢遗传性别鉴定技术。在建立斑鳢性别鉴定技术后，我又通过相同的实验方案建立了乌鳢的性别鉴定技术，申请了相关专利并得到授权，从而为杂交鳢全雄育种攻克了关键技术。

在山东等地调研时，我们发现北方以养殖乌鳢为主，投喂大量冰鲜下杂鱼，水质恶化很快，只能通过不断换水保持池塘水质。而大量养殖废水排到自然水域中，造成严重的富营养化，河流湖泊水质遭到污染。很多地方为保护水域环境对乌鳢养殖进行限制甚至禁止养殖。以投喂配合饲料为主的杂交鳢养殖在南方尤其广东地区非常普遍，水质调控相对容易，对自然水域污染较少。北方为何要养殖不能摄食配合饲料的乌鳢呢？通过交流，我们发现原来普遍养殖的斑乌杂交鳢抗寒能力差，不能在北方越冬。而我们团队以乌鳢为母本、斑鳢为父本培育的乌斑杂交鳢新品种恰恰具有抗寒能力强的优势，由此在北方得以大面积推广，为当地水域环境保护做出了贡献。

鳢能够呼吸空气中的氧，特别适合高密度养殖，广东地区亩产量可以达到 5～8 吨。在交流过程中，我们发现，水质管理是制约鳢健康养殖的关键技术。高密度条件下高投饵量使残饵、粪便不能及时分解，造成水质恶化，病害频发，从而导致乱用药造成质量安全问题。通过与我所药物实验厂技术人员合作，我们利用岗位专家陈昆慈研究员研制的微生物制剂建立了以调节水质为主的鳢健康养殖技术。通过微生物的分解和肠道健康养护，实现了鳢养殖全程不发病，从而开启了本岗位对鳢健康养殖方向的研究。

通过以上事例，我深切感受到科研工作贴近生产一线的重要性。在生产一线，我们不仅与农民朋友建立了紧密联系，还找到了科研主攻方向，实现了自身的社会价值。

三、产业扶贫承担社会责任

产业技术体系同时承担着产业扶贫的功能。我所育种技术岗位专家卢迈新研究员、鲈鱼种质资源与品种岗位专家叶星研究员、细菌病防控岗位专家姜兰研究员以及鳢种质资源与品种改良岗位陈昆慈研究员在广西三江国家级贫困县设立了试验基地，通过特色鱼产业助推精准脱贫，尤其是陈昆慈研究员个人无偿捐助泥鳅苗种近 1 000 万尾给当地贫困户进行养殖。这些工作体现了老一辈专家的社会责任感和奉献精神，为我们今后做好科研工作并同时承担社会责任树立了榜样。

四、紧密的团队合作促进个人成长

通过产业技术体系岗位，我们鳢种质资源与品种改良岗位以陈昆慈研究员为中心，建立了科研创新团队，紧紧围绕鳢这个品种开展种质资源、育种和健康养殖研究。团队成员各有专长、分工协作，为了共同的目标努力奋斗，形成了一个积极向上、朝气蓬勃、创新力强的战斗集体。

　　通过在体系中工作，我们把握住了科研的正确方向，获得了新思路，研究成果更具价值。同时我们也得到了锻炼，科技服务水平显著提高，并得到了企业、养殖户及行业的认可。

借体系之东风，扬起黄颡鱼产业发展之风帆

梅洁

黄颡鱼种质资源与品种改良岗位科学家　华中农业大学

作为一个刚加入体系一年多的"年轻人"，感受颇多。

2012年底我应聘为研究员到华中农业大学从事教学科研工作，一直很迷惑该选择哪种鱼作为以后的研究对象，后来我有幸得到中国科学院水生生物研究所桂建芳院士的提携以及华中农业大学水产学院领导的支持，开始从事黄颡鱼育种相关的研究工作。刚开始，黄颡鱼没有任何转录组信息，我花了接近一半的科研启动经费去测了黄颡鱼的转录组，从而开始了对黄颡鱼性别调控相关的基础研究。同时，和桂建芳研究员合作改进了黄颡鱼的性别连锁标记，该标记准确鉴定各大野生湖泊黄颡鱼种群以及养殖群体。我逐渐踏入了黄颡鱼育种研究的大门。黄颡鱼雄性比雌性生长快，养殖全雄黄颡鱼能大幅提高养殖产量。我们开发出能快速准确鉴定黄颡鱼性染色体的遗传标记，为新品种黄颡鱼全雄1号的大规模生产提供了技术支撑。

2013年我们开始同湖北荆州大明水产有限公司合作进行黄颡鱼的家系选育研究，后来又辗转到其他地方进行，由于没有固定经费的支持和长期合作的育种基地，该家系选育最后没能进行下去，花了整整3年的时间和不少的人力物力；所以持续的经费支持对于育种研究非常重要。2015年现代农业产业技术体系扩增岗位。有幸的是，黄颡鱼被纳入了特色淡水鱼体系（原来的罗非鱼体系），我也有幸被选为黄颡鱼种质资源与品种改良岗位科学家。进入体系之后，在众多岗位专家和综合试验站的帮助下，慢慢搭起了基础研究和应用研究的桥梁，也取得了一些成绩。

一、深入了解产业的问题和需求

初入体系，在农业部的指示下，杨弘首席安排每个岗位和综合试验站之间协助找出产业的问题和需求，以便安排后期的工作计划。19个综合试验站，

除了拉萨站，都会涉及黄颡鱼。2017 年 7 月 28 日至 8 月 7 日，我和营养需求与饲料岗位科学家朱晓鸣联合武汉、广州、南京、杭州、长沙、南昌、成都、南宁、玉林和北海的综合试验站在 8 个省份进行调研，广泛听取了 6 大类技术用户共 77 份意见，深入了解当地黄颡鱼养殖情况、养殖产业存在的问题及当地养殖户需求等。自此，对黄颡鱼种质资源与品种改良方向有了更深入的了解。虽然黄颡鱼唯一的新品种全雄 1 号显著提高了养殖经济效益，但其亲本超雄鱼繁育系经过多代自交之后发生了退化。这更坚定了我的育种研究方向，在开展黄颡鱼传统家系选育的同时，我还进行了两方面的工作：①对已有水产品种黄颡鱼全雄 1 号进行品种改良；②新品种的培育，如杂交黄颡鱼（黄颡鱼♀ × 瓦氏黄颡鱼♂），与普通黄颡鱼相比，具有生长快和苗种存活率高等优势。

二、加强体系内的协作

一个人或者一个团队的精力是有限的，加强合作才能加快育种的科研进度。加入体系之后，与众多岗位和综合试验站的专家们有了深入交流，为我们深入开展合作提供了基础。

①本岗位及岗位团队成员樊启学教授前期与射阳康余水产技术有限公司（南京综合试验站的示范基地）等几家单位在杂交黄颡鱼新品种培育上有较好的前期合作基础。养殖实践表明，杂交黄颡鱼（黄颡鱼♀ × 瓦氏黄颡鱼♂）具有生长快和抗病抗逆性强等优势。本研究团队以长江水系梁子湖采捕择优经 3 代群体选育的黄颡鱼为母本，以长江岳阳段至武汉段采捕择优经 2 代群体选育的瓦氏黄颡鱼为父本，经杂交获得的子一代，即为杂交黄颡鱼新品种黄优 1 号。在相同的池塘养殖条件下，一龄杂交黄颡鱼黄优 1 号体重生长和成活率均比未经选育的普通黄颡鱼群体快 20% 以上，养殖饵料系数显著低于普通黄颡鱼；已向全国水产原种和良种审定委员会提交杂交黄颡鱼黄优 1 号的新品种申请报告。加入体系之后，更加方便了岗位和综合试验站之间的工作对接。

②在武汉综合试验站的协作下，开展黄颡鱼家系的构建，筛选出生长快和生长慢的群体，拟通过简化基因组筛选生长相关的分子标记。

③在北京综合试验站的协作下，前往河北雄安新区白洋淀开展黄颡鱼的种质资源调查，同安新县科技局和白洋淀国家农业科技园区内的龙头企业绿之梦开发有限公司进行初步合作，准备在黄颡鱼新品种培育和生态健康养殖等方面

开展合作；发现白洋淀水域的野生黄颡鱼与长江流域的野生群体遗传差异较大，可作为一个好的育种材料。

④在昆明综合试验站的协作下，在云南省德宏傣族景颇族自治州芒市开展了"稻-黄颡鱼"综合种养扶贫工作。

还有其他岗位和综合试验站的帮助在此不一一言表，总而言之，体系对我们这样年轻的岗位及团队成员给予了充分的帮助。

三、加强体系外的合作

海纳百川，有容乃大。与在黄颡鱼研究上有较强背景的企业或者科研单位强强联手才能有效推动黄颡鱼产业的发展。之前和水产品种黄颡鱼全雄1号的主要完成人——武汉百瑞生物技术有限公司总经理刘汉勤研究员有过一些合作，自从2017年我加入特色淡水鱼体系之后，我们多次组织双方会议，就全雄黄颡鱼在产业上存在的问题进行了深入探讨并制定了详细的合作方案。全雄黄颡鱼繁育所用的母本没有经过系统选育，制约了全雄黄颡鱼的生产推广。由于子代的很多生长性能是由母本决定的，建立一个优良性状稳定的全雌配套系对于全雄黄颡鱼和杂交黄颡鱼的生产尤为重要。而将XX雌性黄颡鱼逆转为XX雄性黄颡鱼是创制全雌家系中的关键一步，前几年有些研究小组在做试验，但一直没有成功。经过一年多时间的探索，我们成功建立了一种使用芳香化酶抑制剂来曲唑创制黄颡鱼XX雄鱼的方法，为全雄黄颡鱼的品种改良及新品种的培育奠定了基础（《水生生物学报》，2018年第42卷第5期）。基于此，我们和中国科学院水生生物研究所桂建芳研究员团队合作设计了一条全雌黄颡鱼配套系的生产技术路线，XX雄性和雌性黄颡鱼繁殖后即可获得大量XX雌鱼，该技术路线已发表于英文专著 *Sex Control in Aquaculture* 的章节 "Sex Determination and Sex Control Breeding in Yellow Catfish" 中。性状优良的XX全雌鱼家系和YY超雄鱼家系组合配对即可得到改良的全雄黄颡鱼新品种。

四、搭建基础研究和应用研究的桥梁

基础研究是创新的源头，产业发展离不开扎实的基础研究和技术创新。

①分子辅助性控育种技术的创新。全雄黄颡鱼和杂交黄颡鱼是黄颡鱼生产中比较有代表性的两个品种（系），如何在此基础上进一步创新促进产业的持续发展？最近我们通过简化基因组等研究手段去开发瓦氏黄颡鱼的性别分子标

记，创建瓦氏黄颡鱼YY超雄鱼，可以培育全雄杂交黄颡鱼（黄颡鱼XX♀×瓦氏黄颡鱼YY♂），促使黄颡鱼新品种的不断更新。在进行性控育种研究的同时，我们建立了黄颡鱼基因编辑技术平台，来探讨黄颡鱼性别决定的遗传基础及优良性状相关基因的功能。

②基因组辅助育种技术。通过PacBio三代测序和HI-C三维基因组技术，构建了第一个高质量的黄颡鱼染色体组，成功组装出了黄颡鱼的性染色体。后期，准备建立黄颡鱼基因组辅助育种技术平台，加快黄颡鱼遗传改良进程。

借助体系这个大家庭和大平台的力量，我们得到了国内同行的充分帮助和支持，集中体系内外优势力量构建了一个高效率的合作团队。在搭建黄颡鱼基础研究和应用研究桥梁的同时，期望在黄颡鱼育种研究上更上一层楼。

立足自身发展，探索科研方向

徐革锋

鲑鳟种质资源与品种改良岗位成员　中国水产科学研究院黑龙江水产研究所

2017 年初，农业部公布了现代农业产业技术体系"十三五"的新增岗位，我们团队通过遴选，加入了国家特色淡水鱼产业技术体系。我很荣幸成为遗传改良研究室鲑鳟种质资源与品种改良岗位团队的骨干成员，踏入了我仰慕已久的特色淡水鱼类遗传育种科研团队的大门，我的鲑鳟种质创制科研之路就此开启。刚进体系的时候，我真是丈二和尚——摸不着头脑。不知道该做什么、该怎么做。在岗位科学家王炳谦研究员的悉心指导、团队成员的鼎力支持、相关领域专家的帮助下，加上自身对于做鲑鳟选育研究的追求，总算是兑服了千难万险，成功坚持了下来。在科研之路上，有得有失，有苦有乐，每一个小小的进步都给我的人生画上一道绚丽的色彩。从最初的迷茫，到现在的渐入佳境，一路走来，有很多体会与感悟。

一、积极开展调研，掌握产业发展概况

团队成员在加入体系之初在全国范围内开展了深入的调研工作，走访了许多大型养殖企业和养殖户，掌握了大量产业发展的问题和产业需求。

我国鲑鳟鱼养殖始于 1959 年，经过 60 年的发展，目前已经形成了一定的产业规模。但产业在快速发展中也逐渐暴露出一些如优良种质匮乏、病害泛滥、过度依赖疫苗、忽视种业作用、产品形式单一、产品品质不高、冷水资源利用效率低下等问题，已严重影响了我国鲑鳟鱼产业的可持续发展。

二、立足产业发展，探索科研方向

中国鲑鳟鱼产业的发展仍处于初级阶段，还有很长的路要走。我在初期进行产业调研时，曾在西南和西北主产区，走访了很多大型企业和养殖户，发现了很多以前在实验室里闷头做实验而不可能发现的产业问题。

为鲑鳟鱼产业发展解决基础问题，就是我们岗位的责任。带着高度为产业服务的使命，我们制定了严密的工作计划，不懈怠不倦怠，从产业发展需求出发，对接产业最急需的技术难题，联合相关企业共同科研攻关，解决海水养殖的耐高温品种的选育、三倍体规模化和国产化制种、养殖容量模型和提高养殖设施设备水平等难题。但解决这些产业的基础问题，需要针对产业需求定向开展科学研究，建立复杂的试验方案，长期开展大量枯燥的试验，重复、验证、再重复、再验证，反反复复。我常常勉励自己，科学研究就是要有埋头苦干的精神，耐得住寂寞，做出来的数据才能够真正为产业所用，才是我的价值所在。

三、求真务实，甘于寂寞

"凡事都要脚踏实地去做，不驰于空想，不骛于虚声，而惟以求真的态度踏实的工夫，以此态度求学，则真理可明，以此态度做事，则功业可成。"这是伟大的共产党人李大钊先生的名言，也是习近平主席在2018年新年贺词中再次指出的，中国共产党人要有求真务实的精神、奋发有为的姿态，为新时代的科研工作者们确立了苦干实干的主旋律和主基调。在科研工作中要求严格甚至苛刻，特别强调求真务实、学风严谨，在科研报告和学术论文上稍有疑问必须反复求证或不予放行，我们的科研数据才有用武之地。

科研工作是枯燥和寂寞的，开展选育工作更是漫长而艰辛，选育出一个优良品种要15～20年的时间，每年要在短暂的繁殖期构建大量家系、谱系档案，周而复始，还要每年测量大量形态数据，并在数量遗传学的基础上进行优化选配方案，构建复杂的数学模型，但这一切都是基础工作。有些时候还要坚守在远离城市的地方，更有思念家人之苦。不过既以水产人自居，不与鱼为伍，怎么算得上真正的水产人！

四、加强学习，不断创新

作为一名科研人员，不断创新、超越自我是科研的使命和人生的挑战。我们的知识结构会在长期开展的本职工作中渐渐老化，而生命科学和生物信息学知识日新月异，新技术、新方法层出不穷，对于开展基础研究掌握这些新技术、新方法还是必要的。常常感觉有很多产业问题确实需要新思路和新方法，因此经常提醒自己，唯有积极主动地在产业实践中学习，才能保持并迅速提高自己的能力，最大程度地创造社会价值，实现自我。"路漫漫其修远兮，吾将上下而求索。"我常常思考：如何做得更好？我们只有加强学习，勤奋工作，才能跟得上鲑鳟鱼产业发展的步伐。促进产业发展，只有深刻理解产业发展新动向，才能凝练好上报材料，为国家制定规划建言献策。

五、产学研联合，注重人才培养

我们常说21世纪最重要的是人才，可是人才的培育却非一蹴而就，需要理论知识和实践经验的有机结合。现代农业产业技术体系为高校学生提供了良好的锻炼机会，首先体系主要的工作机制就是推动产学研融合，主要解决我国主导鱼类产品产学研长期脱节、技术效率低下问题。学生将学到很多书本上学不到的东西，可以将书本所学的知识与产业一线工作结合起来，学有所用，知道在现场如何有效地开展科研工作。

我们带领学生在养殖场搞科研，在科研一线让知识得到运用和整合，在这个过程中我们又可以发现许多水产养殖生产中的难题，并让难题成为我们的研究方向，最终让困扰水产养殖生产的难题得到圆满解决。所有的这些都是在现代农业产业技术体系这艘巨轮的驱动下得以实现的，是体系让一切成为可能，不仅着眼于当前的产业重大问题的解决，同时也培养了人才，为今后几十年的产业可持续发展奠定了基础。

六、感悟

用一个形象的比喻来讲，可以把现代农业产业技术体系看作一艘巨轮，带着我们的水产养殖产业奋力向前，而体系内的每一个成员则是这艘巨轮上的重要组成部分，只有把所有成员凝聚在体系的大框架下，才可以乘风破浪、扬帆远航。

国家特色淡水鱼产业技术体系是一个务实、上进的大团队，它既是力量和智慧的结合体，也是知识和实践的统一体，它凝聚了多种科研力量，科研发展的同时也促进了水产业进步，在解决实际问题的同时又推动了科研的发展。在这样的一个大团队里，我们每个人都在竭尽所能地奉献自己的力量，立足于产业发展实际开展科学研究，通过脚踏实地的工作，把握产业发展脉络，为产业可持续发展贡献力量。

体系建设使学科、个人和企业均受益，产业中的问题有人管了，产学研更加融合了，作为鲑鳟种质资源与品种改良岗位成员的我深有感触。在加入体系之前，甚少有机会与全国知名专家交流，但加入之后，作为体系大团队成员，结识了许多知名专家，对自己的业务水平提高很快，打破了原来地域、单位等限制，很方便地学习请教，有问题一个电话或电邮即可解决，这在原来是不可想象的。体系通常会有很多规定和基础工作，要积极扶贫、参与技术培训、开展岗位间交流、上报数据和日志等工作，但也会有突发事件需要处理，譬如2018年的"三文鱼舆情事件"，需要我们岗位联合全行业积极应对，开展科普、宣讲和澄清事实等工作，并协助行业协会制定相关标准等。

加入体系时间不长，但收获满满，感谢体系，作为特色淡水鱼产业技术体系一员，我深感任务艰巨，责任重大，也深感自豪与光荣，我定会把我的全部热情注入水产事业中，为鲑鳟鱼产业发展贡献一份力量。

因您，我来到这里，一路前进

田娟

罗非鱼营养需求与饲料岗位成员　中国水科院长江水产研究所

恍然间才发现现代农业产业技术体系已经迎来了她的十周年，时光真的是如同白驹过隙。情不自禁，眼眶湿润，也许是感动于自己的坚持，但更多的是感恩，感恩我在产业技术体系工作八年来相识相助的每一个人。

一、因您，我来到了这里

上海初夏的黎明，在闷热中夹杂着栀子花淡淡的清香，沁人心脾。周末早早醒来浏览着各种招聘网站，意外发现长江水产研究所需要一名项目聘用人员，要求硕士专业为水产动物营养与饲料，主要从事罗非鱼营养与饲料方面的研究，协助完成现代农业产业技术体系罗非鱼饲料配方与工艺岗位的相关研究任务。我有种莫名的激动，这不是我一直想从事的工作吗？于是我赶紧拨打网页上的电话，响了几次无人接听，才发现我竟然激动得忘了今天是周末。这一天我都在查找关于长江水产研究所鱼类营养与饲料研究室的各种资料，以及其在罗非鱼上的研究工作，发现水产动物营养与饲料是长江水产研究所传统学科之一，已有近四十年的研究历程，并且是国内最早研究罗非鱼繁殖及饲料技术的团队之一。于是，我有针对性地就这个招聘要求修改了我的简历，特意加了我的工作设想。忙乎了一整天，在睡觉前我把简历发送到人事处邮箱。第二天周一我给人事处打了电话，他们通知我，让我耐心等待面试通知。

接着就开始了接近一个月的等待！这种等待，如同企鹅登陆前的蓄势，默默沉潜只为腾空而起画出一道完美的弧线。这一个月里，我认真查阅了关于罗非鱼营养与饲料的国内外文章，进一步细化了自己的科研计划。2010年5月初我踏上从上海去武汉的列车，如我所愿，经过一系列笔试和面试，我顺利地开始了我与体系的情缘，感谢体系让我实现了当一名科研工作者的梦想。

二、一路前进

2010 年 6 月底，我背着简单的行囊来到了地处荆州市沙市区的长江水产研究所，轻拍掉肩头的细小灰尘，转眼再见这里已是色泽鲜活的盛夏晨景。因为热爱这份工作，那时候我走路都哼着小曲，最喜欢穿着几件花团锦簇的夏装穿梭于实验室、食堂和宿舍，在团队成员的帮助下，快速熟悉体系的工作任务和财务工作。

刚过一个月，本岗位科学家文华研究员安排我与同事吴凡一起准备 8 月份在河北省任丘市举办的罗非鱼养殖技术培训班的相关工作，此次培训是与北京综合试验站联合主办的，那也是我的第一次出差。当火车刚到北京站的时候，北京综合试验站梁拥军高级工程师就跟我们一起开着车赶往任丘市，到了培训班现场，布置好会场后，匆匆吃完饭就休息啦！第二天一早起来，给渔民发放资料与问卷。会后有几个渔民兄弟问我问题，我有些惶恐，不知道该如何与他们进行有实际效果的沟通，我只回答了一些课本上写的东西，是否真的能帮到他们，我自己也是茫然，幸好文老师及时帮我补充了。那刻，我明白了老师在校期间跟我说过的话，"我们这个学科是一个应用性非常强的学科，我们要能上天入地，把论文写在江河湖海，将成果留在渔民家。"

认识到了自己的问题，也就知道了努力的方向。在随后的两年里，我们重点对海南、广东、广西、福建、云南等罗非鱼主养区，进行了罗非鱼养殖状况和饲料企业发展现状的调查，在产业调研的基础上，同时查阅大量资料，发现现有的罗非鱼营养生理基础数据主要集中在幼鱼阶段，缺少养成期的基础数据，而养成阶段正是使用饲料最多的阶段。饲料配方无法精准设计导致无法满足产业的需要；饲料原料品质与供给不稳定，各地饲料原料品质差异较大，罗非鱼对多数原料的消化率不明；养殖户为降低饲料成本使用一些营养不均衡的低质饲料，如饲料营养配比不均衡、饲料原料中的抗营养因子含量高、重金属残留等因素会降低鱼类的生长速度，并影响其健康状况，造成罗非鱼免疫力下降；罗非鱼投饲技术不成熟，在生长高峰期过度投喂，降低了饲料利用率，也加大了养殖污染物排放；罗非鱼缺少专门的越冬饲料，在极端天气下，易导致大规模死亡。

接下来的几年里，我们应用鱼类营养学和饲料学原理，系统开展了罗非鱼养成中后期阶段的营养参数和饲料原料消化率研究，这是罗非鱼饲料产业发展的基石。这让我想起 2011 年做养成后期实验时的那份辛苦，在武汉盛夏的七八月份，一年在网箱上开展了 10 个大规格罗非鱼（初始体重约 220 g）养殖实验，每个实验大概需要做 300 kg 纯化饲料，饲料完全靠手工混合、绞肉机压制颗粒，整整 3 000 kg 饲料就我们五个人完成。下午做完饲料还要踩着自行车骑行 5 km 去网箱上指导学生喂鱼，晚上还得打着手电筒去室内养殖系统中收集消化率实验的鱼粪便。每天下班时一脸疲惫，连动嘴皮子的力气也没有了，只觉得双眼迷离，没有焦距，两腿发软，两手发麻，只想着赶紧给我一张床，让我美美地睡一觉吧，好让我第二天再有力气去坚持。等整个实验结束，我们三个 80 后姑娘黑得看上去都像 70 后的啦！

同时我们还进行了一系列罗非鱼投喂技术研究；对罗非鱼功能饲料添加剂进行筛选和创制，并初步开发出罗非鱼越冬饲料。最后，对上述研究成果进行集成，再通过饲料企业进行产业化应用。

三、收获与感恩

所谓"一分耕耘一分收获"，在体系十年的持续支持下，在团队成员的共同努力与坚持下，我们团队首次建立了罗非鱼养成中后期阶段的罗非鱼营养需求数据库。完成了罗非鱼幼鱼期（<50 g）对 4 种营养素、养成中期（50～200 g）对 27 种营养素、养成后期（>200 g）对 13 种营养素的需求研究和营养素对罗非鱼生理代谢的影响研究，其中养成中后期的维生素和氨基酸以及矿物元素需要量为首次报道。获得养成后期罗非鱼对原料生物利用率参数 460 余项。评估了壳寡糖、水飞蓟素、L-肉碱、胆汁酸和谷胱甘肽等饲料添加剂在罗非鱼饲料上的应用效果，为高效罗非鱼饲料配制提供参考；研究了罗非鱼饲料精准投喂技术；针对罗非鱼高密度养殖中出现的抗逆问题，开发出一种具有显著提高罗非鱼抗氧化性能的饲料添加剂乙酰阿魏酸乙酯；深入研究了罗非鱼低温应激的生物学反应机制，形成了能够提高罗非鱼抗低温胁迫能力的配合饲料技术。集成上述技术成果，形成罗非鱼高效精准饲料配制技术。已经累计发表学术论文 74 篇，获国家发明专利 6 项，并有 2 项专利已向企业进行转让，培养硕士研究生 20 名，联合培养博士研究生 3 名。在广东、福建、广西、海南和云南等省区累计推广应用罗非鱼饲料 42.3 万 t，新增产值 17.785 亿元；累计推广应用罗非鱼多维多矿预混料 1 580 t，间接应用到罗非鱼饲料 14.8 万 t，新增产值 1 315 万元。

在从事体系工作的八年里，我完成了从初生牛犊不怕虎到懂得科学研究需要深思熟虑的思想蜕变，也顺利留在了体系继续工作，并完成了博士学业。感谢团队里的同事对我的指导与协助、理解与包容，以及更多的鼓励与爱护。在未来的日子里，希望我们能携手共进、共同进步，将特色淡水鱼产业技术体系工作做得更加有声有色。

体系和科研工作的内在关联

——一名新进体系科研工作者的感受

韩冬

鮰黄颡鱼营养需求与饲料岗位成员　中国科学院水生生物研究所

加入特色淡水鱼体系后，对于体系有一些自己的体会和想法。

一、科研工作应来源于生产，科研成果应转化于实践

进入体系以来，体会最深的是科研人员只有把科研工作与产业发展实际相结合，只有把科研成果转化在国民经济主战场，才能不负科研初心，给社会和产业带来实实在在的科技效益和农民增收，只有建立课题来源于生产、成果应用于实践、效益让经营主体共享的良性互动机制，强化科技创新与产业的有效衔接，才能在一定程度上解决科研脱离生产的问题，有效增强产业的科技支撑力。发展现代高效渔业，需要更多的科技工作者走出办公室，走进乡村渔场，走进塘间地头。而科研人员在为行业送来科技服务的同时，也从生产实践中为自己搜集到行业急需的关键技术课题，为科研工作的进一步开展提供原始动力。

我本人从事水产动物营养与饲料研究工作多年，一直认为与企业的接触和交流较多，然而真正越来越多地走入基层一线以后，才发现科研工作应该更多地结合当前或未来几年的生产需求，真正解决政府大力倡导的"双创"行动和行业转型升级所急需的科技支撑问题。例如，对湖北和江苏等地的饲料和养殖企业调研和走访时发现，在鮰黄颡鱼行业中，体色问题依然是困扰行业的难题，特别是中小型饲料企业；加州鲈养殖中，即使配合饲料中淀粉含量很低，在整个生产周期中还是会出现鱼类肝脏代谢异常和肝脏变色的问题。这些都是我们科研人员需要关注并重点解决的问题，也是我们科研任务的原始来源。

二、体系是连接政产学研最好的桥梁和信息共享平台

实施乡村振兴战略，需要深化科技体制改革，需要农业产学研深度融合的新模式，来提升农业产业科技创新能力和竞争力。而现代农业产业技术体系就是政产学研深度融合的新模式。体系很好地搭建了产学研结合的交流平台，汇集了本行业内高水平的研究人员、推广专家，龙头企业和主产区示范推广基地。

长久以来，我国科研和技术推广之间有一定的脱节，许多科技成果"存贮"在各大高校和科研院所中，广大渔民依然靠经验来养殖，行业信息获取的不对称长期存在。而体系最重要的特点是资源有针对性地高度整合，形成一个全面动态的科技网络，突显了信息共享平台的关键作用。

2018 年 9 月底，我们调研了恩施州的富硒产业，在走访中关注到恩施州国硒冷水渔业开发有限公司，恩施州和建始县科技局都希望能够扶持这家企业成为当地的龙头企业，起到引领和示范作用。这家公司主要从事虹鳟、鲟鱼、长吻鮠、黄颡鱼等特色鱼类的养殖，由于希望利用当地丰富的富硒原料资源生产富硒鱼，其自制了配合饲料来养殖特色鱼类，但是养出来的鱼体型短粗、生长缓慢，经济效益和市场接受度低，迫切需要相关的科技指导。但是由于企业地处偏远山区，企业主年龄偏大，其和高校科研院所的专家没有沟通渠道，一直没有生产出真正的富硒特色鱼。通过体系平台和当地政府沟通后，我们迅速为这家企业制定了一个比较完善的富硒鱼生产规划方案，目前进展良好。

三、体系注重的是合作共赢、协同创新和大团队精神

现代农业产业技术体系是依托具有创新优势的科研力量与科技资源，围绕产业发展需求，建设从产地到餐桌、从生产到消费、从研发到市场各个环节紧密衔接的技术体系。现代农业产业技术体系强调的是岗位科学家和综合试验站依托推广示范基地、新型渔业经营协会、科技示范户、水产技术推广技术人员协同开展水产新品种、行业新技术和新模式培训和示范，以及病害防控预警和信息咨询等工作，强调的是大团队合作，解决行业中出现的突发性、周期性和长期性难题。岗位科学家主要从事关键技术研发工作，面向全国解决产业技术共性问题；而综合试验站主要针对本地区实际，开展技术服务，组织示范，并积极配合岗位科学家做好技术研发工作。

四、体系在我国水产业中必然会发挥越来越重要的功能和作用

为贯彻落实 2016 年和 2017 年中央 1 号文件精神，构建以企业为主体、市场为导向、产学研相结合的现代农业产业，现代农业产业技术体系在其中必然将发挥越来越重要的作用。

我国水产养殖业正以生态优先、绿色发展、优质高效、提质增收、和谐发展为目标，不断调整水产养殖结构和模式，来实现行业的转型升级。例如，近年来湖北省拆除了 100 万亩以上的大水面养殖；浙江省明确进行了禁养区和限养区的划定整治、养殖区的污染防治等。在整个水产业转型升级的过程中，如何在有限的水面养殖中实现提质增收，特色淡水鱼产业将面临种种的机遇和挑战，而特色淡水体系的建设必然会发挥越来越重要的功能和科技支撑作用。

五、体系将是国家精准扶贫政策实施的重要载体

产业扶贫是脱贫攻坚的关键所在。科技扶贫是产业扶贫的重要支撑和保障，是提高贫困地区和贫困群众自我发展能力的"催化剂"。通过上述科技活动和技术服务的不断开展，特色淡水鱼体系必将成为国家精准扶贫政策实施的重要载体之一。特色淡水鱼体系已经多次组织团队成员深入一线开展精准扶贫和救灾工作，实行点对点对接，通过农民科技培训和技术指导服务，大大提高了农业科技到位率。我本人多次参加了体系组织的赴英山、洪湖、蕲春、恩施等水产重灾区和贫困县市的调研活动，实地调研水产行业现状，对接技术需求，指导科技救灾和扶贫。有针对性地提出具体生产技术措施，并通过巡回指导、现场授课、电话解答各类技术咨询、发放技术手册等科普资料，帮助当地渔民开展生产。

特色水产，大有作为

王桂芹

鳕营养需求与饲料岗位科学家　吉林农业大学

　　自从被遴选为国家"十三五"现代农业产业技术特色淡水鱼体系鳕营养需求和饲料岗位专家以来，在这个平台环境下工作一年，个人及团队成员无论是在渔业未来的发展思路、科技的基础性研究、共性关键技术的示范推广以及鳕产业发展的瓶颈等方面的认识，还是团队及个人在具体工作上的目标、方向和个人的成长发展等方面的思考，都有了长足的进步，体会和感触颇深。

一、学习和提高

　　自组建团队后，在国家特色淡水鱼体系这个大平台的指导和规划下，岗位成员认真学习国家现代农业产业技术体系相关的方针政策和发展目标，如《国家中长期科学与技术发展规划纲要》《国家粮食安全中长期规划纲要》《全国农业可持续发展规划》《国务院关于深化中央财政科技计划管理改革方案的通知》《乡村振兴战略规划及其科技支撑行动实施方案》《农业绿色发展技术导则》《现代农业产业技术体系信用管理办法》以及"十三五"蓝色粮仓科技创新、扶贫工作要求、特色淡水鱼体系"十三五"的发展目标等。明确了体系间、体系内以及各研究室的科研内容、相互联系，特别是鳕营养需求和饲料岗位的职责和目标。认识到健康养殖存在精准管理水平低、绿色投入品供给不足；饲料原料短缺、养殖环境压力加大、健康与品质下降；过分追求规模、忽视生态环境等存在的一系列共性问题。未来聚焦的重点是淡水渔业的提质增效和转型升级，以绿色生态养殖为着力点，突破水体环境控制、产品质量安全等制约精准健康养殖的瓶颈。进而实现从增量到提质的转变，一切围绕"节本增效、质量安全、绿色环保"的科技问题为主攻方向，实现数量质量效益并重、生产生态功能并重、全要素生产率提高为主的"三个转变"，最终形成为社会高效供给优质蛋白和拓展粮食安全的目标。因理解更深刻，才能明确方向，整合资源，有的放矢，推进渔业科技创新，为渔业产业转型升级和可持续发展做出贡献。

二、环境稳定、经费充足是我们全身心工作的保障

岗位专家科研经费每年 70 万元，连续 4 年，可保障科研工作的连续性和稳定性。可让岗位成员能专心致志做一件事，不为申请经费而消耗时间和精力。岗位体系相对稳定，可随时接受指导，提供技术支持，既有分工又有合作，体系内和体系间可以互通有无，相互促进，共同提高。资金的充足和延续、大环境的健康稳定是我们全身心解决乌鳢产业瓶颈问题的保障。

三、工作思路更加清晰、方向更加明确

在国家农业方针政策和特色淡水鱼体系的指导和规划下，通过对省市水产主管部门、省市县技术推广部门、协会、龙头企业、合作社和养殖大户的乌鳢养殖和饲料生产进行调研，广泛听取了各方面对鳢养殖产业发展存在的问题和需求，提出乌鳢营养需求和饲料岗位要完成的任务和突破的瓶颈问题。乌鳢具有美味、产量高、抗逆性强等优势，但配合饲料使用比例不到 40%，饲料系数偏高、环境排放大、饲料资源短缺。基于营养需求，研发乌鳢绿色高效配合饲料，提高饲料利用率和转化率，降低氮磷排放，提供乌鳢专用高效环保配合饲料，解决其优质高产、模式升级、提高养殖效率等关键问题。

团队成员分工合作，就乌鳢营养需求和饲料存在的共性问题，各有侧重逐一破解，定期研讨，多方请教，集全国该方面专家之智慧。大宗淡水鱼是产量前 7 位的鱼类，该体系在营养与饲料方面的研究较特色淡水鱼体系更系统、更全面、更精准。我们完全可以借鉴，并在此基础上进行梳理和提升，这为我们破解特色淡水鱼产业发展的瓶颈问题提供了较好的思路。

四、团队成长和提升

通过学习、提高认识、明确目标，团队成员在科研思路、技术手段和应用推广等方面得到历练，不断成长和提升。岗位专家王桂芹负责该岗位的总体设计和实施。在特色淡水鱼体系的培养下，自身得到很大的提升。2017 年被吉林省人社厅聘为三级教授，2017 年获吉林省拔尖创新人才第三层次人选，并成为 2018—2022 年教育部高等学校水产类专业教学指导委员会委员。2018 年被遴选为国家"十三五"重点研发计划"蓝色粮仓科技创新项目"的评审专

家。积极参与国家商务部主办的"2018年赞比亚农业生产海外研修班"水产养殖内容的培训。主编由科学出版社出版的"十三五"农林规划教材《水产动物营养与饲料》，参编"十三五"农林规划教材《水产养殖专业英语》（科学出版社出版），把科研积累编入教材，让更多的相关人员受益。团队其他成员都能各司其职，在做好该岗位的科研和产品研发和技术推广示范工作的同时，自身综合素质均得到提高，发表了相关论文或者职称晋升，尤其是科研思路和推广能力的不断攀升，这些无形资产不是可以准确量化的。

总之，目标已经确定，规划正逐步有序地完成，我们团队更有信心，在体系首席、执行专家组的指导和各岗位及试验站的帮助下，按照既定的目标，保质保量地完成任务。同时我们也呼吁行政立法，强制养殖尾水排放标准的执行，禁止在养殖过程中直接投喂冰鲜鱼，最终形成乌鳢精准营养调控策略，实现饲料资源高效利用与环境友好。

鳗路送春风，体系展宏图

——加入体系后的感想与体会

翟少伟

鳗营养需求与饲料岗位科学家　集美大学

一、特色淡水鱼体系"一家人"，个人归属感强烈

自从进入体系以来，我参加了体系以及有关研究室组织的会议，深深感觉到体系中杨弘首席、育种室卢迈新主任、经济室袁永明主任等多位科研前辈的和蔼可亲、平易近人，与往日参加项目会议的感觉和氛围截然不同。尤其当与体系的岗位专家或站长们一起在非本体系的人员面前，说到"这是我们体系的翟老师，下午我们要去调研特色淡水鱼流水槽养殖情况"的类似言语时，感觉真的很温馨，这是以往参与科技支撑计划、国际交流合作专项、省重大项目等课题的时候从未有过的感觉，深深觉得在同一体系的就是"一家人"。从体系首次会议开始，脑子里整天就是鳗鱼的事情，除了做好本职的教学工作外，所有的精力都投入在体系的岗位工作中。当我经常出差或前往校外试验基地考察鳗鱼试验进展以及参加体系会议的时候，我爱人会开玩笑地说："怎么这么忙！好像你不属于这个家，不属于学校，只属于你们体系了。"因为有时候一个月内，在家的时间还不足半个月。但我始终觉得这是国家交给我的任务，是我的使命，一定要做好。我坚信在这个和谐温馨的体系"大家庭"里面，有前辈的指导、同辈的支持，一定能把这个工作做好。

二、破除"四唯"风气，现代农业产业技术体系最给力

众所周知，以前的科研活动中"唯论文、唯职称、唯学历、唯奖项"（简称"四唯"）的存在某种程度导致了学术研究的短期化、功利化，"板凳甘坐十年冷"的人少了，热衷于刷论文、申报项目的多了；表面上看起来，各种学术成果繁花似锦，实际上却有一些华而不实，许多学术成果不能转化为生产力，

不适应当前的科技创新要求和科技创新规律。

国家现代农业产业技术体系的设立，是破除"四唯"风气的典范，给了我们科研工作者非常宽松的科研环境。体系对各个岗位的考核指标中不"唯论文"，论文的重要性已不像以往的项目那么看重，让我们可以把论文书写在生产车间里、鱼塘里；更不"唯职称、唯学历"，我们体系中就有多位非正高职称、非博士学位的岗位专家或站长；也不"唯奖项"，奖项已不再是我们体系年度考核的一个指标，当然如果有奖项的话，还是可以写在年度的工作业绩里面的。我觉得这样做完全起到了正向激励科研的作用，能够发现人才，科学使用人才，有利于学术资源的公平分配，可以使我们科研人员沉下心来潜心研究，不会迷失在追逐"帽子""牌子""面子"的游戏中。

三、实实在在为鳗鲡产业做事，力争在营养饲料方面有所突破

作为刚刚加入特色淡水鱼产业技术体系的"新人"，最初的时候，我对体系的运作、管理、要求等方面还很不了解。但是通过参加体系多次会议，聆听部里面领导以及杨首席的讲话，我逐步认识到，利用岗位专项资金一定要为鳗产业做一些真正有意义的事情，而不仅仅当作一个项目去做，要将所有的科研精力全身心地投入到产业发展中去，为产业服务。正是在理解体系工作的基础上，我能够经常深入基层，做到发现问题解决问题，尤其是解决鳗营养需求与饲料方面的有关问题，为鳗产业的各个环节服务。每当调研、访谈养殖企业时，我都会跟他们说："国家设立的鳗营养需求与饲料的岗位，就是要为鳗产业服务的！"在特色淡水鱼体系中，鳗鲡方面只有一个营养需求与饲料岗位。而鳗产业的环节众多，鳗人工繁殖是世界性难题，本岗位无法参与，但养殖中的病害问题、养殖技术问题、加工问题等等可以参与一部分，因为我们有"鳗鲡现代产业技术教育部工程研究中心"的工作基础，我们团队有从事相关领域研发的骨干成员，有精力、有能力完成一些相关工作，可一定程度分担其他研究室有关岗位的工作压力。

鳗鱼饲料的研究虽经过多年的发展，但饲料配方总体上变化不大，其科技含量落后于其他鱼类品种，不能与时俱进地科学使用功能性饲料添加剂，饲料导致的肝肠健康问题也十分普遍，尤其是近年环保要求力度日益加大，传统上使用的粉状饲料受到了巨大的挑战。因此，开展精准营养需求、高效环保绿色饲料和促进肝肠健康的功能性饲料添加剂研发、推广十分重要。根据本人多年

从事动物营养与饲料的研发经验，认为在优化目前鳗鱼饲料配方、确定主要营养素需求、科学使用天然功能性饲料添加剂、研发推广膨化浮性颗粒饲料等方面大有可为。

四、鳗营养与饲料研究任重道远，挑战与机遇并存

目前，鳗鱼的养殖品种主要是日本鳗、美洲鳗、欧洲鳗、花鳗，营养需求基本都是参考 20 世纪八九十年代日本鳗鲡的营养标准，而鳗鱼品种在肌肉氨基酸和脂肪酸形成的差异，说明了营养需求的差异性，应对不同鳗鲡品种、不同生长阶段、不同生长模式下的营养需求开展研究工作。但从常规营养素到微量营养素的需求涉及面广、工作难度大、开展室内鳗鲡养殖试验难度也大，存在易受应激且应激大、适应期长、摄食率低等诸多问题。通过前期对鳗产业中饲料营养问题的调研工作，结合自己多年的研发推广经验和鳗业人脉，有信心去迎接将来科研过程中的的各种挑战！

结合体系岗位的工作要求，本人进一步加强了与鳗鱼养殖企业、饲料企业的联系，将有益于鳗鲡产量提高的研究在规模化养殖场进行，对生产不利的试验研究在本校水产试验场开展，使我们的研究结果尽量与实际生产接近，也有利于发挥企业的示范作用，推广饲料营养新技术。通过一年多的体系工作，结识了很多新的、有想法的鳗鱼养殖企业或饲料企业，在众多鳗养殖企业中选择了有代表性、方便开展科研工作的养殖场作为试验基地。

真诚地感谢体系在经费方面的大力支持，才有可能让我们安心、持续开展鳗鲡营养饲料方面的研究工作。由于鳗苗价格较贵，在试验材料费用中的比重太大，以前做一个养殖试验仅试验鱼的费用几乎就是福建省自然科学基金面上项目资助的一半左右，试验只能是零敲碎打进行，研究比较零散、断断续续，不能持续开展。现在有了体系经费的稳定支持，结合现有的试验基地和校内试验条件以及每年不断增加的硕士研究生招生人数，就可以系统性开展鳗饲料营养研究工作，有信心不断攻克鳗饲料中的诸多难题。

我的感想

陈细华

鲟营养需求与饲料岗位科学家　中国水产科学研究院长江水产研究所

2017 年我有幸成为国家特色淡水鱼产业技术体系中的一名岗位专家，进入体系虽然还只有短短的一年多时间，但感触颇多。

农业部（现农业农村部）、财政部于 2007 年联合建立起国家现代农业产业技术体系，围绕各类农产品的产业需求和产业链配置科技资源，是我国农业科技机制改革的一次重大创新。近年来党中央提出供给侧结构性改革，产业技术体系于 2017 年得以调整和优化，原来的罗非鱼体系被扩编为特色淡水鱼体系，这对于进一步增强农业科技竞争力、丰富人民群众的菜篮子、增加渔民收入具有重要的意义，同时也让我们这些从事特色淡水鱼研究的科技人员有了新的发力点和相互学习、联合攻关的平台。

特色淡水鱼体系的工作范围遍及全国，给广大从业人员带去精神上、知识上特别是技术上的支持，所到之处受到当地渔业管理部门、行业协会、龙头企业和普通养殖户的欢迎，对产业发展产生了现实的和深远的积极影响，这是有目共睹的，也是我们继续努力的方向。作为鲟营养需求与饲料岗位，我们在调研鲟鱼养殖企业、饲料企业时发现，把论文写在大地上，不搞唯论文而论文、唯学历而学历、唯奖项而奖项，这种理念深得人心。

特色淡水鱼体系涉及罗非鱼、鲖、黄颡鱼、鳢、鳗、淡水鲈、鳜、黄鳝、泥鳅、鲟、鲑鳟等 11 个品种（类群），设置有品种改良、营养饲料、病害防控、养殖环境、产品加工、产业经济等 6 个研究室。从首席科学家杨弘研究员、专家执行组、研究室主任，到岗位专家和综合试验站站长，大家来自五湖四海，为了共同的目标，面向产业，既分工又协作，同时还有跨体系合作。这种工作机制，就某类水产品而言有利于打通从苗种到销售的整个产业链；就技术难题而言有利于相互借鉴和联合攻关；就产区而言有利于成片引导和定点扶贫。专家站长们从会上到会下、从实验室到池边、从龙头企业到示范县，充分交流，其乐融融。在完成农业农村部相关司局交办的临时应急任务时，体系内一呼百应，及时交卷。特色淡水鱼体系涉及的品种较多，工作协调的难度较大，首席科学家、研究室主任、专家执行组为此付出了辛勤的劳动，这是我们都能感受到的。

特色淡水鱼产业技术体系有 33 位岗位专家、19 位综合试验站站长，还有每个团队的成员，合计 200 多人；职务从单位负责人到普通科技人员，职称从正高职称到初级职称，年龄从 20 多岁到 50 多岁；在体系内的资历既有"老兵"也有"新兵"；从相互不认识到彼此逐渐认识，大家都是一家人，都有一个共同的身份——体系人。正如国家杰出青年科学基金获得者、中国科学院水生生物研究所原副所长聂品研究员在 2017 年度考核大会上发言时所说的，他不仅是水生生物研究所的研究员，更是国家特色淡水鱼产业技术体系的岗位科学家。

我的岗位是鲟营养需求与饲料，是我和我的团队施展潜能、为鲟鱼产业做贡献的好抓手。特色淡水鱼体系中鲟鱼暂未设立品种改良岗位，我们力所能及地承担了更多的基础性工作，感到十分光荣。通过一年多的工作，我们在工作方法、业务水平等方面获得了较大的提高。

鲟鱼即鲟形目的鱼类，是在江河中产卵繁殖的大型濒危鱼类，全世界现存 2 科 6 属 27 种，都处在濒危野生动植物种国际贸易公约（CITES）管理之下。在我国，中华鲟等三种长江鲟鱼属于国家一级重点保护动物。由于鲟鱼特别是其鱼子酱产品有着巨大的经济价值，在野生资源不断枯竭的情况下，鲟鱼的人工养殖悄然兴起，特别是我国自 2013 年以来养殖年产量达到 7 万～10 万吨的产业水平，养殖区域涵盖了全国绝大多数省市，产业养殖品种包括了本土的施氏鲟、达氏鳇以及外来的西伯利亚鲟、俄罗斯鲟、匙吻鲟等，还有多种组合的杂交鲟。在中国鲟鱼产业蓬勃发展的背景下，2011 年中国冷水性鱼类产业技术创新战略联盟成立，2015 年中国鲟鱼产业联盟成立。我国鲟鱼经过 20 多年的产业发展和技术攻关，目前，种苗、饲料、养殖、加工及销售等环节的一些实用技术基本能满足鲟鱼产业的现实需要，但仍然存在不少问题，有些问题还将制约鲟鱼产业的可持续发展，如种质退化问题、饲料中蛋白质原料的高效利用问题、养殖过程中的氮磷排放问题、鱼子酱及鱼肉的品质问题、病害问题等等。此外，鲟鱼的分子育种、分子营养学也值得探索。

我国自 2010 年下达农业部行业专项"冷水性鱼类养殖产业化研究与示范"

和 2012 年下达工信部"鲟鱼繁育及养殖产业化重大技术成果转化与应用"之后，2017 年农业部将鲟鱼列入国家现代农业产业技术体系中，并设鲟营养需求与饲料岗位，同时，还有许多地方设立相关创新团队，这是一个新的开端。鲟鱼产业的发展将吸引更多的科技力量参与鲟鱼产业技术的研发，实际上一些企业特别是饲料企业也有自己的研发团队。作为国家特色淡水鱼产业技术体系的一个岗位，在科技研发方面如何与相关地方团队及企业团队取长补短，并领跑全国鲟鱼营养与饲料的研发，对于我们来说还是一个巨大的难题。而收集国内外鲟鱼产业及产业技术的信息，为农业农村部等政府部门提供信息集成和政策咨询，为鲟鱼企业特别是贫困地区的养殖户提供技术服务，则是本岗位责无旁贷的任务。

原罗非鱼体系已运行十年，新扩编的特色淡水鱼体系刚刚起步，鲟鱼产业目前实际上处在产能过剩、市场疲软的艰难时期，诸多科学问题和技术难题有待攻克，产业服务功能有待加强。我将带领团队知难而进、扎实工作，为我国的鲟鱼产业发展贡献自己的一份力量。

感恩体系十年

李文笙

环境胁迫性疾病防控岗位科学家　中山大学

弹指一挥间，我成为体系人已有十年了。回想第一次的体系会议，第一次的产业调研，第一次的基层培训，第一次到试验站的体系内部交流，第一次登录体系网站填报日志，第一次年终考评，一幕幕仿佛只在昨天，感触良多。

一、体系的支持帮助我扎根于鱼类养殖产业相关的科学技术研究领域

科学研究需要经费，正是由于体系持续稳定的经费支持，使我能够脚踏实地，十余年来坚持在鱼类生长免疫与病害防控领域开展基础及应用研究。至今还记得在体系成立之初，农业部领导的一番话：农业关乎国家粮食安全，农业的发展离不开科研人员的长期刻苦钻研，希望体系的经费可以让大家不求功利，不忘初心，扎根祖国大地安心工作。正是得益于此，才有了体系稳步发展的十年。

2001年我开始在中山大学水生经济动物研究所工作，继续我博士及博士后期间进行的鱼类生长内分泌调控机制的研究工作。2008年我有幸加入体系的行列，最初是担任罗非鱼体系饲料添加剂岗位科学家，"十二五"开始担任罗非鱼体系生长免疫调控与饲养管理岗位科学家，"十三五"阶段罗非鱼体系扩充发展为特色淡水鱼体系，我担任了环境胁迫性疾病防控岗位科学家。我们国家改革开放，迅速发展已四十年，现代农业产业技术体系正是借着这个大趋势得以发展壮大，对我个人而言，更是我人生事业发展最重要的十年，感恩这个时代，感恩体系。

二、体系以产业链为主线的架构帮助研究人员更快聚焦产业急需解决的问题，加速了研究成果的转化应用

我国虽然是世界水产大国，但在水产业的核心技术方面，特别是在如何使基础研究成果有效转化成应用技术，如何促使粗放型养殖生产向技术型、标准型和节约环保型升级转换等方面，仍然与世界水产强国有较大的距离。体系从建立之初就设计了以产业链为主线的发展思路，把产业内相关的高校科研院所和基层推广站紧密结合起来，并通过推广站与农户、养殖基地及相关企业联系在一起。在体系成立之时、"十二五"之初和"十三五"之初，根据农业部的部署，我们广泛听取六大类技术用户意见，对包括中央和地方政府主管部门、技术推广部门、行业协会、龙头企业、农民合作社、种养大户都进行了走访调研。2016年1月22日到28日，我所在的团队先后走访了广州市农业技术推广中心、广州市花都区农业技术管理中心、花都区炭步镇朗头村养殖大户林玉华养殖场、广州市龙头企业广州市禄仕食品有限公司、共鳞实业（深圳）有限公司、农业产业化国家重点龙头企业广东海大集团江门海大饲料有限公司、高要市水产技术推广中心、广东省海洋与渔业局、广东省水产技术推广总站和广东省水产流通与加工协会等共10个单位或企业，深入了解了罗非鱼产业多个方面的现状及存在问题，完成调研报告，并形成了本岗位"十三五"任务的初步设想，提交体系进行讨论确定。

从"十二五"到"十三五"，我们结合本岗位的任务，与广州综合试验站、昆明综合试验站和惠州综合试验站进行了密切的科研合作，共同完成针对罗非鱼产业发展所需的研究任务。特别是我们与昆明综合试验站在云南曲靖市罗平县万峰湖库区开展的固定合作已进行了三年，合作从"十二五"跨入到"十三五"，着重围绕体系重点任务"基于质量安全和环境协调的产业关键技术研发"，根据任务计划与云南试验站及罗平养殖基地和示范县进行添加生长促进剂配合饲料的示范性应用，成效显著。2015年，经过为期3个月的投喂试验，实验鱼由起始每箱总重20 kg增加到169.77～204.9 kg，增长8.5～10.25倍。与对照组相比，促生长添加剂组鱼体最高增重率为14.52%，表明新型促生长添加剂的促生长效果非常显著。试验鱼的生长状况出色、摄食积极，体色特别健康，引起了库区其他养殖户的极大兴趣。2016年，试验重点在比较添加剂的有效剂量。每个网箱实验鱼的总重在27.61～28.23 kg，

经过一个多月的投喂试验，实验鱼的每箱总重达到 60.0 ～ 68.5 kg。与对照组相比，促生长添加剂组鱼体最高增重率为 11.08%。确定饲料 0.2 ～ 0.3 μg/g 添加剂为合适剂量。2017 年重点在比较添加剂在降低饲料成本、降低鱼粉用量、保证鱼体正常生长方面的效果。从初步的宏观数据来看，试验达到预期效果，添加了促生长添加剂（0.3μg/g 饲料）后，低蛋白无鱼粉的组别中罗非鱼的体重比对照组（无添加剂）高出 10%，高蛋白有鱼粉的组别中罗非鱼的体重比对照组（无添加剂）高出 7%。这个结果可以初步说明我们的促生长剂有效，并且更适合用于低蛋白配方的饲料养殖。三年的合作实践表明，我们与云南试验站及罗平示范基地开展技术示范是成功的，今后我们将共同努力继续深化相关的合作。

三、体系的稳定支持使我可以专注于科研本身，自我学习和超越，组织并带领团队实现新发展

首先，在体系的支持下，我可以一直坚持自己的研究领域。鱼类生长的调控是我研究的方向，这本身也是养殖鱼类的核心问题。养殖鱼类的健康生长不仅仅是养殖者的期盼，更是消费者的诉求，它还关系着水产养殖业的可持续发展。我在专注基础研究的同时，利用体系所创造的科研条件，把我在鱼类生长调控功能基因的研究成果用于研发促生长的饲料添加剂上，积极与罗非鱼的基层试验站和养殖户合作，开展产品的中试试验，不断改进，同时中试中出现的新问题又成为了我新的基础研究内容。近十年来，已发表相关论文 27 篇，申请专利 13 项，授权发明专利 5 项。2008 年我入选广东省第五批高校"千百十工程"省级培养对象，2009 年被评为广东首届"自主创新十大女杰"，2009 年获广东省"三八红旗手标兵"称号，2015 年获农业部科研杰出人才称号。

其次，我的研究团队人员始终保持稳定，并全力帮助年轻的团队成员成长。自 2008 年加入体系以来，我已培养博士研究生 18 名、硕士研究生 14 名、博士后 2 名，研究生和博士后是完成团队所承担体系研究任务的主要力量。2010 年我从香港大学引进孙彩云博士到实验室做博士后研究。孙博士积极投身到我承担的体系任务中，并取得了出色的研究成果，2014 年获聘为副教授，继续在我的团队中工作。2015 年以本岗位成员为骨干组成的研究团队"重要经济鱼类健康养殖综合技术创新科研团队"获农业部创新团队称号。2017 年，

我们以创新团队的成员为骨干，申报组建"广东省重要经济鱼类健康养殖工程技术研究中心"，2017年10月获广东省科技厅批准成立，我担任工程中心主任。希望以研究中心的成立为契机，以重要经济鱼类健康养殖技术的系统集成为目标，以选育高产优质和高抗逆性的良种、开发绿色环保和高效的饲料及饲料添加剂以及科学养殖管理模式为手段，促进我国水产养殖的产业技术进步和发展。通过团队的发展，培养更多优秀的年青科研人才，为推动国家水产养殖业可持续发展做出贡献。

我与体系共成长

孟顺

养殖水环境控制岗位成员　中国水科院淡水渔业研究中心

2008 年，农业部、财政部进行了一次农业科技领域的革命性管理创新——围绕产业需求配置科技资源，建立现代农业产业技术体系。作为一个青年科技工作者，我有幸进入了中国水产科学研究院淡水渔业研究中心杨弘研究员领衔的国家罗非鱼产业技术体系，成为中国水产科学研究院淡水渔业研究中心陈家长研究员领衔的健康生态养殖岗位的一名团队成员。多年来，随着国家对农业产业发展布局的不断完善和供给侧结构性改革的深入推进，我所在的体系及岗位名称也与时俱进，根据新形势需要，2011年健康生态养殖岗位更名为养殖技术与环境岗位，2017 年国家罗非鱼产业技术体系扩增为国家特色淡水鱼产业技术体系，又相应地更名为养殖水环境控制岗位。

37 岁的我算是一名中青年科技工作者；从体系成立之始就一直陪伴体系的我，也算是体系里的"老同志"了。人说"十年树木，百年树人"，在这十年的时间里，我自身受体系的培养、熏陶而不断地成长着，从 2008 年的研究实习员到 2015 年的副研究员；从 2008 年的青年科研骨干到 2013 年的"百名英才"，再到 2017 年的"中青年拔尖人才"；从 2007 年硕士毕业到 2015 年成为硕士生导师；从 2008 年的零奖项，到 2011 年的无锡市科技进步二等奖和中国水产科学研究院科技进步二等奖、2012 年的第六届无锡市青年科技奖、2013 年的江苏省海洋与渔业科技创新奖二等奖、2015 年的中国水产科学研究院科技进步奖一等奖、2016 年的江苏省海洋与渔业科技创新奖一等奖……。同时，在同体系共成长的三千多个日子里，我深深地感受到了体系的强、体系的大、体系的全、体系的务实、体系的引领。

说体系强，是因为它跨单位配置科技资源和研发力量，集结了全国各个单位的顶尖专家，广开进贤之路，广纳天下英才，以其特有的组织方式和团队文化，最大限度地整合了全国范围内的优秀科研人才，我不曾见过比体系还强的团队。

说体系大，是因为它跨区域配置科技资源和研发力量，专家遍布全国各地，综合试验站遍布全国各个主产区；人云"泰山不让土壤，故能成其大；河海不择细流，故能就其深"，作为一个与时俱进的科学生命体，体系随着时代的发展在不断地吸纳着新生力量，就拿特色淡水鱼产业体系说，其成立之初是10个岗位、10个综合试验站，而今是33个岗位、19个综合试验站，我不曾见过比体系还大的团队。

说体系全，是因为它跨领域配置科技资源和研发力量，打造了一个包含遗传育种、病害防治、养殖技术、产品加工、经济管理等全领域、全产业链的专家团队；从池塘到餐桌，从原料到成品，环环相扣布局创新链，串起了农业产业的一条科研线；我不曾见过比体系还全的团队。

说体系务实，是因为它心系农业、心系农村、心系农民、心系科研人员，它所研究的内容是从产业发展遇到的实际问题中提炼，实行以解决实际问题为核心的评价导向，改变了科研工作者的"自娱自乐"，改变了科研一味追求论文、专利的弊病，激发了科研人员的创新热情，让科研更加符合实际、更加符合事物发展的科学规律；科研工作者不用为了故意避开期刊论文的查重而将"2000 转/分下离心 5 分钟"的经典表达句型改头换面为"转速 2000 转/分，时间 5 分钟"，总之，不用把祈使句改为倒装句，不用把简练的表达改为复杂的表达，不用把经典句型改得不伦不类，不用科研工作者研究语言文字，节省了科研工作者的大量时间，把有限的脑细胞用到需要其"牺牲"的有用之处；不唯论文、不唯专利，真正让科研人员把论文写在大地上，把试验做在田间地头，我不曾见过比体系还务实的项目。

说体系的引领，是因为它走在时代前列，带动了社会风气。科研创新引领方面，据统计，农业农村部推介的主导品种、主推技术有一半以上是由现代农业产业技术体系研发的，大幅提升了产业支撑能力。社会风气引领方面，2018年 10 月 23 日，科技部、教育部、人力资源社会保障部、中科院和中国工程院联合发布《关于开展清理"唯论文、唯职称、唯学历、唯奖项"专项行动的通知》，而体系在 2008 年就践行着不唯论文的科学机制。

现代农业产业技术体系，这个以主要农产品为单元、产业链为主线，从产地到餐桌、从生产到消费、从研发到市场各个环节紧密衔接、服务国家目标的团队，因为跨领域、跨区域、跨单位配置科技资源和研发力量，从而有效解决了长期以来科技界普遍存在的资源分散、碎片化、低质重复等问题，形成了强大而稳定的产业发展创新团队。它不唯论文，但论文水到渠成；它不唯学历，但练就了高超技能；它不唯奖项，但奖项功到自然成。

加入体系后的体会和感想

罗永巨

池塘生态化养殖岗位科学家 广西壮族自治区水产科学研究院

2009 年，我有幸加入了国家现代农业产业技术体系，成为罗非鱼产业体系南宁综合试验站站长，直至 2016 年；2017 年，通过公开竞聘，我加入了国家现代农业产业技术体系特色淡水鱼池塘生态化养殖岗位。回想加入体系的十年，感触良多。

一、体系的构建助推了广西乃至我国罗非鱼产业的发展

由于加入了国家罗非鱼产业技术体系，我能经常与国内最权威的罗非鱼专家进行面对面的交流，并通过体系平台及时掌握到罗非鱼的最新发展趋势，使我院罗非鱼整体研发实力排在全国前列。

（1）组建了广西首家国家级罗非鱼良种场广西南宁罗非鱼良种场和广西罗非鱼遗传育种中心，并从国内外引进了 10 多个罗非鱼品种（品系），首次在国内系统采用闭锁（半闭锁）群体继代选育结合家系选育的方法开展罗非鱼亲本的保种和选育工作。获得了具有独立知识产权的尼罗和奥利亚罗非鱼优良品系，并利用它们杂交获得了高雄性率的百桂 1 号奥尼罗非鱼良种，累计推广养殖面积 100 多万亩。培育出了桂非 1 号罗非鱼良种，累计推广养殖面积 50 多万亩。制定了《奥尼罗非鱼养殖技术规范》（DB45/T 94—2003）和《罗非鱼苗种规模化越冬养殖技术与规范》（DB45/T 732—2011）广西地方标准，为解决广西罗非鱼产业发展瓶颈问题提供了坚实的种质和技术支撑，良种销售范围遍及我国 20 多个省份和地区，并首次实现苗种向东南亚国家的规模化出口，为广西乃至我国罗非鱼种业打入国际市场奠定了基础。

（2）罗非鱼链球菌病分子流行病学与口服疫苗研究方面达国际先进水平。研发的罗非鱼链球菌口服疫苗成果转化已获上市公司董事会通过，累计在广东、海南和广西等地建立示范点 100 多个，示范面积达 6 000 亩、2 000 个网

箱，挽回直接经济损失 2 000 多万元。对推动我国罗非鱼口服疫苗的研究进程，实现疫苗在病害防治的应用，以及为我国罗非鱼健康养殖做出了应有的贡献。

（3）开展了吉富罗非鱼抗无乳链球菌病品系选育。经过 5 个世代的选育，获得抗病专门化品系 1 个，经过 2015—2016 年连续两年的示范养殖，发现与普通传统养殖的吉富罗非鱼相比，该品系感染无乳链球菌后的存活率提高了29.7%，生长速度提高了 6.71%，获得了理想的选育效果。此外，筛选出了 2个与吉富罗非鱼抗无乳链球菌病性状显著相关的分子标记，初步建立了罗非鱼抗病分子辅助育种技术体系。

二、对团队建设的作用

由于体系每年有稳定的经费支持，对团队的建设起到了至关重要的作用。经过几年努力，我们组建了一支牢固稳定、结构合理的研发团队。有核心成员18 人，平均年龄 37.3 岁，其中正高职称 2 人、副高职称 12 人；博士 7 人、硕士 8 人；专业领域涵盖了遗传育种、苗种繁育、健康养殖和病害防控等。

三、意见及建议

1. 关于罗非鱼链球菌病防控

罗非鱼链球菌病是目前危害我国罗非鱼养殖业健康发展的最大瓶颈。流行病学研究结果表明，2009 年，广东、海南、福建和广西等地养殖罗非鱼的链球菌病发病率为 20% ～ 50%，死亡率达 50% ～ 70%；在 2015 年 6 月中下旬至 10 月，罗非鱼主产区链球菌疫情全面暴发，90% 以上的高密度精养区都因链球菌病而遭受损失，罗非鱼死亡率普遍在 30% ～ 50%，甚至 100%。目前，由于罗非鱼链球菌病的暴发给我国罗非鱼养殖业造成的直接经济损失高达 10亿元以上。

生产上防治罗非鱼链球菌病普遍采用青霉素类、哇诺酮类和磺胺类等抗生素和化学药物的技术手段。在罗非鱼主养区，无乳链球菌对大环内酯类抗生素的耐药率为 12% ～ 95%；氨基糖苷类、$\beta-$内酰胺酶类耐药率大于 80%；喹诺酮类平均耐药率在 30% 以上，磺胺类则高达 100%。随着耐药性增加，反复使用抗生素不仅破坏了养殖微生态环境，也加重了产品的药物残留，影响罗非鱼产品的质量。滥用抗生素不仅引起了国际社会的关注，同时，药物残留也会严重制约了我国罗非鱼产业的发展。

在体系及国家有关部门资金的支持下，广西水产科学研究院罗非鱼研发团队通过连续多年的研究，在罗非鱼链球菌病弱毒株口服疫苗、抗罗非鱼链球菌病品种选育和规避高水温、高规格、高密度养殖模式综合防控等技术研发方面获得了突破性进展，对罗非鱼链球菌病有效保护率可达75%以上。建议有关部门在罗非鱼链球菌口服疫苗生产许可、抗罗非鱼链球菌病新品种审定等方面给予大力支持，为我国罗非鱼养殖业的健康可持续发展提供支撑保障。

2. 对于罗非鱼苗种生产场地的选择

多年的实践表明，罗非鱼的苗种繁育受气候、温度影响巨大，适宜水温为25～30℃，超出此范围，其产苗量显著降低乃至停产。由于我国绝大多数苗种繁育场均建在南方高温地区，造成每年9—10月生产苗种数量不多，用于越冬的秋苗严重供应不足。此外，罗非鱼苗种销售多以体长2 cm以下的鱼苗为主，运输方式均采用尼龙袋充氧空运或者汽车运输，我国开通有航班的地方当天均可安全运达，运输成本占鱼苗成本的10%～15%，苗种的成本更是只占到所有养殖成本的3%～5%。因此，罗非鱼苗种生产场地选址应转变传统观念，建议早期（每年2—5月）苗种的生产场地选择在我国南方高温地区建设，而后期（每年7—10月）苗种的生产场地选择在我国中部地区建设。而为了配合一年两造或者规避高温季节链球菌病暴发的风险，各养殖主产区应尽可能建设苗种越冬培育场，以培育充足的大规格越冬鱼种。

3. 宣传拓展销售渠道

罗非鱼肉质鲜美，价格适中，这是不争的事实；而大家想吃又不敢吃又是另外一个不争的事实。究其原因，主要是人们担心食品安全问题，有不少人还误信罗非鱼是用避孕药或者是在臭水沟养殖的。因此，建议通过体系平台，加大宣传力度，最大限度消除人们的误解，引导人们放心消费。

体系"新兵"，踏上工程化养殖发展快车道

徐钢春

工程化养殖岗位成员　中国水科院淡水渔业研究中心

《史记》有云："农，天下之本，务莫大焉。"农业是国民经济的基础，是促进时代发展的原动力，是稳定社会民心的压舱石。从刀耕火种到铁犁牛耕，从种植业为主的传统农业到农、林、牧、副、渔协调发展的现代农业，从粗放型到集约化，中国农业的发展步步为营、自成体系、久久为功，取得的成就令世界瞩目，农业大国实至名归。中国水产养殖产量占世界总产量74%，位居世界第一，可以说，中国目前的养殖技术、产量都是世界一流。然而，反观发达国家，我国的水产养殖生产效率还是比较低的，依然是建立在严重依赖资源的生产方式上。发达国家对"鱼屁股"的污染管控是非常严格的，他们的理念是"鱼可以进口，污水不能出口，宁可吃进口鱼"。例如，法国、荷兰、丹麦等欧洲国家提倡"零排放"的工业化养鱼，有的还为此进行立法。我国的现代渔业仍面临诸多不足：污染难题依旧根深蒂固，土地资源的瓶颈效应日趋突出。新形势下，我国现代渔业的发展蓝图如何绘制？水产养殖的远景路在何方？

现代农业产业技术体系应时而生，聚焦"农业增效、农民增收、农村增绿"，承担"结构调优、生产调绿、产业调强"，实现"技术变革、产业变革、机制创新"，为新时期农业结构调整、产业转型升级、产品安全优质、资源高效利用、生态有效保护提供强有力的科技支撑。一直被认为是我国农业科技领域的一项重大管理创新，是促进农业科研与生产紧密结合的有效途径，是建立全国范围内农业科研协同创新内生机制的成功探索。加入现代农业产业技术体系，踏上顶级研发实力的平台，成为科研人员的梦想。

随着人民生活水平不断提高，对水产品的消费由以数量为主导转向以质量为主导，对名优水产品的需求与日俱增，从而促进了多区域名优特色淡水鱼成为主导经济品种，产业规模迅猛发展。2017年，国家特色淡水鱼产业技术体

系正式成立,犹如一剂催人奋进的强心剂,更让我自豪的是,我有幸成为工程化养殖岗团队的核心成员。

2003 年我毕业于水产养殖专业,长期从事水产健康养殖技术研究,深知渔民的生活绝非缸中游弋的鱼儿光鲜亮丽、五彩斑斓。水产是一个苦行当,免不了的是雨里来泥里去、免不了的是数九严寒、炎热酷暑的考验。说实话,刚踏出校园的那一刻,我自己都没有把握是否能坚持这份工作,更不敢想成为一名真正的水产耕耘者。十五年了,也正是渔民的一点一滴欢乐、满意,让我真正体味到实验台前、池塘河边播撒智慧,收获富足的滋味;真正让我兴奋的是,"十三五"以来,国家明确提出"质量兴农、绿色兴农、品牌强农",指出推广生态循环农业是实现"绿色、高效"农业的有效途径,也让池塘工程化养殖焕发了新的时代光彩。

其实,早在 2011 年雷霁霖院士就提出,必须从创造食物安全、环境友好、提高人民生活质量的需求出发,确立以工业化理念为指导、低碳养殖(低能耗、低排污、低污染)为方向的科学发展思路,依靠科技进步、政策支持和龙头企业的组织带动,构建具有"四化养殖"(装备工程化、技术现代化、生产工厂化、管理工业化)内涵、优质高效和可持续发展的工业化养殖产业群和产业带,推进渔业供给侧结构性改革,实现渔业经济由线性经济向循环经济转型升级,提升渔业生产标准化、绿色化、产业化、组织化和可持续发展水平,提高渔业发展的质量效益和竞争力,走出一条产出高效、产品安全、资源节约、环境友好的中国特色渔业现代化发展道路。

科研院所的高端技术、人才资源是创新的"源头活水"。科研只有面向市场,才能发挥它的真正作用;成果只有应用于产业,才能实现其真正价值。特色淡水鱼产业技术体系为科研院所、企业、产业牵线搭桥,真正让企业的"产与用"和科研院所的"学与研"深度融合、让"科技之花"结出"产业之果"。科研成果植入产业一线,实现了科技成果工程化、产业化、效益化,促进行业科技进步。

池塘工程化循环水养殖是一个系统工程,涉及工业设计、机械制造、工程建设、水体力学、苗种选育、营养饲料、病害防控、互联网等多学科。加入特色淡水鱼产业技术体系,可以与全国顶尖行业专家和杰出示范区合作交流,取长补短,将各学科资源优势集中利用到池塘工程化循环水养殖模式构建、运营与管理上,最终,集成构建技术可推广、模式可复制、操作规范化的池塘工程化循环水养殖技术体系。

池塘工程化循环水养殖模式具有水资源循环利用、营养物质多级利用、高产高效、不污染环境、节约土地及产品优质的优势。这种养殖模式示范推广项目实施以来，各示范单位积极开展技术试验示范，截至目前已在全国 10 多个省（区、市）示范应用流水养殖槽 2 000 多条，覆盖池塘 3 万多亩，取得了良好的生态效益、经济效益和社会效益，但是在示范应用中也暴露了一些技术性问题。目前，总体养殖粪污收集率仅为 10% 左右；部分地区示范主体追求短期效益，不顾池塘生态承载力，盲目扩大流水养殖槽面积，变相成为过高密度养殖，引发病害频发、池塘富营养化等；普遍存在池塘循环系统建设不规范、生物净水效能发挥不充分、精准化养殖程度不高等现象。这就要求我们在以后的工作中，需要加强与体系内、体系间的合作交流，整合各学科专业优势，在新模式推广示范中发现问题、解决问题，让养殖新模式插上腾飞的翅膀，助力绿色渔业、生态渔业和美丽乡村建设。

党的十九大以来，国家大力推进"五位一体"的总体战略布局和绿色乡村振兴，生态文明建设的号角吹响了。肩负时代的重托，生态循环农业的发展将作为排头兵，冲锋在前。过去自信的我们，现在更加坚信：生态农业的明天注定满园春色，绿意盎然！

特色淡水鱼产业技术体系思考

郝淑贤

鱼品加工岗位成员　中国水科院南海水产研究所

2007 年农业部和财政部联合启动"国家现代农业产业技术体系建设试点"，罗非鱼有幸入选产业技术体系试点之一。当时的体系仅有 10 个岗位科学家和 10 个综合实验站，是 50 个体系中人员最少的团队。麻雀虽小，五脏俱全，当时的团队研究领域涉及种、养、加、病防、安全、经济等多个环节。转眼十年过去了，体系已发展成为 34 个岗位 19 个综合实验站的格局，团队研究对象由单一罗非鱼扩大到鲟鱼、虹鳟鱼、鳗鱼等 10 余个品种。作为体系团队成员之一，我真切感受到体系发挥的科技支撑力量，见证它为罗非鱼产业发展带来的新变化，也深为体系团队近十年来所取得的成绩感到骄傲和自豪。

体系建立之前，科研人员特别是事业单位的科研人员挖空心思争取各类科研项目，可以说从年头到年尾无一刻不在致力于拉关系、争项目，真正放在科研方面的心思和精力少之又少；为拿到赖以生存的科研经费，科研人员从事的科研项目也是杂乱纷繁，今天"做鱼"、明天"做虾"……这种"短平快"的农业科研模式根本无法适应农业科研周期长、见效慢的节奏，自然无法解决农业领域中存在的根本问题。自从有了体系足额、稳定的财政支持，专家在不申请其他项目的情况下也能够安心科研，这让团队成员拥有了强烈的归属感。俗话说"人心稳，事业强"，现在团队成员终于可以甩开膀子、全心全意致力于解决罗非鱼产业问题了。

体系的成立不仅保证科学家按照产业和科研规律去做事，而且能够持续地、系统地、稳定地做事，这样更有利于重大科研成果的培育。在体系首席科学家杨弘研究员的带领下，全国罗非鱼知名专家组成的团队协同配合，紧密围绕罗非鱼产业链需求，围绕重点任务、前瞻性研究、基础工作和应急需求四个方面开展工作。团队专家组成员不辞劳苦，每年多次深入生产一线，了解产业需求，将加快罗非鱼良种选育、发展集约化养殖模式、加强罗非鱼产后加工等作为体系研究工作的重心，并根据实际成效，有针对性地调整科研重点攻关方向。以罗非鱼加工岗位为例，自罗非鱼产业体系团队筹建以来，在岗位科学家李来好的带领下，团队成员先后围绕不同养殖模式下罗非鱼的品质差异与影响品质的关键因素、罗非鱼腥味来源与腥味脱除、罗非鱼加工产品品质评价与分级、罗非鱼加工副产物功能肽与方便食品的开发与利用等主题开展系列研究，对促进罗非鱼优质优价，倒推养殖产业生产适合市场加工的高品质罗非鱼，提升罗非鱼产品品牌策略提供了必要的技术支撑，研究深度、广度及实用性方面都有所提升。研究成果在倡导绿色环保加工的前提下，实现罗非鱼零废弃加工利用，先后获得海南省科技进步一等奖、广东省农业技术推广一等奖、神农中华农业科技奖二等奖等5个奖项；发表相关研究论文106篇；授权发明专利12项，制定相关标准16项。在体系财政的支持下，团队研究成果的数量和档次都有大幅度提升，研究内容更加接地气，成果在综合试验站及周边罗非鱼主产区都有示范推广。与此同时，团队成员科研实力也得到大幅度提升，受益于体系支持，我本人由副研究员晋升为研究员，团队其他成员先后有3人晋升为副研究员，研究队伍整体科研实力更加强大。

体系不仅给予团队及其成员有力的保障与支持，也助力产业的健康有序发展。以往国家对罗非鱼、鲑鳟鱼等小产业的科研投入不高，科研人员争取项目难度大，有幸获得的项目也是集中在某个特定的领域，科研项目缺乏纵向联通，产业受用面窄。感恩于体系的支持，团队研究范围从以往的"条块化"研究转化为围绕"产业链"进行攻关，改变了我国农业科技一直存在着条块分割、资源分散、低水平重复、协作不力等问题。既改变了以往许多科研成果束之高阁的局面，也缓解了产业发展中的关键问题无法及时解决的困境，科研成果有用武力之地，科研人员的价值也有了体现，大家的心稳了，脚跟也踏实了。体系保证了产业的每个环节、每个区域都有相应的科技力量分布，同时，综合试验站的建立也确保体系成果能够快速、大面积地"落地生根"。特色淡水鱼的目标不但是多产鱼，还要产好鱼，产安全鱼，根据市场需求倒逼特色淡水鱼养殖过程的规范化，真正从源头保障罗非鱼等养殖产品的安全性。

总之，体系的组建使特色淡水鱼科研人员的科研积极性大幅度提高，除完成重点任务和基础工作外，前瞻性研究自主选题和科研自由度提升，有利于实现科技基础研究、技术研发与推广应用的联通。所以体系使产业发展更顺了，科研人员心态更稳了。因此，我们必须珍惜这宽松的科研环境，努力不懈，认真解决产业问题，为特色淡水鱼产业的发展做出更大的贡献。

行业的发展，岗位的责任

——加入现代农业产业技术体系有感

高瑞昌

副产物综合利用岗位科学家　江苏大学

犹如炎炎夏日，忽来一阵凉风。农业部农科教发〔2017〕10号文件《农业部关于印发现代农业产业技术体系聘用人员名单（2017–2020年）的通知》正式下发了，悬了几个月的心终于落地了，使满怀期待的我平静了下来。从2月初提交申报书到3月份评审结果的公示，然后到正式发文的漫长等待，终如人愿。整个等待过程对我来说是一个喜悦、忐忑以及期待的过程。

首先是高兴和喜悦。申报的成功显示了自己多年的工作得到了同行的认可，非常感谢同行长期的支持。自从硕士和博士阶段开始接触和从事水产品加工的科研工作以来，逐步喜欢和热爱上这个领域，始终认为水产品加工行业具有非常大的潜力，21世纪是蓝色海洋的世纪，水产品产业是其中重要的支柱领域。因为水产品加工是渔业生产链的延续，是连接水产养殖业和消费市场的纽带，"加工活，则流通活；流通活，则生产兴"，水产品加工对带动渔业生产和推动产业发展以及人们健康生活具有极为重要的作用。地位的重要性决定了水产品加工行业的发展空间，也给了我良好的职业发展空间。所以，博士毕业以后十几年来，我始终坚持在水产品加工和综合利用领域从事相关的研究和产业服务工作，取得了一定的成果。入选体系的成功也大大地鼓励了我，一方面从资助力度上提供了保障，稳定的支持将使我更加安心地开展研究工作。另一方面提供了施展的平台，产业发展的需求为我提供了更为广阔的空间，带来了发展的机遇。

其次是忐忑，倍感压力。虽然长期在高校里从事水产品加工与综合利用研究和相关工作，但是通过对现代农业产业技术体系设置的目标和规划等方面的了解，感觉到体系所要开展的工作和要求与以往的高校教学科研工作在方式和内容上还是有着较大的区别。高校里的工作相对简单，研究更多是出于兴趣，呈现的结果更多的是文章和人才培养，即使开展一些社会服务工作，也是相对局部的、个体的。而体系的目标和要求更多的是要和产业紧密结合，提高产业创新能力，为产业发展提供全面系统的技术支撑，推动产学研结合，增长我国农业竞争力，为现代农业和乡村振兴建设提供强大的科技支撑。体系是自源头到餐桌，是整体的，全行业的，相比高校内的工作更为广泛，更近距离地接触实际生产，是要把文章写到大地上的，接地气的。这对于长期在高校围墙内的我来说的确是个挑战，所以有些忐忑。作为体系岗位科学家，首先要从国家、社会层面上认识到体系的建设和提升对实现现代农业和社会主义新农村建设的国家目标所具有的重要意义。其次对整个产业现状和发展以及存在的问题要有宏观上的认识和把握，要对共性科学和技术问题进行凝练和挖掘，要从顶层上把握发展趋势。再次，要加强与行业的结合，从解决产业实际问题出发，加强创新能力，提高成果的转化，推动行业发展。基于此三点认识和自身情况，我感觉到较大的压力，更加意识到与行业的结合度方面的薄弱。然而压力就是动力，也正是这种压力使我下定决心，要不断提高自身能力，加强行业的参与度，以期达到体系对岗位职责的要求。

第三是满满的期待。现代农业产业技术体系是中央为全面贯彻落实党的十七大精神，加快现代农业产业技术体系建设步伐，提升国家、区域创新能力和农业科技自主创新能力，为现代农业和社会主义新农村建设提供强大的科技支撑，由农业部、财政部启动建设以农产品为单元、产业链为主线、服务国家目标的现代农业产业技术体系。是从国家层面上的设立的加快我国农业发展、提高我国农产品世界竞争力的重大战略措施。随着《国家乡村振兴战略规划(2018—2022年)》的公布和推进，"强化农业科技支撑"作为重要的内容列入其中，这是国家交给现代农业产业技术体系的新任务，也对体系提出了更高的要求，同时也为体系展现作用提供了更大的舞台。作为入选的一分子，深深地感受到自己的责任，非常期待能够为现代农业的发展和国家的发展贡献自己的一份力量。加入体系后，特别是与行业的密切结合，更是激发了我内心的渴望和动力，希望自己能够做出更好的成果，通过成果转化，加强行业的参与度，通过自己的科研服务提高对行业的贡献度。作为教师，教书育人自然是本分工作，但如果能够为社会和国家贡献更多的力量，我会更加感觉自豪，这也是我今后职业发展的巨大动力。

时光荏苒，日月如梭，悄然之间进入体系已近两年。正如预料的那样，加入体系之后，事务明显繁多。从初期的行业调研，到产业发展现状的总结思考，到体系任务的规划，再到任务的实施，再到行业的参与等等。工作的丰富，生活的多彩，工作的内容有了更大的拓展，接触的人、事、物也更加多样。这些都大大刺激了我的求知欲望，让我更加具有战斗力。通过对实际问题的分析和解决使我更加清楚行业的需求，科研工作有了更为明确的目的，也为我的科研工作提供了更新的驱动力。与此同时，我对生活的认识更加透彻，除了自己的小家，还有社会这个大家需要我们的贡献。健康快乐的生活，将使自己以更好的能力和状态做出更大的贡献。所以在工作中我积极投入，提高效率，在生活中加强锻炼，坚持每天锻炼一小时，争取健康工作 50 年。

社会在发展，挑战在加剧。"千磨万击还坚劲，任尔东西南北风"，唯有不断地学习，增强自身能力和本领才能更胜任科技工作者应当承担的责任。因此，今后的工作中不仅仅要发挥自身的优势，更要学习他人的经验，以实际的行动、踏实的工作、饱满的热情，加快成果的产出和转化，加强行业的参与度，努力提高行业的贡献度，为社会为国家贡献自己更大的力量。

从事产业应用研究最好的平台，没有之一

——一个体系内工作近十年成员的感想

程波

质量安全与营养品质评价岗位成员　中国水产科学研究院

我 2010 年 7 月博士毕业于中国科学院海洋研究所，同年进入中国水产科学院，加入体系质量安全与营养品质评价（原养殖标准与质量控制）岗位团队。八年多的时间里，正好经历了体系从建立初期到壮大成熟的过程。时至今日，依然清晰地记得，工作之初，第一个挑战的工作，是协助进行体系"十一五"的工作总结。一路走来，懵懂与成熟、压力与收获、责任与期待并存，感触良多。

一、体系最能令人深刻认识和了解行业需求，切实开展有效工作

刚加入体系那会儿，由于学校学习期间所研究的内容与体系相关性不大，对罗非鱼、标准、产品质量这些概念和词语较为陌生，一切都是新的。读书期间的工作方式，几乎都是按照导师的指点或者文献的描述，进行相关问题的追踪研究，至于为何这样做，能够解决产业的哪一实际问题，深入思考的少之又少。也或许已经很努力地思考了，只是限于缺乏对行业的实际了解，较难有深刻的认识。

自从加入体系工作至今，最大的感触是自己的思想日渐成熟。不仅是对所在岗位和研究内容有了新的认识，更为重要的是对我们为何要开展质量安全的研究、应该瞄准哪些问题开展研究，有了深刻的认识和理解。同时，借助产业体系的平台，真正从苗种、饲料、养殖、病害、环境、加工、流通、市场全产业链的各个角度，从政府监管、科研院所、示范推广和企业生产等各个方位，全面了解并熟悉整个产业和行业的现状，既见到"树木"，也见到了"森林"。我自认为这两点对于从事产业应用研究的人员至关重要，且弥足珍贵。身处产业体系中，我们对此有得天独厚的优势，能够很快熟悉行业并提高认识，知道

为何要开展这些工作，开展什么样的工作，如何开展工作，这是体系外人员最难企及也最为羡慕的地方。

二、体系科学研究最能紧密围绕产业需求开展，个人科研能力得以明显提升，人生价值得以完美体现，个人生活得以充分拓展

从事体系研究工作，个人科研能力得到明显提高。产业体系的主要职能是围绕产业发展需求，进行共性技术和关键技术研究、集成和示范，实施过程中，产学研相结合是体系工作的主要途径和最大特点，科学问题源于产业和政府的实际需求，科研成果最终服务于产业并为政府决策提供咨询。这样的工作最具现实意义，也最催人奋进并投身于此。以我们质量安全与营养品质评价岗位为例，药物残留超标一直是罗非鱼等出口型淡水鱼养殖品种行业最迫切需要解决的问题，我们借助体系平台，提出"统一方法、系统研究、构建模型"的研究思路，并围绕"构建鱼类药物代谢残留的预测技术"这一目标，进行开拓性的工作，构建国内首个鱼类药物代谢残留PBPK模型，开发了基于PBPK模型的鱼类药物代谢残留预测平台，取得了较大的突破，并对不久后产业的应用信心满满。在这一过程中，我的科研能力也得到较大提升，入选中国水产科学研究院"百名科技英才"培育计划人选，并获国家自然科学基金等多个项目支持。

同时，我的工作能力得到全面锻炼提升。一个体系是由多个岗位科学家和综合试验站团队组成的大家庭，不同体系之间需要大合作，各体系内部更是密切联合和精诚合作，此外，一个体系内部，首席科学家和各功能实验室不仅需要就岗位职责开展大量研究工作，还需要投入大量时间和人力进行体系管理和运行，这一切都需要我们每一个人的共同努力和配合。作为体系和所在岗位中的一分子，我也有幸参与，并在潜移默化之中，深刻理解了团队协作和配合的意义，而自己团队协作和与人有效沟通等工作能力已经得到了全面的提升。感谢体系为我个人工作和成长提供了良好的平台，更感谢体系全体工作人员，尤其是所在岗位科学家宋怿研究员的一路帮助和培养。

在体系内工作，我结下了诸多良师益友。我毕业后即进入体系工作，一切工作都在岗位科学家的带领下进行，如何具有大局思维，如何将具体工作落到实处，如何培养自己独立的见解，八年多的工作与合作，岗位科学家犹如一位长者，在背后默默指点培养着自己。因为工作原因，我时常会与北京综合试验

站、广西综合试验站、昆明综合实验站等兄弟单位合作，并请求他们提供帮助，每一次他们都毫不迟疑地给予协助，毫无保留地将自己多年一线的经验和所学进行传授。除了收获，我更多的是感动，并因此而与梁拥军同志、张欣站长、郭忠宝站长、缪祥军站长、张升利同志等成为工作上的战友、生活上的良师益友。2017 年，梁拥军因病去世，我们万分悲痛，无以言表。感谢体系将我们彼此联系在一起！

三、责任与期待

现如今体系扩大，由单一的罗非鱼拓展到罗非鱼、鲖、鳗、淡水鲈、鳢、鳜、黄鳝、泥鳅、黄颡鱼、鲟、鲑鳟等 11 大类，研究内容更加丰富，科研队伍更加壮大，地域也更为广阔，成为一个更加理想的工作平台。与此同时，我所在岗位的工作内容，也从单一的质量安全研究，拓展到质量安全与营养功能评价并举。新形势下，对于如何解决好整个特色淡水鱼产业的质量安全和营养功能问题，提出了更多的挑战。作为岗位团队成员之一，同岗位科学家一样，倍感压力，但我坚信，这一切更是机遇，是我们不断前行的号角。我期待自己能够迎风破浪，风雨兼程，不断提高自身能力，继续为产业奉献一份力量，收获一段精彩的人生。

路漫漫其修远兮　吾将上下而求索

代云云

产业经济岗位成员　中国水科院淡水渔业研究中心

2012年7月，我的学生生活正式结束，新的学习和挑战正在慢慢向我走来。一次偶然的机会得知罗非鱼产业经济团队正在招兵募马，我便开始积极申请能够加入团队，在各种考验下，非常有幸能够得到各位领导的赏识，最终如愿以偿进入罗非鱼产业技术体系产业经济团队（现扩增为特色淡水鱼产业技术体系）。产业技术体系给了我一个优秀的发展平台和锻炼机会，作为体系的一员，我尤感荣幸和自豪。

本硕博阶段，我主修的专业是农业经济管理，主要研究方向是农业经济和农产品质量安全，虽然对经济类知识具有一定的概念和认知，但对渔业专业知识可谓"一窍不通"，不熟悉水产养殖生产情况，不熟悉水产品流通和加工情况，对产业主要面对的市场也不甚清楚……为了尽快了解渔业基本知识和产业基本情况，产业经济岗位专家孜孜不倦地将各类基本知识传授给我们新进人员，经常带我们深入渔业生产第一线，对养殖户、加工厂、流通商进行实地调研，帮助了解产业实际情况，为我们安排定期的市场分析工作，了解产业市场的实时行情变化，如同人生的导师一般，为我们指明了前进的方向。

在对水产专业知识和产业情况有了基本了解后，我开始逐步认识到产业经济工作带给我的机遇和挑战。"路漫漫其修远兮，吾将上下而求索"，我觉得用它来形容我对产业经济工作的认知和对自己未来的期望最为恰当不过。即便道路曲折漫长，产业经济工作任重而道远，我仍然会选择不遗余力地去寻求正确方法，解决现在和未来面临的问题。

产业经济的研究对象是罗非鱼、鲫、黄颡鱼等特色淡水鱼产业链各环节之间相互作用关系的规律、产业本身的发展规律、产业与产业之间互动联系的规律以及产业在空间区域中的分布规律等，具体表现为产业结构、产业组织、产业发展、产业布局和产业政策等。目前，产业经济的任务主要是探究产业生产、加工、流通和市场等现状，通过对产业现状、产业竞争力和全要素生产率等的研究，分析产业未来的发展趋势，同时根据历史数据进行预警分析，为相关主管部门制定产业发展战略、产业政策提供基本依据。所采用的方式方法包括采集示范县苗种生产、成鱼养殖、加工生产、市场贸易及相关产业等实时跟踪数据；定期进行产业调研；每月定期进行国内外市场情况分析，提交工作简报；定时提交产业发展趋势分析、生产要素变化及经济效益分析、市场变化及趋势分析、产业发展政策研究、产业安全预警分析、产业竞争力分析、全要素生产率分析等年度总结报告；进行体系产业经济间合作，撰写实施方案，提交分析报告；处理应急任务，向上级主管部门提交实证分析和应对策略分析报告，如中美贸易摩擦对中国罗非鱼产业的影响等。

上述研究内容对我工作能力的培养是不容置疑的，如产业经济数据的搜集整理，预警系统的指标、模型选取，生产要素、市场变化、预警预测等年终结题报告的撰写，相关课题的申请实施和结题报告的撰写，都在无形中提升了我个人的数据处理能力、逻辑思维能力和分析能力，同时，也培养了我的工作责任感和团队协作能力。一个人的能力毕竟是有限的，在规定的任务完成时间内，只有通过大家的合理分工、共同配合，才能保证每个任务都有条不紊地进行，每个任务都按时按质按量完成。

除了工作态度的培养，加入体系后，我对生活的态度也变得更加积极向上。在加入工作后的一段时间内，我也曾对未来感到迷茫，不知道该如何进行工作和人生规划，只看到眼前的工作任务，没有将工作和个人发展结合起来。在体系专家和同事的鼓励和支持下，我渐渐回到了正轨，积极努力做好各项工作，寻求理论和方法上的突破，创新自我。在工作中有了精神寄托后，我的个人生活也变得明朗起来，开始合理安排工作和家庭时间，工作时间把工作处理好，下班时间把家庭安排好，抽空看书学习，生活变得忙碌而充实，我的精神状态也跟着生活态度一起变得积极明朗。寻找工作和家庭的平衡点，是我在体系工作中学到的一个重要技能。

在体系工作的这些年，勤恳努力也为我带来了一点成绩。目前为止，申请并主持了中央级公益性科研院所基本科研业务费专项资金项目1项；作为项目主持人和水科院合作项目2项；作为主要成员参与了特色淡水鱼和罗非鱼产业技术体系产业经济岗位的研究工作；参与国家自然科学基金项目2项、江苏省软科学研究计划项目1项、水科院合作项目1项，同时负责结题报告的撰写。参编著作3部（其中副主编2部），发表研究论文39篇（其中第一作者17篇），授权发明专利4项，授权新型专利10项，获得软件著作权登记6项，为《南京农业大学学报（社科版）》匿名审稿人。

与一个优秀的渔业经济工作者相比，我在各方面都存在较大的差距。在以后的工作中，一方面我要积极向有经验的体系专家和同事请教，主动学习经济专业以及水产行业方面更深更广层面的知识，拓展自己的理论认识和业务经验；另一方要紧紧抓住体系给予的机会，以产业发展为己任，时刻关注产业形势，结合自己的专业知识，为产业未来的发展出谋划策，争取不辜负体系对我的培养，不辜负各位体系专家的厚望，不辜负科研工作者这个职业。

以体系大团队为依托，做好渔业科技与生产对接服务

陈校辉

南京综合试验站站长　江苏省淡水水产研究所

国家特色淡水鱼产业技术体系于 2017 年正式组建，我作为江苏渔业科研与服务战线上的一员，根据新体系的要求、个人未来发展规划以及江苏特色淡水鱼产业现状与特点，认真谋划组建了由五个示范县技术骨干以及本单位技术骨干参加的综合试验站团队，经申报和单位举荐以及国家现代农业产业技术体系办的综合评定，荣幸成为特色淡水鱼产业技术体系南京综合试验站站长。在一年多的工作过程中，作为基层综合试验站，立足本地区优势资源，加强与产业研发中心的纵向交流沟通和与各区域综合试验站的横向交流沟通，协助技术研发中心、功能研究室，完成各项调研、信息采集、试验研发等工作，通过团队的努力，高效地完成了体系安排的任务，同时通过该项工作任务的开展，对体系平台、团队建设以及个人发展规划有着如下思考和感想。

一、科研与生产紧密结合、科技成果高效转化的体系平台

特色淡水鱼体系是包含 11 类特色鱼类品种的产学研服务体系，体系团队涵盖了各品种种质资源与改良岗位、养殖与环境研究室、病害防治研究室、饲料与加工研究室以及产业经济研究室等众多共性技术研究岗位，科研力量覆盖产业链环节的育种、养殖、病害、饲料、加工以及渔业经济技术研究，是支撑我国特色淡水鱼产业持续发展、加快产学研相互对接融合的技术创新服务体系平台。进入体系平台的科研团队、技术推广团队以及示范基地，充分利用平台开展各项技术理论研究以及试验认证，通过实践与理论交互作用反馈，形成岗位团队科研课题从生产实践中来、科研成果到田间地头中去、科研论文写在大地上的良好机制，使更多的农业科技成果能够以最为快捷的方式转化为现实生

产力。其中我所的斑点叉尾鮰育种团队进入体系后，进一步加强了与鮰鱼主产省份的综合试验站对接交流，促进了科研成果的宣传推广，斑点叉尾鮰江丰1号良种得到养殖企业和养殖户的青睐，并在四川、湖北、安徽、江苏等地建立扩繁合作基地，加快了良种推广速度，提高了成果落地服务产业的综合效能。南京综合试验站根据地区特色淡水鱼产业特点，加强与各岗位科学家团队的合作，通过宣传引导，加大了江苏省加州鲈养殖过程良种推广力度，以及针对养殖过程中的环境压力。与加州鲈饲料岗位团队合作开展加州鲈全程配合饲料喂养模式试验示范，通过良种与良法的共作协同，逐步改变了养殖户全程冰鲜喂养方式，降低了养殖过程环境负荷；引荐黄颡鱼种质资源与改良岗位团队与南京综合试验站射阳示范基地开展合作，进行黄颡鱼良种选育开发，并进行推广应用，强化了产研对接服务成效，基地运行企业于 2017 年评为了省级农业龙头企业。

二、国家乡村振兴战略的重要抓手

农业兴则国稳，工业兴则国富，解决我国人口生存的食物蛋白供给问题与维护国家粮食安全一直是农业面临的第一要务。正确认识和处理农业、农村和农民问题始终是国家兴旺发达的根本性问题，所以国家非常重视农业与农村工作，2017 年国家提出了乡村振兴战略，系统性规划了未来农业、农村振兴之路，现代农业产业技术体系就是上联政策决策层，下接农业生产者，整合多领域、多学科专家团队技术力量的科研与服务平台，从技术层面开展新技术广泛渗透与应用，将是国家实施乡村振兴战略实施的重要手段。特色淡水鱼是水产行业中生产效率较高的品类，随着国家经济的发展，人民群众对美好生活有了更多向往，既要吃饱吃好，也要吃得有特色、吃得安全、吃得营养、吃得健康，因此对水产品特别是特色水产品需求越来越大。我作为国家特色淡水鱼产业技术体系的工作者，地方综合试验站负责人，以提升地区特色淡水产业的现代化水平以及产业经济效益为目标，邀请各岗位专家团队为江苏省特色淡水鱼产业问诊把脉，积极开展技术服务与试验示范。近年来在综合试验站的宣传与试验示范下，特色淡水鱼产业蓬勃发展，涌现了一批开着劳斯莱斯巡塘的养鱼人，为乡村振兴发展、渔民致富发挥重要作用。

三、科研人员技术交流和人才培养的平台

体系是以生产、科研、加工等多个产业为主线的全国性多学科、多行业交叉的系统，按照产业发展规律，合理配置科技资源和科研力量，形成分工合理、责任明确、产学研相结合、政府与市场相结合的规范化、标准化管理的运行机制，为围绕农产品的产业发展需求，形成一个从中央到地方，从科研到生产一线的系统性组织形态。通过体系平台，强化各团队科研工作者之间的信息交流，能够了解前沿动态的新技术发展现状，以及相互之间的合作研发，对各科研团队的人才培养提供了很好的交流学习机会。本团队进入体系以来，通过体系的管理信息平台、体系会议以及各类团队间互动交流与合作，提高了团队骨干的综合业务能力，了解了各类最新的渔业技术方法，提高了科研工作方法效率和选题开发的准确性，多名骨干成员顺利完成了职称晋升和学习深造。

体系是舞台，是当代不同层面水产从业者的大舞台，作为综合试验站，我们将围绕体系的基本宗旨，以体系大团队为依托，做好渔业科技与生产对接服务，加强与体系各岗位团队的合作交流，促进体系各团队科研成果尽快落地变成生产力的主引擎，为我国农业发展、农村振兴而添柴加油。

池边踱出的轻声

崔凯

合肥综合试验站站长　安徽省农业科学院水产研究所

如果不是独处，与物象的交流常常依靠眼睛，盲人感知物象当如《大般涅槃经》所载，言象或形如芦菔根、箕、石、杵、木臼、床、瓮、绳。大可不必见笑，"生也有涯，知也无涯"，何况夏虫语冰、井底观天，凡此种种。大千世界，了知一二，已非易事，本来人生时空就十分局促、逼仄，百科全书式的人物亚里士多德、莱布尼茨在当代确乎难以复制。然而，社会并不拒绝生产和生活的欲望，这种欲望从物质短缺岁月，于人"长铗归来兮，食无鱼"，于物"惭愧家贫策勋薄，寒无毡坐食无鱼"，直到"食不厌精，脍不厌细"、"吃什么才好"的年代都始终存续着。"自笑平生为口忙，老来事业转荒唐。长江绕郭知鱼美，好竹连山觉笋香"，东坡先生的人生尚且有滋有味地缭绕着人间烟火："姜芽紫醋炙鲥鱼，雪碗擎来二尺余；尚有桃花春气在，此中风味胜莼鲈。"还有谁人可以扎紧自己的唇缘，以效那些"垂緌饮清露"的高调鸣蝉呢？从田头到餐桌远不是一家一户的事儿，社会催生着细分，细分根植其中并壮大着产业，产业的冲动也即人的欲望，其中包括着企业家剩余和消费者剩余，也始终向科学、技术这对马拉松兄弟设下无休止的里程碑。个体不胜担纲，即使逐日的夸父终将止于邓林，那么，集合个体的团队也许可以是一部百科全书的一个章节、一个片段，也许是接二连三、趋步前行、激发着力量和智慧的一支接力队伍，一支接力体系。早早晚晚的渔火，若隐若现的渔歌，有传统的缱绻与归宿，也有现代的扬厉与尖锐。

眼睛，白桦树干上张着一只只大大的眼睛，过往行人的眼睛，或盯着前方，或逡巡游移，或炯然，或茫然，有黑，有蓝，有黄。天空中的太阳与月亮，何尝不是一双明眸善睐呢？鱼，一条鱼就是一只眼睛，在池，在渊，在湖，在河海。两条追逐着，而或一条鱼追逐着自己的影子，那是先人的发现：太极！放之则弥六合，卷之则藏于心。"北冥有鱼，其名为鲲。鲲之大，不知其几千里也；化而为鸟，其名为鹏。鹏之背，不知其几千里也；怒而飞，其翼若垂天之云。是鸟也，海运则将徙于南冥。南冥者，天池也"。在图像和言语描摹的相互映照之间，古人居然如此幻化着、张扬着既现实又浪漫、既微妙又宏阔的世界。"鲦鱼出游从容，是鱼乐也"，"庄子今若游濠上，濠上更有乐鱼人"。

不知道是鲲破膜而出那个时节的潮水，还是鹏展翼振翅翕动的风，翻动着那部曾经寂然无声的《诗经》。那是一片开敞而平缓的河流，水面之中突兀着沙洲，水面上小姑娘在采收开着点点黄花的、参差不齐的荇菜，沙洲上杂花生树、芦苇婆娑，雎鸠关关地婉转啼鸣，声播远方。天地人共处的净土中，鱼自然是少不了。因为有了鱼，一部《诗经》便游弋着一个又一个千年。鱼在在藻，有颁其首；鱼在在藻，有莘其尾；鱼在在藻，依于其蒲。一幅生动的鱼藻乐游图，揭示了生物多样性在竞争、牧食与共生关系中的依存生境，自然也想到滁州琅琊山的一个秋天。其钓维何？维鲂及鱮（鲢鳙）。鱼丽于罶，能够捕获鲿（黄颡鱼类）鲨（疑似鮈、华鲥）、鲂鳢（乌鳢，或为铜鱼）、鰋（鲶鱼）鲤。季冬荐鱼，春献鲔（鲟鱼）也；猗与漆沮，潜有多鱼；有鱣（疑似鳝、鳗或鳇鱼）有鲔，鲦鲿鰋鲤。九罭之鱼，鳟鲂。敝笱在梁，其鱼鲂鳏（疑为青鱼、草鱼或鳡鱼）。黄耇台（鮐鱼，河鲀）背，以引以翼。岂不怀归？畏此罪罟。这里不仅反映了钓、罶、罭、笱、罟的渔具和潜的圈鱼暂养方法，还透露出在大宗鱼类之外当今的主要特色淡水鱼在那个年代就是"以享以祀，以介景福"上得了家国祭祀台面的上品。"口袋里有块面包比帽子上插根羽毛更实际"，瑞士人的谚语表现出生活方式、社会思维的文化意蕴。那么，"谁能亨鱼？溉之釜鬵"和"四牡翼翼，象弭鱼服"就表现先人对鱼的烹调和副产物加工利用的需求。同时"物其多矣，维其嘉矣。物其旨矣，维其偕矣。物其有矣，维其时矣"又反映了他们食用鱼类的数量、质量与品质追求。走在淮河之阳双墩新石器遗址的小路上，落霞与孤鹜齐飞，水塘边的陶片上就可能发现关于"鱼"的象形符号。文明初照的时候，鱼养育了人类的幼年。旭日东升了，现代的人们怎么用文化了的科技让鱼看我、我看鱼，授人一部21世纪的《养鱼经》？"上帝创造了乡村，人类创造了城市"，英国诗人库伯的这句话淡淡的，一如雨后习习的风，远望城市与村落之间俨然一道彩虹。

谁持彩练当空舞，赤橙黄绿青蓝紫。一派明丽且具动感的画面。在栖居与诗意、适意或者失意的明灭之中，多少人在白日的闲暇之余放逐着悠然飘香的梦，其中不乏桃花流水鳜鱼肥、饭稻羹鱼、莼鲈之思的垂涎，也有点额成龙、赤脚登鲤、鲛人织绩泣珠的痴想。由是观之，即便时至今日，事渔也是非同小可的，牵连着风物与情愫。江上往来人，是对"但爱鲈鱼美"的趋之若鹜。放眼天际，君见一叶舟，出没风波里，哪里还顾得上什么斜风细雨呢？打鱼人可不似"镜湖俯仰两青天。万顷玻璃一叶船。拈棹舞，拥蓑眠。不作天仙作水仙"那般惬意。授人以渔的人倒也是"渔翁"：渔翁夜傍西岩宿，晓汲清湘燃楚竹。烟销日出不见人，欸乃一声山水绿。回看天际下中流，岩上无心云相逐。这是山水间的坚守：洞庭湖上晚风生，风揽湖心一叶横。兰棹稳，草花新，只钓鲈鱼不钓名。

这也够大的了。渔的特色和特色的鱼，总要紧临着散发着墨香的砚池、鱼戏莲叶的水池，甚至遥在南冥的天池，半江瑟瑟、浮光跃金与之无关。

体系工作十年感悟

郭忠宝

南宁综合试验站站长　广西壮族自治区水产科学研究院

"时光如水，生命如歌"，时间眨眼飞逝，我进入国家现代农业产业技术体系已经九个年头。2008年农业部、财政部联合启动了第二批40个现代农业产业技术体系建设工作，其中罗非鱼产业技术体系（特色淡水鱼体系）建设为其中的一项。广西壮族自治区水产研究所（现广西壮族自治区水产科学研究院）承担了育种岗位和南宁综合试验站的设立，而我有幸成为其中的一名工作者。在岗位科学家（原南宁试验站站长）罗永巨研究员的悉心指导、团队成员的热心帮助，以及相关领域专家的支持下，加上对水产养殖的热爱，我克服了各种困难，成功地坚持了下来。在特色淡水鱼科研的路上，收获满满，个人也有很多体会与感想。

技术体系的科研工作与产业息息相关，但我所学专业却是生物科学方面，而且是以海水鲆鲽类为试验材料。罗非鱼及特色淡水鱼专业课程方面的内容都很薄弱，所以相当于从零开始，但我坚信无论是海水还是淡水，水产学科是相通的。我对相关资料、文献、成果、论文、专利等都进行了学习。理论知识储备好了，但是应用如何呢。水产养殖是实践性很强的学科，要接触一线，亲自参与养殖整个过程，试验基地是最好的锻炼平台。在基地，伴随鸡叫声，我们一起开网打鱼，日落收拾工具回宿舍。从分不清渔网的上纲和底纲，到最后的开网踩底纲高手；从分不清亲鱼的公母，到从自己手上过的亲鱼成千上万；从不懂养殖模式的新手到给养殖户培训的老师，是产业技术体系的平台让我变成了专业的水产工程师。

科研工作就是发现、分析、解决问题的过程，科研需要勤于思考和善于总结。现在社会上的浮躁氛围蔓延，使得部分科研人员也心浮气躁，以短、平、快的形式开展科学研究。而我对科研认识的转变，始于加入现代农业产业技术体系。参与现代农业产业技术体系的实践工作，使我切身感受到科研人员的成长得益于产学研密切结合。特色淡水鱼体系无论是岗位科学家还是综合试验站的科研工作不仅是在实验室做试验、发论文、写专利，更多的是要服务于生产实践，对水产养殖用户进行技术需求调研，针对品种选育、病害防控和先进养殖技术的试验示范，再通过技术培训和示范进行辐射推广。这些工作在客观上改变了科研人员浮躁的科研态度。从根本上踏踏实实地干实事，把更多的时间和精力用于根据用户的需求进行有目的的研究和服务，最终实现把文章写在鱼塘边。

体系是一个温暖和谐的大家庭，天南海北的同行专家为了一个共同的目标聚在一起为行业做实事。作为一个初入体系的工作人员，如果在科研和生产过程中出现了自己实在无法解决的问题，并且能找到的相关资料又十分有限，怎么办呢? 求助于这个研究领域的专家是最正确的途径。难题能得到解决，还能够结交到一些热心优秀的同行，大家在一起多探讨，多交流。记得最清楚的是在我们罗非鱼杂交选育过程中，我们团队的博士在试验配组上有两个品系试验鱼不够，而且试验很急，这下让他犯难了。但是他从侧面了解到首席团队有这两个品系的鱼苗，但是又怕首席工作繁忙不好联系，最后找到我，我直接跟他讲了我们体系是一个整体，互帮互助这是基本的准则，同时也讲了首席的为人处事及工作态度。最后，他直接联系上首席，一周后试验顺利开展。

我刚进入体系，作为综合试验站的联系人开展工作，工作琐碎而繁杂. 不仅要搞好示范基地的建设，还要在示范县做好体系宣传以及养殖模式关键技术的示范、推广和培训，这些都需要常年下基层、跑塘口，同时还要与当地相关部门做好协调工作。几年下来. 我与团队成员走遍了南宁主产区特色淡水鱼养殖户。通过深入基层，了解了养殖户存在的实际问题、技术需求，并常年为大家提供养殖技术方面的服务。从品种选择、饲料选择、病害防控、新养殖模式，甚至成鱼销售等都是要解答的内容。作为一个综合试验站团队成员，我期待通过体系运行，综合试验站试验示范和技术推广培训，促进本地区产业展现累累硕果；养鱼户也在期待，他们能掌握更多的养鱼实用技术，生产中的实际问题能很快得到解决，养殖效益提高。

九年弹指一挥间，在体系工作中收获巨大。作为南宁综合试验站团队的一员，我深切地感受到自身承担的责任。今后工作中我要一如既往地坚持科研与生产紧密结合，深入一线，解决生产中遇到的难题，为生态、绿色和健康的水产养殖业贡献自己的力量。

融入大"家" 如鱼得水

赵刚

成都综合试验站站长　四川省农业科学院水产研究所

2017 年成都综合试验站有幸加入了特色淡水鱼体系的大家庭，成为其中的一员。时光飞逝，几年时光仿佛弹指一挥间，刚加入体系的那些情形还历历在目。回想这几年的风雨历程，成都综合试验站从一个不折不扣的"新兵"逐步成长为特色淡水鱼行业的生力军，我们的团队随着体系的发展快速地发芽成长，这所有的一切都与体系大家庭鞭策和帮助息息相关。

一、"鱼"惑

20 世纪 90 年代大学毕业到单位报到后，所里就安排我在研究室（组）从事科研工作。从此在老专家柯薰陶、黄明显、吴明森等的精心指导下，正式开始了我的鱼类科研工作。从鱼类繁殖、苗种培育、试验方案设计到试验总结的撰写等，通过老专家的言传身教、传帮带，我逐渐开始承担科研项目，还成功地晋升了专业技术职称，先后被聘为助理研究员、副研究员、研究员。在完成科研任务的同时，又担任了研究室主任、被提拔为副所长。

时间一晃进入 21 世纪，新世纪后的十多年是我工作最辛苦、最累的十多年，也是最舒心、快乐的十多年。在观念上，我逐渐提高了对农业科研规律的理解与认识；在生活上，成了家，有了可爱的女儿；在具体工作上，我积极参与老前辈们的科研项目，完成了几个鱼类繁育技术的研究，此后又主持了很多科研项目，获得了不同级别的表彰。我从一个不懂事的愣头青，成长为所里的中层干部、副所长。虽然工作繁忙，很苦很累，但累并快乐着。

随着改革开放的深入，计划经济逐渐向社会主义市场经济转变。许多同行同事都纷纷转行研究其他领域或跳出农业，融入市场经济的大潮中，做弄潮儿。我该怎么办？转向否？困扰整天萦绕在心头，干得好好的"鱼事"，真正变成了烦心事。

凭着对"鱼"的感情和二十多年的渔业经历，在院领导、所领导的支持和水产界老前辈的鼓励下，在四川省各级农业部门的点滴资助下，我最终还是选择了坚持，将所里的胭脂鱼、鲟鱼、长吻等特色淡水鱼资源保存了下来，并利用资源为鱼加工企业进行原料科技服务。虽然干到最后，整个成都基地从事特色淡水鱼试验的仅剩我们一个研究室，我还是坚持着。干就是干，认定了，不后悔，但说实话心里时常感到"惑"。什么时候能到头，特色淡水鱼还有出路吗？

二、"运气"来了

就这样，捱到 2017 年，运气来了！农业部在 50 个产业技术体系试点的基础上扩大现有体系规模。作为在长江上游珍稀特有品种移养驯化、繁育和推广有较强技术优势的四川省农业科学院水产研究所，有幸成为特色淡水鱼体系综合试验站的建设依托单位，我也荣幸地成为成都综合试验站的站长，所里依据合理的人才结构为试验站配备了各专业的人才，在首席科学家、执行专家组及岗位科学家、各试验站站长同行的指导、支持及帮助下，成都综合试验站的工作也开始正常地运转起来。经费有了保障，人员有了保障，工作有了方向，努力有了目标，真高兴呀！我总的感觉是如鱼得水。

三、终于有"家"了

在四川省特色淡水鱼类产业科研进入低谷时，经费少、项目少，技术支撑不够完善，就好像慢慢失去了"家"。体系的建立，将全国涉及特色淡水鱼科研单位和科技人员聚集在一起，成为一个大家庭。首席科学家杨弘就像一个负责任的大家长，各专业的岗位科学家犹如叔叔、伯伯，各试验站长犹如兄弟姐妹。要优良品种向育种专家要，碰到技术难题请教岗位科学家，各试验站之间互通有无。"大家长"还每年把"叔叔""伯伯""兄弟姐妹"聚在一起开"家庭会"，讨论一年的工作，有赞誉、有批评，犹如一个温暖温馨的"家"。

四川省特有鱼类 100 余种，2017 年全省淡水水产养殖面积、水产品总产量、渔业经济总产值分别居全国第 11 位、第 7 位、第 13 位，均居西部第 1 位；鲫鱼、鲶鱼、长吻产量居全国第 1 位；冷水鱼中鲑鱼产量居全国第 2 位，鲟鱼居全国第 3 位，鳟鱼居全国第 6 位。

全国人均水产品占有量为 49.07 千克，而四川作为人口大省，人均水产品占有量仅为 18.61 千克，相差近 2/3。四川每年水产品需求 200 万吨，而目前水产品总产量 150.74 万吨，缺口 40%。因为比较效益差、劳动强度大等原因，虽然养殖面积大，但多为主养大宗鱼类的养殖模式，特色淡水品种相对较少。

如何服务好当前的特色淡水鱼类产业技术需求对成都综合试验站是一个挑战，除了原来从事的长江上游特有品种移养、驯化、繁育、养殖技术的研究，为渔民提供优良种苗和高效生产技术以及为涉鲟鱼加工企业提供原料外，加工新技术服务是我们必须面对的现实。有了体系这个大家庭后，一切都有了支撑。黄颡鱼、鲈鱼、鲟鱼育种产业需要品种改良技术，体系的黄颡鱼、鲈、鲑鳟鱼岗位科学家被邀请到基地进行现场技术指导，开展共同研究；养殖行业需要生态、环保、智能的设备，我们就和大宗淡水鱼产业技术体系的岗位科学家、本体系的岗位科学家及兄弟试验站一起为其出谋划策，提出突破养殖工艺中的出口环保技术瓶颈；在加工岗位专家的支持指导下，彭州和雅安地区利用鲟鱼养殖的优势，推广鱼子酱加工技术。

有了体系这个大家庭后，感觉工作状态从过去的无所适从转变为大有可为了。而且试验站团队人员知识结构日趋合理，专业配备更好。

四、愿"家"更美好

几年的时光，我们在体系大家庭的扶持下不断成长，如鱼得水。我们珍惜在体系工作的每一天，今后成都综合试验站会更加全力以赴、全身心地投入到下一个五年的工作当中去，与体系一起同呼吸、共成长，为体系建设添砖加瓦。

再多的笔墨也无法表达对体系的真挚情感，谨以此文来表达对给予成都综合试验站关心、帮助和支持的所有体系大家庭成员最诚挚的谢意，并衷心祈愿国家特色淡水鱼产业技术体系越办越好，祝愿我们的大家庭进一步扩大，有更多专业的科技人员进入体系，以适应当前产业对各环节技术的需求，共同为我国的特色淡水鱼产业奉献力量！

特色淡水鱼体系个人感想

崔丽莉

昆明综合试验站成员 云南省渔业科学研究院

昆明综合试验站作为国家特色淡水鱼产业技术体系在云南省唯一的综合试验站，不但要依托下设的五个示范县开展工作，还肩负着为云南全省特色淡水鱼产业发展提供技术支撑的任务。作为一名边疆渔业科技工作者，加入体系七年以来，本人深感荣幸且颇有感触。

首先，资金支持。体系稳定的资金支持，提供给了产业科技研发长期且充裕的经费保障，使产业发展中的关键环节和主要问题有了持续研究的基础，给予了产业持续健康发展的动力。这一平台让农业科技人员有机会、有空间、有规划地在其所属领域进行研发。

其次，上下贯通。体系设置有功能研究室、各方向的研发岗位以及综合试验站，分别扮演着基础研究、技术研发、示范应用的角色。这种配置通过三者之间合理分工，实现了产业链的各个环节的贯通，从而大幅度提高了科技成果转化的效率。体系每年科学设置的重点任务，直接针对产业发展的难点、痛点，合理分工进行技术研发，再通过各综合试验站迅速示范和推广应用。这样的效率是以往的研发体制无法实现的，彻底打破了科技转化的瓶颈。以云南省为例，罗非鱼育种岗位选育并通过国家审定的新吉富罗非鱼，借助体系和昆明综合试验站的力量在云南省范围内迅速展开了新品种生长对比、生态养殖新模式探索、鱼菜共生、稻渔综合种养等多个试验示范项目，效果明显。短短几年，新品种示范应用面积已超万亩，有效地将体系的功能实验室、岗位、综合试验站工作与生产一线密切联系起来，更好地服务于行业发展。

第三，联合创新。由于特色淡水鱼体系的建立，产业的技术研发不再是地方性小团队的孤军奋战，而是国内行业中育种、病害、营养、加工、预警等多方向多功能的专家团队强强联手，产生更加创新的综合技术成果，逐步实现跨学科的横向联合。例如，体系罗非鱼岗位与昆明综合试验站团队合作进行罗非鱼促生长添加剂的中试试验，不仅快速有效地将研发结果应用到实际生产中，而且连续三年顺利完成实验数据的收集和分析工作，为促进该饲料添加剂的上市提供了有效支持。再如，昆明综合试验站配合岗位科学家，分别在昆明池塘和罗平库区网箱安装智能养殖系统，极大地提升了云南省水产养殖管理水平；配合体系质量安全追溯岗位专家开展的罗非鱼质量安全可追溯研究及示范工作，对于省内水产品牌建设起到了积极促进作用。此外，体系经济岗位团队的设立，从技术成本、效益回报、产业发展以及市场走向提供了翔实的数据，有效、及时地反馈到生产一线，对产业链各个生产环节形成重要的支撑。

第四，针对性强。体系根据产业的关键重点难点问题制定了相应的重点研发任务，如针对云南山区吃鱼难的问题，确定了稻渔综合种养技术与示范任务，因地制宜地解决了山区人民的吃鱼问题；针对云南渔业养殖模式多为粗放型的问题，制定了工厂化集约化养殖技术与示范任务，引领区域企业探索新方式；针对云南水生态环境恶化的问题，确立了水环境生态指标监测工作任务；针对云南万峰湖乃至全国池塘和水库网箱可持续发展问题，研发了环保漂浮式流水养殖系统，将鱼粪和残饵移出水体并进行生物处理、二次利用，改变传统投饵网箱对水体环境的污染。

第五，应急反应。特色淡水鱼体系在全国范围内为产业出现的各种严重突发状况提供了一支快捷反应的团队，可迅速启动应急机制。当各地渔业部门、生产单位或个体在养殖过程中遇到需紧急解决的技术难题或严重灾情病害等情况，综合试验站及时将相关信息上报，体系及时组织专家分析应对，制定技术措施，从而快速缓解或有效解决相关问题。例如2013年底至2014年初，云南省西北、西南地区遭遇了罕见的低温冰冻天气，灾害造成云南多个罗非鱼主产区损失严重，部分养殖点全军覆没。针对本次冻灾，昆明综合试验站迅速上报信息，体系及时响应，专家们联合分析冻灾致使罗非鱼产业遭受严重损失的主要原因，最快速地为当地灾民们送去减损方法，并提出了解决灾后恢复生产的详细对策与建议，从而最大限度地降低了灾害损失。

第六，全面覆盖。特色淡水鱼体系由农业部科教司领导、首席科学家牵头，由各大科研院所、重点院校的专家和团队骨干构成，依托各试验站示范县（包括地方农业局、水产技术推广站、企业等）广泛覆盖全国特色淡水鱼主产区。单从体系工作任务来看，自2008年以来，为配合体系经济岗位开展产业数据采集工作，昆明综合试验站上报经济数据已超2万余条，产业数据库录入数据 300 多条；举办相关技术培训班 400 余次，覆盖云南上百个地方村镇，培训岗位人员、农技人员、养殖户万余人次。

第七，交流学习。随着特色淡水鱼产业体系工作的展开，全国各科研院所的科技人员与团队积极走出去，交流并学习其他省份的产业工作经验。从前那些遥不可及的"大科学家""大专家"，在体系成立后，都成为了岗位专家，使得本行业中的多方交流不再成为一件难事。甚至，相关领域学者还通过体系平台，联合编写并出版了《中国现代农业产业可持续发展战略研究（罗非鱼分册)》等多部著作，制定地方相关行业标准十多项，为国家、产业、团体、个人都留下了宝贵数据和经验财富。

总之，随着我国经济发展进入新常态，特色淡水鱼产业体系必将迎来发展新机遇，同样也将面临着全新的挑战。我们作为老体系人，必须珍惜这一难得的科研平台，继续努力，认真解决产业问题，为产业科技和技术进步做出更大的贡献。

附　录

一、新品种

1. 吉丽罗非鱼(尼罗罗非鱼♀×萨罗罗非鱼♂)(GS 02-002-2009)

2. 吉奥罗非鱼(新吉富罗非鱼♀×以色列品系奥利亚罗非鱼♂)(GS 02-002-2014)

3. 中威1号吉富罗非鱼(GS-01-003-2014)

4. 莫荷罗非鱼广福1号(GS-02-002-2015)

二、专利

(一)发明专利

1. 鱼源链球菌脉冲场凝胶电泳快速分型方法, ZL201310103457.0.

2. 一种水库坝下流水高密度养殖罗非鱼的系统及养殖方法, ZL201010570481.1.

3. 一种罗非鱼围栏越冬保种方法, ZL 200910033927.4.

4. 一种罗非鱼育种标记方法, ZL 201010235107.6.

5. 罗非鱼二联链球菌灭活疫苗的制备及应用, ZL 201010207289.6.

6. 雄性罗非鱼精巢细胞vasa基因表达的调控方法, ZL201110165008.X

7. 新尼奥罗非鱼的制种方法, ZL2012 10224656.2.

8. 一种利用弹性填料在池塘中构建微生物膜净化水质的方法, ZL200810123359.2.

9. 一种水产养殖池塘水草生长促进剂, ZL200810123360.5.

10. 一种养殖池塘沉积物产污系数的测算方法, ZL201010255643.2.

11. 一种水产养殖用多功能底质改良剂及制备方法, ZL201110047989.8.

12. 一种水产养殖水体浮游植物的生长促进剂, ZL 201010210474.0.

13. 一种气提式循环水藻类培养系统, ZL201210322386.9.

14. 一种半浮性鱼卵的自动收集装置, ZL201110232454.8.

15. 一种促进水体浮游植物生长的渔用膏状肥, ZL201210048885.3.

16. 一种改良养殖水体环境的复合菌制剂及制备方法, ZL201210048880.0.

17. 一种应用于罗非鱼养殖的爽水护肝复合制剂, ZL201210157363.7.

18. 一种提高池塘养殖水体溶解氧含量的复合制剂, ZL201310129130.0.

19. 一种控制养殖水体蓝藻过度繁殖的生物制剂及其制备方法, ZL201310129034.6.

20. 一种清扫虹吸一体化去污装置, ZL201210329988.7.

21. 一种脱氮副球菌的培养方法及其在养殖水质净化中的应用, ZL201210383111.6.

22. 一种用于水生生物急性毒性试验的水、油双性溶剂, ZL 201210157362.2.

23. 用于养殖池塘改善水体环境、降低饲料成本的生物膜装置, ZL201310039648.5.

24. 利用罗非鱼内脏提取SOD酶的方法, ZL2006100339285.

25. 一种制备氨基酸钙的方法, ZL200810025894.4.

26. 一种罗非鱼片的熏制加工方法, ZL200710027490.4.

27. 一种罗非鱼加工副产品制备调味基料的方法, ZL200710031547.8.

28. 一种从罗非鱼血液中提纯超氧化物歧化酶的方法, ZL20121043096.34.

29. 能同时检测铜绿假单胞菌等6种水产病原菌的检测试剂盒, ZL201010154457.X

30. 罗非鱼无乳链球菌核酸等温扩增检测试剂盒及检测方法, ZL201210260204.X

31. 一种提高罗非鱼免疫力的复方中草药制剂, ZL201210270818.6.

32. 一种莫荷罗非鱼的制种方法, ZL200910038389.8.

33. 一种检测鱼类无乳链球菌IgM抗体的ELISA试剂盒及其制备方法, ZL201310224728.8.

34. 一种鱼类表面处理液, ZL201310083157.0.

35. 一种水产养殖投喂饲料方法, ZL201210274772.5.

36. 一种尼罗罗非鱼神经肽NPB及其编码核酸和功能29肽的应用, ZL201310185239.6.

37. 一种低鱼粉罗非鱼饲料, ZL 201010173233.3.

38. 一种适用于池塘精养罗非鱼的饲料及制备方法, ZL 201210339722.0.

39. 一种预防罗非鱼脂肪肝的配合饲料及制备方法, ZL 201310022266.1.

40. 一种罗非鱼养成后期高效配合饲料及制备方法, ZL 201210301813.5.

41. 一种适用于工厂化养殖罗非鱼的饲料及其制备方法和投喂方法, ZL 201310296938.8.

42. 新吉富罗非鱼选育种技术, ZL 200510029412.9.

43. 一种杂交鱼-吉奥罗非鱼的制种技术, ZL200710040190.X

44. 罗非鱼选育良种的SCAR标记检测技术, ZL200710046401.0.

45. 吉鲡鱼遗传特性甄别方法及其应用, ZL200910200191.5.

46. 基于Android平台的水产养殖物联服务系统, ZL 201310136679.2.

47. 一种鱼类无乳链球菌疫苗候选菌株筛选方法, ZL201210175622.9.

48. 一种罗非鱼仔稚鱼用全价配合饲料, ZL200810220794.7.

49. 水面栽培方法及其所用的水面栽培装置, ZL200910226533.0.

50. 一种在固体发酵中进行固定化EM菌的方法, ZL201310032822.3.

51. 鱼肉干休闲食品的加工方法, ZL 201110331777.2.

52. 罗非鱼专用调味料及其使用方法, ZL 201110331776.8.

53. 鱼脯产品及其制备方法，ZL 201110331766.4.

54. 即食鱼排产品及其制备方法，ZL 201110331599.3.

55. 鱼划串产品及其制备方法，ZL 201110331598.9.

56. 粉蒸鱼腩产品及其制备方法，ZL 201110331768.3.

57. 鱼酱即食产品及其制备方法，ZL 201210009833.5.

58. 干烧鱼划菜品及其制备方法，ZL 201210009865.5.

59. 鱼翅产品及其制备方法，ZL 201210009861.7.

60. 以鱼骨为原料的天然富钙饮料及其制备方法，ZL 201210431199.4.

61. 淡水鱼保健饲料，ZL 201310236332.5.

62. 一种吉富罗非鱼繁殖父本挑选与培育的方法，ZL 201210332428.7.

63. 一种罗非鱼链球菌病防控方法，ZL 201310360957.2.

64. 一种罗非鱼与锯缘青蟹混养方法，ZL 201310360956.8.

65. 一种罗非鱼与凡纳滨对虾混养的生态养殖方法，ZL 200910041547.5.

66. 一年养二造罗非鱼的养殖方法，ZL 00910041548.X

67. 一种水产养殖用苗种活力快速恢复剂，ZL 200710022521.7.

68. 一种水产养殖池塘底质改良剂，ZL 200710022520.2.

69. 一种鲜罗非鱼片的气调冰温保鲜方法，ZL 200910192840.1.

70. 一种罗非鱼神经肽Y重组蛋白的表达系统，ZL 200910214231.1.

71. 一种罗非鱼的人工制种育苗方法，ZL 200810220791.3.

72. 一种罗非鱼工厂化的人工育苗方法，ZL 200810220778.8.

73. 一种罗非鱼仔稚鱼用全价配合饲料配方，ZL 200810220794.7.

74. 罗非鱼养殖方法，ZL 201010544719.3.

75. 能同时检测铜绿假单胞菌等6种水产病原菌的检测试剂盒，ZL201010154457.X

76. 一种养殖池塘沉积物产污系数的检测方法，ZL 201010255643.2.

77. 一种养殖池塘沉积物收集器，ZL 201010255634.3.

78. 一种罗非鱼鱼鳞休闲食品的加工方法，ZL 201010513814.7.

79. 一种罗非鱼水发鱼皮的加工方法，ZL 201010188493.8.

80. 一种提取罗非鱼下脚料中粗鱼油的方法，ZL 201010045638.9.

81. 一种罗非鱼转雄性方法，ZL 200810029160.3.

82. 罗非鱼源无乳链球菌弱毒株及应用，ZL 201410087045.7.

83. 渔业水质自动在线监测系统的稀释系统及稀释方法，ZL 201410083893.0.

84. 一种罗非鱼源无乳链球菌ELISA快速检测试剂盒及其检测方法，ZL

201410753300.7.

85. 一种同时检测水生动物败血症三种致病菌的多重PCR引物组及检测方法, ZL 201410229181.5.

86. 一种草坪式沉水植物移植模具及其应用, ZL201410444475.X

87. 一种罗非鱼养成中期维生素预混料及制备方法, ZL 201410026736.6.

88. 一种抗鱼类水霉菌中药提取物水剂及制备方法, ZL 201310667414.5.

89. 一种用于溶解氧传感器的自动清洗装置, ZL201510490288.X

90. 一种用于支持多种传感器水质监测的供水装置, ZL 201410111248.5.

91. 一种用于溶解氧传感器的自动洗刷装置, ZL 201510533267.1.

92. 一种动密封结构溶解氧传感器自动洗刷装置, ZL 201510532741.9.

93. 一种罗非鱼与泥鳅池塘混养方法, ZL 201410450395.5.

94. 罗非鱼无乳链球菌IgM抗体捕获ELISA检测试剂盒, ZL 201410351849.3.

95. 一株能有效抑制罗非鱼源无乳链球菌的蜡样芽孢杆菌 NY5, ZL 201410450191.1.

96. 一种转溶菌酶基因罗非鱼的制备方法, ZL201410185795.8.

97. 一种替代水产饲料中鱼粉的藻源性复合蛋白混合物及应用, ZL201810137459.4.

98. 一种防治乌鳢腹水病的中药添加剂, ZL201711374176.3.

99. 一种葛氏鲈塘鳢的活体保存方法, ZL201710498226.2.

100. 抗菌药材的筛选方法, ZL201611116758.7.

101. 一种分离噬菌体用载体及其制备方法和应用, ZL201710101279.6.

102. 闭管可视化鳗源嗜水气单胞菌环介导等温扩增检测方法, ZL201710676559.X

103. 一种水产养殖信息生成方法及系统, ZL 201710811709.3.

104. 一种凶猛性鱼类苗种培育方法, ZL201410547379.8.

105. 一种用于翘嘴鳜、斑鳜及其杂交子一代的分子鉴定方法, ZL2013105708962.

106. 一种鲑科鱼类受精卵规模化筛选装置, ZL 201721645585.8.

107. 一种含生长抑素十四肽的 PLGA 缓释微球的制备方法及在鱼类缓释埋植中的应用, ZL201711031494.X

108. 一种基于时间分辨荧光免疫分析技术和异源性抗体的罗非鱼生长激素(GH)定量检测试剂盒, ZL 201710380111.3.

109. 一种柱状黄杆菌基因定向敲除质粒及应用, ZL 201510398413.4.

110. 一种跑道养殖池集污净化系统, ZL 201711181408.3.

111. 一种高效生物净化滤块, ZL 201711206316.6.

112. 一种自动排放沉积污染物及可控水位的鱼类养殖装置, ZL 201710325534.5.

113. 用于重金属污水死鱼事故初步鉴定的方法及装置, Zl 201510260229.3.

114. 一种用于池塘沉积物总氮测定的消煮装置及其使用方法, ZL 201410730330.6.

115. 一种水产养殖用发酵型中草药水质改良剂的制备方法及其应用, Zl 201510653083.9.

116. 一种渔稻互作的水产养殖方法, ZL 201610874175.4.

117. 一种滩涂土壤池塘护坡的构建方法, ZL 201710564538.9.

118. 一种鲈鱼的保鲜方法, ZL 201510162094.7.

119. 一种罗非鱼鱼片安全环保的发色方法, ZL 201710752156.9.

120. 一种抑制嗜水气单胞菌感染的药物组合物, ZL 201710095017.3.

121. 一种斑点叉尾鮰微卫星家系鉴定方法, ZL 201710845334.2.

122. 一种气升式推水增氧装置, ZL 201710353461.0.

123. 一种鳜鱼规模化人工选择性繁殖方法, ZL 201710438686.6.

124. 吉富品系尼罗罗非鱼的养殖方法, ZL 201410387959.5.

125. 一种环保漂浮式水产养殖系统, ZL 201711234270.9.

126. 一种环保漂浮式水产养殖系统集污装置, ZL 201711234346.8.

(二) 实用新型专利

1. 一种水库坝下流水养殖系统, ZL 201020638736.9.

2. 一种适合研究小型鱼类趋光行为学的装置, 201220145159.9.

3. 一种渔业室内养殖水体水质多参数自动在线监测系统, ZL 201420144193.3.

4. 一种适合池塘养殖水质实时监测的采样装置及采样方法, ZL 201420143759.0.

5. 一种罗非鱼养殖水质实时监测预警集成装置, ZL 201420145266.0.

6. 渔业水质自动在线监测系统的稀释系统, ZL 201420104753.2.

7. 一种适合罗非鱼工厂化高密度越冬养殖模式的多点水质自动监测调控系统, ZL201420143951.X

8. 一种罗非鱼越冬塑料大棚, ZL201120164492X

9. 一种渔船上使用的饲料自动投加装置, ZL201320821462.0.

10. 可重复使用的生物浮床, ZL 200920255863.8.

11. 一种养殖池塘沉积物收集器, ZL201020294660.2.

12. 一种半浮性鱼卵的自动收集装置, ZL201120294802.X

13. 一种养殖鱼类的捕捞装置, ZL 201120294803.4.

14. 一种营养物质分级利用的池塘养殖系统, ZL 201120169812.0.

15. 能够自动集污排污的室内养殖鱼池, ZL201320056097.9.

16. 一种气提式循环水藻类培养系统, ZL201220446006.8.

17. 一种清扫虹吸一体化去污装置, ZL201220455400.8.

18. 一种养殖鱼类的隔离饲喂装置, ZL201220445963.9.

19. 用于养殖池塘改善水体环境降低饵料成本的生物膜装置, ZL201320055925.7.

20. 高位增氧型养殖系统, ZL201320849213.2.

21. 可收集食物残渣的鱼类养殖用食台, ZL201320772101.1.

22. 可调节鱼筛及应用该鱼筛的网箱, ZL201320771659.8.

23. 一种用于池塘沉积物总氮测定的消煮装置, ZL201420758671.X

24. 一种水生植物种植塑料瓶打孔装置, ZL201320691028.5.

25. 一种鱼卵孵化装置, ZL201320529221.9.

26. 高密度池塘养殖的循环水处理系统, ZL200920087164.7.

27. 一种用于水产养殖水质监控浮筒的传感器连接装置, ZL20132 0117227.5.

28. 一种用于多参数水质监测传感器的清洁滤污装置, ZL201420107346.7.

29. 一种用于支持多种传感器水质监测的供水装置, ZL201420134575.8.

30. 一种鱼类分级挑选池, ZL 201320156669.0.

31. 一种养鱼池塘水下清淤装置, ZL 201320755140.0.

32. 一种鱼类多级轮养池, ZL 201420083984.X

33. 一种土塘保温棚, ZL201320348179.0.

34. 鱼池水培蔬菜浮床, ZL201320350034.4.

35. 一种渔用软筛及应用其的组合式渔用软筛, ZL201320482555.5.

36. 一种新型鱼卵孵化装置, ZL201420566560.9.

37. 一种手持式鱼鳍打孔标记器, ZL201420566464.4.

38. 水面栽培装置, ZL200920370084.5.

39. 一种水生植物种植塑料瓶打孔装置, ZL 201320691028.5.

40. 一种用于理瓶机的理瓶轨道, ZL 201420115889.3.

41. 一种自动打鳞机, ZL 201420115943.4.

42. 一种新型网箱养殖装置, ZL 201220597618.7.

43. 一种草坪式沉水植物移植模具, ZL 201420504418.1.

44. 一种用于溶解氧传感器的自动清洗装置, ZL 201520602412.2.

45. 一种用于溶解氧传感器的自动洗刷装置, ZL 201520652598.2.

46. 一种动密封结构溶解氧传感器自动洗刷装置, ZL 201520653176.7.

47. 一种可收纳废弃物的循环流水养殖鱼池, ZL201620223605.1.

48. 一种方便安装的鱼菜共生养殖系统, ZL201620223818.4.

49. 一种具有收集功能的梨形旋转浓缩瓶, ZL201620021187.0.

50. 一种鱼组织中药物残留提取装置, ZL20162136590.

51. 一种用于研究药物在鱼体物料平衡的实验装置, ZL 201520872140.8.

52. 一种养殖池塘残饵及粪便自动抽取装置, ZL 201620437848.5.

53. 一种活鱼运输氧气包, ZL 201520962580.2.

54. 一种螺杆式养鱼山塘底部排污水装置, ZL 201520728655.0.

55. 一种利用罗非鱼成鱼池塘直接培育鱼种的系统, ZL 201621180823.8.

56. 一种鲑科鱼类受精卵简易挑选器, ZL 201721647731.0.

57. 一种鲑科鱼类受精卵规模化筛选装置, ZL 201721645585.8.

58. 一种自动排放沉积污染物及可控水位的鱼类养殖装置, ZL 201720514419.8.

59. 一种循环流水槽养殖设备, ZL 201621101106.1.

60. 一种侧挂式溶解氧传感器自动清洗装置, ZL 201620744394.6.

61. 一种具有清淤功能的仿生机器鱼, ZL 201720484666.8.

62. 一种鱼类体长测量装置, ZL 201720528731.2.

63. 定植装置以及鱼菜共生系统, ZL 201720289842.2.

64. 一种水产养殖用越冬池, ZL 201720485059.3.

65. 一种池塘生态工业化循环水养殖与净化系统, ZL 201710305530.0.

66. 罗非鱼稚鱼收集装置, ZL 201620868263.9.

67. 一种鲟鱼专用取卵器, ZL 201621447603.7.

68. 一种环保漂浮式水产养殖系统集污装置, ZL 201721635199.0.

69. 一种环保漂浮式水产养殖系统, ZL 201721635317.8.

三、软件著作权

1. 罗非鱼产业数据采集处理系统, 2011SR089696.

2. 罗非鱼苗种监管系统, 2013R11S122528.

3. 罗非鱼苗种养殖生产管理系统软件V1.0, 2011SR101341.

4. 罗非鱼苗种养殖管理系统V2.0, 2013R11S122528.

5. 罗非鱼产业短信服务系统, 2015SR117100.

6. 水产动物病害测报系统, 2011SR089701.

7. 水产养殖物联服务系统, 2012SR134807.

8. 物联服务系统, 2012SR125044.

9. 物联服务监控中心软件 V1.0, 2013SR140429.

10. 物联服务系统手机客户端软件 V1.0, 2013SR150283.

11. 物联服务系统监控中心软件 V2.0, 2014SR161017.

12. 物联服务系统手机客户端软件 V2.0, 2014SR162831.

13. 水生动物病害防治系统, 2010R11L027818.

14. 基于 Android 的移动水产养殖生产过程信息采集系统 V1.00, 2014SR145306.

15. 基于 Android 的手持式水产品流通监管系统 V1.0, 2014SR145296.

16. 水产品加工信息管理系统软件 V1.0, 2009SR038679.

17. 水产品生产主体身份识别数字化管理系统软件 V1.0, 2009SR038774.

18. 水产品物流信息管理系统软件 V1.0, 2009SR038803.

19. 水产品批发市场管理系统软件, 2008SR20256.

20. 水产品农贸市场管理系统软件, 2008SR23523.

21. 产地水产品质量安全监督抽查生产单位数据库管理软件, 2009SR037602.

22. 水产品质量安全检测信息管理系统软件, 2009SR037852.

23. 水产苗种质量安全监督抽查生产单位数据库软件 V1.0, 2010SR022978.

24. 养殖水产品药残概率评估和抽样方案预测软件 V1.0, 2010SR009733.

25. 水产养殖物联服务系统工具箱软件, 2016SR161937.

26. 物联服务系统手机客户端软件, 2016SR194839.

27. 一个基于 PBPK 模型的鱼类药物残留预测软件, 2017R11L089520.

28. 物联服务系统客户端软件 V1.0, 2017SR522201.

29. 池塘工程化循环水流速监控系统 V1.0, 2017SR706988.

30. 池塘工程化循环水动态精准投喂系统 V1.0, 2017SR707240.

四、获奖成果

1. "罗非鱼产业良种化、规模化、加工现代化的关键技术创新及应用"获 2009 年获国家科技进步二等奖

2. "罗非鱼良种选育与产业化关键技术"获 2009 年度广东省科技进步一等奖

3. "罗非鱼种质分析与良种选育及产业化关键技术"获 2009 年度教育部科技进步一等奖

4. "罗非鱼零废弃加工与质量控制技术"获 2010 年海南省科技进步一等奖

5. "罗非鱼零废弃加工与质量控制技术推广"获 2010 年广东省农业技术推广一等奖

6. "吉奥罗非鱼亲本选育和苗种规模化制种技术"获 2009 广东省科学技术二等奖

7. "罗非鱼良种选育及规模化健康养殖关键技术研究与示范"获 2009 年广西科技进步二等奖

8. "罗非鱼优良品种创制、健康养殖技术示范推广"获 2010 年度广东省农业技术推广奖二等奖

9. "淡水鱼类种质分子鉴定研究与应用"获 2011 年度中华农业科技奖二等奖

10. "罗非鱼产业关键技术升级研究与应用"获 2013 年度中华农业科技奖二等奖

11. "我国罗非鱼链球菌病分子流行病学与免疫防控技术研究"获 2013 年度广西科技进步二等奖

12. "罗非鱼综合加工关键技术的研究与应用"获 2014 年广西科技进步二等奖

13. "罗非鱼良种良法研究与推广应用"获 2014 年度广东省农业技术推广二等奖

14. "名优鱼类高效养殖关键技术的研究与应用"获 2017 年吉林省科技进步奖二等奖

15. "鳜人工饲料易驯食机理、品种选育和可控养殖技术研究与示范"获 2017 湖北省技术发明二等奖

16. "罗非鱼种质改良与产品出口关键技术研究"获 2009 年度中华农业科技三等奖

17. "云南省罗非鱼产业开发试验及推广"获 2010 年度全国农牧渔业丰收奖三等奖

18. "罗非鱼脂肪肝病综合防治技术研究与示范"获 2011 年度广西科技进步三等奖

19. "池塘生态修复及循环水养殖技术研究与应用"获 2012 年度江苏省科技进步三等奖

20. "池塘生态修复及循环水养殖技术研究与应用"获 2013 年度中华农业科技奖三等奖

21. "特色淡水鱼深加工及冷藏保鲜"获 2017 湖北省科技进步三等奖

22. "罗非鱼大规格鱼种规模化培育与生态养殖技术研究"获 2011 年获中国水产科学研究院科技进步一等奖

23. "罗非鱼片低耗加工与质量控制技术研究"获 2010 年度茂名市科技进步一等奖

24. "冻罗非鱼片"获 2010 年度广东省标准创新贡献奖一等奖

25. "出口型罗非鱼标准化养殖技术研究与示范推广"获 2011 年度南宁市科技进步一等奖

26. "罗非鱼综合利用与质量控制关键技术"获 2010 年度中国食品科学技术学会科技进步二等奖

27. "罗非鱼苗种规模化越冬技术研究与示范推广"获 2011 年度南宁科技进步三等奖

五、论著

1. Li W S, Lin H R, Li W S, et al. The endocrine regulation network of growth hormone synthesis and secretion in fish: Emphasis on the signal integration in somatotropes[J]. Science China Life Sciences, 2010, 53(4): 462−470.

2. Ming Chen, Rui Wang, Xi Gan, et al. (2009) Sequence and expression analysis of the gene encoding inducible cAMP early repressor in tilapia. Mol Biol Re DOI 10.1007/s11033−009−9770−5.

3. Zhu H P, Lu M X, Gao F Y, et al. Chromosomal localization of rDNA genes and genomic organization of 5S rDNA in Oreochromis mossambicus, O. urolepis hornorum and their hybrid[J]. Journal of Genetics, 2010, 89(2): 163−171.

4. Shuxian Hao, Laihao Li, et al. The effecs of different extraction methods on composition and storage stability of sturgeon oil[J]. Food chemistry, 2015, 173: 389−393.

5. Anyuan He, Yongju Luo, Hong Yang, et al. Complete mitochondrial DNA sequences of the Nile tilapia (Oreochromis niloticus) and Blue tilapia (*Oreochromis aureus*): genome characterization and phylogeny applications[J]. Molecular Biology Reports, 2011, 38: 2015−2021.

6. Anyuan He, Shoujie Tang, Yingting Jiang, et al. Complete mitochondrial genome of blackchin tilapia Sarotherodon melanotheron (Perciformes, Cichlidae)[J]. Mitochondrial DNA, 2011, 22(5−6): 171−173.

7. Dayu Li, Hong Yang, Zhiying Zou, et al. Polymorphic microsatellite differences among four cultured populations of two selected tilapia strains[J]. Aquaculture Research, 2013, 46(2): 492−498.

8. F. Huang, M. Jiang, Hua Wen, et al. Dietary Vitamin C Requirement of Genetically Improved Farmed Tilapia, Oreochromis Niloticus[J]. Aquaculture Research, 2015, doi: 10.1111/are.12527.

9. Fan Wu, Feng Huang, Hua Wen, et al. Vitamin C requirement of adult genetically improved farmed tilapia, Oreochromis niloticus[J]. Aquaculture international, 2015, doi: 10.1007/s10499−014−9877−0.

10. Fengying Gao, Lan Qu, Shaoguo Yu, et al. Identification and expression analysis of three c-type lysozymes in Oreochromis aureus[J]. Fish & Shellfish Immunology, 2012, 32(5): 779−788.

11. Fengying Gao, Maixin Lu, Xing Ye, et al. Identification and expression analysis of two growth hormone receptors in zanzibar tilapia (Oreochromis hornorum)[J]. Fish Physiology and Biochemistry, 2011, 37(3): 553−565.

12. Gaozhong Jiang, Fei Sun, Qun Li, et al. Current Development Situation, Problem and Countermeasures on Tilapia Seed Industry in Fujian Province[J]. Asian Agricultural Research, 2013, 5(9): 32−35.

13. Guangzhong Wang, Caiyun Sun, Haoran Lin, et al. Expression of Neuropeptide Y of GIFT Tilapia (*Oreochromis* sp.) in Yeast PichiaPastoris and Its Stimulatory Effects on Food Intake and Growth, Update on Mechanisms of Hormone Action − Focus on Metabolism, Growth and Reproductions, GianlucaAimaretti with Paolo Marzullo and FlaviaProdam (Ed.), 2011ISBN: 978−953−307−341−5, InTech, 85−110.

14. Haixia Ma, Laihao Li, et al. Effect of Poly-ε-lysine on vacuum packed tilapia stored at 4℃ [J]. dvanced Materials Research, 2014, 881−883, 751−756.

15. He A Y, Yang J, Tang S J, et al. Cloning and molecular characterization of complement component 1inhibitor (C1INH) and complement component 8β (C8β) in Nile tilapia (Oreochromis niloticus)[J]. Fish & Shellfish Immunology, 2013, 35: 1055−1058.

16. He A Y, Luo Y J, Yang H, et al. Complete mitochondrial DNA sequences of the Nile tilapia(Oreochromis niloticus) and Blue tilapia (Oreochromis aureus): genome characterization and phylogeny applications. Molecular Biology Reports, 2011, 38: 2015−2021.

17. Huaping Zhu, Maixin Lu, Zhanghan Huang, et al. Karyotype analysis of Oreochromis mossambicus, O. urolepis hornorum and their hybrid based on Cot-1DNA bands by fluorescence in situ hybridization[J]. Aquaculture Research, 2011, 42: 1178−1185.

18. Huang Feng, Jiang Ming, Wen Hua, et al. Dietary zinc requirement of adult Nile tilapia (Oreochromis niloticus) fed semi-purified diets, and effects on tissue mineral composition and antioxidant responses[J]. Aquaculture, 2015, 439: 53−59.

19. Huaping Zhu, Maixin Lu, Fengying Gao, et al. Chromosomal localization of rDNA genes and genomic organization of 5S rDNA in Oreochromis mossambicus, O. urolepis hornorum and their hybrid[J]. Journal of Genetics, 2010, 89(2): 163−171.

20. Hui Huang, Laihao Li, et al. Influence of emulsion composition and spray-drying conditions on microencapsulation of tilapia oil[J]. J Food Sci Technol, 2014, 51(9): 2148−2154.

21. J. Qiang, H. Yang, H. Wang, et al. Growth and IGF-I response of juvenile Nile tilapia (Oreochromis niloticus) to changes in water temperature and dietary protein level[J]. Journal of Thermal Biology, 2012, 37(8): 686−695.

22. J. Qiang, H. Yang, H. Wang, et al. Interactive effects of temperature-dietary protein level on somatotropic gene expression and its interrelationship with growth in juvenile GIFT tilapia Oreochromis niloticus[J]. Aquaculture, 364−365: 263−271.

23. Jiajie Zhu, Chao Li, Qiuwei Ao, et al. Trancriptomic profiling revealed the signatures of acute immune response in Tilapia (Oreochromis niloticus) following Streptococcus iniae challenge[J]. Fish & Shellfish Immunolog, doi: 10.1016/j.fsi.2015.06.027.

24. Jianwei Cen, Laihao Li, et al. Preliminary fractionation and derivatives changes of myoglobin from tilapia (O. niloticus ♀ × O. aureus ♂) dark muscle with ammonium sulfate[J]. Advanced Materials Research, 2012, 393−395: 890−893.

25. Jicai Pang, Fengying Gao, Maixin Lu, et al. Major histocompatibility complex class IIA and IIB genes of Nile tilapia Oreochromis niloticus: Genomic structure, molecular polymorphism and expression patterns[J]. Fish & Shellfish Immunology, 2013, 34(2): 486−496.

26. Jinling Cao, Jianjie chen, Tingting wu, et al. Molecular cloning and sexually dimorphic expression of DMRT4 gene in Oreochromis aureus[J]. Molecular Biology Reports, 2010, 37: 2781−2788.

27. Juan Tian, Fan Wu, Changgeng, et al. Dietary lipid levels impact lipoprotein lipase, hormone-sensitive lipase, and fatty acid synthetase gene expression in three tissues of adult GIFT strain of Nile tilapia, Oreochromis niloticus[J]. Fish Physiology and Biochemistry, 2014, DOI 10.1007/s10695−014−0001−1.

28. Jun Xiao, et al. Molecular cloning of vasa gene and the effects of LHRH-A on its expression in blue tilapia Oreochromis aureus[J]. Fish Physiology and Biochemistry, doi: 10.1007/s10695−012−9752−8.

29. Jun Xiao, Yi Zhou, Yongju Luo. Suppression effect of LHRH-A and hCG on Piwi expression in testis of Nile tilapia Oreochromis niloticus[J]. General and Comparative Endocrinology, 2013, 39: 931–940.

30. Jun Xiao, Yi Zhou, Yongju Luo, et al. Suppression effect of LHRH-A and hCG on Piwi expression in testis of Nile tilapia Oreochromis niloticus[J]. General and Comparative Endocrinology, 2013, 189: 43−50.

31. Jun Xiao, et al. Molecular cloning of vasa gene and the effects of LHRH− on its expression in blue tilapia Oreochromis aureus[J]. Fish Physiology and Biochemistry, 2013, 39(4): 931−940.

32. Laihao Li. Effects of Different Color Retention Methods on the Appearance of Tilapia (Oreochromis Niloticus ♀ ×Oreochromis Aureus ♂) Fillets[J]. Journal of Food Processing and Preservation, 2013, 37(5): 503−509.

33. Li D, Yang H, Zou Z, et al. polymorphic microsatellite differences among four cultured populations of two selected tilapia strains[J]. Aquaculture research, 2013.

34. Lili Zhang , Chengfei Sun , Xing Ye, et al. Characterization of four heat-shock protein genes from Nile tilapia (Oreochromis niloticus) and demonstration of the inducible transcriptional activity of Hsp70 promoter[J]. Fish Physiol Biochem, 2014, 40(1): 221−233.

35. Limin Fan, Jiazhang Chen, Qi Liu, et al. Effects of 1-Naphthol on physiological paramerers of Chlorella vulgaris[J]. Agricultural Biotechnology, 2014, 3(4): 45−48, 52.

36. Lu Yang, Caiyun Sun, Wensheng Li. 2014 Neuropeptide B in Nile tilapia Oreochromisniloticus: Molecular cloning and its effects on the regulation of food intake and mRNA expression of growth hormone and prolactin[J]. General and Comparative Endocrinology, 2014, (2): 27–34.

37. Zhi Luo, Caixia Liu, Hua Wen. Effect of Dietary Fish Meal Replacement by Canola Meal on Growth Performance and Hepatic Intermediary Metabolism of Genetically Improved Farmed Tilapia Strain of Nile Tilapia, Oreochromis niloticus, Reared in Fresh Water[J]. Journal of The World Aquaculture Society, 2012, 43(5): 670−678.

38. Miao Wang, Maixin Lu. Tilapia polyculture: a global review[J]. Aquaculture research, 2015.

39. Ming Chen, Liping Li, Rui Wang, et al. PCR detection andPFGEgenotype analyses of streptococcal clinical isolates from tilapia in China[J]. Veterinary Microbiology, 2012, 159(3−4): 526−531.

40. Ming Chen, Rui Wang, Liping Li, et al. Screening Vaccine candidate strains against Streptococcus agalactiae of Tilapia based on PFGE genotype[J]. Vaccine, 2012, 30(42): 6088−6092.

41. Ming Chen, Rui Wang, Liping Li, et al. Sequence and Evolution Differences of Oreochromisniloticus CXC Contribute to the Diversification of Cellular Immune Responses in Tilapias with Treatment of Streptococcus iniae[J]. Journal of Animal and Veterinary

Advances, 2013, 12(3): 303−311.

42. Ming Chen, Rui Wang, Liping Li, et al. Immunological enhancement action of endotoxin-free tilapia heat shock protein 70 against Streptococcus iniae[J]. Cellular Immunology, 2014, 490: 1−9.

43. Ming Jiang, Feng Huang, Hua Wen, et al. Dietary Niacin Requirement of GIFT Tilapia, Oreochromis niloticus, Reared in Freshwater[J]. Journal of the world aquaculture society, 2014, 45(3): 333−341.

44. Qiang J, Yang H, Wang H, et al. Interacting effects of water temperature and dietary protein level on hematological parameters in Nile tilapia juveniles, *Oreochromis niloticus* (L.) and mortality under Streptococcus iniae infection[J]. Fish & Shellfish Immunology, 2013, 34: 8−16.

45. Qiang J, Yang H, Wang H, et al. Physiological responses and HSP70 mRNA expression in GIFT tilapia juveniles, Oreochromis niloticus under short-term crowding[J]. Aquaculture Research, 2013, 1−11.

46. R. Wang, M. Chen, C. Li, et al. Identification of multiple genes and their expressionprofiles in four strains of *Oreochromis* spp. in responseto Streptococcus iniae[J]. Journal of Fish Biology, 2013, 82: 492−504.

47. Rui Zhang, Lili Zhang, Xing Ye, et al. Transcriptome Profiling and Digital Gene Expression Analysis of Nile Tilapia (Oreochromis niloticus) Infected by Streptococcus agalactiae[J]. Molecular Biology Reports, 2013, 40(10): 5657−5668.

48. Shengjun Chen, Laihao Li. Effects of storage conditions on the shelf life of liquid-smoked tilapia (Oreochromis niloticus) fillets[J]. Advanced Materials Research, 2012, 394, 717−723.

49. Shun Long Meng, Geng Dong Hu, Li Ping Qiu, et al. Effects of Chronic Exposure of Methomyl on the Antioxidant System in Kidney of Nile Tilapia (*Oreochromis niloticus*) and Recovery Pattern[J]. Journal of Toxicology and Environmental Health, Part A, 2013, 76: 937−943.

50. Shunlong Meng, Jianhong Qu, Limin Fan, et al. Responses of glutathione-related antioxidant defense system in serum of Nile tilapia (Oreochromis niloticus) exposed to sublethal concentration of methomyl and recovery pattern[J]. Environmental toxicology, 2015, 30: 483−489.

51. Shunlong Meng, Chao Song, Limin Fan, et al. Pollution of Environmental Endocrine

Disrupting Chemicals (EDCs) in water and its adverse reproductive effect on fish[J]. Agricultural Science and Technology, 2014, 15(3): 463—469.

52. Shunlong Meng, Jiazhang Chen, Pao Xu, et al. Hepatic antioxidant enzymes SOD and CAT of Nile tilapia (Oreochromis niloticus) in response to pesticide methomyl and recovery pattern[J]. Bull Environ Contam Toxicol, 2014, 92: 388—392.

53. Shunlong Meng, Yongdan Li, Tian Zhang, et al. Influences of Environmental Factors on Lanthanum/Aluminum-Modified Zeolite Adsorbent (La/Al-ZA) for PhosphorusPollution Adsorption from Wastewater[J]. Water, Air, & Soil, 2013, 224(6): 1—8.

54. Shunlong Meng, Jiazang Chen, Gengdong Hu, et al. Effects of chronic exposure of methomyl on the antioxidant system in liver of Nile tilapia (Oreochromis niloticus)[J]. Ecotoxicology and Environmental Safety, 2014, 101: 1—6.

55. Taiyang Ma, Jinying Wu, Xiaoke Gao, et al. Molecular cloning, functional identification and expressional analyses of FasL in Tilapia, *Oreochromis niloticus*[J]. Developmental & Comparative Immunology, 2014, 46(2): 448—460.

56. Tian Juan, Wen Hua, Zeng LingBing, et al. Changes in the activities and mRNA expression levels of lipoprotein lipase (LPL), hormone-sensitive lipase (HSL) and fatty acid synthetase (FAS) of Nile tilapia (Oreochromis niloticus) during fasting and re-feeding[J]. Aquaculture, 2013, 400–401: 29—35.

57. Tianyi feng, Chao Song, Jiazhang Chen. Indication function of aquatic algae for environment[J]. Agricultural science & technology, 2012, 13(5): 1060—1066.

58. Xiaoli Ke, Huanhuan Huo, Maixin Lu, et al. Development of Loop-mediated Isothermal Amplification (LAMP) for the Rapid Detection of Streptococcus agalactiae in Tilapia, Oreochromis niloticus[J]. Journal of the World Aquaculture Society, 2014, 45(5): 586—594.

59. Xiaoli Ke, Maixin Lu, Xing Ye, et al. Recovery and pathogenicity analysis of Aerococcus viridans isolated from tilapia[J]. Aquaculture, 2012, 342—343: 18—23.

60. Xing Ye, Jiong Li, Maixin Lu, et al. Identification and molecular typing of Streptococcus agalactiae isolated from pond-cultured tilapia in China[J]. Fisheries Science, 2011, 77(4): 623—632.

61. Y.F. Yao, M. Jiang, H. Wen, et al. Dietary phosphorus requirement of GIFT strain of Nile tilapia Oreochromis niloticus reared in fresh water[J]. Aquaculture Nutrition, 2014, 20(3): 273—280.

62. Yan B, Guo JT, Zhu CD, et al. miR−203b: a novel regulator of MyoD expression in tilapia skeletal muscle[J]. The Journal of Experimental Biology, 2013, 216: 447−451.

63. Yan B, Guo JT, Zhao LH, et al. microRNA expression signature in skeletal muscle of Nile tilapia[J]. Aquaculture, 2012, (364−365): 240−246.

64. Yan B, Guo JT, Zhao LH, et al. MiR−30c: A novel regulator of salt tolerance in tilapia[J]. Biochem Biophys Res Commun, 2012, 425(2): 315−20.

65. Yan B, Guo JT, Zhao LH, Zhao JL. MiR−30c: A novel regulator of salt tolerance in tilapia. Biochem Biophys Res Commun, 2012, 425(2): 315−20.

66. Yan B, Wang Z H, Zhao J L. Mechanism of osmoregulatory adaptation in tilapia. Mol Biol Rep, 2013, 40: 925−931.

67. Yan B, Zhao LH, Guo JT, Zhao JL. miR−429 regulation of osmotic stress transcription factor 1 (OSTF1) in tilapia during osmotic stress. Biochem Biophys Res Commun, 2012, 426(3): 294−298.

68. Yan B, Zhu C D, Guo J T, Zhao L H, Zhao J L. miR−206 regulates the growth of the teleost tilapia (Oreochromis niloticus) through the modulation of IGF−1 gene expression. The Journal of Experimental Biology, 2013, 216: 1265−1269.

69. Yan Biao, Wang Zhen-Hua, Zhu Chang-Dong, et al. MicroRNA repertoire for functional genome research in tilapia identified by deep sequencing. Mol Biol Rep, 2014, 41: 4953−4963.

70. Yang ChangGeng, Wang XianLi, Tian Juan, et al. Evaluation of reference genes for quantitative real-time RT-PCR analysis of gene expression in Nile tilapia (Oreochromis niloticus)[J]. Gene, 2013, 527(1): 183−192.

71. Yong Lin, Zhangsheng Tang, XiGan. Acute toxicity of cadmium on the antioxidant enzymes in the juveniles of GIFT[J]. SETAC Asia/Pacific2010, June 4−7, 2010, 68−69.

72. Yongqiang Zhao, Laihao Li, et al. Study on Synthesis and Characterization of a Fluorescence Probe and Its Application for Determination of Superoxide Anion Radical[J]. Advanced Materials Research, 2012, 393− 395: 1483−1487.

73. Yue Y, Zou Z, Zhu J, et al. Dietary threonine requirement of juvenile nile tilapia, oreochromis niloticus. Aquaculture international, 2014, 22(4): 1457−1467.

74. Yue Y, Zou Z, Zhu J, et al. Effects of dietary arginine on growth performance, feed utilization, haematological parameters and non-specific immune responses of juvenile Nile tilapia (Oreochromis niloticus L.) Aquaculture research .http: //dx.doi.org/10.1111/are.12333.

75. Z LUO, XY TAN, XJ LIU, et al. Effect of dietary betaine levels on growth performance and hepatic intermediary metabolism of GIFT strain of Nile tilapia Oreochromis niloticus reared in freshwater[J]. Aquaculture Nutrition, 2011, 17: 361−367.

76. Zhan XL, Ma TY, Wu JY, et al. 2015 Cloning and primary immunological study of TGF-β1 and its receptors TβR I/TβR II in tilapia(Oreochromis niloticus). Dev Comp Immunol. 2015 (1): 134−40. doi: 10.1016/j.dci.2015.03.008. Epub 2015 Mar 24. (JCR一区)

77. Zhang Peng, Yuan Yongming, Kpundeh Mathew Didlyn. Establishment of indicators for early warning system on tilapia trade [J]. African Journal of Business Management, 2013, 7(1): 72−77.

78. Zhao Yan, Zhu Chang-Dong, Yan Biao, et al. miRNA-directed regulation of VEGF in tilapia under hypoxia condition. Biochemical and Biophysical Research Communications, 2014, 454: 183−188.

79. Zhiying Zou, Dayu Li, Jinglin Zhu, et al. Genetic Variation among Four Bred Populations of Two Tilapia Strains, Based on Mitochondrial D-loop Sequences. Mitochondrial DNA, 2014, doi: 10.3109/19401736.2013.855735.

80. Zhong H, Xiao J, Chen W, Zhou, Y., Tang, Z., Guo, Z., Luo, Y., Lin, Z., Gan, X., Zhang, M.DNA methylation of pituitary growth hormone is involved in male growth superiority of Nile tilapia (Oreochromis niloticus)[J].Comparative Biochemistry and Physiology Part B: Biochemistry and Molecular Biology, 2014, 171: 42−48.

81. Barry K, Fan L M, Ji L, et al. Defining the nitrogen fixation community size, structure and relevancy in Nile tilapia aquaculture pond waters[J]. International Journal of Fisheries and Aquatic Studies, 2016, 4(3): 33−44.

82. Barry K, Fan L M, Meng S L, et al. Characterization and functional analysis of nifH encoding Nitrogen fixation bacteria in Nile Tilapia pond sediment[J]. Global Journal of Fisheries and Aquaculture, 2016, 4(2): 290−311.

83. Changgeng Yang, Ming Jiang, Fan Wu, et al. Identification of a C-type lectin from tilapia (Oreochromisniloticus) and its functional characterization under low-temperature stress[J]. Fish & Shellfish Immunology, 2016, 58: 631−640.

84. Chen XW, Wang ZP, Tang ST, et al. Genome-wide mapping of DNA methylation in Nile Tilapia[J]. Hydrpbiologica, 2016, 1−11.

85. Christian Larbi Ayisi, Jin-Liang Zhao. RNA/DNA ratio and LPL and MyoD expressions in muscle of Oreochromis niloticus fed with elevated levels of palm oil[J]. China

Ocean University, 2016, 15(1): 184–192.

86. Fan L M, Barry K, Hu G D, et al. Bacterioplankton community analysis in tilapia ponds by Illumina high-throughput sequencing[J]. World Journal of Microbiology and Biotechnology, 2016, 32(1): 1–11.

87. FengHuang, Ming Jiang, HuaWen, et al. Dietary vitamin C requirement of genetically improved farmed Tilapia, Oreochromis Niloticus[J]. Aquaculture Research, 2016, 47(3): 689–697.

88. Gu YF, Wei Q, Tang SJ, et al. Molecular characterization and functional analysis of IRF3 in tilapia (Oreochromis niloticus)[J]. Developmental and Comparative Immunology, 2016, 55: 130–137.

89. Huaping Zhu, Zhigang Liu, Maixin Lu, et al. Screening and identification of a microsatellite marker associated with sex in Wami tilapia, Oreochromis urolepis hornorum[J]. Journal of Genetics, 2016, 95(2): 283–289.

90. Jeerawat Thammaratsuntorn, Jin-Liang Zhao, Li-Hui Zhao, et al. Acclimation responses of gill ionocytes of Red tilapia (Oreochromis niloticus × O. mossambicus) to salinity and alkalinity waters[J]. Iranian Journal of Fisheries Sciences, 2016, 15(1): 524–541.

91. Ji-cai Pang, Feng-ying Gao, Miao Wang, et al. Isolation and characterization of Toll-like receptor 21 and 22 genes from Nile tilapia[J]. Oreochromis niloticus (Linnaeus), 2016, 11.

92. Jinping Wu, Fan Wu, Ming Jiang, et al. Dietary folic acid (FA) requirement of genetically improved Nile tilapia Oreochromis niloticus (Linnaeus, 1758) [J]. Journal of Applied Ichthyology, 2016, 32: 1155–1160.

93. Meng S L, Li P Q, Geng D H, et al. Responses and recovery pattern of sex steroid hormones in testis of Nile tilapia (Oreochromis niloticus) exposed to sublethal concentration of methomyl[J]. Ecotoxicology, 2016, 25: 1805–1811.

94. Meng S, Qiu L, Hu G, et al. Effects of methomyl on steroidogenic gene transcription of the hypothalamic-pituitary-gonad-liver axis in male tilapia[J]. Chemosphere, 2016, 165: 152–162.

95. Miao Wang, Guanbin Liu, Maixin Lu*, et al. Effect of Bacillus cereus as a water or feed additive on the gut microbiota and immunological parameters of Nile tilapia[J]. Aquaculture Research, 2016, 1–11.

96. Qiu L, Zhibo L I, Song C, et al. Changing Rule of Physical and Chemical Indicators

of Sediment in Tilapia Aquaculture Ponds [J]. 农业科学与技术(英文版), 2016, 17(3): 690–693.

97. Wang WW, Liu Q, Li BJ, et al. Coordinated miRNA /mRNA expression profiles for understanding sexual dimorphism of gonads in Nile tilapia (Oreochomis niloticus) by Illumina sequencing technology[J]. Theriogenology, 2016, 85(5): 970–978.

98. Yongqiang Zhao, Xianqing Yang, Laihao Li, et al. Microbiological, Color and Textural Changes in Nile Tilapia (Oreochromis Niloticus) Fillets Sterilized by Ozonated Water Pretreatmentduring Frozen Storage [J]. Journal of Food Processing and Preservation, 2016, doi: 10.1111/jfpp.12746.

99. Zheng Y, Qiu L P, Meng S L, et al. Effect of polychlorinated biphenyls on oxidation stress in the liver of juvenile GIFT, Oreochromis niloticus [J]. Genetics & Molecular Research, 2016, 15(3): 15038613.

100. Zheng Y, Qiu L, Fan L, et al. Effect of polychlorinated biphenyls on osmoregulatory response and apoptosis in GIFT tilapia, Oreochromis niloticus [J]. Genetics & Molecular Research, 2016, 15(3): 15038620.

101. Zheng Y, Qu J, Qiu L, et al. Effect of 17α-methyltestosterone (MT) on oxidation stress in the liver of juvenile GIFT tilapia, Oreochromis niloticus [J]. SpringerPlus, 2016, 5(1): 1–8.

102. Jianmeng Cao, Qiong Chen, Maixin Lu*, et al. Histology and ultrastructure of the thymus during development in tilapia, Oreochromis niloticus [J]. Journal of Anatomy, 2017, 230(5): 720–733.

103. Miao Wang, Guanbin Liu, Maixin Lu*, et al. Effect of Bacillus cereus as a water or feed additive on the gut microbiota and immunological parameters of Nile tilapia [J]. Aquaculture Research, 2017, 48, 3163–3173.

104. Xiaoli Ke, Xue Chen, Zhigang Liu, et al. Immunogenicity of the LrrG protein encapsulated in PLGA microparticles in Nile tilapia (Oreochromis niloticus) vaccinated against Streptococcus agalactiae [J]. Aquaculture, 2017, 480 : 51–57.

105. Chengfei Sun, Yongchaox Niu, Xing Ye, et al. Construction of ahigh-density linkage map and mapping of sex determination and growth-related loci in the mandarin fish (Siniperca chuatsi) [J]. BMC Genomics. 2017, 18: 446.

106. Wei Xiao, Da Yu Li, JingLin Zhu, et al. Dietary valinerequirement of juvenile Nile tilapia, Oreochromis niloticus[J]. Aquaculture Nutrition, 2017, doi: 10.1111/anu.12562.

107. Shuli Song, Jinliang Zhao, Chenhong Li. Species delimitation and phylogenetic reconstruction of the sinipercids (Perciformes: Sinipercidae) based on target enrichment of thousands of nuclear coding sequences[J]. Molecular Phylogenetics and Evolution, 2017, 111: 44−55.

108. Christian LarbiAyisi, Jinliang Zhao. Fatty Acid composition, lipogenic enzyme activities and mRNA expression of genes involved in the lipid metabolism of Nile tilapia fed with palm oil[J]. Turkish Journal of Fisheries and Aquatic Sciences, 2017, 17: 405−415.

109. Christian LarbiAyisi, Jinliang Zhao, Emmanuel Joseph Rupia. Growth performance, feed utilization, body and fatty acid composition of Nile tilapia (Oreochromisniloticus) fed diets containing elevated levels of palm oil[J]. Aquaculture and Fisheries, 2017, 2: 67−77.

110. Sun CF, Niu YC, Ye X, et al. Construction of a high-density linkage map and mapping of sex determination and growth related loci in the mandarin fish (Siniperca chuatsi) [J]. BMC genomics, 2017, 18(1): 446.

111. Zeng QK, Sun CF, Dong JJ, et al. Comparison of the crossbreeding effects of three mandarin fish populations and analyses of the microsatellite loci associated with the growth traits of F1 progenies[J]. Int J Aquac Fish Sci (International Journal of Aquaculture and Fishery Sciences), 2017, 3(2): 035−041.

112. Zhang J, Ma W, He Y, et al. Potential contributions of miR−200a/−200b and their target gene-leptin to the sexual size dimorphism in yellow catfish[J]. Frontiers in Physiology. 2017, 8: 970.

113. Wu Fan, Ming Jiang, Hua Wen, et al. Dietary vitamin E effects on growth, fillet textural parameters, and antioxidant capacity of genetically improved farmed tilapia (Oreochromisniloticus)[J]. GIFT. Aquaculture international, 2017, 25: 991−1003.

114. Lijuan Yu, Fan Wu, Wei Liu, et al. Semisynthetic ferulic acid derivative: an efficient feed additive for Genetically Improved Farmed Tilapia (Oreochromisniloticus)[J]. Aquaculture Research, 2017, 48(9): 5017−5028.

115. Liu Wei, Jiang Ming, Wu Jingping, et al. Dietary protein level affects the growth performance of large male genetically improved farmed tilapia, oreochromisniloticus, reared in fertilized freshwater cages[J]. Journal of the World Aquaculture Society. 2017, 48(5): 718−728.

116. Changgeng Yang, Fan Wu, Xing Lu, et al. Growth arrest specific gene 2 in tilapia (oreochromisniloticus): molecular characterization and functional analysis under low-

temperature stress[J]. Bmc Molecular Biology, 2017, 18(1): 18.

117. Jingzhi Su, Yulong Gong, Shenping Cao, et al. Effects of dietary Tenebrio molitor meal on the growth performance, immune response and disease resistance of yellow catfish (Pelteobagrus fulvidraco)[J]. Fish & Shellfish Immunology, 2017, 69: 59−66.

118. L. Zhang, Z. G. Zhao, Q. X. Fan. Effects of water temperature and initial weight on growth, digestion and energy budget of yellow catfish Pelteobagrus fulvidraco (Richardson, 1846)[J]. J Appl Ichthyol, 2017, 33: 1108–1117.

119. Zhai S W, Chen X H, Wang M H. Intestinal morphology and intestinal microflora of growth retarded marbled eel juveniles (*Anguilla marmaorata*) fed diets supplemented different levels of surfactin[J]. The Israeli Journal of Aquaculture − Bamidgeh, 2017, IJA_69.2017.1433, 7 pages.

120. Jian-Hui He, Muting Yan, Hongliang Zuo, et al. High reduced/oxidized glutathione ratio in infectious spleen and kidney necrosis virus-infected cells contributes to degradation of VP08R multimers[J]. Veterinary Microbiology, 2017, 207: 19−24.

121. Jingyuan Wang, Jinying Wu, Liyuan Yi, et al. 2017 Pathological analysis, detection of antigens, FasL expression analysis and leucocytes survival analysis in tilapia (Oreochromis niloticus) after infection with green fluorescent protein labeled Streptococcus agalactiae[J]. Fish & Shellfish Immunology, 62 (2017) 86−95.

122. Dongfang Wang, Jingkai Qin, Jirong Jia, et al. 2017 Pou1f1, the Key Transcription Factor Related to Somatic Growth in Tilapia (Orechromis niloticus), Is Regulated by Two Independent Post-Transcriptional Regulation Mechanisms[J]. Biochemical and Biophysical Research Communications, 483 (2017)559−565.

123. Peipei Yan, Jirong Jia, Guokun Yang, et al. 2017 Duplication of neuropeptide Y and peptide YY in Nile tilapia Oreochromis niloticus and their roles in food intake regulation[J]. Peptides, 88 (2017) 97–105.

124. Fan L M, Barry K, Hu G D, et al. Characterizing bacterial communities in tilapia pond surface sediment and their responses to pond differences and temporal variations [J]. World Journal of Microbiology Biotechnology, 2017, 33(1): 1.

125. Meng S L, Qiu L P, Hu G D, et al. Effect of methomyl on sex steroid hormone and vitellogenin levels in serum of male tilapia (Oreochromis niloticus) and recovery pattern[J]. Environmental Toxicology, 2017, 32: 1869−1877.

126. Zheng Y, Wu W, Hu G D, et al. Hepatic transcriptome analysis of juvenile GIFT

tilapia (Oreochromis niloticus), fed diets supplemented with different concentrations of resveratrol[J]. Ecotoxicology and Environmental Safety, 2017, 147: 447−454.

127. Zheng Y, Zhao Z X, Wu W, et al. Effects of dietary resveratrol supplementation on hepatic and serum pro−/anti-inflammatory activity in juvenile GIFT tilapia, Oreochromis niloticus[J]. Developmental & Comparative Immunology, 2017, 73: 220−228.

128. Zheng Y, Zhao Z X, Fan L M, et al. Dietary supplementation with rutin has pro−/ anti-inflammatory effects in the liver of juvenile GIFT tilapia, Oreochromis niloticus[J]. Fish & Shellfish Immunology, 2017, 64: 49−55.

129. Yongqiang Zhao, Xianqing Yang, Laihao Li, et al. Chemical, microbiological, color and textural changes in Nile tilapia (Oreochromis niloticus) fillets sterilized by ozonated water pretreatment during frozen storage[J]. Journal of Food Processing and Preservation, 2017, 41: e12746.

130. Yanfu,He, Hui Huang, Laihao Li, et al. Freshness and Shelf Life of Air Packaged and Modified Atmosphere Packaged Fresh Tilapia Fillets during Freezing-point Storage[J]. Journal of Nutrition & Food Sciences, 2016, 6(6): 564−571.

131. Yanfu, He, Hui Huang, Laihao Li, et al. The effects of modified atmosphere packaging and enzyme inhibitors on protein oxidation of tilapia muscle during iced storage[J]. LWT − Food Science an Technology, 2018, (87): 186−193.

132. Jing Dong , Hao Ding , Yongtao Liu, et al. Magnolol protects channel catfish from Aeromonashydrophila infection via inhibiting the expression of aerolysin[J]. Vet Microbiol, 2017, 211: 119−123.

133. Yuanyuan, Yuanyongming, Daiyunyun. Economic profitability of tilapia farming in China[J].Aquaculture International, 2017, (25): 1253−1264.

134. Namatovu Safina, Yuan Yongming, Suakuani Andrew. Profitability Analysis of Monosex Tilapia Production under Three Culture Models in Hebei and Southern Coastal Provinces of China[J]. The Israeli Journal of Aquaculture-Bamidgeh, 2017, 69(1405)1−9.

135. 蔡秋杏, 李来好, 等. 液熏罗非鱼片在 25℃贮藏过程中生物胺的变化 [J]. 南方水产, 2010, 6(5): 1−6.

136. 曹建萌, 卢迈新, 叶星, 等. 罗非鱼整胚原位杂交技术的建立和初步应用 [J]. 水产学报, 2014, 38(11): 1847−1854.

137. 曹建萌, 胡欣欣, 卢迈新, 等 尼罗罗非鱼补体 C9 基因单核苷酸多态性及其与抗无乳链球菌感染的关联分析 [J]. 农业生物技术学报, 2017, 25(3): 354−365.

138. 曹谨玲, 陈剑杰, 等. 埃及品系尼罗罗非鱼的选育及其效果分析[J]. 水生生物学报, 2010(4): 866−871.

139. 岑剑伟, 李来好, 等. 高效液相色谱法测定水产品中呋喃西林的研究[J]. 食品工业科技, 2011, 32(12): 455−458.

140. 岑剑伟, 李来好, 等. 酶解法提取罗非鱼血液中血红素的工艺条件研究[J]. 食品科学, 2014, 35(16): 29−33.

141. 岑剑伟, 杨贤庆, 等. 高效液相色谱法测定养殖水体中呋喃西林[J]. 食品科学, 2013, 34(12): 175−178.

142. 岑剑伟, 杨贤庆, 等. 用高效液相色谱法检测底泥环境中孔雀石绿的方法[J]. 大连水产学院学报, 2009, 24(6): 568−573.

143. 岑剑伟, 胡庆蓉, 魏涯, 等. 复合酶水解法从罗非鱼血液中提取血红素及其性质研究[J]. 食品工业科技. 2016, 37(19): 58−61.

144. 岑剑伟, 蒋爱民, 李来好, 等. 高压静电场结合冰温技术对罗非鱼片贮藏期品质的影响[J]. 食品科学. 2016, 37(22): 282−288.

145. 陈度煌, 李学贵, 樊海平, 等. 不同蚕豆和大豆提取物对罗非鱼生长和肉质脆化的影响. 福建农业学报, 2014, 29(1): 12−16.

146. 陈浩成, 袁永明, 马晓飞, 等. 基于物联网的水产养殖水质监控集成技术[J]. 现代农业科技, 2013, 18: 324−326.

147. 陈浩成, 袁永明, 张红燕, 等. 池塘养殖疾病诊断模型研究[J]. 广东农业科学, 2014, 41(7): 186−189.

148. 陈辉, 陈胜军, 等. 水生生物来源透明质酸的生化特性及其制备的研究进展[J]. 食品工业科技, 2013, 34(9): 364−367.

149. 陈家长, 孟顺龙, 胡庚东, 等. 空心菜浮床栽培对集约化养殖鱼塘水质的影响[J]. 生态与农村环境学报, 2010, 26(2): 155−159.

150. 陈家长, 孟顺龙, 胡庚东, 等. 温度对两种蓝藻种间竞争的影响[J]. 生态学杂志, 2010, 29(3): 454−459.

151. 陈家长, 孟顺龙. 罗非鱼健康生态养殖技术进展[J]. 科学养鱼, 2010, (sp): 77.

152. 陈家长, 孟顺龙. 罗非鱼健康生态养殖特点及发展趋势[J]. 中国渔业经济, 2010, 28(sp): 64−67.

153. 陈家长, 裘丽萍, 瞿建宏, 等. 苯并芘对罗非鱼肝脏CYP1A1 和GST 活性的影响[J]. 生态与农村环境学报, 2014, 30(2): 268−272.

154. 陈家长, 宋超, 胡庚东, 等. 微囊藻毒素−LR对罗非鱼肝脏活性氧自由基含量及相关抗氧化酶活性的影响[J]. 农业环境科学学报, 2011, 30(8): 1521−1525.

155. 陈家长, 宋超, 胡庚东, 等. 微囊藻毒素MC-LR对罗非鱼(Oreochromis niloticus)肝脏谷胱甘肽含量及其相关酶活性的影响[J]. 农业环境科学学报, 2010, 29(9): 1670−1674.

156. 陈家长, 王菁, 裴丽萍, 等. pH对鱼腥藻和普通小球藻生长竞争的影响[J]. 生态环境学报, 2014, 23(2): 289−294.

157. 陈家长, 王泽镕, 裴丽萍, 等. 西维因对雄性罗非鱼(GIFT Oreochromis niloticus)内分泌干扰效应的初步研究[J]. 生态毒理学报.

158. 陈家长, 王泽镕, 瞿建宏, 等. 17β−雌二醇与1−萘酚对雄性罗非鱼(GIFT Oreochromis niloticus)雌激素效应的比较[J]. 生态环境学报, 2012, 21(4): 754−759.

159. 陈家长, 臧学磊, 胡庚东, 等. 氨氮胁迫下罗非鱼(GIFT Oreochromis niloticus)机体免疫力的变化及其对海豚链球菌易感性的影响[J]. 生态环境学报, 2011, 20(4): 629−634.

160. 陈家长, 臧学磊, 孟顺龙, 等. 亚硝酸盐氮对罗非鱼(GIFT Oreochromis niloticus)非特异性免疫酶活性的影响[J]. 生态环境学报, 2012, 21(5): 897−901.

161. 陈家长, 臧学磊, 瞿建宏, 等. 温度胁迫下罗非鱼(GIFT Oreochromis niloticus)机体免疫力的变化及其对海豚链球菌易感性的影响[J]. 农业环境科学学报, 2011, 30(9): 1896−1901.

162. 陈家长, 张美娜, 胡庚东, 等. 微囊藻毒素MC-LR在罗非鱼(Oreochromis niloticus)体内的动态分布[J]. 生态学杂志, 2010, 29(9): 1777−1781.

163. 陈明, 李超, 王瑞, 等. 尼罗罗非鱼免疫后外周血白细胞全长cDNA文库的构建及鉴定[J]. 西南农业学报, 2011, 24(1): 329−334.

164. 陈明, 罗洪林, 朱佳杰, 等. 吉富罗非鱼YY超雄鱼和XY雄鱼消减文库的构建及差异基因分析[J]. 西南农业学报, 2014, 27(3): 1314−1320.

165. 陈明, 王秋华, 王瑞, 等. 重组tHsp70对罗非鱼腹腔巨噬细胞免疫功能的影响[J]. 中国水产科学, 2012, 19(1): 145−153.

166. 陈明, 王秋华, 王瑞, 等. 罗非鱼热休克蛋白70在毕赤酵母中的表达与纯化[J]. 大连水产学院学报, 2011, 26(1): 58−62.

167. 陈明, 王瑞, 甘西, 等. 罗非鱼腹腔巨噬细胞分离与培养[J]. 华北农学报, 2011, S2: 224−228.

168. 陈明, 王瑞, 甘西等. 重组HSP70对罗非鱼外周血淋巴细胞免疫功能的影响[J]. 华北农学报, 2011, S2: 213−218.

169. 陈明, 王瑞, 甘西, 等. 重组 tHsp70 对罗非鱼腹腔巨噬细胞免疫功能的影响 [J]. 中国水产科学, 2012, 19(1): 145−153.

170. 陈琼, 曹建萌, 卢迈新, 等. 尼罗罗非鱼 Ly75 基因的克隆、原核表达和多克隆抗体制备 [J]. 生物技术, 2017, 27(3): 223−231.

171. 陈胜军, 李来好, 等. 罗非鱼综合加工利用与质量安全控制技术研究进展 [J]. 南方水产科学, 2011, 7(4): 85−90.

172. 陈胜军, 李来好, 等. 气相色谱−质谱分析熏制罗非鱼片的风味成分 [J]. 食品科学, 2009, 30(20): 379−382.

173. 陈胜军, 李来好, 等. 烟熏罗非鱼片产品 HACCP 质量安全控制体系的建立 [J]. 中国渔业质量与标准, 2013, 3(1): 14−18.

174. 陈胜军, 李来好, 等. 液熏罗非鱼片的加工工艺 [J]. 食品与发酵工业, 2010, 36(5): 64−67.

175. 陈文波, 王鑫, 李文笙, 等. 2011 尼罗罗非鱼 orexin 前体基因的克隆、组织分布及其在摄食调控中的表达. 动物学研究, 2011, 32(3): 285−292.

176. 陈细华, 李创举, 杨长庚, 等. 中国鲟鱼产业技术研发现状与展望 [J]. 淡水渔业, 2017, 47(6): 108−112.

177. 陈雪, 可小丽, 卢迈新, 等. 罗非鱼无乳链球菌 LrrG 蛋白的原核表达及免疫原性分析 [J]. 水产学报, 2014, 38(5): 713−721.

178. 程波, 艾晓辉, 常志强, 等. 水产动物药物代谢残留研究及创新发展方向−基于 PBPK 模型的残留预测技术. 中国渔业质量与标准, 2017, 7(6): 42−47.

179. 程琳丽, 李来好, 等. 谷氨酰胺转氨酶对于肉保水性的影响 [J]. 食品工业科技, 2014, 35(9): 128−131.

180. 程琳丽, 李来好, 等. 几种保水剂对冻罗非鱼片的保水效果 [J]. 广东农业科学, 2014, 41(7): 101−105.

181. 程琳丽, 李来好, 等. 罗非鱼的保鲜研究进展 [J]. 食品工业科技, 2013, 34(11): 372−375.

182. 崔丽莉, 缪祥军, 李光华, 等. 昆明地区罗非鱼常温养殖试验 [J]. 科学养鱼, 2013, 11: 22−23.

183. 崔丽莉, 缪祥军, 罗燕, 等. 冰冻灾害对云南罗非鱼生产的影响及对策 [J]. 中国渔业经济, 2015, 7.

184. 崔丽莉, 缪祥军. 云南罗非鱼产业发展历程及现状 [J]. 农学学报, 2014, 8: 105−109.

185. 代云云, 袁永明, 袁媛, 等. 中国罗非鱼出口贸易影响因素分析[C]. 2014 中国渔业经济专家研讨会, 116−120.

186. 代云云, 袁永明, 袁媛, 等. 基于灰色定权聚类模型的罗非鱼国内市场潜力分析[J]. 中国渔业经济, 2014, 32(2): 142−147.

187. 代云云, 袁永明, 袁媛, 等. 中国罗非鱼流通模式现状与存在问题分析[J]. 江苏农业科学, 2014, 42(10): 401−404.

188. 代云云, 袁永明, 张红燕, 等. 2012 年我国罗非鱼产品出口贸易情况分析及展望[J]. 中国渔业经济, 2013, 31(2): 170−176.

189. 代云云, 袁永明, 张红燕, 等. 中国罗非鱼出口贸易的 SWOT 分析与对策[J]. 江苏农业科学, 2014, 42(4): 383−387.

190. 代云云, 袁永明, 袁媛, 等. 世界罗非鱼生产格局分析[J]. 江苏农业科学, 2016, 44(11): 537−541.

191. 代云云, 袁永明, 袁媛, 等. 中国罗非鱼产品出口贸易情况分析及展望[J]. 中国农学通报, 2016, 32(32): 42−47.

192. 代云云, 袁永明, 袁媛, 等. 城镇居民罗非鱼消费行为的实证研究[J]. 湖南农业科学, 2017, (3): 101−104.

193. 单航宇, 韩珏, 杨弘. 2011 年罗非鱼生产与贸易状况分析[J]. 安徽农学通报(上半月刊), 2012(11): 3−5.

194. 单航宇, 韩珏, 杨弘. 2011 年罗非鱼生产与贸易状况分析[J]. 中国水产, 2012(5): 38−40.

195. 单航宇, 杨弘. 罗非鱼行业协会发展现状及问题探讨——以南宁、琼海、文昌三市为例[J]. 中国渔业经济, 2010(6): 32−37.

196. 单丹, 钟欢, 郭忠宝, 等. 重金属铜暴露对吉富罗非鱼组织残留及抗氧化酶活性的影响[J]. 南方农业学报, 2016, 47(10): 1784−1789.

197. 邓建朝, 李来好, 等. 固相萃取−高效液相色谱−荧光检测法测定水体中的孔雀石绿[J]. 食品科学, 2012, 33(14): 150−153.

198. 邓建朝, 杨贤庆, 等. 高效液相色谱法测定养殖环境中甲基睾丸酮残留量[J]. 食品科学, 2013, 34 (10): 184−190.

199. 刁石强, 李来好, 等. 高浓度臭氧冰制取技术的研究[J]. 食品工业科技, 2011, 32(8): 242− 245.

200. 刁石强, 吴燕燕, 等. 高效液相色谱法测定水产养殖底泥中呋喃唑酮残留量的研究[J]. 南方水产, 2010, 6(2): 53−58.

201. 杜兴伟, 王荣泉. 浅谈工业化养殖池塘病害发生的原因及防治对策[J]. 水产养殖, 2017, 38(11): 47−49.

202. 段志刚, 吴金英, 李文笙. 2011 低温对罗非鱼类影响的相关研究进展. 南方水产科学, 2011, 7(6): 77−82.

203. 樊海平, 吴斌, 张新艳, 等. 双重PCR检测罗非鱼源无乳链球菌方法的建立. 福建农业学报, 2014, 29(1): 8−11.

204. 樊海平, 钟全福. 罗非鱼链球菌病的发病概况与防控建议[J]. 科学养鱼, 2012, (9): 57−57.

205. 范立民, Kamira Barry, 宋超, 等. 不同养殖密度下吉富罗非鱼生长性状的通径分析[J]. 中国农学通报, 2015, 31(11): 83−87.

206. 范立民, 裘丽萍, 陈家长, 等. 养殖池塘系统脱氮硫杆菌(Thiobacillus denitrificans)的分离、生长特性及脱氮特征研究[J]. 农业环境科学学报, 2013, 32(1): 153−159.

207. 范立民, 裘丽萍, 吴伟, 等. 养殖池塘底泥中一株脱氮菌的异常分离及鉴定[J]. 中国农学通报, 2012, 28(29): 1512−156.

208. 范立民, 徐跑, 吴伟, 等. 淡水养殖池塘微生态环境调控研究综述[J]. 生态学杂志, 2013, 32(11): 3094−3100.

209. 范武江, 李思发, 孟庆辉, 等. 4 种遗传型罗非鱼的耐盐慢性驯化表现. 中国水产科学, 2012, 19(3): 430−435.

210. 范武江, 李思发, 王兵, 等. 尼罗罗非鱼、萨罗罗非鱼及其杂交子代胰岛素样生长因子(IGF-Ib)基因 3'cDNA 末端克隆及序列分析[J]. 水产学报, 2010, 34(4): 489−499.

211. 范武江, 李思发. 萨罗罗非鱼鳃NKCC1a基因cDNA克隆及mRNA组织差异表达[J]. 动物学研究, 2010, 31(6): 1−9.

212. 方静, 李来好, 等. 不同致死方式对罗非鱼片品质的影响[J]. 南方水产科学, 2013, 9(5): 13−18.

213. 房金岑, 刘琪, 李乐. 对渔业标准制修订工作的认识和思考[J]. 中国渔业质量与标准, 2012, 2(1).

214. 房金岑. 国内外罗非鱼标准体系分析研究[J]. 中国水产, 2009 增刊.

215. 甘远迪, 赵金良, Jeerawat Thammaratsuntorn, 等. 萨罗罗非鱼AQP3 cDNA序列克隆及盐度胁迫下组织表达特征. 动物学杂志, 2014, 49(4): 560−569.

216. 高凤英, 卢迈新, 黄樟翰, 等. 荷那龙罗非鱼两种胰岛素样生长因子基因(IGF-I

和IGF-II)的克隆、序列分析及组织表达特征[J].农业生物技术学报, 2012, 20(2): 178−180.

217. 高凤英, 庞纪彩, 卢迈新, 等.尼罗罗非鱼MHC IIB基因多态性及其与链球菌病抗性的关系[J].中国农学通报, 2014, 30(2): 76−83.

218. 高凤英, 王欢, 卢迈新, 等.荷那龙罗非鱼ghrelin cDNA的克隆及表达特征[J].华中农业大学学报, 2010, 29(6): 752−757.

219. 高凤英, 王欢, 卢迈新, 等.莫桑比克罗非鱼Ghrelin受体基因的特性及Ghrelin受体和Ghrelin mRNA组织表达[J].安徽农业科学, 2010, 38(5): 2274−2280.

220. 高凤英, 王欢, 叶星, 等.荷那龙罗非鱼两种GHSR基因的克隆与序列分析[J].广东海洋大学学报, 2011, 31(4): 6−12.

221. 高凤英, 卢迈新, 黎建平, 等.尼罗罗非鱼β2 m基因的克隆、多态性分析及组织表达特征[J].农业生物技术学报, 2016, 24(10): 1588−1599.

222. 高开进, 黄亮华.环境友好型饲料在罗非鱼池塘养殖中的应用[J].畜牧兽医科学(电子版), 2017(12): 7−8.

223. 高铭蔚, 黎宗强, 田园园, 等.无乳链球菌乳酸−羟基乙酸共聚物微球的制备及其体外释放特点分析[J].南方水产科学, 2014, (3): 65−72.

224. 高铭蔚, 田园园, 卢迈新, 等.罗非鱼无乳链球菌PLGA微球口服疫苗免疫效果的研究[J].免疫学杂志, 2015, (2): 105−110.

225. 龚怀瑾, 毛力, 杨弘.基于变尺度混沌QPSO-LSSVM的水质溶氧预测建模[J].计算机与应用化学, 2013, (3): 315−318.

226. 龚赟翀, 袁永明, 张红燕, 等.罗非鱼产业数据采集处理系统的设计与实现[J].农业网络信息, 2013, 6: 50−52.

227. 苟庚午, 蒋明, 文华, 等.饲料中添加l−肉碱对吉富罗非鱼生长、肝脏脂肪代谢及抗氧化能力的影响[J].淡水渔业, 2016, 46(5): 81−88.

228. 苟庚午, 蒋明, 文华, 等.饲料中添加水飞蓟素对吉富罗非鱼生长性能、肝脏脂肪代谢酶和抗氧化能力的影响[J].水产学报, 2016, 40(9): 1309−1320.

229. 顾华杰, 沈晨斌, 严志舟, 等.灰树花多糖的提取及抗氧化活性[J].生物加工过程, 2012, 10(1): 19−24.

230. 郭恩彦, 郭忠宝, 罗永巨.吉富罗非鱼最适生长水温研究[J].广东海洋大学学报, 2011, 31(1): 50−53.

231. 郭金涛, 赵金良, 甘远迪, 等.尼罗罗非鱼(♀)×萨罗罗非鱼(♂)杂交后代F1、F2形态性状的遗传与变异[J].中国水产与科学, 2014, 3.

232. 郭金涛, 赵金良, 甘远迪, 等. 尼罗罗非鱼♀×萨罗罗非鱼♂杂交后代F1、F2形态性状的遗传与变异. 中国水产科学, 2014, 21(2): 275−282.

233. 郭金涛, 赵金良, 颜标, 等. 尼罗罗非鱼♀×萨罗罗非鱼♂杂交F1亲本分析[J]. 广东农业科学, 2012, 21: .

234. 郭金涛, 赵金良, 颜标, 等. 尼罗罗非鱼♀×萨罗罗非鱼♂杂交后代的遗传分离分析. 中国水产科学, 2013, 20(3): 528−535.

235. 郭忠宝, 郭恩彦, 肖俊, 等. 高温下不同投饲率对吉富罗非鱼摄食、生长的影响[J]. 淡水渔业, 2011, 41(6): 80−85.

236. 郭忠宝, 杨军, 郭恩彦, 等. 大规格罗非鱼鱼种池塘围栏越冬技术[J]. 南方农业学报, 2011, 42(5): 552−555.

237. 韩珏, 杨弘, 罗永巨. 广西南宁地区罗非鱼池塘精养模式及其效益分析[J]. 科学养鱼, 2014(7): 21−22.

238. 韩珏, 杨军, 祝璟琳, 等. 桂北罗非鱼流水高密度养殖模式[J]. 科学养鱼, 2014(11): 18−19.

239. 韩丽娜, 朱海, 李志鸿, 等. 罗非鱼保活试验研究[J]. 科学养鱼, 2017(07): 57−58.

240. 郝淑贤, 李来好, 等. CO发色对罗非鱼片贮藏过程质量影响[J]. 食品工业科技, 2014, 35(2): 286−290.

241. 郝淑贤, 李来好, 等. 不同提取方法对罗非鱼片胶原蛋白理化特性的影响[J]. 食品科学, 2014, 35(15): 59−62.

242. 郝淑贤, 李来好, 等. 放血对罗非鱼片色泽影响[J]. 食品工业科技, 2011, 32(12): 149−152.

243. 郝淑贤. 臭氧水对罗非鱼色泽影响分析[J]. 食品科学, 2013, 34(13): 50−53.

244. 郝淑贤. 一氧化碳发色处理对罗非鱼鱼片暗色肉贮藏过程色泽影响分析[J]. 南方水产科学, 2012, 9(5): 7−12.

245. 郝淑贤, 叶鸽, 李来好, 等. 不同养殖模式罗非鱼的挥发性成分分析[J]. 食品与发酵工业. 2016, 42(6): 147−152.

246. 郝淑贤, 李来好, 杨贤庆, 等. 一氧化碳发色罗非鱼片急性毒性与遗传毒性研究. 食品工业科技. 2017, 38(20): 303−306.

247. 何福玲, 凌正宝, 肖俊, 等. 两个人工选择奥利亚罗非鱼群体系统发育及其遗传多样性分析[J]. 南方农业学报, 2017, 48(2): 341−349.

248. 何俊燕, 李来好, 等. 硫酸铵盐析法分离罗非鱼肌红蛋白的研究[J]. 南方水产,

2009, 5(2): 17—22.

249. 何燕富, 黄卉, 李来好, 等. 低温贮藏的鱼肉品质变化及其影响因素的研究进展. 大连海洋大学学报. 2017, 32(2): 242—247.

250. 贺艳辉, 袁永明, 王德强, 等. 罗非鱼行业协会在产业发展中的作用探析 [J]. 水产学杂志, 2013, 26(4): 58—60.

251. 贺艳辉, 袁永明, 张红燕, 等. 我国罗非鱼高效养殖模式探讨 [J]. 江苏农业科学, 2012, 40(12): 249—251.

252. 贺艳辉, 袁永明, 张红燕, 等. 我国罗非鱼生产要素投入变化及趋势分析 [J]. 中国渔业经济, 2014, 32(4): 95—99.

253. 胡朝莹, 谢骏, 余德光, 等. 低盐度地区集约化养殖的吉富罗非鱼的生长特性 [J]. 大连水产学院学报, 2009, 24(1): 92—94.

254. 胡欣欣, 曹建萌, 卢迈新, 等. 尼罗罗非鱼补体 C9 基因的克隆和组织表达分析 [J]. 淡水渔业, 2017, 47 (1) : 3 —11.

255. 胡一丞, 邹芝英, 祝璟琳, 等. 不同生长阶段尼罗罗非鱼 IGF1 基因表达分析 [J]. 中国农学通报, 2014, (35): 107—111.

256. 胡振珠, 李来好, 等. 罗非鱼骨粉制备氨基酸螯合钙及其抗氧化性研究 [J]. 食品科学, 2010, 31(20): 141—145.

257. 黄博. 甘西, 等. EM 技术在奥尼罗非鱼养殖的应用效果研究 [J]. 内陆水产, 2009, 8: 48—51.

258. 黄凤, 蒋明, 文华, 等. 吉富罗非鱼对饲料中泛酸的需要量 [J]. 水产学报, 2014, 38(8): 64—71.

259. 黄凤, 文华, 吴凡, 等. 吉富罗非鱼成鱼对烟酸的需要量 [J]. 华南农业大学学报, 2013, 34(2): 235—240.

260. 黄卉, 李来好, 等. 罗非鱼片贮藏过程中品质变化动力学模型 [J]. 南方水产科学, 2011, 7(3): 20—23.

261. 黄卉, 李来好, 等. 喷雾干燥微胶囊化罗非鱼油的研究 [J]. 南方水产, 2009, 5(5): 19—23.

262. 黄卉, 李来好, 等. 响应面法优化罗非鱼油微胶囊壁材的研究 [J]. 食品工业科技, 2009, 30(12): 225—228.

263. 黄磊, 宋怿, 孟娣. 关于我国水产品质量安全可追溯体系建设的探讨 [J]. 中国渔业质量与标准, 2012.

264. 黄磊, 宋怿. 构建水产品质量安全监管追溯系统的探讨 [J]. 中国渔业经济,

2010.

265. 黄磊, 宋怿. 水产品质量安全可追溯技术体系在市场准入制度建设中的应用研究[J]. 中国渔业质量与标准, 2011, 1(2).

266. 黄婷, 李莉萍, 罗永巨, 等. 广西罗非鱼和卵形鲳鲹海豚链球菌的生化特性及基因多态性分析[J]. 大连海洋大学学报, 2014, 29(5): 459-462.

267. 黄婷, 李莉萍, 王瑞, 等. 广西罗非鱼和卵形鲳鲹海豚链球菌的生化特性及基因多态性分析[J]. 大连海洋大学学报, 2014, 29(5): 459-462.

268. 黄婷, 张彬, 罗永巨, 等. 10种CpG-ODNs对罗非鱼抗海豚链球菌感染的作用[J]. 广东海洋大学学报, 2012.

269. 黄婷, 张彬, 罗永巨, 等. 4种微生物DNA对罗非鱼抗海豚链球菌感染的初步研究[J]. 西南农业学报, 2012, 25(4).

270. 霍欢欢, 可小丽, 卢迈新, 等. 海南罗非鱼无乳链球菌血清型及耐药性研究[J]. 中国预防兽医学报, 2013, 35(5): 350-354.

271. 贾旭淑, 宋超, 陈家长. 苯并芘对鱼类免疫毒性作用的研究进展[J]. 中国农学通报, 2012, 28(23): 98-103.

272. 蒋高中, 李群, 明俊超, 等. 中国古代淡水养殖鱼类苗种的来源和培育技术研究[J]. 南京农业大学学报, 2012, 12(3): 88-93.

273. 蒋高中, 明俊超. 现阶段我国鱼类育种与苗种培育技术成就及发展趋势[J]. 广东海洋大学, 2012, 32(3): 94-98.

274. 蒋高中, 孙斐, 李群, 等. 福建罗非鱼种业发展现状、问题、对策[J]. 中国渔业经济, 2012, 3: 117-121.

275. 蒋高中, 张颖, 赵永锋, 等. 我国罗非鱼产品的药物残留问题及其对策[J]. 江苏农业科学, 2013, 41(5): 281-282.

276. 蒋高中, 赵永锋. 中国综合养鱼发展的历史回顾与发展趋势研究[J]. 中国农学通报, 2011, 27(20): 79-86.

277. 蒋明, 姚鹰飞, 文华, 等. 吉富罗非鱼成鱼对饲料中有效磷的需要量[J]. 水产学报, 2013, 37(11): 1725-1732.

278. 蒋明, 仲维玮, 田娟, 等. 不同脱毒处理棉粕替代豆粕对尼罗罗非鱼幼鱼生长、体组成及血清转氨酶活性的影响[J]. 西北农林科技大学学报(自然科学版), 2011, 39(6): 37-43.

279. 蒋明, 武文一, 文华, 等. 吉富罗非鱼对饲料中苯丙氨酸的需要量[J]. 中国水产科学, 2016, 23(5): 1173-1184.

280. 蒋明, 任春, 文华, 等. 吉富罗非鱼对饲料中维生素B2 的需要量[J]. 动物营养学报, 2017, 29(11): 3962−3969.

281. 蒋宗良, 张明, 朱佳杰, 等. 奥利亚罗非鱼线粒体基因组全序列测定与系统进化分析[J]. 中国水产科学, 2011, 18(4): 1−11.

282. 颉晓勇, 李思发, 蔡完其, 等. 新吉富罗非鱼选育过程中遗传变异的 AFLP 分析[J]. 暨南大学学报(自然科学与医学版), 2011, 1.

283. 鞠健, 胡佳慧, 熊光权, 等. 基于空气(普通包装)和真空包装条件下鲈鱼片脂肪氧化指标建立鲈鱼货架期预测模型[J]. 食品工业科技, 2018, 39(6): 191−198.

284. 鞠健, 胡佳慧, 乔宇, 等. 茶多酚结合真空包装对微冻鲈鱼片品质的影响[J]. 现代食品科技, 2018, 34(1): 104−110.

285. 柯剑, 赵飞, 罗理, 等. 广东省罗非鱼主养区无乳链球菌的分离、鉴定与致病性[J]. 广东海洋大学学报, 2010, 30(3): 22−27.

286. 可小丽, 卢迈新, 黎炯, 等. 罗非鱼绿色气球菌的鉴定及致病性研究[J]. 水生生物学报, 2011, 35(5): 769−802.

287. 可小丽, 卢迈新, 李庆勇, 等. 罗非鱼无乳链球菌鉴定及基于cfb和 16S rRNA 基因同源性分析[J]. 中国农学通报, 2013, 29(20): 52−62.

288. 兰滔, 卢迈新, 杨丽萍, 等. 奥利亚罗非鱼雌激素β受体两种亚型cDNA 的克隆、组织分布及雌激素对其表达的影响[J]. 水产学报, 2010, 34(1): 8−18.

289. 乐贻荣, 肖炜, 邹芝英, 等. 奥尼罗非鱼肌肉营养成分分析和营养价值评定[J]. 中国农学通报, 2015, (11): 88−93.

290. 乐贻荣, 杨弘. 罗非鱼营养需求研究进展[J]. 中国饲料, 201, 2(17): 24−29.

291. 雷莹, 袁新华, 张亚楠, 等. 水产品成功营销案例对罗非鱼产业发展的启示[J]. 中国水产, 2014, 8: 30−33.

292. 雷莹, 张亚楠, 保超, 等. 广西罗非鱼养殖的技术效率及其影响因素与对策[J]. 贵州农业科学, 2014, 42(6): 218−222.

293. 冷向军, 田娟, 陈丙爱, 等. 罗非鱼对晶体蛋氨酸、包膜蛋氨酸利用的比较研究[J]. 水生生物学报, 2013, 37(2): 235−242.

294. 黎建平, 高风英, 卢迈新, 等. 尼罗罗非鱼MHCIα 全长 cDNA 的克隆、多态性及组织表达特征[J]. 中国水产科学, 2014, 21(6): 1134−1145.

295. 黎炯, 叶星, 可小丽, 等. 罗非鱼无乳链球菌表面免疫原性蛋白Sip基因的克隆、表达及免疫原性分析[J]. 水生生物学报, 2012, 36(4): 626−633.

296. 黎炯, 叶星, 卢迈新, 等. 罗非鱼创伤弧菌的分离鉴定和药敏试验[J]. 江西农业大学学报, 2012, 33(6): 965−970.

297. 黎炯, 叶星, 卢迈新, 等. 罗非鱼维氏气单胞菌的分离鉴定和药敏试验[J]. 水生态学杂志, 2011, 32(3): 132−136.

298. 黎炯, 叶星, 卢迈新, 等. 双重PCR快速鉴别无乳链球菌和海豚链球菌[J]. 湖南农业大学学报, 2010, 36(4): 449−452.

299. 李先仁, 李思发, 唐首杰, 等. 尼罗罗非鱼8个养殖群体遗传差异的微卫星分析[J]. 上海海洋大学学报, 2009, 18(1): 1−7.

300. 李大宇, 肖炜, 祝璟琳, 等. 吉富罗非鱼亲本家系遗传结构与体质量的相关性分析[J]. 南方农业学报, 2015, (5): 888−894.

301. 李丹丹, 孟顺龙, 陈家长. 3种罗非鱼养殖模式对浮游植物群落特征的影响[J]. 环境科学与技术, 2015, 38(3): 50−53.

302. 李丹丹, 孟顺龙, 范立民, 等. 罗非鱼密度对养殖池塘浮游植物群落结构的影响[J]. 环境科学与技术, 2017, 40(5): 54−59.

303. 李芳远, 佟延南, 王德强. 吉富罗非鱼与南美白对虾混养经济效益分析[J]. 中国渔业经济, 2014, 4: 89−94.

304. 李芳远, 王德强, 佟延南. "吉鲡"海水罗非鱼中间培育技术探讨[J]. 科学养鱼, 2013, 3: 45−46.

305. 李芳远, 佟延南, 王德强. 罗非鱼与水蕹菜种养试验及综合效益分析[J]. 中国水产. 2016, 2: 90−93.

306. 李来好. 2种养殖模式罗非鱼肉品质的比较[J]. 南方水产科学, 2012, 9(5): 1−6.

307. 李来好. 低碳经济引领水产品加工业发展新方向[J]. 水产学报, 2011, 4(35): 636−640.

308. 李来好. 电子鼻检测冷冻罗非鱼肉的研究[J]. 南方水产科学, 2012, 8(4): 1−6.

309. 李来好. 广东省罗非鱼及其养殖环境中食源性致病菌菌相分析[J]. 水产学报, 2009, 33(5): 823−831.

310. 李来好. 离子交换法纯化罗非鱼血超氧化物歧化酶的研究[J]. 食品工业科技, 2013, 34(1): 137−144.

311. 李乐, 房金岑, 宋怿. 国际食品法典水产品相关添加剂限量标准制修订进展[J]. 中国渔业质量与标准, 2013.3.

312. 李乐, 宋怿. 浅谈协调性原则在水产技术性贸易措施通报评议中的理解和运用[J]. 中国标准化, 2010.9.

313. 李乐, 宋怿. 水产领域技术性贸易措施通报趋势分析[J]. 标准科学, 2010.11.

314. 李乐. ISO渔业和水产养殖业技术委员会组织机制及其标准体系概述[J]. 中国水产, 2009 增刊.

315. 李乐. 国际食品法典委员会水产标准制定程序及启示[J]. 农业质量标准, 2009.5.

316. 李乐. 水产品技术性贸易措施通报评议探悉[J]. 农业质量标准, 2009.2.

317. 李乐. 渔业发达国家标准与科技研发协调发展经验与启示[J]. 中国水产, 2009.11.

318. 李莉萍, 陈明, 唐章生, 等. 5 个品系罗非鱼热休克蛋白 Hsp70 基因序列对比分析[J]. 西南农业学报, 2009, 22(3): 828−834.

319. 李莉萍, 林勇, 朱佳杰, 等. 不同浓度药物与不同天数鱼苗对吉富罗非鱼雌性诱导效果的影响[J]. 安徽农业科学, 2011, 39(6): 3627−362.

320. 李莉萍, 王瑞, 甘西, 等. 2007—2012 年我国罗非鱼无乳链球菌流行菌株血清型分析[J]. 大连海洋大学学报, 2014, 29(5): 469−475.

321. 李莉萍, 王瑞, 黄婷, 等. 广东、海南、福建三省罗非鱼链球菌病流行菌株PCR鉴定和PFGE基因型分析[J]. 西南农业学报, 2013, 26(5): 2133−2140.

322. 李莉萍, 王瑞, 黄婷, 等. 广西罗非鱼链球菌病流行菌株PCR鉴定和PFGE基因型分析[J]. 水产学报, 2013, 37(6): 927−935.

323. 李明昊, 陈刚, 黄建盛, 等. 盐度对莫荷罗非鱼幼鱼呼吸和氨氮排泄的影响[J]. 广东海洋大学学报, 2014, 34(1): 21−29.

324. 李明昊, 陈刚, 黄建盛, 等. 盐度对莫荷罗非鱼幼鱼呼吸和氨氮排泄的影响[J]. 广东海洋大学学报, 2014, 34(1): 21−29.

325. 李娜, 赵永强, 李来好, 等. 冰藏过程中罗非鱼鱼片肌肉蛋白质变化[J]. 南方水产科学, 2016, 12(2): 88−94.

326. 李茜茜, 朱华平, 卢迈新, 等. 盐胁迫对橙色莫桑比克罗非鱼AQP1基因表达的影响[J]. 基因组学与应用生物学, 2016, 35(11): 1681−1691.

327. 李庆勇, 可小丽, 卢迈新, 等. 罗非鱼无乳链球菌 C5a 肽酶的克隆及原核表达质粒构建[J]. 华中农业大学学报, 2013, 32(4): 92−99.

328. 李庆勇, 可小丽, 卢迈新, 等. 罗非鱼无乳链球菌 C5a 肽酶(ScpB)的原核表达及其免疫原性[J]. 中国水产科学, 2014, 21(1): 169−179.

329. 李庆勇, 刘艺, 黄秋标, 等. 一例罗非鱼链球菌病的病原鉴定及防治措施[J]. 科学养鱼, 2017(12): 70.

330. 李杉, 李来好, 等. 减菌化预处理对鲜罗非鱼片质量的影响[J]. 食品科学, 2009,

30(18): 379−384.

331. 李思发.轻舟将过万重山——谈我国罗非鱼产业发展前景[J].科学养鱼, 2009(7): 1−3.

332. 李思发, 陈林, 李先仁, 等."吉奥"罗非鱼同其亲本及近缘杂交罗非鱼形态差异比较分析. 上海海洋大学学报, 2010, 19(6): 721−727.

333. 李思发, 唐首杰, 蔡完其. 遗传改良"新吉富"（NEW GIFT）尼罗罗非鱼RAPD-SCAR标记开发及其在品系鉴别中的应用[J]. 动物学研究, 2010, 31(2): 147−153.

334. 李思发, 赵岩, 范武江, 等. 尼罗罗非鱼和萨罗罗非鱼遗传生殖隔离的初步证据[J]. 动物学研, 2011, 32(5): 521−527.

335. 李文笙, 林浩然.鱼类生长激素合成与分泌的内分泌调控网络: 垂体生长激素分泌细胞中的信号整合[J].中国科学: 生命科学, 2010, 40(2): 149−158.

336. 李文笙, 王滨. 2013 鱼类生长抑素调控垂体生长激素分泌的作用机制[J]. 水产学报, 37(12): 143−152.

337. 李文笙, 王东方. 2 017 microRNA 在鱼类中研究进展[J]. 水产学报.41(4)628−639.

338. 李文婷, 裴丽萍, 李志波, 等. 甲萘威暴露对雄性罗非鱼血清中内分泌相关酶活性的影响[J]. 农业环境科学学报, 2014, 33(7): 1304−1309.

339. 李香, 宋怿. 国外水产品质量安全可追溯体系对我国的启示[J]. 中国水产, 2010.1.

340. 李香, 宋怿. 国外水产品质量安全可追溯体系对我国的启示[J]. 中国渔业经济, 2010.4.

341. 李晓恬, 可小丽, 卢迈新等. 罗非鱼补体C3 基因的克隆及其表达分析[J]. 生物技术, 2016, 26(3): 205−212.

342. 李晓钟, 王斌.我国罗非鱼产业国际市场势力实证分析——以美国市场为例[J]. 农业经济问题, 2010, 32(8): 70−75.

343. 李晓钟, 胡卉君, 袁永明, 等. 我国罗非鱼出口价格的国际比较[J]. 价格理论与实践, 2012, 5: 86−87.

344. 李志波, 季丽, 李丹丹. 罗非鱼精养池塘水质变化规律和沉积物产污系数研究[J]. 环境科学与技术, 2015, 38(5): 168−174.

345. 李志波, 宋超, 裴丽萍. 渔业养殖水域沉积物指标分析技术及其应用综述[J]. 江苏农业科学, 2015, 34(3): 563−569.

346. 李志波, 宋超, 张聪. 养殖池塘底泥中重金属镉对孔雀石绿代谢的影响[J]. 农业环境科学学报, 2015, 34(3): 563−569.

347. 李治金, 沐建刚, 崔丽莉, 等. 三种罗非鱼在网箱中养殖生长性能及效益[J]. 科学养鱼, 2015, 7.

348. 梁从飞, 赵丽慧, 筴金华, 等. 尼罗罗非鱼基础群体与选育一代幼鱼盐碱度耐受性比较. 江苏农业科学, 2014, 42(8): 227−231.

349. 梁从飞, 赵金良, 甘远迪, 等. 盐、碱胁迫对尼罗罗非鱼鳃Na+/HCO3−共转运子、碳酸酐酶基因表达影响[J]. 中国水产科学, 2016, 23(2): 274−283.

350. 梁军能, 罗永巨, 肖俊, 等. 罗非鱼山塘高效健康养殖试验及效果分析[J]. 科学养鱼, 2016, (8): 49−51.

351. 梁国栋, 王辉, 刘加慧, 等. 罗非鱼仔鱼开口率与温度、盐度间模型的建立与优化[J]. 广东海洋大学学报, 2014, 34(4): 33−39.

352. 梁慧, 李来好, 等. 腊鱼产香酵母菌的筛选及其发酵产香特性初步研究[J]. 食品工业科技, 2011, 32(12): 213−217.

353. 梁拥军, 孙向军, 杨璞, 等. 罗非鱼鱼皮胶原蛋白多肽的制备及其理化性质研究[J]. 安徽农业科学, 2009, 37(4): 1588−1590.

354. 梁拥军, 马俊峰, 孙向军, 等. 细鳞斜颌鲴与奥尼罗非鱼池塘混养试验[J]. 水产科技情报, 2009, 36(3): 107−109.

355. 梁拥军, 苏建通, 孙向军, 等. 吉富罗非鱼池塘健康养殖技术试验[J]. 齐鲁渔业, 2010, 27(10): 20−21.

356. 林建升, 张秋平, 李文笙. 不同养殖模式下尼罗罗非鱼消化酶活性的比较. 水产学报, 2015, 39(1), 65−74.

357. 林善婷, 郑尧, 胡庚东, 等. 中草药免疫活性物质对鱼类肠道菌群群落影响的研究进展[J]. 安徽农业科学, 2017, 45(32): 94−98.

358. 林勇, 卢其西, 杨慧赞, 等. 八种品系罗非鱼及其尼奥罗非鱼耐寒性能的比较试验[J]. 华北农学报, 2011, 26(z): 278−282.

359. 林勇、唐瞻杨、唐章生, 等, 罗非鱼5个不同品系低温致死的研究[J]. 水产科技情报, 2010, 37(5): 222−225.

360. 林勇、杨华莲、唐瞻杨, 等, 罗非鱼耐寒新品种的养殖效果评价[J]. 中国水产, 2010, 418(9): 45−46.

361. 刘于信, 李思发, 蔡完其, 等. 耐盐罗非鱼育种回交效应评估[J]. 中国水产科学, 2009, 16(3): 332−339.

362. 刘伟, 文华, 蒋明, 吴凡, 田娟. 尼罗罗非鱼幼鱼饲料中钴需要量的研究[J]. 湖北农业科学, 2011, 50(19): 4021-4025.

363. 刘道玉, 范立民, 王琼, 等. 脱氮副球菌的好氧反硝化特性及对养殖水体中氮素的控制 [J]. 农业环境科学学报, 2012, 31(11): 2255-2261.

364. 刘法佳, 吴燕燕, 等. 降解咸鱼中亚硝酸盐的乳酸菌降解特性研究 [J]. 广东农业科学, 2012, 1: 94-97.

365. 刘观斌, 王淼, 卢迈新, 等. 一株能抑制罗非鱼源无乳链球菌的反硝化芽孢杆菌的筛选鉴定 [J]. 中国水产科学, 2016, 23(1): 207-217.

366. 刘欢, 孙伟红, 马兵, 等. 水产品中氯霉素残留快速检测产品的质量分析和评价 [J]. 中国渔业质量与标准, 2012, 2(3).

367. 刘欢, 邢丽红, 宋怿, 等. 水产品中硝基呋喃类代谢物残留快速检测产品质量分析和评价 [J]. 中国渔业质量与标准, 2013.2.

368. 刘琪, 房金岑. 标准宣贯实施对推动科研成果转化的作用 [J]. 中国渔业质量与标准, 2011, 1(2).

369. 刘琪. 我国渔业标准化概况 [J]. 中国水产, 2009 增刊.

370. 刘伟, 文华, 蒋明, 等. 吉富罗非鱼成鱼对 8 种常见植物源饲料原料的表观消化率 [J]. 西北农林科技大学学报 (自然科学版), 2015, 43(4): 17-25.

371. 刘伟, 文华, 蒋明, 等. 2 种蛋白水平的饲料循环投喂对奥尼罗非鱼幼鱼生长、体成分和血清生化指标的影响 [J]. 华南农业大学报, 2013, 34(3): 405-410.

372. 刘伟, 文华, 蒋明, 等. 饲料蛋白质水平与投喂频率对吉富罗非鱼幼鱼生长及部分生理生化指标的影响 [J]. 水产学报, 2016, 40(5): 751-762.

373. 刘彦娜, 袁永明, 代云云, 等. 影响罗非鱼国内市场消费主要因素的探讨 [J]. 安徽农业科学, 2013, 41(14): 6300-6301, 6304.

374. 刘永涛, 郭东方, 齐富刚, 等. 喹烯酮对建鲤和斑点叉尾鮰生长性能和抗缺氧能力的影响 [J]. 中国渔业质量与标准, 2017, 7(5): 11-17.

375. 刘玉姣, 朱华平, 卢迈新, 等. 莫荷罗非鱼幼鱼耐盐性能的初步研究 [J]. 2015, 淡水渔业, 2015, 45(1): 109-112.

376. 刘玉姣, 朱华平, 卢迈新, 等. 罗非鱼催乳素I基因的组织分布及盐胁迫对其表达的影响 [J]. 南方水产科学, 2014, 10(6): 51-57.

377. 刘在军, 李来好, 等. 罗非鱼血液综合利用的研究思路及展望 [J]. 南方水产科学, 2012, 8(2): 76-80.

378. 刘志刚, 可小丽, 卢迈新, 等. 尼罗罗非鱼致病性类志贺邻单胞菌 (Plesiomonas shigelloides) 的分离鉴定及其病理学观察 [J]. 微生物学报, 2015, 55(1): 96-106.

379. 刘志刚, 可小丽, 卢迈新, 等. 温度对尼罗罗非鱼无乳链球菌毒力的影响[J]. 水产学报, 2013, 37(11): 1733−1741.

380. 刘志刚, 刘玉姣, 卢迈新, 等. 4 种罗非鱼不同组织中HSP70 基因对盐胁迫的响应[J]. 上海海洋大学学报, 2015, (2): 182−189.

381. 龙昱, 罗永巨, 肖俊, 等. 重金属胁迫对鱼类影响的研究进展[J]. 南方农业学报, 2016, 47(9): 1608−1614.

382. 卢迈新, 黎炯, 叶星, 等. 广东与海南养殖罗非鱼无乳链球菌的分离、鉴定与特性分析[J]. 微生物学通报, 2010, 37(5): 766−774.

383. 卢迈新. 罗非鱼链球菌病研究进展[J]. 南方水产, 2010, 6(1): 75−79.

384. 罗明坤, 郭金涛, 赵金良, 等. 尼罗罗非鱼(♀) × 萨罗罗非鱼(♂)F1 家系亲权关系微卫星分析[J]. 南方水产科学, 2014, 10(1): .

385. 罗明坤, 郭金涛, 赵金良, 等. 尼罗罗非鱼♀ × 萨罗罗非鱼♂ F1 家系亲权关系微卫星分析. 南方水产科学, 2014, 10(1): 9−15.

386. 罗明坤, 赵金良, 赵岩, 等. 尼罗罗非鱼♀ × 萨罗罗非鱼♂ 人工杂交中卵子、精子形态观察. 广东农业科学, 2014, 41(3): 127−130.

387. 罗明坤, 赵岩, Thammaratsuntorn Jeerawat, 等. 不同梯度pH、盐度及K$^+$、Ca^{2+}和葡萄糖对萨罗罗非鱼精子活力的影响. 南方农业学报, 2014, 45(11): 1880−1884.

388. 罗伟, 甘西, 敖秋桅, 等. 吉富罗非鱼选育系生长性能的评估[J]. 西南农业学报, 2016, 29(11): 1−5.

389. 罗燕, 缪祥军, 崔丽莉. 思茅区渔业发展现状及对策[J]. 云南农业, 2015, 7.

390. 罗永宏; 宋超; 陈家长. 氨基甲酸酯类农药甲萘威的毒理学及环境归趋研究进展[J]. 江苏农业科学, 2012, 40(1): 316−318, 321.

391. 罗永巨、曹瑾玲、甘西, 等. 吉富品系尼罗罗非鱼的选育效果分析[J]. 山西农业大学学报(自然科学版), 2010, 30(4): 374−379.

392. 罗永巨、曹瑾玲、甘西, 等. 美国品系尼罗罗非鱼的选育及其效果分析[J]. 中国水产科学, 2010, 17(5): 952−958.

393. 罗永巨. 罗非鱼选育方法研究进展[J]. 水产科技情报, 2010, 37(2): 53−55.

394. 罗永巨, 钟欢, 周毅, 等. 饵料中添加镉对罗非鱼组织形态的影响[J]. 南方农业学报, 2016, 47(7): 1228−1233.

395. 吕海燕, 王群, 刘欢, 等. 鱼用麻醉剂安全性研究进展[J]. 中国渔业质量与标准, 2013.2.

396. 马兵, 宋怿. 各国药物残留限量标准比对分析及对中国水产品出口贸易的影响

[J]. 中国农学通报, 2010.17.

397. 马海霞, 李来好, 等. 不同 CO_2 比例气调包装对冰温贮藏鲜罗非鱼片品质的影响[J]. 食品工业科技, 2010, 31(1): 323−327.

398. 马海霞, 杨贤庆, 等. 复合氨基酸螯合钙的合成工艺优化[J]. 食品与机械, 2012, 28(1): 214−214.

399. 马海霞, 杨贤庆, 等. 微生物发酵罗非鱼骨粉工艺条件的优化[J]. 食品科学, 2013, 34 (3) : 193−197.

400. 马庆男, 董在杰, 朱文彬, 等. 罗非鱼TRAP分子标记反应体系优化设计方案的比较[J]. 南方水产科学, 2013(1): 28−34.

401. 马赛蕊, 吴燕燕, 等. 罗非鱼肉蛋白酶解液的抗氧化活性[J]. 食品科学, 2012, 33(19): 52−56.

402. 马晓飞, 袁永明, 张红燕, 等. 基于Android的罗非鱼价格行情短信服务系统设计与开发[J]. 农业现代化研究, 2015, 36(13): 509−515.

403. 马晓飞, 袁永明, 张红燕, 等. 基于Android的水产物联服务系统设计与研发[J]. 计算机技术与应用, 2014, 40(1): 137−140.

404. 马晓飞, 袁永明, 张红燕, 等. 基于Modbus的水产物联设备驱动服务系统[J]. 传感器与微系统, 2014, 33(10): 65−72.

405. 马晓飞, 袁永明, 张红燕, 等. 水产物联服务平台研究与开发[J]. 农业网络信息, 2013, 10: 15−19.

406. 马晓飞, 袁永明, 袁媛, 等. 基于Android的罗非鱼产业预警系统设计与开发[J]. 农业网络信息, 2016, (5): 52−59.

407. 毛力, 肖炜, 杨弘. 用信息融合技术改进水产养殖水质监控系统[J]. 水产学杂志, 2015(2): 55−58.

408. 孟娣, 宋怿. 水产品技术性贸易措施通报评议现状分析[J]. 中国渔业质量与标准, 2011, 1(3).

409. 孟庆辉, 李思发, 范武江, 等. 尼罗罗非鱼、萨罗罗非鱼及其杂交子代的催乳素I基因克隆及序列分析[J]. 中国水产科学, 2010, 17(3): 22−31.

410. 孟顺龙, 胡庚东, 瞿建宏, 等. 镧/铝改性沸石的磷释放条件及再生能力研究[J]. 农业环境科学学报, 2013, 32(7): 1473−1478.

411. 孟顺龙, 臧学磊, 瞿建宏, 等. 亚硝态氮胁迫下罗非鱼对海豚链球菌的易感性及血清超氧化物歧化酶的响应[J]. 生态与农村环境学报, 2013 (1): 106−109.

412. 孟顺龙, 胡庚东, 瞿建宏, 等. 单养模式下罗非鱼亲本培育塘的沉积物产污系数初探[J].农业环境科学学报, 2010, 29(9): 1795−1800.

413. 孟顺龙, 瞿建宏, 宋超, 等.农药灭多威和辛硫磷对罗非鱼的联合毒性研究[J].农业环境科学学报, 2014, 33(2): 257−263.

414. 孟顺龙, 王菁, 裘丽萍, 等.氮磷质量浓度对普通小球藻和鱼腥藻生长竞争的影响[J].生态环境学报, 2015, 24(4): 658−664.

415. 孟顺龙, 裘丽萍, 胡庚东, 等.氮磷比对两种蓝藻生长及竞争的影响[J].农业环境科学学报, 2012, 31(7): 1438−1444.

416. 孟顺龙, 吴伟, 胡庚东, 等.底栖动物螺蛳对池塘底泥及水质的原位修复效果研究[J].环境污染与防治, 2011, 33(6): 44−47.

417. 孟顺龙, 李丹丹, 裘丽萍, 等.鸡粪和牛粪对罗非鱼养殖水体中浮游植物群落结构的影响[J].大连海洋大学学报, 2017, 32(5): 550−556.

418. 孟顺龙, 李丹丹, 裘丽萍, 等.添加藻类和有机肥对罗非鱼养殖水体浮游植物群落结构的影响[J].农业环境科学学报, 2017, 36(10): 2099−2105.

419. 苗田田, 赵金良, 苌建菊, 等.外源生长激素对尼罗罗非鱼骨骼肌生长的影响.农业生物技术学报, 2012, 20(3): 301−307.

420. 明俊超, 袁新华, 袁永明.广西罗非鱼产业链发展的现状、问题和对策[J].中国水产, 2012, (11): 20−23.

421. 缪祥军, 崔丽莉.云南省罗非鱼苗种生产现状分析[J].中国渔业经济, 2015, 8.

422. 缪祥军, 周睿, 崔丽莉.云南罗非鱼贸易状况及存在的问题[J].云南农业, 2013, 12: 53−55.

423. 缪祥军, 左鹏翔, 崔丽莉, 等.云南罗非鱼网箱健康养殖模式探索[J].云南农业, 2013, 2: 218−220.

424. 莫媛媛, 卢迈新, 杨丽萍, 等.17α−甲基睾酮诱导尼罗罗非鱼雄性化后在鱼肌肉内残留研究[J].广东农业科学, 2010, 37(10): 146−148.

425. 穆迎春, 马兵.水产品药物残留限量的规定及应对措施[J].淡水渔业, 2009.10 王世表.水产养殖企业安全生产行为的实证分析——以广东省为例[J].农业经济问题, 2009.2.

426. 穆迎春, 马兵.一种养殖水产品药物残留概率的评估和抽样方法[J].中国水产, 2009.8.

427. 穆迎春, 宋怿.不同贮藏条件下孔雀石绿加标样品降解研究[J].中国农学通报, 2011.

428. 穆迎春, 宋怿.国内外养殖水产品质量安全管理体系建设现状及比较分析[J].

渔业现代化, 2010.4.

429. 穆迎春, 宋怿. 三种禁用药物标准液稳定性试验[J]. 渔业环境评价与生态修复, 2011.

430. 穆迎春, 宋怿. 提升科技支撑保障能力, 服务水产品质量安全管理[J]. 农产品质量安全论坛论文集, 2011.

431. 穆迎春, 惠芸华, 马兵, 等. 不同贮藏条件下草鱼五氯酚钠加标样品降解研究[J]. 中国渔业质量与标准, 2012, 2(2).

432. 庞纪彩, 高风英, 卢迈新, 等. 广东养殖尼罗罗非鱼3个不同群体MHCIIB基因序列多态性和遗传分化[J]. 基因组学与应用生物学, 2014, 33(2): 299−306.

433. 庞纪彩, 高风英, 卢迈新, 等. 鱼类MHC II类基因及其研究进展[J]. 广东农业科学, 2012, (3): 141−145.

434. 彭城宇, 李来好, 等. 气体比例对气调包装罗非鱼片货架期的影响研究[J]. 南方水产, 2009, 5(6): 1−7.

435. 柴壮林, 祝璟琳, 杨弘, 等. 不同温度下罗非鱼人工感染海豚链球菌后血液生化指标及组织病理[J]. 广东海洋大学学报, 2012(4): 34−41.

436. 钱克林, 凌武海, 段国庆, 等. 鳜鱼池塘循环流水养殖试验. 科学养鱼, 2017, 33(10): 40−41.

437. 强俊, 王辉, 李瑞伟. 不同规格的"吉富"罗非鱼苗种池塘养殖效果比较[J]. 科学养鱼, 2010(3): 18−19.

438. 强俊, 王辉, 李瑞伟. "吉富"罗非鱼的工厂化早繁及苗种培育技术研究[J]. 科学养鱼, 2010(9): 10−11.

439. 强俊, 孙意岚, 黄永, 等. 饲料中添加几丁聚糖对吉富罗非鱼幼鱼生长性能、免疫调控与抗海豚链球菌感染的影响[J]. 动物营养学报, 2015(6): 1769−1778.

440. 强俊, 杨弘, 何杰, 等. 3种品系尼罗罗非鱼生长及高密度胁迫后生理响应变化的比较[J]. 中国水产科学, 2014(1): 142−152.

441. 强俊, 杨弘, 马昕羽, 等. 吉富罗非鱼与奥利亚罗非鱼自繁与杂交F_1遗传特性与抗病力分析[J]. 水产学报, 2015(1): 32−41.

442. 强俊, 杨弘, 王辉, 等. 海豚链球菌感染对不同品系罗非鱼血液生化指标和肝脏HSP70 mRNA表达的影响[J]. 水产学报, 2012(6): 958−968.

443. 强俊, 杨弘, 王辉, 等. 急性温度应激对吉富品系尼罗罗非鱼(Oreochromis niloticus)幼鱼生化指标和肝脏HSP70 mRNA表达的影响[J]. 海洋与湖沼, 2012(5): 943−953.

444. 强俊，杨弘，王辉，等. 水温、饲料蛋白及其互作效应对吉富罗非鱼生长与血清能源物质的影响[J]. 中国水产科学，2013(1): 116−128.

445. 强俊，杨弘，王辉，等. 饲料蛋白水平对低温应激下吉富罗非鱼血清生化指标和HSP70 mRNA 表达的影响[J]. 水生生物学报，2013(3): 434−443.

446. 强俊，杨弘，王辉，等. 温度、盐度及其互作效应对吉富罗非鱼血清IGF-I与生长的影响[J]. 生态学报，2013(11): 3526−3535.

447. 强俊，杨弘，王辉，等. 温度与饲料蛋白质水平对吉富品系尼罗罗非鱼(Oreochromis nilotica)幼鱼生长和血清生长激素水平的影响[J]. 动物营养学报，2012(8): 1589−1601.

448. 秦粉菊，金珄，顾华杰，等. 纳米硒对镉胁迫下吉富罗非鱼非特异性免疫和抗氧化功能的影响[J]. 农业环境科学学报，2011, 30(6): 1044−1050.

449. 秦钦，王明华，陈校辉，等. 不同黄颡鱼家系组注射嗜水气单胞菌后免疫相关指标的比较研究[J]. 淡水渔业，2017, 47(5): 40−46.

450. 秦志清，樊海平，钟全福，等. 不同投喂模式下新吉富罗非鱼的补偿生长. 水产学杂志，2012, 25(2): 19−22.

451. 秦志清，林建斌，樊海平，等. 饥饿和补偿生长对吉富罗非鱼摄食、生长及体成分的影响. 集美大学学报(自然科学版)，2011, 16(4): 252−257.

452. 秦志清，林建斌，朱庆国，等. 脆化专用饲料对罗非鱼生长和肌肉品质的影响. 淡水渔业，2012, 42(2): 84−87.

453. 瞿建宏，陈辉，吴伟. 拮抗罗非鱼养殖水体中海豚链球菌功能性微生物的筛选[J]. 生物灾害科学，2014, 37(1): 26−32.

454. 瞿兰，叶星，田园园，等. 罗非鱼3种C型溶菌酶重组蛋白的制备及与几种鱼虾溶菌酶溶菌谱的比较[J]. 生物技术通报，2012, (11): 161−166.

455. 任春，文华，黄凤，等. 吉富罗非鱼对饲料中维生素B1的需要量[J]. 水产学报，2015, 39(4): 539−546.

456. 尚慧文，朱华平，卢迈新，等. 莫荷罗非鱼"广福1号"与其亲本间DNA甲基化的差异分析[J]. 水产学报，2017, 41(11): 1699−1709.

457. 邵辰，易弋，黎娅，等. 罗非鱼无乳链球菌巢式PCR检测方法的建立[J]. 淡水渔业，2016, (2): 40−44.

458. 邵辉，文华，刘伟，等. 吉富罗非鱼成鱼胆碱的最适需要量[J]. 中国水产科学，2013, 20(5).1007−1014.

459. 沈楠楠，袁永明，马晓飞. 基于水产物联服务平台的智能增氧控制系统的开发

[J]. 农业现代化研究, 2016, 37(5): 981−987.

460. 师红亚, 董浚键, 张德锋, 等. 尼罗罗非鱼无乳链球菌基因缺失株 △cpsE 和 △neuA 的构建及其生物学特性. 中国水产科学, 2017, 24(5): 977−987.

461. 石亚庆, 孙玉轩, 罗莉, 等. 吉富罗非鱼亮氨酸需求量研究 [J]. 水产学报, 2014, 38(10): 1778−1785.

462. 史丽娜, 可小丽, 刘志刚, 等. 罗非鱼−鱼腥草共生养殖池塘沉积物菌群结构与功能特征 [J]. 中国农学通报, 2015, (14): 64−73.

463. 施珮, 袁永明, 张红燕, 等. 罗非鱼池塘养殖溶解氧预测研究 [J]. 中国农学通报, 2016, 32(29): 22−28.

464. 施珮, 袁永明, 张红燕, 等. 基于智能手机的水产物联服务系统的设计与应用 [J]. 湖北农业科学, 2017, 56(13): 2528−2531.

465. 宋超, 胡庚东, 瞿建宏, 等. 微囊藻毒素−LR 对罗非鱼鳃组织活性氧自由基含量及相关抗氧化酶活性的影响 [J]. 生态环境学报, 2010, 19(10): 2430−2434.

466. 宋超, 陈家长, 裘丽萍, 等. Ecological Remediation Technologies of Freshwater Aquaculture Ponds Environment[J]. Agricultural Science & Technology, 2013, 14(1): 94−97, 196.

467. 宋超, 范立民, 孟顺龙, 等. 苯并芘对罗非鱼干细胞 DNA 损伤的影响 [J]. 生态环境学报, 2013, 22(9): 1583−1587.

468. 宋超, 胡庚东, 范立民, 等. 环境中多环芳烃 (PAHs) 的生物标志物的功效分析 [J]. 生态毒理学报, 2011, 6(6): 23−30.

469. 宋超, 裘丽萍, 范立民, 等. 利用固定波长荧光分光光度法研究苯并芘暴露下罗非鱼胆汁代谢物的动态变化 [J]. 农业环境科学学报, 2014, 33(4): 783−787.

470. 宋超, 瞿建宏, 明俊超, 等. 固定波长荧光分光光度法测定鲫鱼和罗非鱼胆汁中的多环芳烃代谢物: 内滤效应、功效分析与源解析 [J]. 生态与农村环境学报, 2014, 30(1): 107−112.

471. 宋超, 陈家长, 裘丽萍, 等. 中国淡水养殖池塘环境生态修复技术研究评述 [J]. 生态学杂志, 2012, 31(9): 2425−2430.

472. 宋超, 贾旭淑, 陈家长. 单细胞凝胶电泳检测镉对中华倒刺鲃肝细胞 DNA 的损伤 [J]. 江苏农业科学, 2018, 12.

473. 宋超, 孟顺龙, 范立民, 等. 中国淡水池塘养殖面临的环境问题及对策 [J]. 中国农学通报, 2012, 28(26): 89−92.

474. 宋怿. 对水产品质量安全学科的初步认知 [J]. 中国渔业质量与标准, 2011, 1(1).

475. 宋怿. 水产养殖标准体系建设与制度创新 [J]. 中国水产, 2009, 11.

476. 宋怿, 黄磊, 程波, 等. 知化养殖－第四次工业革命下水产养殖业发展的必然趋势. 中国渔业质量与标准, 2017, 7 (3)：8－14.

477. 孙博, 郑尧, 陈家长. 二溴海因在水产养殖中的应用及其毒理效应研究进展 [J]. 安徽农业科学, 2015, 43(13): 173－175.

478. 孙立威, 文华, 蒋明, 等. 壳寡糖对吉富罗非鱼幼鱼生长性能、非特异性免疫及血液学指标的影响 [J]. 广东海洋大学学报, 2011, 31(3): 43－49.

479. 谭芸, 朱佳杰, 周宇, 等. 温度诱导及药物处理对吉富罗非鱼雄性率及生长发育的影响 [J]. 大连海洋大学学报, 2015, 30(3): 253－256.

480. 唐梦, 岑剑伟, 李来好, 等. 高压静电场解冻对冻罗非鱼片品质的影响. 食品工业科技. 2017, 38(13): 1－6.

481. 唐首杰, 何安元, 李思发, 等. "新吉富" 罗非鱼选育后期世代 F13－F15 的生长性能比较研究. 上海海洋大学学报, 2013, 2(1): 1－6.

482. 唐首杰, 杨洁, 王成辉, 等. 驯养、选育条件下尼罗罗非鱼群体的选择压力分析 [J]. 中国水产科学, 2016, 23(4): 900－913.

483. 唐首杰, 杨洁, 赵金良, 等. 尼罗罗非鱼人工驯养、选育群体遗传多样性及瓶颈效应 [J]. 水产学报, 2016, 40(12): 1－16.

484. 唐首杰, 刘辛宇, 吴太泽, 等. 氨氮对 "新吉富" 罗非鱼幼鱼的急性毒性研究. 水产科技情报, 2017, 44(6): 325－329.

485. 唐首杰, 杨洁, 王成辉, 等. 中国大陆尼罗罗非鱼引进群体间遗传关系分析. 水生生物学报, 2017, 41(1): 65－78.

486. 唐瞻杨, 甘西, 肖俊, 等. 尼罗罗非鱼不同月龄性状的主成分与判别分析 [J]. 海洋与湖沼, 2012, 43(2): 288－293.

487. 唐瞻杨, 林勇, 陈忠, 等. 尼罗罗非鱼的形态性状对体重影响效果的分析 [J]. 大连海洋大学学报, 2010, 25(5): 428－433.

488. 唐瞻杨, 林勇, 甘西, 等. 四个尼罗罗非鱼引进种群的形态差异分析 [J]. 西南农业学报, 2012, 25(2): 718－722.

489. 田娟, 孙立威, 文华, 等. 壳寡糖对吉富罗非鱼幼鱼生长性能、前肠组织结构及肠道主要菌群的影响 [J]. 中国水产科学, 2013, 20(3): 561－568.

490. 田娟, 涂玮, 曾令兵, 等. 饥饿和再投喂期间尼罗罗非鱼生长、血清生化指标和肝胰脏生长激素、类胰岛素生长因子－I 和胰岛素 mRNA 表达丰度的变化 [J]. 水产学报, 2012, 39(6): 900－907.

491. 田娟, 涂玮, 文华等. 吉富罗非鱼对饲料幼鱼对饲料中胆碱的需要量 [J]. 动物营养学报, 2016, 28(1): 256−264.

492. 佟延南, 王德强, 李芳远. 吉丽罗非鱼和南美白对虾混养技术. 2012 年中国水产学会学术年会, 2012.

493. 涂翰卿, 笈金华, 张艳红, 等. 尼罗罗非鱼盐碱选育三代盐碱耐受及生长性能研究. 广东农业科学, 2017, 44(2): 154−159.

494. 涂玮, 田娟, 文华, 等. 尼罗罗非鱼幼鱼饲料的适宜脂肪需要量 [J]. 中国水产科学, 2012, 19(3): 436−444.

495. 王飞, 庄青青, 梁从飞, 等. 盐度介导 mTOR 信号通路影响尼罗罗非鱼的生长. 上海海洋大学学报, 2014, 23(6): 822−827.

496. 王飞, 笈金华, 张艳红, 等. 三种不同遗传型罗非鱼的耐盐、生长性能比较. 水产科学, 2014, 33(7): 19−23.

497. 王斌, 李晓钟. 罗非鱼出口比较优势与贸易结构耦合性分析 [J]. 世界农业, 2010(2): 34−37.

498. 王兵、范武江、李思发. 不同盐度下"吉丽"罗非鱼(尼罗罗非鱼♀×萨罗罗非鱼♂) NKCC1a mRNA 的组织特异性表达. 中国水产科学, 2011, 18(3), 515−522.

499. 王兵, 李思发, 蔡完其. "新吉富"罗非鱼、"吉丽"罗非鱼及萨罗罗非鱼耐寒力的测定. 上海海洋大学学报, 2011, 20(4): 499−503.

500. 王春晓, 高风英, 卢迈新, 等. 2 个尼罗罗非鱼群体 GHSR 基因 5′ 侧翼序列的多态性及其遗传多样性分析 [J]. 南方水产科学, 2015, 11(1): 18−25.

501. 王春晓, 卢迈新, 高风英, 等. 尼罗罗非鱼生长激素促分泌素受体基因(GHSR)生长相关单核苷酸多态性(SNPs)位点的筛选 [J]. 2015, 农业生物技术学报, 23(6): 1006−1304.

502. 王春晓, 卢迈新, 高风英, 等. 尼罗罗非鱼 ghrelin 基因的多态性及其与生长性状相关 SNP 位点的筛选 [J]. 水生生物学学报, 2016, 40(1): 50−57.

503. 王丹, 解文杰, 朱叶飞, 等. 尼罗罗非鱼干扰素调节因子 1 的表达与细胞定位 [J]. 华北农学报, 2016, 31(4): 31−38.

504. 王德强, 佟延南, 李芳远. 吉富罗非鱼与锯缘青蟹混养经济效益分析 [J]. 中国渔业经济, 2014, 5: 51−54.

505. 王飞, 张艳红, 任炳琛, 等. 尼萨 F2 家系后代与混合后代幼鱼耐盐及生长比较. 华北农学报, 2013, 28(s): 1−8.

506. 王国超, 李来好, 等. 罗非鱼肉中土臭素和 2−甲基异莰醇含量的测定 [J]. 食品科学, 2011, 32(22): 188−191.

507. 王国超, 李来好, 等. 水产品腥味物质形成机理及相关检测分析技术的研究进展[J]. 食品工业科技, 2012, 5(33): 401−404.

508. 王菁, 陈家长, 孟顺龙. 环境因素对藻类生长竞争的影响[J]. 中国农学通报, 2013, 29(17): 52−56.

509. 王淼, 卢迈新, 衣萌萌, 等. 尼罗罗非鱼表皮和鳃黏膜共生菌结构特征及其与鱼体健康状况相关关系初探[J]. 水产学报, 2017, 41(7): 1148−1157.

510. 王茂元, 齐巨龙, 钟全福. 罗非鱼与地图鱼高效混养试验. 科学养鱼, 2012. (7)25−25.

511. 王茂元, 张平, 邹芝英, 等. 尼罗罗非鱼绿色荧光蛋白/GH融合表达载体的构建及其在NIH293T细胞中的表达[J]. 中国农学通报, 2011(7): 385−389.

512. 王茂元, 钟全福, 黄洪贵, 等. 盐度对新吉富罗非鱼受精卵孵化和仔稚鱼活力的影响. 动物学杂志, 2012, 47 (5): 88−92.

513. 王茂元, 钟全福, 胡振禧, 等. 不同体质量新吉富罗非鱼耐寒性的研究. 中国农学通报, 2014, 30(32): 21−25.

514. 王茂元. 罗非鱼自然越冬抗寒筛选试验. 科学养鱼, 2013, (11): 21−21.

515. 王茂元, 钟全福, 田田, 等. 不同杂交罗非鱼F1代耐寒性能的研究[J]. 福建农业学报, 2016, 31(8): 849−852.

516. 王茂元, 黄洪贵, 胡振禧. 不同消毒剂对斑鳢受精卵孵化的影响[J]. 福建农业学报, 2018, 33(4): 346−350.

517. 王倩, 邹芝英, 李大宇, 等. 尼罗罗非鱼MyD88基因荧光定量PCR检测方法的建立[J]. 中国农学通报, 2012(05): 92−97.

518. 王琼, 瞿建宏, 张骞月, 等. 侧孢芽孢杆菌的抑藻效应及对养殖水体中蓝藻水华的生态防控[J]. 生物灾害科学, 2013, 36(1): 61−65.

519. 王琼, 吴伟, 季丽. 侧孢芽孢杆菌对铜绿微囊藻生长胁迫的研究[J]. 农业环境科学学报, 2014, 33(2): 383−391.

520. 王瑞, 李莉萍, 黄婷, 等. 重组罗非鱼Hsp70蛋白ATPase和抗原多肽结合活性研究[J]. 水生生物学报, 2013, 37(4): 792−795.

521. 王世表, 宋怿. 我国渔业产品质量安全管理机制的构建与完善[J]. 渔业经济研究, 2010, 1.

522. 王世表, 宋怿, 黄磊, 等. 海产品质量安全问题的经济理论分析[J]. 宁波市经济学会文集, 2012.

523. 王世表, 宋怿, 黄磊. 罗非鱼产业现状、存在问题和发展对策[J]. 世界农业, 2012.

524. 王腾,肖炜,李大宇,等.埃及品系尼罗罗非鱼不同选育世代间遗传潜力分析[J].江苏农业科学,2014(2):184-188.

525. 王玮.水产标准审查的要点和方法[J].中国水产,2009增刊.

526. 王伟伟,赵金良.miR-143在尼罗罗非鱼性腺组织中的表达和功能预测[J].中国畜牧杂志,2016,52(15):1-5.

527. 王兴,李文笙,孙彩云.鱼菜共生养殖模式对吉富罗非鱼生长和消化酶活性的影响。广东农业科学,2017,44(1)135-142.

528. 王燕,赵金良,吴俊伟,等.碱度胁迫对尼罗罗非鱼鳃离子细胞形态以及鳃、肾和肠中HCO3-转运因子的影响[J].动物学杂志,2016,51(6):1027-1037.

529. 王燕,赵金良,赵岩,等.碱度对尼罗罗非鱼血清渗透压、离子浓度及离子转运酶活力的影响.生态科学,2017,36(4):12-20.

530. 王泽镕,宋超,陈家长.氨基甲酸酯类农药的环境激素效应研究进展[J].安徽农业科学,2011,39(18):10942-10943,10946.

531. 王子怀,李来好,等.罗非鱼水解蛋白金属离子螯合物的抑菌活性研究[J].食品工业科技,2014,35(8):79-82.

532. 王子怀,李来好,等.肽-金属离子螯合物的研究进展[J].食品工业科技,2014,35(8):359-363.

533. 韦阳道,杨军,文衍红,等.罗非鱼竖鳞病病原维氏气单胞菌的分离鉴定与致病性研究[J].中国畜牧兽医,2016,43(11):3047-3052.

534. 魏继海,赵金良,T Jeerawat,等.催产激素对雌性尼罗罗非鱼血清类固醇激素含量变化的影响.[J].南方农业学报,2016,47(1):128-133.

535. 魏继海,赵金良,吴俊伟,等.尼罗罗非鱼(♀)×萨罗罗非鱼(♂)杂交F2、F3群体的微卫星分析.南方水产科学[J].2016,12(1):30-35.

536. 魏继海,赵永华,王燕,等.催产激素对尼罗罗非鱼人工繁殖效果的研究[J].渔业研究,2016,38(1):36-40.

537. 魏远征,董浚键,卢迈新,等.尼罗罗非鱼3种Siglecs like融合蛋白在COS-7细胞中的表达及其结合活性的初步研究[J].水产学报,2015,(3):327-335.

538. 吴凡,文华,蒋明,等.饲料碳水化合物水平对奥尼罗非鱼幼鱼生长、体成分和血清生化指标的影响[J].华南农业大学学报(自然科学版),2011,32(4):91-95.

539. 吴斌,樊海平,钟全福,等."新吉富"罗非鱼消化道指数和2种蛋白酶活性研究.福建农业学报,2013,28(8):727-730.

540. 吴斌,樊海平,张新艳,等.罗非鱼无乳链球菌微胶囊口服疫苗的研制及其免疫效果

[J]. 水产学报, 2016, 40(8): 1258−1264.

541. 吴凡, 文华, 蒋明, 等. 饲料碳水化合物水平对吉富罗非鱼幼鱼生长性能、体成分和血液主要生化指标的影响[J]. 西北农林科技大学学报(自然科学版), 2012, 40(12): 8−14.

542. 吴凡, 文华, 蒋明, 等. 饲料维生素C水平对吉富罗非鱼生长性能、肌肉品质和抗氧化功能的影响[j]. 中国水产科学, 2015, 22(1): 79−87.

543. 吴金平, 刘伟, 蒋明, 等. 大规格吉富罗非鱼幼鱼生长、体成分及血清生化指标的影响[J]. 西北农林科技大学学报(自然科学版), 2016, 44(2): 15−22.

544. 吴金平, 文华, 蒋明, 等. 生物素对吉富亚油酸的需要量[J]. 中国水产科学, 2016, 23(1): 104−116.

545. 吴俊伟, 涂翰卿, 筴金华, 等. 尼罗罗非鱼选育二代盐碱耐受性和生长研究[J]. 水产学杂志, 2016, 29(3): 30−34.

546. 吴俊伟, 赵金良, 赵岩, 等. 高碳酸盐碱胁迫对尼罗罗非鱼氨代谢基因表达变化的影响. 中国水产科学, 2016, 23(6): 1290−1299.

547. 吴伟, 范立民. 水产养殖环境的污染及其控制对策[J]. 中国农业科技导报, 2014, 16(2): 26−34.

548. 吴伟, 刘道玉, 瞿建宏, 等. 脱氮副球菌硝酸盐/亚硝酸盐还原酶的活性变化及对养殖水体中无机氮素的转化[J]. 农业环境科学学报, 2013, 32(6): 1244−1252.

549. 武文一, 蒋明, 刘伟, 等. 吉富罗非鱼对饲料精氨酸的需要量[J]. 动物营养学报, 2016, 28(5): 1412−1424.

550. 吴燕燕, 李来好, 等. 夏季养殖罗非鱼体内食源性致病菌分析[J]. 安徽农业科学, 2010, 38(4): 1876−1880.

551. 吴燕燕. GC-MS检测咸鱼中N−亚硝胺的条件优化[J]. 南方水产科学, 2012, 8(4): 16−22.

552. 吴燕燕. 甲基营养型芽孢杆菌抗菌肽对罗非鱼片保鲜效果的研究[J]. 食品工业科技, 2013, 34(2): 315−318.

553. 吴燕燕. 罗非鱼肠蛋白酶的分离纯化及其性质[J]. 水产学报, 2010, 34(3): 357−366.

554. 吴长敬, 邹芝英, 杨弘, 等. 罗非鱼mtDNA D-loop区部分序列结构和种群遗传多样性分析[J]. 动物学杂志, 2010(5): 121−128.

555. 伍勇, 简伟业, 秦谷雨, 等. 不同群体尼奥组合的杂交效果比较. 淡水渔业, 2014, 44(2): 67−70.

556. 伍勇, 赵金良, 简伟业, 等. 不同尼罗罗非鱼、奥利亚罗非鱼亲本群体的遗传特征分析. 广东农业科学, 2013, 15: 158−161.

557. 向枭, 周兴华, 罗莉, 等. 饲料蛋氨酸水平对吉富罗非鱼生长、饲料利用率和体成分的影响[J]. 水产学报, 2014, 38(4): 537−548.

558. 向枭, 周兴华, 曾本和, 等. 蛋氨酸水平对吉富罗非鱼肌肉氨基酸组成及血清抗氧化能力的影响[J]. 水产学报, 2016, 40(9): 1359−1367.

559. 肖俊, 凌正宝, 罗永巨, 等. 尼罗罗非鱼 (Oreochromis niloticus)生长相关分析及生长模型构建[J]. 海洋与湖沼

560. 肖俊, 罗永巨, 等. 罗非鱼育种研究进展[J]. 湖南科技大学学报(自然科学版), 2014, 1: 106−112.

561. 肖俊, 罗永巨, 等. 奥利亚罗非鱼 Piwi 基因的克隆与生物信息学分析[J]. 激光生物学报, 2014, 4: 362−368.

562. 肖俊, 凌正宝, 甘西, 等, 尼罗罗非鱼 (Oreochromis niloticus)生长相关分析及生长模型构建[J].. 海洋与湖沼, 2013, 11(6): 1272−1278.

563. 肖俊, 罗永巨, 甘西, 等. 罗非鱼育种研究进展[J]. 湖南科技大学学报(自然科学版), 2013, 29(1): 106−112.

564. 肖俊, 何福玲, 郭忠宝, 等. 广西罗非鱼亲鱼越冬培育试验[J]. 水产科技情报, 2016, (5): 231−235.

565. 肖炜, 李大宇, 杨弘, 等. 奥利亚罗非鱼在光场中的行为反应研究[J]. 中国农学通报, 2012(26): 105−109.

566. 肖炜, 李大宇, 杨弘, 等. 吉富罗非鱼在光场中的趋避行为[J]. 江苏农业科学, 2013(3): 195−197.

567. 肖炜, 李大宇, 邹芝英, 等. 埃及品系尼罗罗非鱼不同生长阶段形态性状与体重的相关性[J]. 淡水渔业, 2014(2): 14−19.

568. 肖炜, 李大宇, 邹芝英, 等. 四种杂交组合奥尼罗非鱼及其亲本的生长对比研究[J]. 水生生物学报, 2012(5): 905−912.

569. 肖炜, 李大宇, 邹芝英, 等. 湘湖品系尼罗罗非鱼形态性状对体重的影响[J]. 西南农业学报, 2015(1): 433−438.

570. 肖炜, 王腾, 李大宇, 等. 埃及品系尼罗罗非鱼不同选育世代 mtDNA D-loop 区遗传多样性分析[J]. 南方水产科学, 2015(3): 29−34.

571. 肖炜, 杨弘, 李大宇, 等. 同种罗非鱼 (Tilapia)不同地区选育群体的遗传多样性分析[J]. 海洋与湖沼, 2010(4): 530−537.

572. 肖炜, 李大宇, 邹芝英, 等. 尼罗罗非鱼不同品系间 mtDNA D-loop 差异分析[J]. 西南农业学报, 2016, 29(11): 2752−2757.

573. 谢文平, 朱新平, 陈昆慈, 等. 四种罗非鱼营养成分的比较[J]. 营养学报, 2014, 36(4): 409−411.

574. 徐杨, 肖炜, 李大宇, 等. 慢性氨氮胁迫对尼罗罗非鱼幼鱼生长及生理功能的影响[J]. 南方农业学报, 2015(2): 327−331.

575. 许霄霄, 刘伟, 文华, 等. 高糖饲料对吉富罗非鱼生长性能、饲料利用和糖脂代谢的影响[J]. 南方水产科学, 2017, 13(5): 94−102.

576. 许玉艳, 宋怿. 青岛市鲜活水产品流通领域的质量安全问题及建议[J]. 中国渔业质量与标准, 2011, 1(3).

577. 闫培培, 李文笙. 神经肽 Y 系统在硬骨鱼类摄食调控中的作用的研究进展[J]. 中国水产科学, 2017, 24(1): 199−207.

578. 杨弘, 单航宇, 李大宇, 等. 罗非鱼产业发展中的热点问题探讨[J]. 中国水产, 2011(2): 16−18.

579. 杨弘, 江苑, 肖炜, 等. 尼罗罗非鱼不同生长阶段的趋光性研究[J]. 中国农学通报, 2011(32): 61−65.

580. 杨弘, 李大宇, 曹祥, 等. 微卫星标记分析罗非鱼群体的遗传潜力[J]. 遗传, 2011(7): 108−115.

581. 杨弘, 徐起群, 乐贻荣, 等. 饲料蛋白质水平对尼罗罗非鱼幼鱼生长性能、体组成、血液学指标和肝脏非特异性免疫指标的影响[J]. 动物营养学报, 2012(12): 2384−2392.

582. 杨弘. 我国罗非鱼产业现状及产业技术体系建设[J]. 中国水产, 2010(9): 6−10.

583. 杨洪帅, 王辉, 刘加慧, 等. 高温对吉富罗非鱼幼鱼生长及超氧化物歧化酶、乳酸脱氧酶活力的影响[J]. 广东海洋大学学报, 2014, 34(1): 15−19.

584. 杨慧赞, 林勇, 唐章生, 等. 吉富罗非鱼生长性状的相关与通径分析[J]. 华北农学报, 2011, 26(z): 264−268.

585. 杨洁, 何安元, 何学军, 等. 尼罗罗非鱼 8 个养殖群体线粒体控制区遗传多样性和遗传关系分析. 中国水产科学, 2014, 21(4): 693−699.

586. 杨军, 郭忠宝, 郭恩彦, 等. 大规格罗非鱼鱼种塑料大棚越冬技术[J]. 南方农业学报, 2011, 42(8): 999−1002.

587. 杨军, 阎柳娟, 黄国霞, 等. 对罗非鱼小鱼制备鱼粉的探讨[J]. 畜牧与饲料科学, 2010, 31(10): 79−80.

588. 杨军, 李军生, 程海涛. 撬动罗非鱼国内销售市场的几点思考[J]. 中国渔业经济, 2010, 28(5): 79−84.

589. 杨丽萍、卢迈新、叶星, 等. 尼罗罗非鱼线粒体基因组全序列测定与系统进化分析

[J]. 中国生物化学与分子生物学报, 2010, 26(5): 484−490. 杨丽萍, 郑文佳, 秦超彬等. 饲料糖脂比对吉富罗非鱼生长、血液指标和肝脏糖代谢关键酶活性及基因表达的影响[J]. 水产学报, 2016, 40(9): 618−628.

590. 杨丽专, 叶卫, 刘晋松. 广特超罗非鱼大规格网箱养殖技术[J]. 海洋与渔业, 2016, (4): 60−61.

591. 杨丽专, 刘付永忠, 李勇, 等. 罗非鱼受控式高效循环水集装箱养殖技术[J]. 海洋与渔业, 2017(6): 60.

592. 杨贤庆. 淡水鱼蛋白质冷冻变性的研究现状及前景[J]. 食品工业科技, 2013, 34(16): 359−362.

593. 杨贤庆. 浸渍式快速冻结技术的研究现状与发展前景[J]. 食品工业科技, 2012, 33(12): 434−437.

594. 杨贤庆. 孔雀石绿及其代谢产物在罗非鱼肌肉中残留规律的研究[J]. 热带海洋学报, 2010, 29(4): 107−111.

595. 杨贤庆. 罗非鱼皮胶原蛋白的提取条件优化及性质[J]. 食品科学, 2009, 30(16): 106−110.

596. 杨贤庆, 张晓丽, 马海霞, 等. 稳定态二氧化氯对罗非鱼鱼丸品质变化的影响. 食品工业科技. 2017, 38(10): 337−340.

597. 杨移斌, 余琳雪, 刘永涛, 等. 罗非鱼源蜡样芽孢杆菌分离、鉴定及药敏特性研究[J]. 淡水渔业, 2017, 47(04): 51−56.

598. 杨移斌, 艾晓辉, 宋怿. 黄颡鱼小瓜虫病的诊断与防治[J]. 科学养鱼, 2017, (7): 71.

599. 杨移斌, 艾晓辉, 宋怿. 水产动物病原药物敏感性实验技术[J]. 渔业致富指南, 2017, (21): 57−58.

600. 杨移斌, 宋怿, 艾晓辉. 斑点叉尾鮰暴发性出血病防控[J]. 渔业致富指南, 2017, (18): 58−59.

601. 杨子江, 曾省存, 宋怿, 等. 水产品质量安全可追溯信息的综合利用研究[J]. 中国渔业质量与标准, 2012, 2(1).

602. 姚鹰飞, 文华, 蒋明, 等. 吉富罗非鱼饲料钙磷比研究[J]. 西北农林科技大学学报(自然科学版), 2012, 40(4): 38−46.

603. 叶鸽, 李来好, 等. 不同养殖模式罗非鱼品质的比较[J]. 食品科学, 2014, 35(2): 196−200.

604. 于爱清, 李思发, 蔡完其. "新吉富"罗非鱼选育F10−F13代遗传变异微卫星分析[J]. 上海海洋大学学报, 2011, 20(1): 1−7.

605. 于爱清, 王兵, 张志允, 等.筛选法提高罗非鱼苗种雄性率效果的初步研究.当代水产, 2011, 2: 69–71.

606. 于慧娟, 马兵. 高效液相色谱–串联质谱法测定水产品中红霉素的残留[J]. 分析实验室, 2009, 3.

607. 余嘉欣, 吴芳, 孙成飞, 等.尼罗罗非鱼γ–干扰素基因的克隆、结构分析及组织表达[J].南方水产科学, 2017, 13(01): 85–93.

608. 袁小敏, 郝淑贤, 李来好, 等. 响应面法优化水产品低温保鲜冰配方的研究. 食品工业科技. 2017, 38(12): 292—296, 301.

609. 袁永明, 袁媛, 代云云, 等.2013年罗非鱼产业生产现状及发展趋势分析[J].中国渔业经济, 2014, 32(1): 149–156.

610. 袁永明, 袁媛, 代云云, 等.2015年罗非鱼产业发展趋势分析[J].中国渔业经济, 2015, 33(2): 81–86.

611. 袁永明, 袁媛, 贺艳辉, 等.我国罗非鱼产业发展趋势分析[J].中国渔业经济, 2013, 31(3): 127–137.

612. 袁永明, 袁媛, 张红燕, 等.水产物联服务系统设计与开发[J].渔业现代化, 2013, 40(4): 8–12.

613. 袁媛, 袁永明, 代云云, 等.基于政策工具的罗非鱼主产区产业政策分析与评价[J].中国农学通报, 2015, 31(5): 81–86.

614. 袁媛, 袁永明, 代云云, 等.罗非鱼产业化经营组织典型模式研究[J].中国渔业经济, 2013, 31(6): 108–112.

615. 袁媛, 袁永明, 代云云, 等.我国罗非鱼产业布局、产业结构政策研究[J].中国渔业经济, 2014, 32(5): 62–68, 刘彦娜, 袁永明, 代云云, 等.罗非鱼消费意愿及其影响因素研究——基于辽宁省消费者的实证分析[J].中国渔业经济, 2014, 32(1): 163–169.

616. 袁媛, 袁永明, 代云云, 等.我国罗非鱼池塘养殖模式的经济效益分析[J].中国渔业经济, 2014, 32(1): 157–162.

617. 袁媛, 袁永明, 代云云, 等.渔业产业化经营组织模式研究[C].2014中国渔业经济专家研讨会, 37–41.

618. 袁媛, 袁永明, 贺艳辉, 等.罗非鱼不同池塘养殖模式生产成本及经济效益分析[J].江苏农业科学, 2013, 41(8): 217–219.

619. 袁媛, 袁永明, 代云云, 等.基于柯布–道格拉斯生产函数的中国罗非鱼池塘养殖经济效益及影响因素分析[J].中国农学通报, 2016, 32(26): 33–36.

620. 袁媛, 袁永明, 代云云, 等.我国罗非鱼主产区池塘养殖模式生产成本及经济效益分析[J].江苏农业科学, 2016, 44(2): 470−474.

621. 袁媛, 袁永明, 代云云, 等.基于层次分析法的我国罗非鱼养殖风险研究[J].淡水渔业, 2016, 46(4): 107−112.

622. 袁媛, 袁永明, 代云云, 等.罗非鱼养殖意愿及影响因素实证研究——罗非鱼主产区263个农户的调查[J].中国农学通报, 2016, 32(15): 199−204.

623. 袁媛, 袁永明, 代云云, 等.2011—2015年我国罗非鱼池塘养殖模式生产成本变动分析[J].广东农业科学, 2016, 43(11): 184−192.

624. 岳蒙蒙, 赵金良, 唐首杰, 等.性成熟前期尼罗罗非鱼性别生长差异与性类固醇激素水平比较[J].浙江农业学报, 2016, 28(10): 1678−1686.

625. 曾祖聪, 曹建萌, 卢迈新, 等.罗非鱼无乳链球菌LrrG-Sip融合基因原核表达载体的构建及表达[J].南方水产科学, 2014, 10(5): 17−23.

626. 曾祖聪, 可小丽, 卢迈新, 等.罗非鱼无乳链球菌 LrrG-Sip 融合蛋白免疫原性研究[J].南方水产科学, 2017, 13(3): 51−57.

627. 曾庆凯, 孙成飞, 董浚键, 等.翘嘴鳜3个不同群体的遗传多样性分析.基因组学与应用生物学, 2017, 36(8): 3241−3250.

628. 曾庆凯, 孙成飞, 董浚键, 等.翘嘴鳜微卫星标记亲权鉴定技术的建立与应用.农业生物技术学报, 2017, 25(6): 976−984.

629. 翟红蕾, 李来好, 等.生物胺高效液相色谱法测定条件的选择与优化[J].食品科学, 2011, 32(18): 180−184.

630. 詹绪良, 吴金英, 李文笙.2013 TGF-β系统及其在鱼类中的研究进展.南方水产科学 9(3): 89−95 4).

631. 张琛, 杨长庚, 文华, 等.饲料中添加红景天对吉富罗非鱼耐低温特性的影响[J].淡水渔业, 2016, 46(5): 75−80.

632. 张德锋, 袁伟, 可小丽, 等.中国罗非鱼主养区无乳链球菌的分子流行特征及其传播方式[J].中国水产科学, 2017, 24(3): 606−614.

633. 张德锋, 可小丽, 刘志刚, 等.我国七种水生动物源无乳链球菌的分子特征及其对斑马鱼致病性[J].水产学报, 2017, 41(11): 1788−1797.

634. 张红燕, 袁永明, 贺艳辉.中国罗非鱼出口市场结构的实证分析[J].农业展望, 2013, 9(6): 65−68.

635. 张红燕, 袁永明, 贺艳辉, 等.中国罗非鱼产品出口贸易结构分析[J].中国渔业经济, 2014, 32(2): 148−152.

636. 张红燕, 袁永明, 贺艳辉, 等.中国罗非鱼出口贸易结构与国际竞争力分析[J]. 湖南农业科学, 2012, (15): 109−112.

637. 张红燕, 袁永明, 贺艳辉, 等. 世界罗非鱼生产和贸易现状分析[J].农业展望, 2016, 12(128): 77−85.

638. 张红燕, 袁永明, 贺艳辉, 等.中国罗非鱼产品在美国市场竞争力分析[J].世界农业, 2016, (442): 117−121.

639. 张红燕, 袁永明, 贺艳辉, 等.美国罗非鱼产品进口市场集中度分析[J].湖南农业科学, 2016, (11): 106−108.

640. 张骞月, 吴伟. 扑草净在养殖水体中的生态毒理效应及其微生物讲解的研究进展[J]. 生物灾害科学, 2014, 37(1): 64−69.

641. 张明明, 文华, 蒋明, 等. 饲料菜粕水平对吉富罗非鱼幼鱼生长、肝脏组织结构和部分非特异性免疫指标的影响[J]. 水产学报, 2011, 35(4): 748−755.

642. 张鹏, 袁永明, 张红燕, 等.罗非鱼成鱼养殖生产预警指标体系的构建[J].安徽农业科学, 2012, 40(26): 12934−12936.

643. 张庭, 卢迈新, 叶星, 等.四个奥利亚罗非鱼群体的微卫星分析[J].水生生物学报, 2009, 33(3): 498−508.

644. 张晓丽, 马海霞, 杨贤庆. 竹叶抗氧化物结合不同包装方式对鲜罗非鱼片保鲜效果的影响. 食品科学. 2017, 38(11): 256−261.

645. 张欣, 苏建通, 梁拥军, 等.北方地区罗非鱼种高产养殖技术[J].科学养鱼, 2010(11): 5.

646. 张欣, 徐彩利, 张占欣.如何提高京津冀罗非鱼养殖的利润空间[J].科学养鱼, 2017(4): 20−22.

647. 张新艳. 罗非鱼无乳链球菌双抗体夹心 ELISA 检测方法的建立. 福建农业学报, 2014, 29(6): 570−574.

648. 张意敏, 刘志刚, 卢迈新, 等. 复方中草药对尼罗罗非鱼非特异性免疫功能的影响[J]. 淡水渔业, 2015, 45(1): 67−72.

649. 张意敏, 朱华平, 卢迈新, 等. 果寡糖对尼罗罗非鱼非特异性免疫及抗病力的影响[J]. 淡水渔业, 2014, 44(2): 62−66.

650. 张意敏, 朱华平, 卢迈新, 等. 两种环境胁迫下果寡糖对罗非鱼血液中皮质醇及血糖的影响[J]. 广东农业科学, 2013, (10): 121−124.

651. 张颖, 章琼, 蒋高中.广西罗非鱼加工出口发展现状、问题与对策[J].农学学报, 2013, 3(9): 44−49.

652. 张桢, 李来好, 等. Plackett-Burman 法和中心组合法优化罗非鱼下脚料酶解工艺[J].

食品科学, 2011, 32(18): 1−5.

653. 张桢, 吴燕燕, 等. 罗非鱼下脚料酶解液脱腥去苦的研究[J]. 食品与机械, 2012, 8(2): 27−30.

654. 赵丽, 刘学馨, 吉增涛, 等. 水产物联网标识管理公共服务平台设计[J]. 农业网络信息, 2012.

655. 赵蕾. 水产品质量安全可追溯体系构建中的政府职能定位[J]. 中国水产, 2010, 8.

656. 赵丽, 孙传恒, 刘学馨. 基于本体的水产养殖领域知识表示研究[J]. 中国农学通报, 2012, 28(5).

657. 赵丽慧, 笪金华, 张艳红, 等. 3 品系尼罗罗非鱼盐碱耐受性和生长的比较研究. 渔业科学进展, 2014, 35(5): 26−32.

658. 赵丽慧, 赵金良, Thammaratsuntorn Jeerawat, 等. 盐碱胁迫对尼罗罗非鱼血清渗透压、离子浓度及离子转运酶基因表达的影响. 水产学报, 2014, 38(10): 1696−1074.

659. 赵丽慧, 笪金华, 张艳红, 等. 不同盐、碱度下 3 品系尼罗罗非鱼幼鱼网箱养殖的生长比较. 南方水产科学, 2013, 9(4): 1−7.

660. 赵良, 岑剑伟, 李来好, 等. 高压静电场结合冰温气调保鲜技术对罗非鱼鱼片品质的影响[J]. 南方水产科学. 2016, 12(3): 91−97.

661. 赵美娜, 赵早亚, 孙彩云, 等. 投喂模式对吉富罗非鱼生长和摄食的影响。广东农业科学, 2017, 44(3): 120−127.

662. 赵盼月, 王明浩, 陈学豪, 等. 饲料中添加表面活性素对花鳗鲡(Anguilla marmaorata)僵苗的脱僵效果研究[J] 饲料工业, 2017, (22): 14−16.

663. 赵品, 林婉玲, 郝淑贤 等. 酒糟罗非鱼间歇真空糟制工艺研究[J]. 南方水产科学. 2016, 12(3): 84−90.

664. 赵岩, 赵金良, 罗明坤, 等. 冷休克诱导尼罗罗非鱼♀×萨罗罗非鱼♂三倍体研究. 上海海洋大学学报, 2015, 24(2): 161−166.

665. 赵岩, 吴俊伟, 孟森, 等. 碳酸盐碱度胁迫对尼罗罗非鱼血清pH、游离氨浓度及相关基因表达的影响[J]. 南方农业学报, 2016, 47(6): 1032−1038.

666. 赵永华, 赵金良, 陈晓武, 等. 尼奥罗非鱼杂种性别类型与性腺发育初步研究. 水产科学, 2017, 36(4): 467−471.

667. 赵永强, 李来好, 等. O_2^- · 荧光探针法检测及其应用[J]. 食品科学, 2013, 34(12): 194−198.

668. 赵永强, 李来好, 等. 臭氧减菌化处理罗非鱼片的急性毒性与遗传毒性[J]. 水产学报, 2014, 38(8): 1182−1189.

669. 赵永强, 李来好, 等. 臭氧在水产品加工中应用综述[J]. 南方水产科学, 2013, 9(5): 149−154.

670. 赵永强, 李娜, 李来好, 等. 尼罗罗非鱼肌肉蛋白质双向电泳体系的建立[J]. 水产学报. 2016, 40(10): 1648−1656.

671. 赵志霞, 吴燕燕, 李来好, 等. 我国罗非鱼加工研究现状. 食品工业科技. 2017, 38(9): 363−367, 373.

672. 赵志霞, 吴燕燕, 李来好, 等. 低盐罗非鱼片快速腌制的工艺研究. 南方水产科学. 2017, 13(6): 105−114.

673. 郑建美, 高风英, 卢迈新, 等. 尼罗罗非鱼 TRIM16 和 TRIM25 基因的克隆及表达分析[J]. 农业生物技术学报, 2017, 25(6): 861−873.

674. 郑尧, 邴旭文, 范立民, 等. 浮床栽培鱼腥草对吉富罗非鱼养殖池塘水质的影响[J]. 中国农学通报, 2016, 32(14): 26−31.

675. 郑尧, 邴旭文, 裘丽萍, 等. 浮床栽培鱼腥草对吉富罗非鱼胆汁液中八种免疫因子的影响[J]. 农业环境科学学报, 2016, 35(9): 1680−1685.

676. 郑尧, 邴旭文, 裘丽萍, 等. 二溴海因对吉富罗非鱼血浆抗氧化酶基因表达的影响[J]. 环境科学与技术, 2017, 40(2): 39−43.

677. 郑尧, 赵志祥, 范立民, 等. 饲料添加芦丁对吉富罗非鱼血清炎症因子的影响[J]. 中国农学通报, 2017, 33(26): 141−145.

678. 郑尧, 赵志祥, 史磊磊, 等. 芦丁对吉富罗非鱼幼鱼组织切片及细胞凋亡的影响[J]. 淡水渔业, 2017, 47(3): 73−78.

679. 郑尧, 胡庚东, 裘丽萍, 等. 浮床栽培鱼腥草对吉富罗非鱼血清免疫因子的影响[J]. 生态与农村环境学报, 2017, 33(10): 950−954.

680. 郑尧, 赵志祥, 邴旭文, 等. 种植虎杖对吉富罗非鱼养殖水质和底质的影响[J]. 安徽农业科学, 2017, 45(15), 116−119.

681. 郑尧, 赵志祥, 陈家长, 等. "鱼腥草－空心菜－鱼腥草" 三明治模型对吉富罗非鱼养殖池塘水质和底质的影响[J]. 南方农业学报, 2017, 48(s): 155−158.

682. 郑尧, 赵志祥, 邴旭文, 等. 鱼腥草种植对吉富罗非鱼养殖池塘污染物的影响[J]. 中国农学通报, 2017.

683. 钟全福. 浮床植物对养殖池塘水质的影响. 中国农学通报, 2015, 31(5): 74−75.

684. 仲维玮, 文华, 蒋明, 等. 混合植物蛋白源替代鱼粉对尼罗罗非鱼幼鱼生长、体组成及表观消化率的影响[J]. 华中农业大学学报, 2010, 29(3): 356−362.

685. 周爱梅, 李来好, 等. 罗非鱼硬罐头加工技术研究[J]. 食品科学, 2008, 29(9): 703−

707.

686. 周瑞琼.水产养殖标准、标准化与水产品质量安全[J].中国水产,2009增刊.

687. 周婉君,吴燕燕,等.罗非鱼休闲食品的工艺技术研究[J].食品工业科技,2014,35(18):256−259.

688. 周婉君,吴燕燕,等.特色罗非鱼罐头加工技术研究[J].食品工业科技,2012,33(23):211−214.

689. 周兴华,向枭,罗莉,等.吉富罗非鱼对饲料中苏氨酸的需要量[J].淡水渔业,2014,44(4):83−89.

690. 朱华平,黄樟翰,卢迈新,等.大规格罗非鱼养殖技术[J].现代农业科学,2009,16(2):107−109,119.

691. 朱华平,卢迈新,黄樟翰,等.橙色莫桑比克罗非鱼和荷那龙罗非鱼的染色体核型分析[J].淡水渔业,2009,39(5):18−22.

692. 朱华平,刘玉姣,刘志刚,等.低温胁迫对罗非鱼水通道蛋白基因(AQP1)表达的影响[J].中国水产科学,2014,21(6):1181−1189.

693. 朱华平,卢迈新,黄樟翰,等.低温对罗非鱼基因组DNA甲基化的影响[J].2013,水产学报,37(10):1460−1467.

694. 朱华平,莫媛媛,卢迈新,等.17−α甲基睾丸酮和来曲唑对罗非鱼类固醇激素合成酶基因表达的影响[J].水产学报,2011,35(9):1302−1309.

695. 朱华平,卢迈新,黄樟翰,等.鱼类遗传改良研究综述[J].中国水产科学,2010,17(1):168−181.

696. 朱佳杰,林勇,李丽萍,等.吉富罗非鱼AFLP反应体系的建立与优化[J].基因组学与应用生物学,2010,29(5):994−998.

697. 朱佳杰,林勇,李丽萍,等.吉富罗非鱼雌雄群体遗传差异的SSR分析[J].基因组学与应用生物学,2010,29(1):57−62.

698. 朱佳杰,甘西,谢尔登,等.放养规格、养殖密度和水深对吉富罗非鱼养殖效果的影响[J].水产科技情报2012,39(2):99−101.

699. 朱佳杰,李莉萍,甘西,等.不同温度诱导对吉富罗非鱼仔鱼生长与发育的影响,华北农学报,2010,25(12):170−173.

700. 朱佳杰,李莉萍,甘西,等.放养规格、养殖密度和水深对吉富罗非鱼养殖效果的影响,水产科技情报,2012,39(2):99−101.

701. 朱佳杰,李莉萍,甘西,等.温度诱导对吉富罗非鱼雄性率的影响,安徽农业科学,2012,40(2):830−831.

702. 朱佳杰，李莉萍，甘西，等.温度诱导对吉富罗非鱼雄性率的影响[J].安徽农业科学，2012, 40(2): 830−831, 862.

703. 朱佳杰，沈夏霜，付强，等.吉富罗非鱼感染无乳链球菌后肝脏组织不同时期蛋白质组表达差异研究[J].水产学报，2013, 37(12): 100−108.

704. 朱佳杰，沈夏霜，付强，周宇，谭芸，甘西.吉富罗非鱼肝脏蛋白质组双向电泳技术的建立与优化[J].西南农业学报，2013, 26(5): 2122−2126.

705. 朱佳杰，沈夏霜，周宇，等.吉富罗非鱼生长性能评估及其表型性状相关系数研究[J].西北农林科技大学学报(自然科学版)，2014, 42(1): 1−5.

706. 朱佳杰，谭芸，敖秋桅，甘西等.吉富罗非鱼抗病选育品系的养殖效果评估[J].安徽农业科学，2015, 43, (16): 157−158.

707. 朱佳杰，周宇，沈夏霜，等.吉富品系尼罗罗非鱼抗病性状分子标记筛选及遗传多样性分析[J].华北农学报，2013, 28(增刊): 16−21.

708. 朱佳杰、林勇、李丽萍，等.吉富罗非鱼AFLP反应体系的建立与优化[J].基因组学与应用生物学，2010, 29(5): 994−98.

709. 朱佳杰、林勇、李丽萍，等.吉富罗非鱼雌雄群体遗传差异的SSR分析[J].基因组学与应用生物学，2010, 29(1): 57−62.

710. 祝璟琳，柴壮林，李大宇，等.罗非鱼海豚链球菌病的病理学观察[J].水产学报，2014(5): 722−730.

711. 祝璟琳，杨弘，肖炜，等.超高效液相色谱−串联质谱联用测定罗非鱼肌肉中甲基睾丸酮残留[J].食品科学，2011(22): 243−247.

712. 祝璟琳，杨弘，杨军，等.罗非鱼围栏越冬技术要点及其在生产中的应用[J].科学养鱼，2014(9): 21−22.

713. 祝璟琳，杨弘，邹芝英，等.海南养殖罗非鱼(Oreochromis niloticus)致病链球菌的分离、鉴定及其药敏试验[J].海洋与湖沼，2010(4): 590−596.

714. 祝璟琳，杨弘.我国罗非鱼质量安全SWOT分析及对策探讨[J].中国渔业经济，2011(6): 122−127.

715. 祝璟琳，邹芝英，李大宇，等.尼罗罗非鱼无乳链球菌病的病理学研究[J].水产学报，2014(11): 1937−1944.

716. 祝璟琳，邹芝英，杨弘，等.甲基睾丸酮在尼罗罗非鱼(Oreochromis niloticus)肌肉中的代谢和消除规律研究[J].海洋与湖沼，2012(5): 1016−1022.

717. 祝璟琳，李大宇，肖炜，等.罗非鱼源无乳链球菌的间接ELISA快速检测方法[J].水产学报，2016, 40(12): 1−9.

718. 祝璟琳, 李大宇, 邹芝英, 等. 高温应激下无乳链球菌感染对尼罗罗非鱼血清生化指标和组织病理的影响[J]. 水产学报, 2016, 40(3): 445–456.

719. 祝璟琳, 邹芝英, 李大宇, 肖炜, 徐跑, 杨弘, 薛良义. 四个罗非鱼选育品种抗链球菌病能力差异研究[J]. 水生生物学报, 2017, 41(6): 1232–1241.

720. 朱曦, 衣萌萌, 王淼, 等. 微生物固定化载体筛选及其水质处理效果研究[J]. 淡水渔业, 2017, 47(3), 58–65.

721. 庄青青, 赵金良, 赵丽慧, 等. 盐度胁迫对尼罗罗非鱼鳃氯细胞调节变化的影响. 生态学杂志, 2012, 31(10): 2619–2624.

722. 邹世平. 我国大宗淡水养殖品种种质标准对比分析[J]. 中国水产, 2009 增刊.

723. 邹芝英, 王茂元, 李大宇, 等. 尼罗罗非鱼β-actin基因启动子的分离及其在真核细胞中的活性验证[J]. 淡水渔业, 2011(1): 78–82.

724. 邹芝英, 王倩, 杨弘, 等. 奥利亚罗非鱼髓样分化因子(MyD88)的克隆及其在组织中的表达[J]. 动物学杂志, 2013(6): 894–904.

725. 邹芝英, 肖炜, 李大宇, 等. 吉富罗非鱼核DNA含量的测定[J]. 江苏农业科学, 2014(3): 36–38.

726. 邹芝英, 祝璟琳, 杨弘, 等. 饲料中添加红景天苷对尼罗罗非鱼血液学指标的影响[J]. 淡水渔业, 2012(6): 82–85.

727. 杨弘, 罗永巨, 姚国成, 等. 罗非鱼技术100问[M]. 中国农业出版社, 北京, 2009.

728. 杨弘, 卢迈新, 陈家长, 等. 罗非鱼高效养殖百问百答[M]. 中国农业出版社, 北京, 2011.

729. 杨弘, 卢迈新, 等. 罗非鱼安全生产技术指南[M]. 中国农业出版社, 北京, 2012.

730. 杨弘, 陈家长, 等. 罗非鱼高效养殖模式攻略[M]. 中国农业出版社, 北京, 2015.

731. 樊海平, 钟全福, 等. 罗非鱼良种健康养殖技术[M]. 福建科学技术出版社, 福州, 2013.

732. 姚国成, 叶卫. 罗非鱼高效生态养殖新技术[M]. 海洋出版社, 北京, 2014.

733. 广东省罗非鱼产业技术路线图. In: 广东省现代农业产业技术路线图. 华南理工大学出版社, 2010, 470–500.

734. 杨弘主编. 中国现代农业产业可持续发展战略研究罗非鱼分册[M]. 中国农业出版社, 北京, 2016.

735. 袁永明. 中国罗非鱼产业经济研究[M]. 海洋出版社, 北京, 2017.

图书在版编目（CIP）数据

现代农业产业技术体系建设理论与实践.特色淡水鱼
体系分册/杨弘主编.—北京：中国农业出版社，
2022.4
ISBN 978-7-109-29240-6

Ⅰ.①现… Ⅱ.①杨… Ⅲ.①现代农业－农业产业－
技术体系－研究－中国②淡水鱼类－鱼类养殖－技术体系
－研究－中国 Ⅳ.①F323.3 ②S965.1

中国版本图书馆CIP数据核字(2022)第 047090 号

现代农业产业技术体系建设理论与实践——特色淡水鱼体系分册
XIANDAI NONGYE CHANYE JISHU TIXI JIANSHE LILUN YU SHIJIAN
—TE SE DAN SHUI YU TIXI FENCE

中国农业出版社出版
地址：北京市朝阳区麦子店街 18 号楼
邮编：100125
责任编辑：马春辉　周益平
版式设计：杜　然　　责任校对：吴丽婷
印刷：北京通州皇家印刷厂
版次：2022 年 4 月第 1 版
印次：2022 年 4 月北京第 1 次印刷
发行：新华书店北京发行所
开本：700mm×1000mm　1/16
印张：20.5　插页：6
字数：350 千字
定价：85.00 元